政府预算管理（第二版）

2nd edition

Government Budget Management

李燕 主编

图书在版编目(CIP)数据

政府预算管理/李燕主编. —2 版. —北京:北京大学出版社,2016.3
(21 世纪经济与管理规划教材·财政学系列)
ISBN 978-7-301-26800-1

Ⅰ.①政… Ⅱ.①李… Ⅲ.①国家预算—预算管理—中国—高等学校—教材 Ⅳ.①F812.3

中国版本图书馆 CIP 数据核字(2016)第 009823 号

书　　　名	政府预算管理(第二版)
	Zhengfu Yusuan Guanli
著作责任者	李　燕　主编
策 划 编 辑	贾米娜
责 任 编 辑	贾米娜
标 准 书 号	ISBN 978-7-301-26800-1
出 版 发 行	北京大学出版社
地　　　址	北京市海淀区成府路 205 号　100871
网　　　址	http://www.pup.cn
电 子 信 箱	em@pup.cn
新 浪 微 博	@北京大学出版社　@北京大学出版社经管图书
电　　　话	邮购部 62752015　发行部 62750672　编辑部 62752926
印 　刷 　者	三河市博文印刷有限公司
经 　销 　者	新华书店
	850 毫米×1168 毫米　16 开本　19.5 印张　451 千字
	2008 年 11 月第 1 版
	2016 年 3 月第 2 版　2021 年 12 月第 8 次印刷
印　　　数	21001—23000 册
定　　　价	39.00 元

未经许可,不得以任何方式复制或抄袭本书之部分或全部内容。
版权所有,侵权必究
举报电话:010-62752024　电子信箱:fd@pup.pku.edu.cn
图书如有印装质量问题,请与出版部联系,电话:010-62756370

丛书出版前言

作为一家综合性的大学出版社,北京大学出版社始终坚持为教学科研服务,为人才培养服务。呈现在您面前的这套"21世纪经济与管理规划教材"是由我国经济与管理领域颇具影响力和潜力的专家学者编写而成,力求结合中国实际,反映当前学科发展的前沿水平。

"21世纪经济与管理规划教材"面向各高等院校经济与管理专业的本科生,不仅涵盖了经济与管理类传统课程的教材,还包括根据学科发展不断开发的新兴课程教材;在注重系统性和综合性的同时,注重与研究生教育接轨、与国际接轨,培养学生的综合素质,帮助学生打下扎实的专业基础和掌握最新的学科前沿知识,以满足高等院校培养精英人才的需要。

针对目前国内本科层次教材质量参差不齐、国外教材适用性不强的问题,本系列教材在保持相对一致的风格和体例的基础上,力求吸收国内外同类教材的优点,增加支持先进教学手段和多元化教学方法的内容,如增加课堂讨论素材以适应启发式教学,增加本土化案例及相关知识链接,在增强教材可读性的同时给学生进一步学习提供指引。

为帮助教师取得更好的教学效果,本系列教材以精品课程建设标准严格要求各教材的编写,努力配备丰富、多元的教辅材料,如电子课件、习题答案、案例分析要点等。

为了使本系列教材具有持续的生命力,我们将积极与作者沟通,争取三年左右对教材不断进行修订。无论您是教师还是学生,您在使用本系列教材的过程中,如果发现任何问题或者有任何意见或建议,欢迎及时与我们联系(发送邮件至em@pup.cn)。我们会将您的宝贵意见或建议及时反馈给作者,以便修订再版时进一步完善教材内容,更好地满足教师教学和学生学习的需要。

最后,感谢所有参与编写和为我们出谋划策提供帮助的专家学者,以及广大使用本系列教材的师生,希望本系列教材能够为我国高等院校经管专业教育贡献绵薄之力。

北京大学出版社
经济与管理图书事业部

21世纪经济与管理规划教材
财政学系列

前　　言

在公共财政条件下,政府的财政活动主要是通过预算配置社会资源、为满足社会公共需要提供公共产品和服务,而作为受益者的公众则必须分担一部分供给成本,表现为纳税人向政府纳税缴费。由此,纳税人与政府之间建立了一种委托代理关系,即具有独立财产权的纳税人担负着政府的财政供应,从而必然要求对政府的财政进行监督,以政治和法律的程序保证政府收支不偏离纳税人的利益,保障委托人的财产权利不受政府权力扩张的侵犯。

近年来,伴随着公共财政框架体系的建立,特别是党的十八届三中全会所确立的"财政是国家治理的基础和重要支柱"的总体定位,以及2014年修订的《中华人民共和国预算法》对构建"全面规范、公开透明"的现代预算制度的总体要求,我国政府预算进行了从理论到实践、从法律法规到规章制度的全方位的深入改革。本教材就是在这样的背景之下,按照预算管理的流程展开,帮助大家在了解预算管理的基本理论、基本制度的基础上,通过分析政府预算的编制审批管理了解预算决策过程;通过分析政府预算的执行管理了解预算组织、协调和处理各种预算收支实现的过程;通过分析政府决算、财务报告及绩效评价管理了解落实政府责任、控制公共预算支出和预算风险过程。在此基础上又融合了经济学、政治学、法学等研究视角交叉分析政府预算问题。经济学的研究视角主要通过预算的政策、原则、绩效评价等问题帮助我们了解在市场经济中存在市场和政府两种资源配置主体的情况下,政府应如何通过预算机制去配置资源,并要求其配置和使用满足政府配置资源意义上的"高效";政治学的研究视角主要通过预算的原则、预算管理的职权、预算的审批、预算的监督等问题帮助大家了解在民主社会中政府和公众在预算管理中的权利与责任;而上述研究视角都要置于一国法律法规的约束之上,因此基于《预算法》的法学研究视角则帮助我们理解政府预算是一个法律文件,是一份涉及政府、公众、管理者之间多主体、各级政府及管理部门之间多层级的综合性"委托—代理契约",一切政府预算问题都必须遵循法定程序依法进行。

基于上述研究视角,本教材立足于我国的政府预算法律法规和制度安排,并在借鉴国外先进经验的基础上,比较全面系统地阐述了政府预算的基本理论、基本知识及管理程序和管理方法,突出地反映了政府预算改革的最新理论、法律法规与实践成果,既有一定的理论深度和前瞻性,又有较强的实务性和可操作性。

政府预算管理是财税及公共管理等专业的重要专业课程之一,为了让学生们通过本课程的学习,掌握政府预算的基本理论与实务,在本教材的编写过程中,我们力图在阐述政府预算管理基本原理、基本制度的同时,注意按照预算管理流程去介绍预算的具体操作实务,既能为学生今后进一步研究和探讨政府预算理论打下基础,也使学生能够了解政府预算工作的一般业务流程,尽量使学生的知识结构能够适应市场对人才的多方位需要。本书每章后都附有思考题,有利于促进学生创新思维的培养,提高学生的综合分析能力和运用知识的能力。

全书共分九章,编写及修改分工如下:李燕教授负责第一、二、四、六章,肖鹏教授负责第三、七、八章,王淑杰副教授负责第五、九章,卢真老师及研究生王晓、魏随、覃钰路、李海波参加了教材部分专栏资料的搜集整理及表格的制作等工作。全书由李燕教授进行总纂、修改完善和最终定稿。

在本书的编写过程中,我们参阅和吸收了国内外专家学者的一些研究成果,在此表示真诚的谢意。

本书的编写是在政府预算改革正在逐步深入、现代预算制度正在构建之中的背景下进行的,我们尽可能地采纳了当前理论界的最新研究成果,吸收了预算管理部门的最新制度安排和当前实际部门最新的改革实践,努力使这本教材能够较全面地反映当前理论和实践的成果与改革方向,希望在政府预算的教学、科研和管理工作中能为各方提供有益的帮助。但由于我国的预算改革是一项系统工程,正在不断地深入和完善,还有许多未解决的理论与实践问题,因此,本教材一定存在不尽如人意,甚至疏漏不妥之处,恳请各位读者批评指正。

编　者
2016 年 1 月于北京

目 录

第一章 政府预算概论 ·· 1
 第一节 政府预算的内涵 ·· 3
 第二节 政府预算的产生 ·· 8
 第三节 政府预算的原则 ·· 12
 第四节 政府预算的政策 ·· 19
 第五节 政府预算的功能 ·· 25

第二章 政府预算管理的基础 ·· 31
 第一节 政府预算管理概述 ··· 33
 第二节 政府预算管理的流程与周期 ·· 35
 第三节 政府预算管理的组织体系 ·· 41
 第四节 政府预算收支分类 ··· 49

第三章 政府预算管理体制 ··· 57
 第一节 政府预算管理体制概述 ··· 59
 第二节 分税制预算管理体制 ·· 68
 第三节 政府间转移支付制度 ·· 78

第四章 政府预算的编制 ··· 89
 第一节 政府预算编制的依据 ·· 91
 第二节 政府预算编制的模式 ·· 97
 第三节 政府预算体系 ··· 103
 第四节 政府预算收支测算的一般方法 ··· 109
 第五节 部门预算的编制 ·· 114
 第六节 财政总预算的编制 ··· 127

第五章 政府预算的审查与批准 ·· 131
 第一节 政府预算审查批准概述 ··· 133
 第二节 我国政府预算审批的内容及流程 ·· 137
 第三节 国外政府预算审批特点及借鉴 ··· 146

第六章　政府预算的执行 …… 157
第一节　政府预算执行的目的与内容 …… 159
第二节　政府预算执行的组织系统与职责分工 …… 161
第三节　政府预算收入和支出的执行 …… 167
第四节　政府预算执行中的调整与检查 …… 182
第五节　政府预算的信息化管理 …… 187

第七章　政府决算与财务报告 …… 195
第一节　政府决算概述 …… 197
第二节　政府决算的审查批准 …… 202
第三节　政府财务报告 …… 206

第八章　政府预算绩效管理 …… 217
第一节　政府预算绩效管理概述 …… 219
第二节　政府预算绩效管理的发展历程 …… 224
第三节　政府预算绩效管理的原则与内容 …… 227
第四节　我国预算绩效管理的改革方向 …… 235

第九章　政府预算的监督与法治 …… 241
第一节　政府预算监督的内涵和意义 …… 243
第二节　政府预算监督的内容和方法 …… 249
第三节　政府预算的法治化 …… 253

附录1　2015年全国收支预算表 …… 261

附录2　2016年中央部门预算表 …… 278

附录3　2016年中央部门预算附表 …… 284

附录4　三年滚动规划表 …… 297

主要参考文献 …… 301

21世纪经济与管理规划教材
财政学系列

第一章

政府预算概论

【学习目标】

本章主要介绍了政府预算的内涵、特征与原则,现代预算制度的产生以及政府预算的主要职责功能与政策。通过本章的学习,掌握政府预算的内涵与特征、政府预算的原则,理解政府预算的职责功能与政策效应,理解现代政府预算的产生及中外差异。

第一节 政府预算的内涵

一、政府预算的概念及内涵

1. 政府预算的概念

就公共财政而言,政府预算是指经法定程序审批的具有法律效力的政府财政收支计划,是政府筹集、分配和管理财政资金及宏观调控的重要工具。通常,狭义的预算指预算文件或预算书,而广义的预算则包括编制决策、审查批准、执行调整、决算绩效、审计监督等预算过程。

政府预算,是任何国家政府施政和进行财政管理所必需的。政府预算一般都要包括三个方面的内容:第一,收入和支出的种类与数量,以及这些种类与数量所表现出来的收支的性质和作用;第二,各级政府及各部门在处理收支问题上的关系及其所处的地位和所承担的责任;第三,在收入和支出的实现上所必须经过的编制、批准、执行、决算、管理和监督等预算过程。

预算在经济和技术层面上看是政府收支对比的计划表,是现代经济社会配置公共资源的机制,即通过政治程序确定的政府预算,决定着财政配置资源的规模和方向,进而决定着整个社会资源在各部门之间配置的比例和结构。而就现代预算制度而言,更加注重的是预算过程的法定性及预算文件的法律效力。预算是纳税人及其代议机构控制政府财政活动的机制,是配置资源的公共权力在不同主体之间的分配,是一个分配结构制衡和民主政治程序。具有独立财产权利的纳税人,担负着国家的财政供应,这必然要求以法律程序保证政府收支不偏离社会公共利益。

2. 政府预算的内涵

(1)从形式上看:政府预算是政府财政收支计划。政府预算的典型形式是政府在对年度财政收支规模和结构进行预计、测算的基础上进行的计划安排,其依据是一国相应的法律法规及一定时期的政策意图和制度标准,因此,预算能够反映一定时期政府财政收支的具体来源和使用方向。

(2)从性质上看:政府预算是具有法律效力的文件。作为现代预算制度,政府预算实质上是纳税人(公众)通过立法机构对政府行政权力的约束和限制,是立法机构对政府作出的授权和委托,政府行政机构对立法机构及其代表的社会公众负有法律责任,即政府活动的内容和过程要受到法律及立法机构的严格监督及制约。表现在,政府的预算计划必须经过立法机构审查批准才能生效,并且具有法律效力。政府预算的形成过程实际上是国家立法机构审定预算内容和赋予政府预算执行权的过程,即政府必须将所编预算提交国家立法机构批准后才能据以进行财政收支活动。各国宪法一般规定,政府预算经立法机构审查批准后便具有法律效力,政府必须不折不扣地贯彻执行,不允许有任何不受预算约束的财政行为。在预算执行过程中因特殊情况需要修改调整预算,则必须经过规定的法律程序,紧急情况的处理要补报审批手续。

（3）从内容上看：政府预算反映着政府分配活动的范围和方向。从政府预算的内容上看，各项收入来源和支出去向体现了政府的职能范围，全面反映了公共财政的分配活动。从预算收入看，政府依法采用税收、利润、公债、收费等分配工具，把各地区、各部门、各企业及个人创造的一部分国民收入集中起来，形成政府财政收入，同时，集中收入的过程也反映和协调着政府与部门、企业及公民个人的分配关系；从预算支出看，通过预算安排，把集中的财政资源在全社会范围进行分配，以满足社会的公共需要。因此，政府预算收支体现着政府掌握的财政资金的来源、流向及规模，同时，预算的规模和结构又直接反映了公共财政参与国民收入分配及再分配的规模和结构。

（4）从程序上看：政府预算是通过政治程序决定的。政府预算的实质是纳税人及其代议机构（立法机构）控制政府财政活动的制度机制。必须构造政府预算控制机制的深刻原因在于：具有独立财产权利的纳税人担负着政府财政供应的责任，就必然要求对政府的财政拥有控制权，即以法律程序来保证政府收支活动不偏离纳税人的利益，保障公民的财产权利不受政府权力扩张的侵犯。其本质原因在于，政府财政的实质是政府花众人（纳税人）的钱为众人办事，其成本和效用都是外在的。如果没有预算约束，或预算没有法律约束效力，就存在政府对公共资金的使用及效果不承担责任的可能，公共资金就不会基于公众的利益而得到合理、有效和正当的使用，就不可避免地会出现效益低下、贪污腐败、挥霍滥用的情况。总之，政府要通过对公共资源的分配，为社会提供一定的公共产品和服务，其活动必须受到控制，而这种控制有别于由市场控制的经济活动，预算或预算制度是由政治过程决定的控制系统。

（5）从决策过程看：政府预算是公共选择机制。政府预算过程由编制决策、审议批准、执行调整、决算审计、向社会公布等一系列环节组成，这一过程的实质是公共选择机制。表现在：

第一，预算编制决策是公共利益的发现过程。预算的提出首先要对国内外的经济、政治和社会形势进行分析、评估及预测，发现社会需求，并在公众参与的基础上，通过一定的政治程序提出政府的任务和目标；财政部门据此提出预算指导方针和技术要求；政府各支出部门据此提出预算请求，并排列出先后次序；财政部门在各支出部门预算请求的基础上进行充分的协调，按重要性或紧迫性排序，形成预算草案提交给立法机构讨论。

第二，预算在立法机构讨论及批准的过程是公共利益的继续发现和确认。立法机构在对政府提交的预算草案进行审查批准的过程中，对预算草案所进行的讨论、辩论、询问、质询、修改、投票批准等程序，是公共利益的继续发现和确认过程，公众代表和党派团体在讨论中表述意愿，反映各自所代表的阶层或利益集团的要求，最后在充分讨论达成利益共识的基础上批准通过预算，使得公众利益被最后确认。

第三，预算的执行和完成是公共利益的实现过程。预算执行要依据严格的程序：各支出部门的领导对使用的资金负责，财政部门按照批准的部门预算对其用款请求进行审核后批准拨款，并遵循政府采购、国库集中支付、定期报告、绩效评价等制度，预算的执行结果要经过审计部门的审计，并将审计结果报立法机构确认，最后以决算的形式向社会公布政府预算的执行结果，从而实现政府提供的公共产品及服务。

3．政府预算与财政的关系

从预算与财政的关系看，它是公共财政的运行机制或基本制度框架。

财政是以公共权力进行的资源配置，是在一定的制度框架内运行的，其运行机制的公共性如何，决定着财政活动的范围、对于公共需要的满足程度以及财政效率的高低。这个具有决定作用的财政制度或运行机制，其实质是如何运用公共权力，即公共权力依据什么规则进行资源配置。正是公共权力的运行规则决定了不同的财政制度：不按法定的程序、随意敛取和使用公众财富，满足自身需求的，是专制财政；按法定程序、公开透明并规范地取得和配置公众财富，满足公共需求的，则是公共财政。

建立公共财政的基本制度框架和运行机制——现代政府预算制度，其根本作用就是要对政府的财政行为进行预算约束，所以，从现代预算的产生发展过程来说，财政和预算的关系可以表述为：对于现代预算的产生来说，是先有财政活动，后有预算；对于现代公共财政而言，应是先有预算，后有财政活动，即预算规范到哪里，财政才能活动到哪里，不允许有任何没有预算或超过预算边界的财政收支。

二、政府预算的基本特征

政府预算作为一个独立的财政范畴，是财政发展到一定历史阶段的产物，从预算的产生到发展为现代预算制度，其内涵不断得到完善和充实，并形成了其区别于其他经济范畴和财政范畴所特有的共性。政府预算的基本特征主要如下：

（一）法治性

法治性是指政府预算的形成和执行以及结果等全过程都要在相关预算法律法规及制度的框架范围内进行，即法治性不仅仅限于预算文件的法律效力，而是预算全过程都要在法制环境中运行。

政府预算的法治性具体体现在：① 预算的编制、执行、调整和决算的程序是在法律规范下进行的；② 有关预算级次划分、收支内容、管理职权划分等也都是以预算法的形式规定的。这样就使政府的财政行为通过预算的法制化管理被置于社会公众的监督之下。

预算法治性的前提是要有健全的法制基础和法制环境，包括建立立法、守法、执法的动态法制体系：

（1）要有健全的法律体系。应包括四个层次：一是宪法对预算行为的规范；二是财政基本法，主要对预算级次、预算管理权限及预算管理体制等作出法律安排；三是预算法，主要对预算程序作出技术规定，涉及具体的预算活动；四是预算收支有关的法律以及预算会计等辅助性法律的完善。

（2）政府预算的法治性要求预算的实现必须依法而行，将政府的预算权力关进法律制度的笼子里。

（3）各项预算行为在具体的操作中都有对应的法律安排及责任界定，任何违规预算行为都会受到行政问责及追究法律责任。

现代预算的法律约束是区别于封建专制预算的一个重要特征。政府预算的法治性是预算约束性的前提和保证，缺乏法律约束的预算不能称为真正意义上的现代预算制度。为适应建立公共财政的需要，就必须把预算定位在"法律的本质上"，赋予预算以法律效力。

（二）约束性

约束性是指预算作为一个通过立法程序确定的对公共资源分配的具有法律效力的文本，对在预算过程中的各利益主体都具有约束作用。合理的预算约束强调预算的编制、审批、执行与决算过程都按规定的程序运行，可使资源配置在每一环节都顺畅运行，规避政府公共资源及市场资源的错配。

这种约束性应置于国家治理前提下进行理解。因为预算的实质是在政府和纳税人之间形成的一种委托代理关系，即纳税人作为委托人，通过纳税购买生产生活所需而市场又不能提供或不能充分提供的公共产品和公共服务；政府作为代理人，接受公众委托提供他们所需的公共产品和服务，并受纳税人或代表纳税人利益的权力机关的监督。这种转变使得计划经济和传统财政学的影响下人们对政府预算从形式特征上的理解，即"政府的基本财政收支计划"，就远远不能全面、准确地揭示政府预算的本质特征了，因为现代预算的诞生及其发展历程表明，预算存在的目的并不仅仅止于计划本身，而是要经由计划（即预算）来规范、控制和监督政府及其他预算主体的收支行为，实现资源配置的合理与公平，提高财政资金使用的效率和效能，以促进经济、社会长期稳定地发展。

这种约束性表现在：

1．决策民主

在现代预算制度框架下的预算决策管理中，政府在编制预算项目时对预算资金在相互竞争的各项需求之间分配的不同次序就体现着国家公共政策的实质含义和决策的不同重点，体现着国家介入经济社会生活的范围和深度，体现着国家对国民经济的预期和干预，体现着国家职责的范围和内容，反映着政府与社会、公民之间的财产关系。而且预算还成为制约国家公共决策的政策工具和管理工具，对国家的施政产生深远的影响。在预算公开透明及公众参与预算决策的现代预算制度要求下，政府的相关预算决策会以更加民主的方式出现，从而更加有利于政府决策的公共性和科学性。这种决策民主在实践中更多地体现为政府预算需由各方利益代表组成的立法机构审查批准方可成立。

2．事前决定

在政府行政权当中，最重要的是预算的收支权力，控制了预算就约束了政府最核心的权力。所以对预算权利的界定、保障是公共事务和公共资源配置领域最根本的激励-约束机制，对于真正约束以行政权为代表的公权力，实现法治和民主，具有根本性的意义。因此，在现代预算制度下，预算就成为政府经济及社会职能作用的中心内容，政府的一切财政活动都必须以预算为中心。在收入预算方面，不仅没有纳入预算范围的项目政府不得进行征税和收费，而且凡是超出预算总额的收入政府也不得自行安排或随意支出，而必须按法定程序进行合理的安排。在支出预算方面，凡是没有纳入预算或超出预算的项目政府也不得随意支出。

3．严格执行

预算不仅明确规定了政府提供公共服务的内容、方式和方法，而且通过预算成本的控制，对政府提供公共服务的成本和效益提供了一个明确的标准。所以，预算一经作出就必须严格执行，并能有效约束各级政府、各部门的预算行动。在定性层面上，预算拨款只能用于预先规定好的用途；在定量层面上，只有当政府决定在预算中提供某笔资金后才允许进行支出；如遇必需的预算调整也需要按照法定的程序进行。只有依法约束政府的预算自由裁量权以及随意调整权，才能真正体现预算法律效力的严肃性。

4. 预算监督

预算作为一种政治工具，在实现不同政治派别的政治主张和政治诉求方面具有重要的作用，因此，对预算的审批和监督作为关乎公共利益的表达、协调、决策和实现的机制，就成为代议民主的主要内容，需要由人民代表通过对预算的辩论、评论、听证、表决等程序，广泛表达民众意愿，充分交涉各自的诉求，从而保证预算项目能够得到民意的认可，并经过预算监督得到民众的监督。所以，政府预算必须经过国家立法机关的审批才能生效，并最终成为国家重要的立法文件。这样，预算活动就被置于公民和国家权力机关的双重监督及制约之下，成为控制政府财政收入和财政支出，进而控制政府一切行政管理活动的有效手段，对预算活动的管理与监督必然成为公共治理的重点和主要的内容。上述预算约束就是在经过立法机关审查批准的预算规定下，通过对预算项目执行情况和决算的检查监督及评估进行的，所以，对预算的审查和监督就成为制约与评价检验预算执行是否规范的重要方式。

因此，由传统预算向现代预算制度的转变，实际上也就预示着国家治理重心由治理纳税人转而治理用税人。这种国家治理重心的转移，不仅符合现代国家治理发展的需要和发展的实际趋势，而且也是现代国家政治制度和经济制度发展的主要方向。

（三）公共性

公共性是指通过预算分配的内容要满足社会公共需要，预算的运行方式要公开、透明、规范，预算运行的过程要接受立法及公众的监督，预算运行的结果要对公众负责。因此，相对于其他预算主体和传统的国家预算来说，政府预算具有很鲜明的公共性。

1. 从预算理念上看

从现代预算公共性特征产生的过程看，政府预算既是政府管理公共事务的工具和手段，又是政治民主化前提下公私分离的产物。在现代社会当中，人们对时间、金钱的分配都要作预算，即作计划和预计，个人、企业、政府均不例外。个人、企业预算（下称私人预算）与政府预算最大的不同在于预算决策背后的动机不同，即一般来说，私人预算是用自己的钱为自己办事，而政府是在用公众的钱为公众办事。因此，私人预算的目的是在可获取资源的能力范围内及各种私人需要之间更合理、有效地分配，私人预算决策往往建立在能否给自己带来预期效益的基础上，其主要特征是受利益的驱动，追逐利润的最大化；而由于政府职能的作用范围主要是提供公共产品和服务，弥补市场缺陷带来的不足，因此，这决定了政府在为提供这类产品和服务进行预算决策时更多考虑的是其为全社会带来的利益而不是利润。当然，这并不否定在政府预算决策时借助企业预算决策中的成本效益分析的思路和方法，而实践恰恰说明将绩效评价的方法引进政府预算决策及管理是改进支出结果的一种有效的制度。

我国政府预算的公共性特征是伴随着我国的经济社会发展逐渐清晰的，这种转变还需置于我国经济社会转型、政府转型、财政转型及政府和纳税人的关系改变的大背景之下。

改革开放以后,我国经济由计划经济向市场经济转轨,资源配置主体由政府单一主体向政府、市场两个资源配置主体转变,在厘清政府与市场边界的要求下,按照解决政府"越位与缺位"的改革思路,政府的职能由无所不包的无限责任向有限责任转型。按照上述市场经济发展和政府转型的要求,财政改革的目标定位于建立公共财政框架体系,由此国家预算也要向公共预算转型,即在满足社会公共需要的市场失灵领域要"尽力而为",而在市场竞争领域则要"无为而治"。

2. 从预算支出结构上看

伴随着市场经济起决定作用前提下的政府职能的转变,政府预算的支出结构发生了重大的变化,生产性和营利性的投资支出在逐步缩小,而公共性、民生性的支出比重迅速上升。《中华人民共和国预算法》(以下简称《预算法》)第六条规定了我国以税收为收入主体的一般公共预算,其支出的重点主要集中在四大公共领域:安排用于保障和改善民生、推动经济社会发展、维护国家安全、维持国家机构正常运转。

3. 从预算编制和运行方式上看

政府预算的公共性必然要求其预算决策民主、预算运行规范、公开透明和接受监督。因此,原有财政集中和集权体制机制下的预算制度正被充分体现预算公共性理念的现代预算制度取代。

(四) 综合性

综合性是指政府预算是各项财政收支的汇集点和枢纽,综合反映了国家财政收支活动的全貌,即预算内容应包含政府的一切事务所形成的收支,全面体现政府年度整体工作安排和打算。具体包含两层含义:

1. 全面反映政府各种性质的收支

政府预算应反映政府的所有收支活动的内容和范围,以综合反映政府收支活动的全貌。由于政府预算全面地反映了政府施政的方针和战略部署,因而通过预算就可以了解到政府在预算计划期内的整体工作安排和打算。

2. 集中反映政府收支的规模与结构

预算资金作为集中性的政府财政资金,其规模、来源、去向、收支结构比例和平衡状况,由政府按照社会公共需要,从国家全局整体利益出发进行统筹安排,集中分配。

要保证实现政府基本职能,满足全社会的共同需要,必须建立集中性的财政资金,在全社会范围内进行集中分配。预算收入的来源是按照国家法定征收对象和标准在全社会范围内进行筹集,任何部门、单位或个人不能截留、坐支、挪用,以保证预算收入能及时、足额地缴入国库;预算资金是政府履行其职能所必需的财力,各地区、各部门、各单位必须按国家统一制定的预算支出用途、支出定额、支出比例等指标执行,不得各行其是。

第二节 政府预算的产生

政府预算是财政体系的重要组成部分,但它并不是伴随财政的产生而同时出现的。随着商品经济的发展和政治民主化的推进,符合法治性、约束性、公共性、综合性等特征的现代预算制度于19世纪初产生于英国。

一、西方国家现代预算制度的产生及其影响

（一）西方现代预算制度产生的过程

从世界范围看，现代政府预算制度产生于商品经济发展和资本主义生产方式出现时期，是在新兴资产阶级与封建专制统治阶级展开斗争的过程中，作为一种斗争手段和斗争方式产生的。

现代政府预算制度最早出现在英国。英国是资本主义发展最早、议会制度形成也最早的国家，在14、15世纪，英国的新兴资产阶级、广大农民和城市平民就起来反对封建君主横征暴敛，要求对国王的课税权进行一定的限制，即要求国王在为了取得财政收入而开征新税或增加税负时，必须经代表资产阶级利益的议会同意和批准。随着新兴资产阶级的力量逐步壮大，他们充分利用议会同封建统治者争夺国家的财政权。他们通过议会审查国家的财政收支，政府各项财政收支必须事先作计划，经议会审查通过才能执行，财力的动用还要受议会的监督，从而限制了封建君主的财政权。1640年资产阶级革命后，英国的财政权已受到议会的完全控制，议会核定的国家财政法案，政府必须遵照执行，在收支执行过程中要接受监督，财政收支的决算必须报议会审查。到1688年，英国议会进一步规定皇室年俸由议会决定，国王的私人支出与政府的财政支出要区分开，不得混淆。1689年英国通过了《权利法案》，重申财政权永远属于议会；君主、皇室和政府机关的开支都规定有一定的数额，不得随意使用；政府机关和官吏在处理国家的财政收支上，都规定其权限和责任，必须遵守一定的法令和规章。这样，国家在财政工作上与各方面所发生的一切财政分配关系，都具有法律的形式，并由一定的制度加以保证。这种具有一定的法律形式和制度保证的财政分配关系，具有了现代预算制度的特征。但规范的现代预算制度又经历了很长时间才建立起来。18世纪末，英国首相威廉·皮特（William Pitt）于1789年在议会通过了《联合王国总基金法案》，把全部财政收支统一在一个文件中，至此才有了正式的预算文件；至19世纪初，英国才确立了按年度编制和批准预算的制度，即政府财政大臣每年提出全部财政收支的一览表，由议会审核批准，并且规定设立国库审计部和审计官员，对议会负责，监督政府按指定用途使用经费。

英国的预算制度从14世纪出现新兴资产阶级后，经过几百年的时间，到19世纪才发展成为具有现代特征的政府预算制度。新兴资产阶级与封建专制君主夺取财权的斗争，是资产阶级革命斗争中的一项重要内容，也是现代国家的预算制度产生、建立和发展的前提条件。

其他西方国家预算制度的确立则较晚。比如，法国在大革命时期的《人权宣言》中对预算制度进行了规定，到1817年规定立法机关有权分配政府经费，从而完全确立了预算制度。美国在早期的宪法中没有关于预算制度的规定，直到1800年才规定财政部要向国会报告财政收支，但当时的报告仅仅是汇总性质的。美国第一任财政部长亚历山大·汉密尔顿（Alexander Hamilton）强有力的行政领导对美国联邦预算制度的形成贡献了巨大的力量。第一次世界大战后，在美国"进步时代"的历史背景下，美国国会1921年通过了《预算与会计法》，其中规定总统每年要向国会提出预算报告，至此，标志着美国现代政府预算制度的产生。

(二) 西方国家现代预算制度产生的原因、条件及意义

1. 现代预算制度产生的原因和条件

(1) 现代预算制度产生的根本原因——资本主义生产方式的出现。从西方国家看，资本主义生产方式出现后，新兴资产阶级登上历史舞台，资产阶级强大的政治力量才有可能通过议会控制全部财政收支，要求封建君主编制财政收支计划。在中国，也正是由于西方资本主义生产方式的发展，其理财的思潮影响到中国，由此产生了现代预算制度。

(2) 现代预算制度发展的决定性原因——加强财政管理和监督的需要。现代预算制度随资本主义生产方式产生后，又因财政管理监督的需要而得以进一步发展。在资本主义生产方式下，社会生产力迅速发展，财政分配规模日益扩大，财政收支项目增加，收支之间的关系也日益复杂，财政收支的发展变化客观上要求加强财政的管理和监督，要求编制统一的财政收支计划。因此，现代预算制度是适应财政管理的需要而发展的。

(3) 现代预算制度产生的必备条件——财政分配的货币化。随着商品经济的高度发展，货币关系渗透到整个再生产领域，财政分配有可能充分采取货币形式。只有在财政分配货币化的条件下，才能对全部财政收支事先进行比较详细的计算，并统一反映在平衡表中。这样不仅能完整反映国家财政分配活动，而且也有利于议会对国家预算的审查和监督。

2. 现代预算制度产生的意义

(1) 实现了新兴资本势力代替封建没落势力的社会变革。现代预算制度是作为新兴资产阶级与封建统治阶级进行斗争的一种经济手段而产生的。比如，英国现代预算制度是以君主为代表的没落封建势力和以议会为代表的新兴资本势力之间，长达数百年的政治角逐与较量的结果，体现了新兴资产阶级在其发展壮大的过程中，逐步形成的以独立的经济主体维护自身利益的要求。政府预算制度形成的表象是争夺经济利益的产物，但直接结果是国家政治权力。

(2) 实现了政府财政制度与社会政治制度变革的衔接。从世界范围看，政府预算制度的产生是国家政治权力和财政权力在国王与议会之间争夺的最终结果。这场斗争，最初集中于课税权上，以后扩大到财政资金支配权，最终发展到取消封建统治阶级对财政的控制和在财政上的特权。政府预算制度的产生实现了国家财政权由封建王权制向有产者议会控制的转变，使国家财政管理与经济结构转变和社会结构转变相适应，实现了政府财政制度与社会政治制度变革的衔接。

(3) 确立了现代国家理财的法制管理模式。现代预算制度是政府管理财政资金的一项重要财政制度，它是具有一定的法律形式和制度保证的财政分配关系。从这一制度形成所经历的数百年的发展演变过程来看，只有在现代预算制度产生后，封建统治阶级的皇室收支同国家的财政收支界限才严格划分清楚，从而奠定了现代国家财政分配制度的基础，确立了与依法治国相适应的依法治财制度，赋予了财政管理更适应现代社会及经济发展的方法体系。因此，政府预算制度不只是资本力量发展壮大的被动产物，它反过来又积极推动着新兴资本力量和市场经济的发展，奠定了现代国家制度的经济基础。

(4) 确立了社会公众与政府的委托—代理关系。政府预算体现的是公民将赋税委托给政府代理的关系，以解决市场或个人不能解决或不能有效解决的社会公共事务。政府预算经立法机关审议批准,意味着纳税人授权政府按纳税人意愿使用其提供的资源。政府预算制度确保了政府开支向纳税人负责,并为立法机关监督约束政府财政提供了一种制度安排。

二、中国现代预算制度的产生

中国是一个具有悠久历史的国家。中国的预算制度产生于何时?历史学界和经济学界的看法并不一致,有炎黄时期论①、夏代论②、周代论③、战国论④等,但主流观点较为认同中国现代预算思想和预算制度不是从中国社会内部自发产生的,而是伴随着近代西方思想潮流的涌入而进入的,是从西方舶来的,立足于中国古代农耕文明与封建专制制度的中国古代预算制度和预算思想都只能算是预算的萌芽,没有近代民主政体是不可能有严格意义上的现代预算制度和思想的。应该说,中国现代预算制度萌芽于清朝末年。

清朝末年,国家财政陷入极端混乱之中。在此情况下,1905 年清政府为了挽救危亡,准备立宪,派载泽等"五大臣"出洋考察,他们重点考察了美国、德国、俄国、日本、英国、法国等国家,特别是日本和德意志帝国的君主立宪政体,并对西方近代财政制度进行了考察,依照西方的经验提供了中国预算制度的蓝本。1911 年资政院通过的总预算案,被视为中国历史上第一个近代意义的国家预算。这是因为:第一,总预算案依照法定程序审批。1911 年清政府依据《清理财政章程》公布了《试办全国预算章程》,该章程规定了具体的预算程序,要求自宣统三年起,度支部⑤汇总编制的全国岁入岁出总预算案,在奏交内阁行政会议政务会集议后,送资政院⑥议决,不经过资政院就不能通过,且只有资政院同意才能修改预算。第二,总预算案将皇室和国家支出进行了区分。根据《预算册式及例言》,预算岁出主要包括:行政费、财政费、军政费、交通费、民政费、司法费、教育费、各省应缴赔款、洋款等十九类。在"普天之下,莫非王土;率土之滨,莫非王臣"的封建社会时期,国王和国家的收支虽然很难区分,但从当时的支出分类可以看出,用于国家的公共支出(如行政费、军政费、民政费、教育费等)都已经区别于王室支出单独列示。第三,总预算案是统一的综合收支计划。清代普遍使用统一的货币——白银,这为记录综合的财政收支计划提供了计量单位。而财政收支都经由度支部汇总编制,预算的执行有月报、季报;执行机关是大清银行,也为综合反映财政收支提供了组织基础。虽然当时清政府已摇摇欲坠,各省处于割据状态,上报的数据只是凑合的数字,但这起码在形式上是一个财政年度内统一的综合反映国民经济发展的财政收支计划。1911 年辛亥革命推翻了清政府,因此,中国历史上的第一部现代意义上的政府预算只有预算而无决算。以后,北洋军阀和国民党政府也有其政府预算,但都属于半封建、半殖民地性质的预算。

---

① 陈光焱、边俊杰:《中国预算制度的发展与改革》,《光华财税年刊2007》,西南财经大学出版社 2008 年版。
② 刘汉屏:《也谈中国预(决)算制度起源问题》,《江西财经大学学报》,1986 年第 2 期。
③ 许毅、陈宝森:《财政学》,中国财政经济出版社 1984 年版。
④ 孙翊刚:《中国财政史》,中国社会科学出版社 2003 年版。
⑤ 光绪三十二年(1906 年),适应"新政"的需要,户部改为度支部。
⑥ 1907 年诏令在中央筹设资政院,在地方各省设立咨议局。

三、现代预算制度产生过程的比较及启示

1. 西方国家预算制度的产生——自下而上

总结英、美、法等西方国家预算产生的历史背景主要有两点：一是资产阶级在经济上的强大和商品经济的发展；二是战争及皇室挥霍等原因使财政状况严重恶化，导致封建统治者大幅增加公众包括新兴资产阶级的税负。由于当时的资产阶级已经具备了保护自身利益及监督财政的意识和能力，他们要求统治者通过法定的程序使用并报告财政收支情况，从而使得国家预算应运而生。可见，西方国家预算的产生路径是自下而上的，是由以资产阶级为首的公众推动完成的。而这个过程正是民主化的过程，建立了民主的机制，切实保障了公众的民主权利。

2. 中国预算制度的产生——自上而下

随着清政府的腐败，清朝末年出现了严重的财政危机。当时虽然中国的民族资本主义经济有了一定的发展，但商品经济还没有建立起来，仍以自给自足的自然经济为主，资产阶级这一社会阶层也没有完全形成，更谈不上经济上的强大。事实上，戊戌变法的失败就证明了资产阶级的力量还不成熟。变法也试图"改革财政，编制国家预算"，而且还设计了具体的预算内容，但由于变法失败，预算并未真正编制。因此，资产阶级力量的缺失或不足是制约当时中国预算民主化的重要原因。清政府编制预算的重要动因是当时财政状况混乱，试图通过引入西方的预算制度以改变局面。清末预算的产生是由政府推动的，是自上而下的过程，并未包含公众参与的因素，没有经历民主化过程。

3. 回顾中国预算制度产生过程的启示

作为现代预算制度，民主法制是其必要内容之一，不具备民主法制特征的预算不能称为真正意义上的现代预算。从逻辑上讲，在预算产生之初，就应该体现民主。但是正如上述分析所表明的，预算的产生过程是自上而下还是自下而上，直接影响着预算是否具有民主法制特征。西方国家预算的产生是自下而上进行的，使预算一开始就伴随着民主法制进程，符合现代预算民主法制的要求。中国预算制度在产生之初，由于当时新兴资产阶级力量的不足而不具备关键的"推动力"条件，只能自上而下进行。因此，清朝末年的政府预算制度虽然形式上具备了一些现代预算的特点，但本质上仍存在先天不足。

清朝末期预算制度萌芽出现后，历经民国时期、国民党统治时期，至新中国成立后，人民当家做主的社会主义制度为预算制度的民主法制建设提供了良好的发展空间，人民代表大会制度的建立使预算在民主法制方面有了质的飞跃。尤其是20世纪90年代以来中国推行了一系列力度较大的预算改革，如部门预算编制、规范化的政府采购、国库集中收付、预算收支两条线、预算的全面规范与公开透明等。实践证明，这些预算改革在加强预算法治性、公共性、完整性、透明性等方面都发挥了重要作用。

第三节 政府预算的原则

政府预算的原则是国家选择预算形式和体系的指导思想，是一国预算立法、编制及执行所必须遵循的。现代预算原则是伴随着现代预算制度的产生而产生的，预算制度的建立和完善,又需要遵循一定的原则,并且随着社会经济和预算制度的发展变化而不断变化。早期的预算原则比较注重控制性,即立法机构将预算作为监督和控制政府的工具;而后随着财政收支内容的日趋复杂,开始强调预算的周密性,即注重研究预算技术的改进;自功能预算理论发展后,政府预算的功能趋于多样化,由此,预算原则又更注重发挥预算的功能性作用,即正确合理地运用预算调控功能来实现国家的整体利益。

一、西方政府预算原则的介绍

(一) 带有立法控制性的预算原则

现代预算制度产生后,各国预算学者对预算原则进行了一系列的探索,较具代表性的有:意大利财政学家 F. 尼琪(F. Nitti)提出传统预算的六原则,即公开性、确实性、统一性、总括性、分类性和年度性;德国财政学者 F. 诺马克(F. Neumark)提出预算八原则:公开、明确、事前决定、严密、限定、单一、完全、不相属。[1] 德国经济学家 A. 瓦格纳(A. Wagner)提出预算六原则:完整性、统一性、年度性、可靠性、公开性和法律性。[2] 这些预算原则对预算实践产生了较大的影响,西方财政预算理论界对这些原则加以归纳总结,形成了一套为多数国家所接受的一般性预算原则,主要包括:

(1) 预算必须具有完整性,即要求政府的预算包括政府全年的全部预算收支项目,完整地反映政府全部的财政收支活动。

(2) 预算必须具有统一性,即要求预算收支按照统一的程序来编制。

(3) 预算必须具有年度性,即指政府预算的编制、执行以及决算,这一完整的工作流程是周期性进行的,通常为一年。这里的一年是指预算年度,预算年度指预算收支的起讫时间,它是各国政府编制和执行预算所依据的法定期限。要求政府预算按年度编制,预算中要列明全年的预算收支,并进行对比。一般不容许预算收支上有跨年度的规定。

(4) 预算必须具有可靠性,即要求编制预算中,科学地估计各项预算收支数字,对各项收支的性质必须明确加以区分。

(5) 预算必须具有公开性,即指预算应是公开的法律文件,其内容必须明确,以便于社会公众能了解、审查和监督政府如何支配公共资金。

(6) 预算必须具有分类性,即要求各项财政收支必须依据其性质明确地分门别类,在预算中清楚地列示。

(二) 带有行政主动性的预算原则

一种预算原则的确立,不仅要以预算本身的属性为依据,而且要与本国的经济实践相结合,要充分体现国家的政治经济政策。资本主义发展到垄断阶段,西方国家政府加强了对经济的干预,在预算上则明显地表现出主动性。

最具代表性的就是美国联邦政府预算局局长 H. D. 史密斯(H. D. Smith)为了适应联邦政府加强对经济干预的需要,于1945年提出的旨在加强政府行政部门预算权限的八条

---

[1] 马蔡琛:《政府预算》,东北财经大学出版社2007年版,第53—54页。
[2] 上海财经大学公共政策研究中心:《2010中国财政发展报告——国家预算的管理及法制化进程》,上海财经大学出版社2010年版,第562页。

预算原则,即:

(1)预算必须有利于行政部门的计划。说明美国联邦预算必须反映总统的计划,在国会通过后,就成为施政的纲领。

(2)预算必须加强行政部门的责任。说明国会只能行使批准预算的权力,至于预算中已经核准的资金如何具体使用,则是总统的责任。

(3)预算必须加强行政部门的主动性。说明国会只能对资金使用的大致方向和目标作原则性的规定。至于如何达到目标,要由总统及其所属各个部门来决定。

(4)预算收支在时间上要保证灵活性。说明国会通过的预算收支法案必须授权总统在一定范围内可以进行调整,有权把本年度预算中的拨款,在以后年度的适当时机随时支用。

(5)预算应以行政部门的报告为依据。说明当总统向国会提出预算草案及执行情况报告时,应当提供国内外的情况资料作为国会立法的依据。

(6)预算的"工具"必须充分。说明在总统领导下必须有预算编制和执行的专职机构及众多的成员,总统有权规定季度和月度的拨款额,有权建立准备金并在必要时使用。

(7)预算程序必须多样化。说明政府的各种活动在财政上应当采取不同的管理方式,财政收支数字上也应当采用不同的预算形式。

(8)预算必须"上下结合"。说明无论在编制还是执行预算时,总统必须充分利用他所领导的各种机构和成员的力量。

可以看出,上述八项原则总的精神是加强总统的财政权,缩小国会的控制权。这一方面反映了政府加强对财政的控制,另一方面也反映了西方国家充分运用财政作为政府调节经济的手段的倾向。

二、我国的政府预算原则

按照我国《预算法》的要求,借鉴上述各国预算原则的精华并结合我国的预算实践,我国的预算原则遵循以下原则。

(一)全面完整原则

预算全面完整原则是指政府的预算应包括政府的全部预算收支项目,完整地反映以政府为主体的全部财政收支活动,全面体现政府活动的范围和方向,不允许在预算规定范围之外还有任何以政府为主体的资金收支活动。

预算的全面完整有利于政府控制、调节各类财政性资金的流向和流量,完善财政的分配、调节和监督职能;预算的完整也便于立法机关的审议批准和广大公众的了解,对政府预算收支起到监督和控制作用。

要保证预算的全面完整,其重要的标准是预算报告的全面完整。一是各级政府预算应包括本级和所属下级政府的财政信息;二是政府预算应是各级政府预算内与预算外财政收支的集合;三是财政政策目标、宏观经济筹划、预算的政策基础和可确认的主要财政风险等财政决策依据要完整。总之,预算报告要以量化了的经济收入可能和支出需要等预算信息,从政府对资源的消费、工作的履行以及对外部影响的角度为社会公众提供一幅完整具体的财政分配画面。

目前,许多国家都在致力于扩展预算的范围,加强预算的完整性。如在预算报告中除正常收支外还对税式支出、或有负债及贷款担保等加以反映。

近年来,随着预算管理体制改革的不断深化,我国已经取消了预算外资金,所有财政收支全部纳入政府预算,接受人大审查监督。这一实践符合现代预算完整性的要求,体现了建立全口径预算的改革方向。现行《预算法》第四条明确规定:政府的全部收入和支出都应当纳入预算。明确政府预算体系包括一般公共预算、政府性基金预算、国有资本经营预算、社会保险基金预算。同时对四本预算功能定位、编制原则及相互关系作出规范。从而实现政府预算的全面性、完整性。彻底解决由于部分收支游离于预算管理的范围而造成大量的财政资源配置低效率,甚至腐败等问题,以消除预算监管财政性资金的死角,提高预算管理的刚性。

(二)公开透明原则

公开透明原则是指政府预算应该是对全社会公开的文件,其内容应为全社会了解,并且预算资金的运行过程要公开透明,易于监督。

政府预算的本质内涵表明它始终都承担着公开政府财政的职责,除涉及国家秘密的内容外,所有财政资金的安排及使用情况都要公开,包括财税政策、预决算管理制度、预算收支安排、预算执行调整情况、决算情况、绩效评价等。

预算作为政府财政行动的重要载体,表明了政府财政活动的责任,是政府政绩的报道与政治职责的体现,预算过程本身就是政府向立法机构说明其决策与行动并为之辩护。通过预算将政府财政决策公之于众,可以加强政府与公众的沟通,使公众了解政府的部署,从而更好地配合政府落实有关决策。不仅如此,通过预算向公众公布政府决策的过程,也体现了民主化、科学化的决策方法,这种决策程序的公开透明反过来更能促进决策程序的民主化,更能充分地发挥预算的监督约束作用。政府预算还为公众提供了一个相对开放的渠道,公众可以确信他们的纳税没有被用于私人目标,也没有被乱用和浪费掉,而是用在了政府向他们承诺的公共事务上。预算信息公开只是一种形式,公开以后还要有一个透明状态,即公开的目的是要让"内行说得清,外行看得懂",所以就有一个透明度的问题,"阳光财政"就是让大家都知道钱到底是从哪里来,到哪里去;要求公众不仅知其然,而且要知其所以然;不仅要知道政府作出了什么决策,而且要知道为什么要这样做以及应该怎么做。这不仅是保证公众知情权的问题,更是行使监督权的前提,要据此判断政府决策程序是否规范,决策结论是否正确,执行是否合规有效等。预算透明度低不仅直接导致"暗箱操作"盛行,增加了政府执政的代理成本,而且还损伤了政府执政的公信力,造成政府宏观调控政策的有效性大打折扣。因此,政府预算的结构、内容要易于公众所理解以及便于其审查。这就要在制度上使预算形成的依据科学合理,在技术上要求预算收支的分类要翔实具体。如将财政收支采用按部门分类、按功能分类和按经济性质分类的逐步细化的方法,采用预算附件的形式对基本预算文件进行详细说明等。

预算公开透明的目标就在于要把"看不见的政府"变为"看得见的政府",实行阳光财政,确保政府预算的民主性、公开性,从而实现有效地约束政府的权力。

> **专栏 1-1**　　　　　　　《预算法》中涉及预算公开的主要条款
>
> 现行《预算法》第一条规定:为了规范政府收支行为,强化预算约束,加强对预算的管理和监督,建立健全全面规范、公开透明的预算制度,保障经济社会的健康发展,根据宪法,制定本法。
>
> 第十四条规定:经本级人民代表大会或者本级人民代表大会常务委员会批准的预算、预算调整、决算、预算执行情况的报告及报表,应当在批准后二十日内由本级政府财政部门向社会公开,并对本级政府财政转移支付安排、执行的情况以及举借债务的情况等重要事项作出说明。
>
> 经本级政府财政部门批复的部门预算、决算及报表,应当在批复后二十日内由各部门向社会公开,并对部门预算、决算中机关运行经费的安排、使用情况等重要事项作出说明。
>
> 各级政府、各部门、各单位应当将政府采购的情况及时向社会公开。
>
> 第八十九条规定:对预算执行和其他财政收支的审计工作报告应当向社会公开。
>
> 上述规定的公开事项,涉及国家秘密的除外。
>
> 上述条款表明我国通过法律明确了预算公开的范围、时间节点及责任主体。
>
> (1) 预算公开的范围。一是经本级人民代表大会或者本级人民代表大会常务委员会批准的预算、预算调整、决算、预算执行情况的报告及报表;二是经本级政府财政部门批复部门预算、决算及报表;三是各级政府、各部门、各单位进行政府采购的情况,以及对预算执行和其他财政收支的审计工作报告(《预算法》第八十九条)。也就是说,预算公开,是全面的公开。既包括中央预算,也包括地方预算;既包括预算,也包括预算调整和决算;既包括政府总预算,也包括部门预算。除了依照国家保密法规定属于国家秘密的事项,预算活动的全部内容都要向社会公开。
>
> (2) 预算公开的重点内容。《预算法》在全面公开的原则下,特别强调对一些重要事项的重点说明。如公开政府预算、决算时,应当对本级政府财政转移支付安排执行情况以及举借债务的情况等重要事项作出说明;公开部门预算、决算时,应当对部门预算、决算中包括"三公经费"在内的机关运行经费等涉公经费的安排、使用情况作出说明。
>
> (3) 公开的时间节点。一是预算、预算调整、决算、预算执行情况的报告及报表应当在批准后二十日内由本级政府财政部门向社会公开;二是部门预算、决算及报表应当在批复后二十日内由各部门向社会公开并对部门预算、决算中机关运行经费的安排、使用情况作出说明;三是政府采购要及时向社会公开。
>
> (4) 明确负责公开的部门。一是经批准的预算、预算调整、决算、预算执行情况的报告及报表由本级政府财政部门负责公开;二是批复的部门预算、决算及报表由各部门向社会公开。

(三) 执行有序原则

现代预算管理的灵魂在于通过预算约束,规范政府收支行为。而硬化预算约束的关键就是不能随意开财政收支的口子。预算一经立法机构批准,就成为具有法律效力的文件,无预算的一律不得收支。各级政府、各预算部门和单位就应该按照批准的预算执行,按照预算确定的收入任务,依法积极组织预算收入;按预算支出计划,及时合理拨付预算资金;执行中必需的预算调整要经过立法机构的批准。

严格按预算支出,是国际通行的预算基本原则,也是依法理财的重要基础。我们在推进预算监督中,必须不断硬化预算的约束力,使预算成为"带电"的高压线,并增强执法刚性,使其真正成为约束政府的制度笼子。

(四)绩效管理原则

政府预算的绩效管理,一是要以政府预算决策的社会机会成本作为评价预算决策绩效的重要依据,即只有当一笔资金交由公共部门使用能够创造出比私人部门使用更大的效益时,这笔资金的预算决策才是具有效益的;二是政府预算客观上存在效益问题,要求政府在预算决策过程中要考虑各个施政方案的绩效,作出理性的抉择,以对有限的资源作出最有效的配置。

政府是通过非市场机制提供公共产品,进行资源配置。要使社会资源能够得到有效配置,就要使政府提供的公共产品符合消费者整体的偏好,而政府预算则是对基于公众偏好的政府决策的表达。如何在不同的产品和服务之间分配有限的资源反映了资源分配者的偏好,它实际上是公共资源分配者在经过复杂的决策过程后形成的集体偏好,这就要求政府预算决策必须建立在认真考察政府的政策设计基础上,从而力求把政府的不当干预引起的资源配置的无效和低效降到最低限度。如果公共产品的供给是由消费者整体的偏好选择决定的,那么公共产品的供给整体上说就是有效率的,在实践中通常体现在预算安排的决策中。

在公共财政条件下,政府财政分配活动与一般经济主体活动有所区别,它是为满足社会公共需要而进行的分配活动,绩效的主体是公共部门。因此,政府预算绩效不同于一般的经济效率,有其特殊性。主要表现在,绩效指标存在多元性,即政府预算的绩效指标除经济、政治指标外,更多地应反映社会发展和公众满意度等绩效指标。绩效指标的多元性,决定了政府预算绩效的测算和评价的复杂性,即许多政府活动领域并不能单纯地以货币为尺度进行有效的分析,因此,在对政府预算进行绩效评价时,应对不同的预算项目采用不同的评价方法。

我国现行《预算法》首次将预算绩效问题写入了预算法律之中。

专栏1-2　　　　　　　　《预算法》中涉及绩效的主要条款

第十二条规定:各级预算应当遵循统筹兼顾、勤俭节约、量力而行、讲求绩效和收支平衡的原则。

第三十二条规定:各级预算应当根据年度经济社会发展目标、国家宏观调控总体要求和跨年度预算平衡的需要,参考上一年预算执行情况、有关支出绩效评价结果和本年度收支预测,进行编制。

各部门、各单位应当按照国务院财政部门制定的政府收支分类科目、预算支出标准和要求,以及绩效目标管理等预算编制规定,根据其依法履行职能和事业发展的需要以及存量资产情况,编制本部门、本单位预算草案。

第四十九条规定:人大报告要对执行年度预算、改进预算管理、提高预算绩效、加强预算监督等提出意见和建议。

第五十七条规定:各级政府、各部门、各单位应当对预算支出情况开展绩效评价。

第七十九条规定:各级人民代表大会常务委员会对本级决算草案,重点审查下列内容:……重大投资项目资金的使用及绩效情况。

(五)平衡稳健原则

预算的基本问题实际上是预算收支之间的对比关系问题。从理论上说,预算收支之间的对比关系不外乎三种情况:收支相等、收大于支、支大于收,即平衡、结余和赤字。收支数字绝对平衡的情况只会出现在预算报表的编制中,在实际执行中一般出现的只是两种情况,即结余或赤字,因此我们通常所说的平衡一般是指预算的基本平衡。

平衡稳健原则即是要求预算的结余或赤字在可控的范围之内,以保持政府预算的稳健。因为政府预算资金结余过多或长期大量的赤字会对私人资本产生挤出效应,对国民经济发展不利,因此预算如何平衡问题一直是预算理论中的重要问题。

1997年问世的欧盟《稳定与增长公约》对于预算的平衡稳健设置了三条原则:① 公共赤字占国内生产总值(GDP)的比重不得突破3%的上限;② 公共债务占GDP的比例不能超过60%;③ 中期预算应实现平衡。如果违规,成员国将受到警告、限期改正甚至罚款等处罚。

要做到预算平衡稳健首先要"量入为出",这里对"入"的理解有两种:一是狭义的,即在既定的预算收入范围内安排支出;二是广义的,即在可能的预算收入范围内安排支出,是将债务收入等因素考虑进去。在现代经济条件下,特别是当预算成为政府调控经济的手段后,保持预算的平衡稳健尤其要注意的是政府财政开支的扩大引起的赤字增加,及由此引发的债务危机和财政危机。

收支应保持平衡,这是任何预算都必须遵循的铁律,也是对国家预算决策最关键的约束之一。但是在预算被作为调控手段后,这种预算收支平衡将突破以往的简单年度平衡,将视平衡条件建立跨年动态平衡机制。

我国《预算法》第十二条第二款规定"各级政府应当建立跨年度预算平衡机制"。表明与传统的年度平衡相比,预算的平衡可在一定条件下采取跨年度周期平衡。

年度平衡预算是指每一年的财政收支结果都应是平衡的预算。这一理财思想是基于简单的政府预算行为应"量入为出"这一观念上,即政府预算应根据收入能力安排支出,不能出现赤字,认为预算的平衡就能表明政府是具有责任感和高效率的。这一理论是健全财政政策的具体反映,年度平衡预算政策强调的是对政府财政活动实施"控制"和"管理"。而跨年平衡是指在预算收支的对比关系上,可在一定的经济周期内保持收支平衡,而不一定是在某一个特定的财政年度内保持平衡。这种预算平衡政策强调的是实现宏观经济"目标",保持国民经济整体的平衡,而不单纯强调保持预算收支的年度平衡。前者关心的是分配和配置问题,后者则特别注重总体经济运行和经济增长目标,它将人们的注意力由关心年度收支平衡转移到关心周期平衡上来。

在一定前提条件下的预算的跨年平衡机制将年度预算纳入到一个带有瞻前顾后特点的中长期财政规划中,并不断根据经济和财政情况的变化进行修订。其突出的优点就是有利于政策的长期可持续性,使决策者能够尽早发现问题,鉴别风险,采取措施,防患于未然。因为单纯的年度预算存在一些缺陷:一是年度预算容易忽略潜在的财政风险。一些预算决策在年度间的实施不易做到瞻前顾后,容易在决策的合理性和资金保证上出现偏差。二是在年度预算中,各项收支已由预算确定好了,具有法律性,这样,在一个预算年度内进行收支结构的调整就受到了限制,与年度内的不确定因素产生了矛盾。三是年度预算限制了政府对未来的更长远的考虑。鉴于此,许多国家已采用了3—5年的中期财政规划甚至更长期的多年财政规划,以弥补年度预算的不足。

（六）监督问责原则

监督问责是现代预算制度的重要原则之一。追溯现代预算的源头,政府预算是在新兴资产阶级限制国王滥用财权的斗争中诞生的,议会（立法机构）取代国王掌握财政税收决定权,是现代预算制度最基本的标志和灵魂,实质就是以"法治"代替"人治",以"公权"代替"私权"。法律赋予了政府获取与使用公共资源的权力,政府在行使权力的过程中就应当受到监督与制约,这就促成了监督问责机制的产生。只有让权力受到监督、滥用权力的行为受到责罚,才能保证权力公正、公平地运行。预算作为现代国家治理体系的重要工具,势必要发挥其对权力的监督问责作用。

监督是立法机关对财政部门的预算编制、执行情况的监督。在我国主要包括从各级人民代表大会对于政府财政部门编制的预算草案进行审查和批准,到各级人民代表大会常务委员会对财政预算执行过程进行不定期的监督和对财政收支预算的调整或变更情况进行审查与批准,再到人民代表大会对财政预算执行情况及其结果的审查和批准这一全过程的监督。问责就是对违法、违约行为追究其相应的法律责任的过程。现代公共预算制度最重要、最本质的核心功能是法定授权,明确相关政府部门及其人员在政府预算收支活动中的法律责任就成了预算管理的重要内容之一。

第四节 政府预算的政策

一、财政政策与预算政策手段

（一）财政政策的概念

财政政策是一国宏观经济政策体系的重要组成部分,就是通过主动运用政府预算、税收和公共支出等手段,来实现一定的经济、社会发展等宏观经济目标的长期财政战略和短期财政策略。

对财政政策理解的这种转变经历了一个过程。20世纪60年代初,美国财政学者V.阿盖笛对财政政策作了如下解释:财政政策可以认为是税制、公共支出、举债等种种措施的整体,通过这些手段,作为整个国家支出组成部分的公共消费与投资在总量和配置上得以确定下来,而且私人投资的总量与配置受到直接或间接的影响。这一定义是从财政政策手段的运用及其影响方面对财政政策进行界定的。

美国另一位财政学家格劳维斯教授认为:财政政策一词业已形成一种特殊的思想和研究领域,即研究有关国家资源的充分、有效利用以及维持价格水平稳定等问题。财政政策的短期目标是消除经济周期波动的影响;而它的长期目标则是防止长期停滞和通货膨胀,与此同时,为经济增长提供一个有利的环境。这个定义已经从强调财政政策手段转移到强调财政政策目标方面。

对财政政策概念所作界定的侧重点转移的原因主要是,随着经济、社会的发展和政府职能的扩展,以及宏观经济学理论的兴起,财政政策的各种手段越来越多地被应用,因此,人们更加关注的领域自然是财政政策所能达到的政策目标。

(二)预算政策手段

财政政策目标的实现离不开一些政策手段。为实现财政政策目标,必须有一定的手段可供操作,一定的财政政策手段是财政政策效果的传导机制。

经济学家一般把财政政策手段分为三大类,即预算、公共收入和公共支出。公共收入包括税收和公债,公共支出(广义公共支出)包括一般性公共支出(狭义公共支出)和政府投资。因此,财政政策手段主要包括预算、税收、公债、公共支出和政府投资等五大类。

预算作为一种控制财政收支及其差额的机制,在各种财政政策手段中居于核心地位,它能系统地和明显地反映政府财政政策的意图及目标。预算政策作为一种财政政策工具,主要通过预算的预先制定和在执行过程中的收支必要调整,来实现其调节功能。从预算的不同级次来看,中央预算比地方预算担负着更为重要的宏观调节任务。

预算政策手段的调节功能主要体现在财政收支规模、收支差额和收支结构上。预算通过集中性分配与再分配,可以决定民间部门的可支配收入规模,可以决定政府的投资规模和消费总额,可以影响经济中的货币流通量,从而对整个社会的总需求以及总需求和总供给的关系产生重大影响。

预算收支差额包括三种情况:赤字预算、盈余预算和平衡预算。赤字预算对总需求产生的影响是扩张性的,在有效需求不足时可以对总需求的增长起到刺激作用;盈余预算对总需求产生的影响是收缩性的,在总需求膨胀时,可以对总需求膨胀起到有效的抑制作用;平衡预算对总需求的影响是中性的,在总需求和总供给相适应时,可以维持总需求的稳定增长。

预算手段有两个显著的特点:首先,预算手段既影响收入,又影响支出和收支差额,所以,预算手段的作用范围和途径更广泛;其次,预算手段一般只涉及对总量的调节,不涉及对个量(如相对价格)和个体的经济行为的调节。

二、预算政策的类型及分析

政府预算包括了政府每一财政年度的收入与支出,预算是否保持平衡,会对宏观经济产生扩张或紧缩作用。因此,政府可以根据宏观经济形势,运用预算政策,有计划地使政府预算产生赤字、盈余或实现平衡,来达到有效调节国家宏观经济的政策目标。预算政策的主要类型包括:

（一）年度平衡预算政策

年度平衡预算是指每一年的财政收支结果都应是平衡的预算。这一理财思想基于政府预算行为应"量入为出"这一观念，即政府预算应根据年度收入能力安排支出，不能出现赤字，预算的平衡表明政府是具有责任感和高效率的。这一理论是健全财政政策的具体反映。

年度预算平衡政策是古典学派经济学家的一贯主张。在资本主义自由竞争时期，经济学家主张尽量节减政府支出，力求保持年度预算收支的平衡，并以此作为衡量财政是否健全的标志。上述观点一直延续到20世纪初期。在此期间，虽然有些国家的预算存在赤字，但舆论认为这是财政的不健全，而健全财政的标志是保持预算平衡。

古典经济学家将年度预算平衡作为政府预算行为准则的主要理由是：第一，政府通过发行公债弥补赤字，使得私人部门能够用来取得资本品的资金转移到了公共部门，会造成公共部门相对扩张，从而阻碍了私人部门的经济发展，即认为公共部门的发展是以牺牲私人部门为代价的；第二，政府施行赤字预算会导致国家债务累积额增加，进而引发通货膨胀和财政危机。

从经济资源合理配置的角度看，古典经济学家关于政府预算年度平衡的理论有其合理性，因为在以市场为导向进行资源配置的社会里，年度预算平衡政策具有控制政府超额支出、防止公共部门过度扩张从而造成社会发展不平衡的作用。但到了20世纪中叶，由于社会的高度工业化、市场失灵和宏观经济的失衡，以及公众要求公共部门所应提供的服务范围的不断扩大，政府支出呈现不断增长的趋势。这些情况与年度预算平衡的政策产生了较大的冲突，各国政府发现年度预算平衡政策对经济波动的调节作用十分有限。所以，尽管年度预算平衡政策在相当长的时期内在约束政府财政行为上发挥了重要作用，但随着资本主义市场经济的发展，它也受到了与之相反的观点的冲击。

（二）功能财政预算政策

功能财政预算是指应以财政措施实施的后果，对宏观经济所产生的作用为依据来安排政府的预算收支。

功能财政预算政策是与年度平衡预算政策截然相反的预算政策。年度平衡预算政策强调的是对政府财政活动实施"控制"和"管理"的重要性，功能财政预算政策强调的则是实现宏观经济"目标"，保持国民经济整体平衡的重要性，而不单纯强调政府预算收支之间的对比关系，保持预算收支的平衡。前者关心的是分配和配置问题，后者则注重总体经济运行和经济增长目标。

功能财政概念创建于凯恩斯时期之初，以凯恩斯经济理论为基础。该政策的早期表述主要考虑的是稳定，强调的是消除20世纪30年代存在的失业，并没有强调经济增长的功能。著名经济学家勒纳（Lerner）于20世纪40年代提出了较为完整的功能预算政策观点，勒纳认为政府不应只保持健全财政的观点，而是应当运用公共支出、税收、债务等作为调节经济的重要工具。当整个社会的需求不足，以致失业率过高时，政府就应当增加支出和减少税收；当社会上需求过多，导致通货膨胀发展时，政府就应当减少财政支出和提高税收；当社会上借贷资本过剩时，就应当出售政府债券；当社会上现金不足时，就应当收回

政府债券。按照功能财政预算政策的要求,政府行政部门和立法部门应当根据经济周期的不同状况,采取恰当的预算收支策略:

(1) 为消除失业和通货膨胀,政府可以采取赤字预算或盈余预算,以实现政府政策目标。当经济萧条时,以赤字预算的方式主动刺激经济的复苏;当经济繁荣时,采取盈余预算方式主动削减过度的需求,以抑制通货膨胀的发生。

(2) 为达到社会最佳的投资水平和利率水平,政府可以利用公债的发行和清偿,来调整社会货币或公债的持有水平。当市场利率水平偏低或投资压力过大以致可能发生通货膨胀时,需要减少私人部门的货币支出而增加公共部门的支出,政府则应发行债务;反之,政府则应偿还一定数量的债务。

(3) 当政府的公共支出大于税收收入和债务收入时,其差额应采取向中央银行借款或增发货币的方式弥补,反之,当政府税收收入超过公共支出时,其预算盈余应用于偿还以往政府借款或采取买入公债等方式,使超额收入以货币形式重新流入社会。以上措施的选择应以价格稳定和充分就业的政策目标为依据,采取相机抉择的方式来实现政策目标。

所以,功能财政预算政策是把政府的课税、支出、举债等行为作为一种具有调节经济功能的工具加以采用。

(三) 周期平衡预算政策

周期平衡预算是指在预算收支的对比关系上,应在一个完整的经济周期内保持收支平衡,而不是在某一个特定的财政年度或一个日历时期内保持平衡。

周期预算平衡政策是美国经济学家阿尔文·汉森(Alvin Hansen)于20世纪40年代提出的。他主张预算的平衡不应局限于年度预算的平衡,而是应从经济波动的整个周期来考察预算收支的平衡。政府应以繁荣年份的预算盈余补偿萧条年份的预算赤字。在经济发展下降的阶段,政府应当扩大支出(包括购买支出和转移支出)和减少税收,以增加消费和促进投资,恢复经济的活力。这时从预算收支的对比关系上看,表现为支大于收,在年度预算上必然会产生赤字;当经济已经复苏,在投资增加和失业减少的情况下,政府可以适当减少支出,或酌量提高税率以增加税收,以减轻通货膨胀的压力。这时在年度预算上就会出现收大于支的盈余,这样就可以用繁荣年份的盈余补偿萧条年份的赤字,预算盈余和预算赤字会在一个周期内相互抵消。因此,从各个年度来看,预算不一定是平衡的,但从整个经济周期来看,则是平衡的,即所谓"以丰补歉、以盈填亏",从而可以达到维持和稳定经济的目的。

周期预算平衡政策突出的优点表现在以下两个方面:第一,该政策接受了功能财政预算政策的合理要素,即肯定调整预算收支会对宏观经济产生积极的影响,有助于宏观经济目标的实现;第二,它仍然保持了有效配置经济资源的预算控制机制,继承了年度平衡预算政策的主要优点。

(四) 充分就业预算平衡政策

充分就业预算是指要求按充分就业条件下估计的国民收入规模来安排预算收支,这样达到的预算平衡,就是所谓充分就业预算平衡。也就是设想在现有的经济资源能够得到充分利用的条件下,国民生产总值可以达到最大值,税收收入也随着国民生产总值的增长而增长。此时,政府在安排预算时,为了达到充分就业水平,就必须增加财政支出以刺激生产和增加就业。但由于当年的实际国民生产总值要低于希望达到的充分就业水平,所以在预算上就会出现赤字。安排这样的赤字有利于实现充分就业预算平衡,也是达到充分就业水平所必需的。

什么是充分就业?凯恩斯学派的经济学家提出了"充分就业"的假定。所谓充分就业,是指在一定的货币工资水平下,所有愿意工作的人都得到了就业。实际上由于种种原因(如结构性失业等),充分就业并不是失业率等于零。

充分就业预算平衡政策的突出特点是,以财政自动稳定器理论为基础。由于政府的主要税种都与国民收入水平有密切联系,所以税收收入与国民收入的升降呈正相关的关系。与周期性预算平衡政策不同的是,其预算收支的调整是自动发生的,并不取决于对税率的人为变动,即国民收入的不断提高将伴随着税收收入的增加,同时,由于失业人数的减少,失业保险等转移性支付也将随之减少;相反,国民收入的下降将伴随着税收收入的减少,而失业保险支付将增加。所以无论是在经济繁荣抑或是衰退时期,税收与政府转移性支出都具有自动调整预算收支的内在机制,进而可以起到熨平经济周期波动、促进经济增长的作用。

可以看出,充分就业预算平衡政策正是依靠财政的内在稳定器特征,以合理的反周期调节方式起作用:在经济扩张时期,总需求会自动受到"抑制";在经济衰退时期,总需求会自动得到"激励"。从而达到在充分就业和价格稳定的目标条件下,仍可以保持预算的平衡并有一定的盈余。

充分就业预算平衡政策与功能预算政策及周期平衡预算政策有很大的不同,在实现预算政策目标及达到一定经济周期内预算收支平衡的方式上,充分就业预算平衡政策主张主要利用自动稳定机制,而功能预算政策及周期平衡预算政策主张充分利用人为的财政措施。

(五) 综合性的预算政策

可以看出,以上各种预算政策都存在着各自的优点及缺陷:① 年度平衡预算政策,其目标在于限制或控制预算或财政,这对于主要以市场配置资源的社会尤为重要。但是,过分强调这种"财政纪律"预算政策,很可能导致经济稳定和增长的巨大牺牲。② 功能财政预算政策,它的目标在于在市场经济中实现充分就业、物价稳定、经济增长以及国际收支平衡等宏观经济目标。但是,这个政策的最大缺陷是忽视了"财政纪律",也就是说不受预算控制,把部门间的资源配置问题放在了次要位置上。一些经济学家认为,上述两个政策都走向了极端。合理的财政政策应包括"控制"和"宏观经济目标"两方面的因素。③ 周期平衡预算政策和充分就业预算平衡政策都包括了有关实现资源配置的预算控制和改善总体经济运行的预算行为这两方面的内容。

因此,为了实现"稳定"和"增长"的宏观经济目标以及"配置"和"分配"的微观经济目标,一种有效而合理的经济政策应包括各项预算政策的合理因素。所以,必须设计一种兼具上述各种预算政策优点的综合性预算政策,其政策内容除包括上述各种预算政策的特点外,还应合理运用自动稳定和相机抉择政策措施以及协调运用财政政策与货币政策。

总之,为实现充分就业、物价稳定、经济增长及国际收支平衡等综合的国民经济发展目标,应建立一种能够综合而富有弹性、灵活的预算政策,它有助于促进资源的合理配置,实现宏观经济的健康运行。

专栏 1-3　　　　　　　预算政策的宏观调控作用

在市场经济条件下,政府为了保证经济稳定增长、收入分配公正、产业结构合理均衡并纠正市场缺陷,会选择适当的预算政策在宏观调控中发挥重要的作用。预算也已从简单的控制收支的手段发展成为宏观调控的重要工具。

近年来,受全球经济持续低迷的影响以及国内经济结构调整战略的实施,我国经济增长呈现出明显放缓的态势,经济增长率从 2010 年 10.3% 下降到 2014 年的 7.4%,2015 年进一步下降到 6.9%,2016 年预计为 6.5%—7%。

在经济与财政"新常态"情况下,我国预算政策如何发挥其宏观调控作用?

一是推动跨年度预算平衡机制的建立,研究编制三年滚动的中期财政规划,强化其对年度预算的约束和指引作用。

二是进一步减税降费。我国于 2016 年 5 月 1 日已经全面推开了营改增试点,将试点范围扩大到建筑业、房地产业、金融业、生活服务业。并且加大收费基金清理和改革力度。这些减税降费举措全年将减轻企业和个人负担 5 000 多亿元。

三是阶段性扩大财政赤字规模。全国财政赤字拟安排 21 800 亿元,比 2015 年增加 5 600 亿元,赤字率达到 3%。扩大的赤字,在适当增加必要财政支出的同时,主要用于弥补减税降费带来的财政减收,保障政府应该承担的支出责任。此外,纳入政府性基金预算管理的地方政府专项债务也明显增加,并加大盘活和统筹使用结转结余资金的规模,使支出总水平和重点支出达到一定的力度。

四是调整优化支出结构。按可持续、保基本原则安排好民生支出。严格控制"三公"经费预算,压缩会议费等一般性支出。对收入高增长时期支出标准过高、承诺过多等不可持续支出或政策性挂钩支出,在合理评估的基础上及时压减。优化转移支付结构,重点压减专项转移支付数额,相应提高均衡性转移支付以及老少边穷地区转移支付规模。

五是加大财政资金统筹使用力度。对 2015 年年末财政存量资金规模较大的地区或部门,适当压缩 2016 年预算安排规模。对执行中不再需要使用的资金,及时调整用于重点支出,减少按权责发生制结转支出。将政府性基金预算超出规定比例的结转结余资金,调入一般公共预算统筹使用。提高国有资本经营预算调入一般公共预算的比例。同时,创新财政支出方式,提高财政支出效率。

第五节 政府预算的功能

准确理解预算职责功能的前提是把握预算与财政的关系。财政收支活动是预算的执行过程,因此,预算的职责功能是就预算与财政的关系而言的,是预算对财政以及对经济的影响和作用。

一、政府预算职责功能的历史演进

(一) 分配和监督

预算发展的早期阶段,预算在分配中担负着两个职责:首先是法律控制职责,通过控制税收来控制支出,监督财政"不能干什么";其次是管理职责,即政府行政管理依据预算展开。如在欧洲,预算的主要目的是确立立法机关的职责。首先使立法机关能够控制税收,在取得课税权、批税权之后,预算又把注意力转移到控制支出上,要求每年提送既包括支出说明书也包括为此组织收入的说明书的预算报告,在此基础上形成制度。逐步确立起规范与节约等有关收支的原则,在政府内部建立起相关机构,控制、监督政府资金管理和使用。预算及其执行结果直接地表明政府活动的成本、效率,其作为政府确立行政标准的依据,目的是提高行政效率和管理水平。因此,分配和监督是公共财政制度确立及自由市场经济时期产生的预算职责功能,是基本的职责功能。

(二) 调节与调控

伴随着政府职能的日益扩大,尤其是第一次世界大战以后各国政府支出剧增,再加上经济大萧条影响到就业与稳定,此时财政担负起更多的职责,成为政府调节经济、实施经济政策的手段,预算的职责功能随之发生了变化,派生出积极的调节经济的职责功能,决定财政应该"干什么"。

如何实现调节与调控,主要是树立财政政策甚至货币政策的结构框架。如为了达到某项政治、经济、社会目标,政府制定政策;为了实现政策,政府选择行动方案;为了实现方案,政府统筹资金的获得和使用。所以方案一经决定,政策就在预算框架中反映出来并通过预算实施得以实现。第一,从政策操作角度来讲,预算要分析、判断经济变化趋势,表达有效利用社会资源的意向,决定政府预算规模在国民收入中的份额,更具体地说,就是在税收、消费、转移支出及投资支出之间,以及在各个部门之间的资源配置。第二,预算要确定促进宏观经济平衡的财政政策,要求对收入、支出和货币政策作通盘考虑,作出与就业、价格稳定、国际收支平衡相协调的经济增长的政策选择;预算必须力求使支出的社会效益与向私人部门抽取资源的社会成本相等;预算要对政府债务作谨慎评估。第三,预算已成为减少社会不公平的工具。税收和财政支出的作用及其对分配产生的影响及影响方式,必须由预算进行筹划。尽管分配目标须通过各种手段来实现,但预算是一个重要的手段。第四,预算要就财政政策对国民经济总体的影响作出接近实际的评价。

二、政府预算的职责功能

通过预算制度发展的历史,可以看出现行政府预算的职责功能包括财政分配、宏观调

控、反映和监督。

（一）政府预算的财政分配功能

政府预算是分配财政资金的主要手段。财政分配是指财政参与国民生产总值的分配和再分配，集中必要的资金，用以满足社会的公共需要。财政分配职能需要由财政部门运用预算、税收、转移支出、财政投资、财政补贴、国有企业上缴收益等一系列分配工具来实现，其中主要是通过预算进行。

第一，政府预算集中了相当数量的社会资源。国家通过税收、公债、上缴利润等分配工具把分散在各地区、各部门、各企业单位及个人手中的国民生产总值的一部分集中起来，形成政府预算收入。

第二，政府预算是分配资金满足社会公共需要的主要形式。由于公共产品和服务的特性决定了市场不能有效提供，往往需要通过政府预算对其进行资源的配置，因此，国家根据社会公共需要，将集中的预算收入在全社会范围内进行再分配，合理安排各项支出，保证重点建设、行政、国防和科教文卫等方面的需要，为公共产品和服务提供必要的财力保证。

因此，政府预算的收入来源和支出用途能够全面反映财政的分配活动，体现集中性财政资金的来源结构和去向用途，即政府预算收入的来源结构、数量规模和增长速度能够反映国民经济的收支结构、发展状况、经济效益、积累水平和增长速度；政府预算支出的比例结构、支出流向体现国民经济和社会发展以及政府各部门之间的比例关系。

（二）政府预算的宏观调控功能

在市场经济条件下，宏观调控也是不可缺少的，因为单靠市场调节往往会造成资源配置浪费，也会失去社会公平，所以，当市场难以保持自身均衡发展时，政府可以根据市场经济运行状况，选择适当的预算政策，以保持经济的稳定增长和社会的公平发展。

政府预算作为财政分配的中心环节，在对财政资金进行筹集、分配和使用的过程中，并非只是一般的财政收支活动，还通过收支活动有意识地为财政的调控功能服务，那么这种收支活动就又成为对经济进行宏观调控的重要工具，即它主要通过预算的预先制定和在执行过程中的收支调整，实现其对经济及社会发展进行调节和调控的功能。

政府预算调控经济功能的特征：一是具有直接调控性。因为政府预算是由收支两类指标组成的，这些指标一经立法机构批准，就具有指令性，带有强制执行的效力。二是调节力度强。这不仅是因为政府预算是一种直接调控手段，而且因为它是政府集中对社会产品进行的分配。预算资金的统一安排使用，对于解决国民经济和社会发展中迫切需要的重大项目资金来源，可以做到时效强、收效快。

政府预算的宏观调控功能主要表现在：

1. 通过预算收支规模的变动，调节社会总供给与总需求平衡

由于预算收入代表可供政府集中支配的公共资源，是社会供给总量的一部分，预算支出代表通过预算分配形成的社会购买力，是社会需求总量的一部分，因此通过调节政府预算收支之间的关系，就可以在一定程度上影响和调节社会供求总量的平衡。具体表现在：

（1）当社会总需求大于社会总供给时，预算可采取紧缩支出和增加税收的办法，采取

收大于支的盈余政策进行调节,以减少社会总需求,使供求之间的矛盾得以缓解;

(2)当社会总需求不足时,可以适当扩大预算支出和减少税收,采取支大于收的赤字政策进行调节,以增加社会总需求;

(3)当社会供求总量基本平衡时,预算可实行收支平衡的中性政策与之相配合,即预算调节经济的作用主要反映在收支规模和收支差额的调节上。

赤字预算体现的是一种扩张性财政政策,在有效需求不足时,可以对总需求的增长起到刺激作用。盈余预算体现的是紧缩性财政政策,在总需求过旺时,可以对总需求膨胀起到有效的抑制作用。平衡预算体现的是一种均衡财政政策,在总需求和总供给相适应时,可以保持总需求的稳定增长。

2. 通过调整政府预算收支结构,进行资源的合理配置

资源配置,是社会可利用的经济资源在公共部门和民间部门之间以及在它们各自的内部各领域之间的分配。其中,民间部门资源的最优配置是通过市场价格机制实现的,公共部门和民间部门之间的资源配置与公共部门内部的资源配置是通过政治程序编制预算实现的。

政府预算首先决定了整个资源在公共部门和民间部门之间分配的比例,即各自的规模,然后决定了被分配到公共部门的资源规模的内部配置,即配置结构。可以说,在现代市场经济国家,市场是资源配置的基础机制,而政府预算则是整个社会资源配置的引导机制。

(1)调节公共部门与民间部门的资源配置。我国的经济体制改革的重要着力点就是资源配置机制的重构问题,即由计划经济体制下的政府一元化配置资源,转变为现代市场经济体制下的政府与市场,也即公共部门与民间部门的二元化资源配置。政府配置资源的机制是预算,市场配置资源的机制是价格。社会可利用的经济资源通过预算在公共部门与民间部门之间如何分配,实际是政府财政参与国民生产总值的分配比例问题。在对国民生产总值的分配中,通过政府预算集中资金的比重究竟应占多少,应当有一个比较符合我国国情的合理的数量界限。在国民生产总值一定的情况下,政府集中多了,会挤占社会其他方面的利益,不利于国民经济和社会的发展;而集中少了,政府掌握不了足够的财力,会影响政府职能的充分发挥。因此,应合理确定符合我国国情的政府预算收入占国民生产总值比重的数量界限。确定政府预算规模的依据是以政府预算支出的范围为导向,而政府预算支出的范围又取决于市场经济条件下政府的职能范围。在我国传统的计划经济体制下,政府是社会资源配置的主体,财政作为以国家为主体的分配,必然在社会资源配置中居于主导的地位。因此,形成了大而宽的财政职能范围,覆盖了社会生产、投资、消费的各个方面。在市场经济条件下,社会资源的主要配置者是市场,而不是政府,即政府财政只应在社会资源配置中起补充和辅助的作用。财政所要解决的只能是通过市场解决不了或者解决不好的事项,诸如提供公共产品和部分准公共产品、纠正外部效应、维持有效竞争、调节收入分配和稳定经济,等等。因此,各国政府配置资源的领域通常是政权建设、事业发展、公共投资、收入分配调节等领域。在我国市场经济条件下,需要转变政府职能,重新认识在市场经济条件下我国财政职能的范围,并在此基础上,调整作为财政分配重要手段的政府预算集中社会资源的比例,以调节社会资源在公共部门和民间部

门的配置。

（2）调节国民经济和社会发展中的各种比例关系结构。民间部门的经济活动通过市场由价格机制确定其活动方向，即价格机制引导私人部门的资源配置；财政活动通过政治程序编制预算，决定其活动方向，调整各种利益关系，即预算机制引导政府部门的资源配置，如预算支出增加对某个地区和部门的投资，就能促进该地区和部门的发展；相反，减少对某个地区和部门资金的供应，就能限制该地区和部门的发展。因此，调整政府预算的收入政策和支出结构，就能起到调节国民经济各种比例关系和社会发展结构的作用，并且这种调节具有直接、迅速的特点。

第一，调节资源在地区之间的配置。在世界范围内，地区之间经济发展不平衡是普遍现象，这一问题在我国显得更加突出，这有自然和历史等多方面的原因。解决这一问题，仅仅依靠市场机制是难以完全奏效的，有时利用市场机制还会产生逆向调节，使资源从经济落后地区向经济发达地区转移，这与整个经济和社会的发展与稳定是相悖的。因此，要求财政资源配置职能发挥作用，其主要手段是通过预算安排，以税收、投资、财政补贴和转移支付等政策形式来实现。

第二，调节资源在经济和社会各部门之间的配置。合理的部门结构对提高宏观经济效果、促进国家健康发展具有重要意义。预算调整部门结构有两条途径：一是调整投资结构。如增加对国家需要优先发展的部门的投资，则会加快该部门的发展；相反，减少对某部门的投资，就必然会延缓其发展。二是改变现有产业部门的生产方向，即调整资产的存量结构，进行资产重组，来调整产业结构。政府预算在这两个方面发挥着调节作用：一是调整预算支出中的直接投资，如增加教育科技、医疗卫生、社会保障等部门的投资，减少一般加工制造部门的投资；二是利用预算收支，安排有利于竞争和对不同产业区别对待的税收、财政补贴等引导企业的投资方向，以调整资产存量结构。

3．公平社会分配

改革开放以来，由于打破旧的分配格局以及进行经济结构调整，加之市场经济的消极作用，我国收入分配的现状，出现了地区之间收入悬殊和个人之间分配不公的问题。这种状况将影响经济的持续、均衡发展及社会的安定。因此，可以充分利用政府预算在财政分配中的中心地位，采取税收、财政转移支付及财政补贴等手段，调节社会分配，调节中央与地方之间、地区之间、行业之间以及公民个人间的收入分配。

（三）政府预算的反映和监督功能

1．反映国民经济和社会发展状况

政府预算具有综合性强的特点，即预算收入可反映国民经济发展规模、结构和经济效益水平，预算支出可反映国家各项经济及社会事业发展的基本情况。而这些综合情况可通过国民经济各部门、各企事业单位、税务部门、国家金库以及财政部门内部各职能单位的预算报告制度，按照一定的信息渠道及时反映到预算管理部门。也就是说，通过预算收支指标及其完成情况，可反映政府活动的范围和方向，反映国家经济和社会发展各方面的活动状况以及政府各部门的情况。这就使预算的编制及执行情况本身成为整个国民经济和社会发展的观察哨，通过它可以掌握国民经济和社会发展的趋势，发现问题，及时采取对策，以使国民经济和社会发展植根于稳固的基础之上。

2. 监督各方依法理财

预算监督是预算对财政活动的规范和控制,是对预算履行其职责的状况及其结果的检验,是预算的最终目的。内含于预算之中的法律控制职责始终支配着预算:一方面,预算本身具有法律效力;另一方面,预算是在法令规章的网络中形成和执行的。检验预算的优劣,不仅在于预算本身的形式或内容如何完善,而更重要的是在于它能否起到对政府行为及财政活动的控制约束作用。在政府财政活动的每一阶段上都有政府行为是否合法的问题,而且随着社会、经济、技术的发展越来越突出,尤其表现在防止滥用职权或转移公款方面,因此,预算的监督控制职责也日益加重。

预算监督的理论依据是,政府与公民之间存在一种社会契约关系,在这种契约关系中,政府向公民提供公共产品及服务,而公民则向政府缴纳政府提供公共产品的价值补偿——税收。财政资金的提供者——公民,有权全面了解政府是如何花费自己所缴纳的税款的。历史也说明,实行代议制的政体比实行专制王权的政体更有利于取得财政收入。原因无非是前者给公民参与决策与监督的机会,公民相信由代议机构作出的决定具有合法性,因此更愿意依法纳税;反之,在专制王权下,如何征税、税款如何使用都是统治者说了算,因此,人们千方百计地逃税,致使政府税收征税代价高而成效低。由此得出的结论是:民主决策与监督有利于政府财力的动员,原因在于,公民通过行使民主决策与监督权,可以使政府将有限的资金投向人们最需要的公共产品;可以有效防止政府官员对公共财产的侵蚀,而其监督政府对公共资金使用情况的一个重要工具就是政府预算。

预算作为财政的控制系统,本身是制度体系。预算的监督控制效力乃是制度效力问题。美国的预算管理者进行预算改革的理论观点认为,腐败现象的根源不是出在人品上,而是出在制度上。从这个意义上看,预算实际上是一种对政府及政府官员实施的制度控制方法。因此,应通过一系列的制度建设来保证预算监督效力的发挥。

本章小结

就公共财政而言,政府预算是指经法定程序审批的具有法律效力的政府财政收支计划,是政府筹集、分配和管理财政资金及宏观调控的重要工具。通常,狭义的预算指预算文件或预算书,而广义的预算则包括编制决策、审查批准、执行调整、决算绩效、审计监督等预算过程。

政府预算的内涵包括:从形式上看,政府预算是政府财政收支计划;从性质上看,政府预算是具有法律效力的文件;从内容上看,政府预算反映着政府分配活动的范围和方向;从程序上看,政府预算是通过政治程序决定的;从决策过程看,政府预算是公共选择机制。

政府预算的基本特征包括:法制性、约束性、公共性、综合性。

预算原则是一国预算立法、编制和执行所必须遵循的指导思想,它随着社会经济及预算制度的发展而不断变化。包括全面完整原则、公开透明原则、执行有序原则、绩效管理原则、平衡稳健原则、监督问责原则。

政府预算政策是一定时期的财政政策得以实现的重要手段和传导机制,它随宏观经济形势的变化而有不同的类型,主要类型包括:年度平衡预算政策、功能财政预算政策、周期平衡预算政策、充分就业预算平衡政策、综合性的预算政策。

政府预算的职责功能包括:分配功能、调节功能、反映和监督功能。

思考题

1. 如何理解政府预算的内涵?
2. 政府预算有哪些基本特征?
3. 现代预算制度产生的原因和条件。
4. 中外现代预算制度产生过程的比较与启示。
5. 怎样理解政府预算的原则?
6. 政府预算的政策手段有哪些类型? 它们是如何发挥作用的?
7. 政府预算的职责功能有哪些? 它们是如何发挥作用的?

第二章

政府预算管理的基础

【学习目标】

　　本章内容介绍了政府预算管理的相关理论与实务。通过本章的学习,掌握预算管理的内涵、管理要素及管理流程,掌握预算年度和预算标准周期的含义,理解政府预算管理的组织系统和各管理主体的职责,掌握政府收支分类及其意义。

第一节 政府预算管理概述

一、政府预算管理

(一)预算管理的内涵

预算管理是指政府依据法律法规对预算过程中的预算决策、资金筹集、分配、使用及绩效等进行的组织、协调和监督等活动,是财政管理的核心组成部分,也是政府对经济实施宏观调控的重要手段。整个预算过程,包括预算编制、执行和决算形成都要依据国家的法律法规和方针政策对其加强组织、协调和监督,严肃财经纪律,以保证预算收支任务的完成。

预算管理是经济管理的组成部分,是财政管理的中心环节,预算管理的手段是计划、组织、协调、控制、评价、监督,预算管理的目标是使预算过程规范、预算资金有序高效运行。

(二)预算管理在财政管理中的地位

1. 主导地位

财政管理由预算管理、税收管理、国家金库管理、政府采购管理等各个财政环节的具体管理构成,预算管理是其核心内容,也是财政管理的重要依据和综合反映。抓住预算管理这个中心环节,就可以带动和推进整个财政管理。

预算在财政收支系统中处于中心地位主要表现在:预算总揽财政收支计划全局,制约和支配其他各单项财政收支计划,使之服从于预算总的要求。预算的这种中心地位决定了它必须对整个财政收支系统进行统筹安排、综合平衡,确保国家整体利益的需要。在处理一些财政经济关系方面,预算也处于主导地位,如预算与公众的关系、预算收支矛盾之间的关系、财政赤字与财政平衡的关系、中央财政与地方财政之间的关系等,因而是财政治理的核心内容。

2. 基础地位

根据各项预算资金来源编制政府收支计划,可以全面掌握政府可动用的财力资源,为政府及时制定财政预算、科学合理地安排各项财政支出、履行政府经济社会管理职能奠定财力基础。通过编制部门预算,可以明确各部门资金来源构成,同时,也使财政部门充分掌握各部门的基本情况,为财政统筹安排预算资金、优化资源配置、提高财政资金使用效益创造条件。

3. 基本手段

预算管理是财政宏观管理的基本手段。预算形式上是财政收支计划,本质上是一种财政宏观控制手段。财政资金通过预算集中和分配,使预算收支规模、结构和增长速度能够反映国民经济与社会发展的要求。通过对预算收支及其平衡状况的调整,能够直接影响社会总供求的平衡。

二、政府预算管理要素

预算管理要素主要包括预算管理主体、管理对象、管理目标、管理手段和管理职能,各要素构成一个有机的管理系统。

(一)预算管理的主体

预算管理是一个复杂的管理系统,管理主体是多层次的,主要包括财政预算法律法规的立法主体、财政预算政策的决策主体、政府预算的执行主体等。不同主体的地位和责任不同。

1. 立法主体

我国预算立法主体可以分为:全国人民代表大会和地方各级人民代表大会及其常务委员会,负责制定具有重要地位、用以明确基本法律责任和义务、具有全局性和长期性的财政预算法律,以及审查批准年度预算和决算、预算调整等。

2. 决策主体

由于预算的决策涉及各方的利益关系,因此,在预算案的决策过程中,立法部门、行政部门、政党、审计机构、公务人员、政府退休金及养老金领取者、政府服务供应商、政府债券购买者、普通公民、新闻媒体等各利益集团都会以某种方式参与到预算过程中。包括资金需求方、资金供给方、监督制衡方。

3. 执行主体

国务院和地方各级人民政府,负责制定财政预算法规规章、重大财政预算政策,并负责预算执行;财政部和地方各级财政部门,是财政预算管理的具体执行主体,负责制定财政预算规章制度,全面、具体地实施财政预算收支计划,对财政预算活动进行日常管理;政府职能部门和单位,负责执行财政批复的本部门、单位的预算。

(二)预算管理的客体

预算管理的对象涉及国民经济与社会发展的各个方面,涵盖政府宏观调控与微观主体活动的全过程:从预算本身讲,既包括预算法律制度的制定、预算政策的制定、预算收支体系的构建、预算收支形式和结构的选择以及预算管理体制的确定,又包括预算机构的设置、人员的配备、预算信息的传导、预算收入的具体征纳、预算支出的资金拨付和具体运用等,它贯穿于预算活动的全过程。

(三)预算管理的范围

从管理过程来看,我国《预算法》第二条规定:预算、决算的编制、审查、批准、监督,以及预算的执行和调整,依照本法规定执行。从管理范围来看,我国《预算法》第四条规定:预算由预算收入和预算支出组成。政府的全部收入和支出都应当纳入预算。

(四)预算管理的目标

预算管理的目标是预算管理活动的基本方向,也是检验和考核管理成效的标准。一是通过对预算分配活动的决策、计划、组织、协调和监督,优化财政资源配置,促进国民经济健康发展和社会各项事业全面进步。一般而言,市场经济体制下,公共财政通常担负着资源配置、收入分配和稳定经济的职能。与财政职能相对应,预算管理要实现这三大目标。二是通过预算管理活动,使财政资金运行在规范透明严格高效的轨道之上,这也是政府通过预算承担公共受托责任使然。

(五)预算管理的手段

预算管理的手段是指预算管理主体为了达到管理目标所选择的各种方法和工具。它大体上分为经济手段、法律手段和行政手段三大类。

1. 经济手段

是指预算管理主体按照客观经济规律的要求,利用财政预算方面的各种经济杠杆,对被管理对象的经济利益进行调整、控制、约束和引导其预算行为,以达到管理目标。预算管理运用经济手段,是在不损害各经济主体经营权利和市场运行机制的前提下进行的。

2. 法律手段

是指为了保证政府职能的实现而进行的财政预算立法、执法、监督等一系列管理活动。预算立法是运用法律手段强化预算管理的基础与前提,而执法和监督机制则是依法管理政府预算的核心内容。

3. 行政手段

是指政府预算机关依靠行政力量,采用命令、指示、规定、指令性计划等方式,对财政预算分配活动实施的各种管理,它应建立在预算法制基础之上。

第二节 政府预算管理的流程与周期

一、政府预算管理的流程

政府预算管理的流程是指一个相对完整的预算管理运行过程,按照各个运行阶段的管理内容,主要分为预算规划与决策、预算编制与审批、预算执行与决算、预算审计与评价、预算控制与监督等阶段。

政府施政行为的开展必须有相应的预算资金作为保障,因此,控制了政府预算的资金流,也就对政府的行政权力形成了有效的监督和制约。预算活动的完整过程主要包括预算的决策编制、审查批准、执行调整、绩效控制,等等,核心内容是预算的编制与审批、执行、调整及决算。在我国建设现代预算的条件下,这一过程更需要强化的是预算结果的绩效评价以及预算全过程的监督(如图2-1所示)。

核心内容是预算的编制与审批、执行与决算。

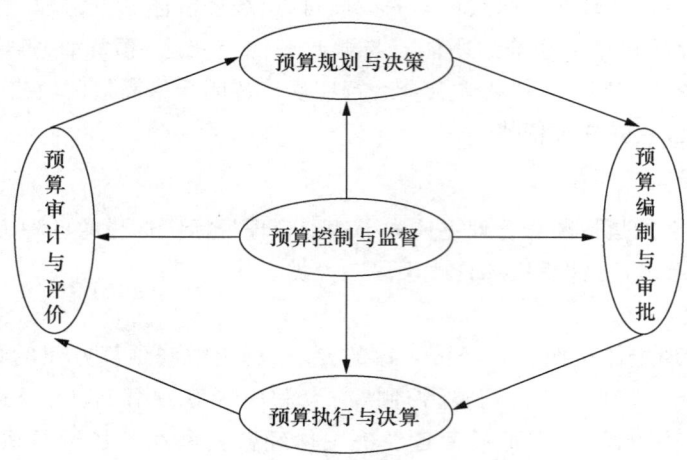

图 2-1　政府预算管理流程图

（一）预算规划与决策

如前所述，政府预算问题并不单纯是管理问题，还有其深刻的政治、经济和社会背景，因此预算方案即政府收支计划的安排要受到一国法律法规、政策制度、公众意愿的制约，而这一切都要通过政府预算的中长期规划和短期计划来体现。政府年度的预算属于短期的计划，它的安排是建立在中长期财政计划的基础上，根据国内外的政治经济形势，结合本国国民经济运行和社会发展的诸多矛盾，按照财政收支状况，区别轻重缓急进行决策的结果。

（二）预算编制与审批

在通过规划与决策将有关预算问题纳入政府的议事日程后，就要进入预算方案的设计预测、制定阶段了。此阶段财政部门要根据法律法规的要求、国民经济和社会发展计划指标等测算主要财政收支指标，各预算单位和部门要按照财政部门经过决策下达的收支控制指标以及部门预算的编制要求、基本支出的编制原则和定员定额标准、项目支出的编制原则和排序规定，经过"两上两下"的编制程序编制完成预算草案。预算草案编制完成后要按照法定的程序进入审查批准阶段，这也是公众及代议机构参与决策的重要步骤，能够促进预算方案的合法化。这一过程在我国表现为各级人民代表大会对政府预算的审查批准。

（三）预算执行与决算

政府预算经过审批后即进入执行阶段，预算的执行既是预算安排的收支计划指标的实现过程，也是各项预算决策是否能够落实到位的关键环节，这一阶段财政部门要通过合理组织收入和有序安排支出实现既定目标。每个执行周期完成后还要对预算的执行情况进行总结，即进入决算过程。

（四）预算控制与监督

预算控制与监督是指对政府预算编制、执行、决算和评价等过程进行的控制与监督，其目的是保证政府预算的法律性与严肃性,提高预算编制与执行的效率和效益,实现政府预算的政策目标。预算控制与监督是政府预算整个流程中的重要内容,贯穿于预算过程的始终。

（五）预算审计与评价

预算审计与评价是指按照一定的财务、会计、预算规定与预算绩效评价指标对政府预算实施的结果进行检查与评价的过程。其目的是通过对预算结果与预算目标的差异、预算执行成本与效益(包括社会效益)的分析,及时发现问题,调整和矫正预算中的偏差,制止预算资金使用中的铺张浪费、截留挪用等问题。通过预算审计与评价的过程来掌握预算的基本规律,加强预算的严肃性、科学性和效率性,以提高预算的政策效应。

二、政府预算的期限与时效

（一）政府预算年度

1. 预算年度

预算年度,也称为财政年度,是指编制和执行预算所应依据的法定时限,也就是一国预算收支起止的有效期限。这里包含政府预算编制与执行所必须确定的预算期限和时效。预算期限是指按预算计划组织收支实际经历的时间,预算时效是指经法定程序认可而具有法律效力的预算收支起讫时间,即该预算发生效力的时间。就多数国家而言,预算期限和时效是一致的,即预算中所列收支预计的发生时间和这一计划付诸实施发生效力的时间是一个统一的过程,这一过程通常被确定为一年,称为预算年度。

2. 预算年度类型

在实践中,世界各国采用的预算年度类型主要有两种:一种是历年制,即预算年度按日历年度计算,由每年的1月1日起至12月31日止;另一种是跨年制,即一个预算年度跨越两个日历年度,具体起讫时间又有若干不同的情况。

专栏2-1　　　　　　　　　预算年度类型

实行历年制的国家主要有中国、法国、德国、意大利、西班牙等国。跨年制预算年度具体有:①4月制,即预算年度从每年的4月1日起至次年的3月31日止,如英国、日本、印度、新加坡、新西兰等国。②7月制,即预算年度从每年的7月1日起至次年的6月30日止,如澳大利亚、巴基斯坦、孟加拉、埃及、科威特等国。③10月制,即预算年度从每年的10月1日起至次年的9月30日止,如美国、泰国等。

我国的预算年度采用历年制。《预算法》第十八条规定:预算年度自公历一月一日起至十二月三十一日止。

3. 决定一国预算年度类型的主要因素

一是每年立法机构召开会议审议政府预算的时间,审议批准后即进入预算的执行,以保证预算的执行具有法律效力;二是收入入库的时间,一般以收入集中入库比较多,库款

比较充裕的时候开始一个预算年度,以利于预算的执行;三是历史原因,主要是原属殖民地国家,沿用其原宗主国预算年度;四是宗教风俗的影响,一些国家将最高权力机构开会审议预算的时间与重要宗教活动错开,并据此确定预算年度。

(二)标准预算周期

标准预算周期就是从时间序列上将预算管理划分为预算编制、预算执行、决算三个标准阶段,并对各个阶段的实施时限、工作任务、工作要求及工作程序、步骤等作出统一的制度规范。

政府预算管理是一个周而复始的循环过程,所谓预算周期是指从预算编制、审议批准、执行,再到决算的完整过程,其中,上述每一个环节又包括若干具体内容。预算编制环节包括预算编制准备、收支预测、具体编制等内容;预算执行包括事中审计、评估分析和财政报告等内容;决算包括年终清理、编制决算表格、事后审计、评估分析和财政报告等内容。一个预算周期结束后进入下一个预算周期,不断重复实施,具有鲜明的周期性特征。

标准预算周期,是在我国预算管理改革中,借鉴国外先进经验引入的新的预算管理程序,它涵盖了预算管理的全过程,将预算管理的编制、执行、决算三个标准阶段有机衔接起来,并加以制度化、规范化管理,各个阶段彼此关联、相互影响和相互约束,形成了一个完整的预算管理链条。

(三)预算年度与标准预算周期

标准预算周期与预算年度是一个既相联系又相区别的概念。首先,标准预算周期与预算年度密切关联。预算年度是标准预算周期的基础,标准预算周期是围绕某一年度预算的管理确定并展开的,预算年度作为一个阶段(预算执行阶段)存在于一个标准预算周期之中。其次,标准预算周期与预算年度有很大的区别。预算年度是静态的,具有明显的时段性,标准预算周期是动态和滚动发展的;预算年度与标准预算周期存在时间上的交叉重叠,标准预算周期跨越了预算年度,同一标准预算周期存在于不同预算年度中,而在每一个预算年度内不同标准预算周期的三个阶段同时并存。

专栏2-2   **美国联邦政府标准预算周期**

美国联邦政府的财政年度是从每年的10月1日到次年的9月30日。从联邦政府各机构编制预算开始,到联邦预算执行后的审计,每个预算周期长达33个月。在一个财政年度内,联邦政府要在执行本财政年度预算的同时,审核上一财政年度的预算,并编制下一财政年度的预算。

(一)预算编制阶段

美国联邦政府在每个财政年度前18个月就开始准备预算方案,其间大致经历以下程序:

(1)每年4—6月:总统在预算管理办公室(OMB)和"经济三角"(国民经济委员会、经济建议委员会和财政部)的协助下,确定预算年度的政策目标。

(2) 每年7—8月：总统制定年度预算的指导方针和联邦政府各部门的预算规划指标，并通过OMB下达给各部门。

(3) 每年9月：联邦政府各部门将本部门年度预算的建议提交OMB汇总。最后，由OMB将联邦政府各部门提交的预算汇总成联邦政府预算草案，交总统审查。总统则要在每年2月的第一个星期一之前向国会提交年度联邦预算草案。

(二) 预算审批阶段

国会收到总统提出的联邦预算草案后，将其交给对支出有管辖权的委员会以及两院筹款委员会审议。

(1) 每年2月份：国会预算局向两院预算委员会提出预算报告。两院的各专门委员会则在收到总统预算案的6周内，提出关于预算收支的意见和评估。

(2) 每年4月份：两院预算委员会提出国会预算决议案，提交众、参两院讨论，并通知总统。

(3) 每年4—6月：总统对这一预算决议案提出修改意见，并报告国会。在第一个预算决议案通过后，两院拨款委员会和筹款委员会即按照决议规定的指标，起草拨款和征税法案。

(4) 国会应在6月30日完成所有拨款方案的立法工作，并在9月15日前通过规定预算收支总指标的具有约束力的第二个预算决议案，并将其提交给总统。

(三) 预算执行阶段

预算由国会通过并经总统签署后，就以法律的形式规定下来。

行政部门在执行预算过程中，某些特殊情况下可以推迟或取消某些项目的支出，但必须向国会报告。

财政部负责执行收入预算，负责各种国内赋税的征收和国内税收法律的执行。总统预算办公室负责控制预算执行，检查各部门开支是超支还是节余。国会会计总署负责监督联邦预算是否按照国会通过的法案执行。

(四) 预算审计阶段

预算年度结束后，由财政部与OMB共同编制反映预算年度内的预算收支执行情况的决算报告，经审计机构审核，国会批准后即成为正式决算。

国会会计总署负责审查联邦预算的执行结果与国会通过的法案是否相符，并对各部门的预算执行情况进行审计。此阶段一般需要3个月的时间。

三、我国政府预算周期的构成

我国预算周期的构成环节具体来说包括以下几个阶段：

(一) 预算编制前的准备工作

1. 国务院下达预算编制的指示

国务院每年在预算正式编制前，根据经济增长和社会发展要求向省、自治区、直辖市政府和中央部门下达编制下年预算草案的指示,提出编制预算草案的原则和要求。《预算法》第三十一条规定:国务院应当及时下达关于编制下一年预算草案的通知。编制预算草案的具体事项由国务院财政部门部署。各级政府、各部门、各单位应当按照国务院规定的时间编制预算草案。

2. 财政部门测算预算收支指标

我国《预算法》规定,中央预算、地方各级政府预算应当参考上一年预算执行情况和对本年度收支预测进行编制,即通过总结、分析上年度预算执行情况,掌握财务收支和业务活动的规律,客观分析本年度国家有关政策计划对预算的要求,找出本期影响预算收支的各种因素。

财政部门要加强经济与财政分析及预测工作,除了 1 年期预测外,还要对未来 3—5 年的宏观经济前景进行客观而科学的预测。既要对未来 5 年财政发展进行规划预测,又要按照我国目前编制中期财政规划的部署,预测 3 年滚动财政规划,包括分阶段的投资计划,预测经常性支出的需要和获得收入的可能性。

3. 财政部制定并颁发政府预算科目和表格,具体组织部署预算编制事项

财政部根据国务院有关编制下一年度预算草案的指示,部署编制预算草案的具体事项,制定统一的预算表格,包括财政总预算表格和预算部门预算表格。规定和调整预算收支科目、报表格式、编报方法,并安排预算收支计划,部署预算编制的内容、方针和任务,各项主要收支预算的编制要求、编制方法、报送程序、份数与期限等。

(二) 编制审批预算

编制审批预算即编制机构编制并提出预算、立法审批预算。编制预算是预算计划管理的起点,正确编制预算必须以有关法律法规为准绳,以国家一定时期的发展规划和财政经济方针政策为指导,以国民经济和社会发展计划的主要指标为依据,参考上一年预算执行情况和收支预测进行编制。政府的预算草案要经过法定的程序经立法机构审查批准后方可执行。

(三) 执行预算

经过各级人民代表大会批准的预算具有法律效力,各级政府必须认真组织实施。预算规定的收入任务,必须依法及时足额征收并上缴国库;预算规定的各项支出,必须及时足额地予以拨付。各级政府对于法定范围内必须进行的预算调整,须按程序报请同级人民代表大会常务委员会审批,未经批准,不得调整预算。各级财政部门要监督检查本级各部门预算的执行,做好预算执行情况的分析,并向本级政府和上一级财政部门报告预算执行情况,保证预算收支任务的圆满完成。

整个预算管理必须取得数据,获得信息反馈,这就需要依托预算管理的基础工作。预算管理的基础工作包括政府会计和财务报告、国家金库、财政统计。政府会计为预算管理提供基础核算资料,通过会计报表反映预算执行情况,通过会计监督提高管理水平。国家金库处于预算执行的第一线,反映预算收支执行情况,通过国家金库的预算收支基础核算资料和定期的金库报表,可以分析检查预算收支执行情况。财政统计是财政部门的业务

统计,是财政部门信息工作的重要组成部分,通过占有和分析这些数据资料,为掌握财政发展趋势、制定财政政策提供依据。

(四)编制决算

决算即审计评估预算,它是对预算执行的总结。正确编制决算可以全面反映预算执行的结果。为此,必须做好决算编制的准备工作,必须自下而上经过层层审核汇编,不得估算代编。决算的编制必须符合国家有关的法律法规,要划清预算年度、预算级次和资金界限,按照《预算法》第七十五条的规定,做到"编制决算草案,必须符合法律、行政法规,做到收支真实、数额准确、内容完整、报送及时"。通过编制决算,总结预算管理中的经验,为提高今后的预算管理水平创造条件。

第三节 政府预算管理的组织体系

一、政府预算管理的组织体系

政府预算管理的组织体系是指为政府预算服务的各种组织、机构、程序、活动等构成要素的总称,它们共同构成一个完整的体系,以保证政府预算的实现。政府预算的管理要按照一定的组织层次和职责分工来进行,如果政府预算管理没有一套完整的组织系统,或各管理机构没有明确的职责分工,就会造成预算管理的困难。

我国政府预算管理按照国家政权级次、行政区划和行政管理体制,实行"统一领导,分级管理,分工负责",因而政府预算的管理涉及中央和地方、各地区、各部门、各单位。其组织系统的构成:纵向来看,由中央和地方各级政府预算组成;横向来看,在各级政府预算中由国家政权机关、行政领导机关、财政职能部门及各类专门机构所组成。

二、纵向——各级预算及编制主体间

(一)按预算管理级次划分

1. 预算管理体系

由于政府预算是政府的基本收支计划,为政府履行职责、提供公共产品与服务给予财力保障,因而预算管理体系必然与行政管理体制相一致,即一级政府,一级财政,一级预算。根据《中华人民共和国宪法》(以下简称《宪法》)的规定,我国目前从中央到地方共有五级政府,即中央,省、自治区、直辖市,设区的市、自治州,县、自治县、旗、不设区的市、市辖区,乡、民族乡和镇。与之相适应,《预算法》第三条规定:国家实行一级政府一级预算,设立中央,省、自治区、直辖市,设区的市、自治州,县、自治县、不设区的市、市辖区,乡、民族乡、镇五级预算。省、自治区和直辖市预算以下为地方预算。其基本关系如图2-2所示。

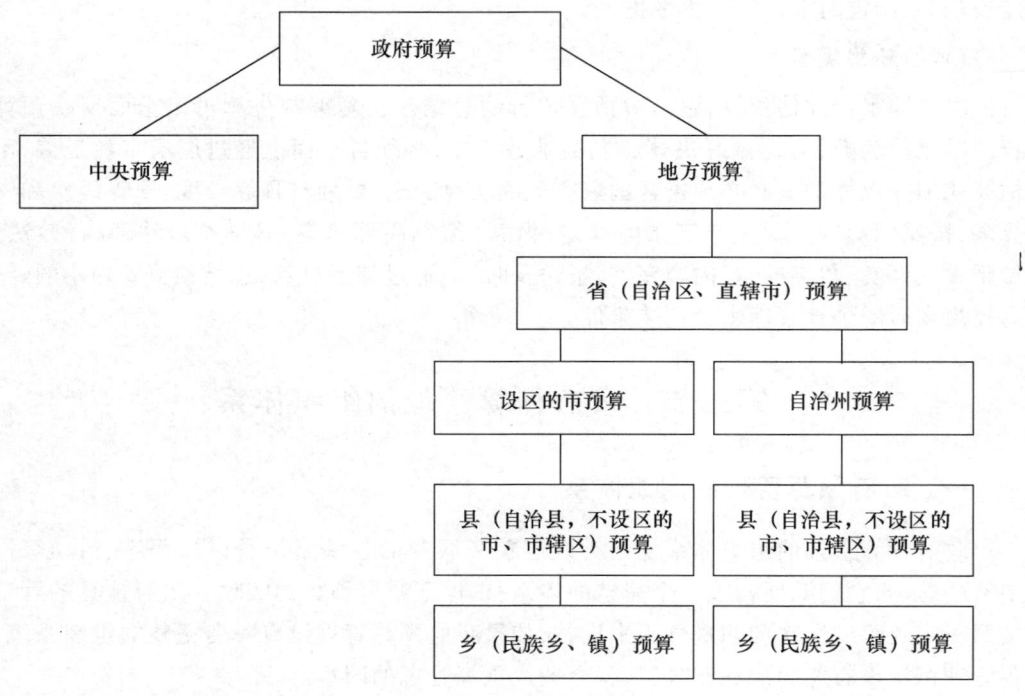

图 2-2　预算管理级次图

2. 预算管理职责权限划分

预算管理体制的核心,是如何处理政府间预算资金管理权限的划分,以及相应的责任与利益。首先需要解决的问题,就是中央财政与地方财政的关系,即怎样在集权与分权之间取得均衡。这也是世界各国财政面临的一个共同难题。在两者的关系方面,由于中央政府在提供全国性公共产品与服务方面的重要责任,预算体制安排要保证中央财政宏观调控能力,赋予相应的管理权限。具体而言,就是有关全国的财政方针、政策、制度,必须由中央统一制定,国家主要财力应该由中央统一支配,以保证中央财政有充裕的财力,对地方实施转移支付,调节地区收入差距,组织全国性、跨区域的大型公共工程建设,支持全国性科技、教育、文化、卫生事业发展,保障国防、外交支出需要,等等。

在保证中央财政宏观调控能力的前提下,预算管理体制安排需要注意维护地方财政自主权,充分调动地方政府积极性。因为我国是一个幅员辽阔的多民族国家,各地区在经济、文化、自然环境上都有很大的差异,许多事情要由各级政府因地制宜地去办理;同时,由于财政资金的筹集与分配有很大部分由地方和基层单位组织实施,因此实行分级管理有其客观必然性。通过预算体制安排,使各级地方政府在规定的权限内,组织预算收入,根据地方经济社会发展需要,自主安排预算支出,自求平衡,形成相对独立的地方分级预算管理体制,充分调动地方政府预算管理的积极性。

（二）按预算编制主体划分

1. 总预算

总预算是各级政府的基本财政计划,由各级财政部门编制。

我国《预算法》第三条规定:全国预算由中央预算和地方预算组成。地方预算由各省、自治区、直辖市总预算组成。

地方各级总预算由本级预算和汇总的下一级总预算组成;下一级只有本级预算的,下一级总预算即指下一级的本级预算。没有下一级预算的,总预算即指本级预算。

2. 本级预算

本级预算指经法定程序批准的本级政府的财政收支计划,它由本级各部门(含直属单位)的预算组成,同时包括下级政府向上级政府上解的收入和上级政府对下级政府的返还或补助。

3. 部门预算

部门预算反映本级各部门(含直属单位)所属所有单位全部收支的预算,由部门机关及所属各单位预算组成。本级各部门是指与本级政府财政部门直接发生预算缴款、拨款关系的国家机关、政党组织和社会团体(中央部门含军队),直属单位是指与本级政府财政部门直接发生缴款、拨款关系的企业和事业单位。

4. 单位预算

单位预算是指列入部门预算的国家机关、社会团体和其他单位的收支计划。

（三）按照行政隶属关系和经费领拨关系划分

1. 一级预算单位

一级预算单位是指与同级政府财政部门发生预算领拨关系的单位,如一级预算单位还有下级单位,则该单位又称主管预算单位。

2. 二级预算单位

二级预算单位是指与一级预算单位发生经费领拨关系,下面还有所属预算单位的单位。

3. 基层预算单位

基层预算单位是与二级或一级预算单位发生经费领拨关系,下面没有所属预算单位的单位。

上述根据国家政权结构、行政区域划分和财政管理体制等所确定的预算级次与预算部门及单位,按照一定的方式进行组合就形成了政府预算的组织体系(如图2-3所示)。

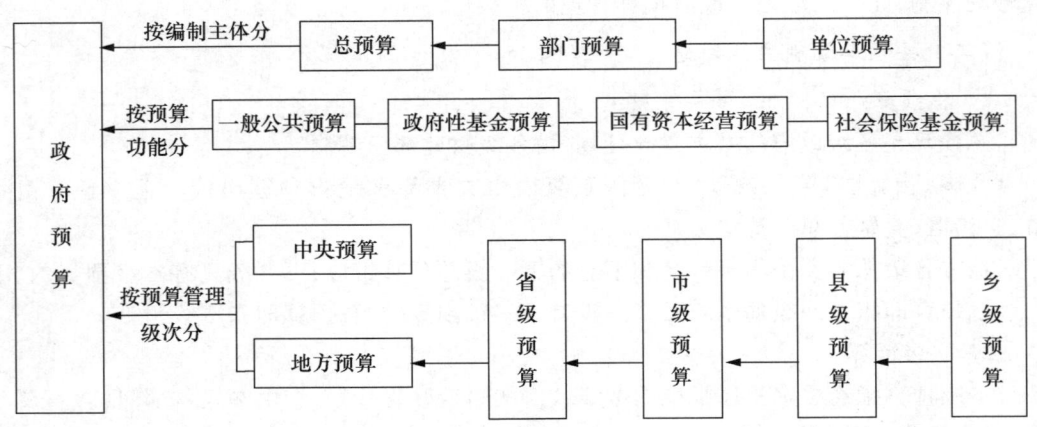

图 2-3　政府预算体系构成图

三、横向——各监督管理机构间

（一）管理组织体系

1. 政府预算的监督管理机构——立法机构

各国的立法机构（西方国家的议会、国会，我国的人民代表大会）均具有对政府预算的方案制订、预算收支落实、预算结果评价的审查批准和监督管理权限，这也是公共选择机制的具体体现。我国《预算法》第八十三条规定：全国人民代表大会及其常务委员会对中央和地方预算、决算进行监督；县级以上地方各级人民代表大会及其常务委员会对本级及下级政府预算、决算进行监督；乡、民族乡、镇人民代表大会对本级预算、决算进行监督。

（1）各级人民代表大会。实施预算管理是国家《宪法》和《预算法》等法律赋予各级（包括全国人民代表大会和地方各级人民代表大会）人民代表大会的一项基本权利。中华人民共和国全国人民代表大会，简称"全国人大"，是最高国家权力机关，行使国家立法权；地方人民代表大会主要包括省（自治区、直辖市）级人民代表大会、市级人民代表大会、县级人民代表大会以及乡镇级人民代表大会。每年全国及省、市、县、乡地方各级人民代表，都要举行一次由全体代表出席参加的人民代表大会。各级人民代表大会的常设机关是各级人民代表大会常务委员会和专门委员会（见图2-4）。

（2）各级人民代表大会常务委员会。各级人民代表大会常务委员会是人民代表大会的常设机关，在人民代表大会闭会期间依法行使相关预算管理权利。我国乡、民族乡、镇一级人民代表大会不设常务委员会，其预算管理职权由乡、民族乡、镇人民代表大会直接行使。

（3）各级人民代表大会专门委员会。各级人民代表大会专门委员会是各级人民代表大会的常设工作机构，由各级人民代表大会产生，受各级人民代表大会领导，对各级人民代表大会负责。在人民代表大会闭会期间协助各级人民代表大会及其常务委员会开展经常性的工作。专门委员会工作的最大特点，是专业化和经常化。由于专门委员会的组成人员一般都是相关领域里的专家、学者和实际工作者，他们对有关问题比较熟悉，且人员

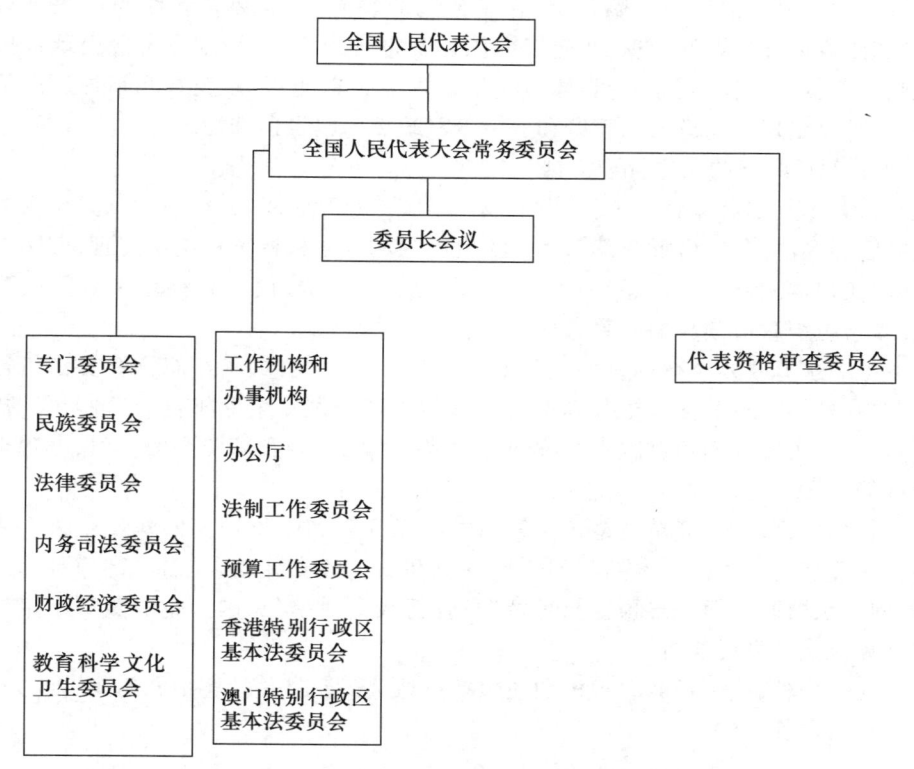

图 2-4 全国人民代表大会及其常务委员会构成图

较少,便于分门别类地研究、讨论问题,可以考虑得更深入、周到。同时,他们不会因人民代表大会闭会而停止工作,可以协助人大及其常委会开展经常性的工作。因此,各级人大专门委员会的工作,对各级人大及其常委会有效地行使立法、监督、决定、任免等各项职权,更好地履行国家权力机关的职能,从而规范政府预算行为,起着不可替代的作用。

(4) 人民代表大会预算工作委员会。人民代表大会预算工作委员会是人民代表大会常务委员会的工作机构,在当前预算监督工作日益重要的情况下,地方人民代表大会成立专门的预算工作委员会已经成为趋势。人民代表大会提前介入预算编制工作,有利于充分发挥人民代表大会及其常务委员会的作用,实现决策的民主化和科学化。

2. 政府预算的组织领导机构——各级政府

政府预算的日常管理贯穿于政府预算编制、执行和决算的全过程。按照我国《预算法》的规定,各级预算由本级政府组织编制、执行和决算,即负责政府预算管理的组织领导机关是国务院及地方各级人民政府。国务院作为国家最高行政机关,负责组织中央预算和全国预算的管理;地方各级人民政府负责本级政府预算和本行政区域内总预算的管理,并负责对本级各部门和所属下级政府预算管理进行检查和监督。

3. 政府预算的主管职能部门——财政部门

根据我国《预算法》的规定,政府预算的具体编制、执行和决算机构是本级政府财政部门,即各级政府财政部门是对预算管理进行具体负责和管理的职能机构,是预算收支管

理的主管机构。财政部对国务院负责,在国务院的领导下,具体负责组织中央预算的管理,指导和监督地方预算的管理,并定期向国务院报告预算情况;地方各级财政部门对地方各级政府负责,并在其领导下,具体负责组织本级预算的管理,监督和指导所属下一级预算的管理,并定期向同级人民政府和上一级财政部门报告预算情况。

4. 政府预算收支的具体管理机构

政府预算收支的具体管理工作,由财政部门统一负责组织,并按各项预算收支的性质和不同的管理办法,分别由财政部门和各主管收支的专职机构负责组织管理,即除财政部门外,国家还根据预算收支的不同性质和不同的管理办法,设立或指定了专门的管理机构,负责参与组织政府预算的有关管理工作。

(1) 组织预算收入执行的机关主要有税务机关和海关;参与组织预算支出执行的机关主要有中央银行、有关商业银行和有关政策性银行。国家金库担负着政府预算执行的重要任务,具体负责办理预算收入的收纳、划分和留解,办理预算资金的拨付,办理现金余额的管理等。

(2) 各职能部门、预算单位是预算管理中部门预算和单位预算的执行主体。中央和地方各级主管部门负责执行本部门的部门预算和财务收支计划,提出本部门预算调整方案,定期向同级财政部门报告预算执行情况;各行政事业单位、国有企业负责本单位预算和企业财务收支计划的执行。

除上述机构外,我国预算管理机构还包括审计部门及有关社会中介组织,参与对政府预算的审计与评价。

(二) 预算管理职责权限划分

预算管理权,是国家政治权力的重要组成部分。为有效实施预算管理,维护社会公共利益,需要将各项管理权限、职责在有关方面合理划分。

预算管理职权的依据,是国家宪法和法律的规定。我国《宪法》《地方各级人民代表大会和各级人民政府组织法》《监督法》《预算法》等法律制度,对我国各级人民代表大会及其常务委员会、各级人民政府、各级财政部门以及其他有关机关在预算过程中的职权作了规定。这是各级人民代表大会依法监督、政府依法理财的依据,任何单位和个人不得超越权限,滥用职权。

根据我国《预算法》等相关法律法规的规定,政府预算管理职权主要包括:

1. 立法机关的预算管理职权

立法机关的预算管理职权即各级人民代表大会及其常务委员会,以及各级人民代表大会专门机构的预算管理职权。主要包括:审查、批准权,即各级人民代表大会及其常务委员会,以及各级人民代表大会专门机构享有审查、批准、监督其他预算主体的经济行为,并赋予其法律效力的权力;改变、撤销权,即各级人民代表大会及其常务委员会依法对某种法律行为作出修正、补充或撤销的权力;监督权,对预算依法行使监督、检察和督导的权力。按照《预算法》的规定具体体现在以下几个方面。

(1) 各级人民代表大会的主要预算管理职权:

第一,全国人民代表大会审查中央和地方预算草案及中央和地方预算执行情况的报告;批准中央预算和中央预算执行情况的报告;改变或者撤销全国人民代表大会常务委员会关于预算、决算的不适当的决议。

第二,县级以上地方各级人民代表大会审查本级总预算草案及本级总预算执行情况的报告;批准本级预算和本级预算执行情况的报告;改变或者撤销本级人民代表大会常务委员会关于预算、决算的不适当的决议;撤销本级政府关于预算、决算的不适当的决定和命令。

第三,乡、民族乡、镇的人民代表大会审查和批准本级预算和本级预算执行情况的报告;监督本级预算的执行;审查和批准本级预算的调整方案;审查和批准本级决算;撤销本级政府关于预算、决算的不适当的决定和命令。

全国人民代表大会及县级以上地方各级人民代表大会只批准本级政府预算,不批准汇总的下一级总预算。这就避免了出现同一级预算要由上下级人民代表大会重复审批的现象,从而使预算审批的法律关系更加清晰。

在我国,各级人民代表大会行使这些预算管理职权,主要是通过每年举行的各级人民代表大会,听取并审议各级政府提交的预算草案及预算执行情况的报告进行的。各级人民代表大会的预算审查权、批准权和改变或撤销权,体现了立法机构对政府预算的编制、执行和决算管理,符合国家的长远利益、整体利益,体现了预算为社会主义市场经济和全体人民服务的目的。当然,全国人民代表大会这种对预算管理的职权,还体现在对预算管理的立法上,以法律形式规范中央及地方预算管理。

(2) 各级人民代表大会常务委员会的主要预算管理职权:

第一,全国人民代表大会常务委员会监督中央和地方预算的执行;审查和批准中央预算的调整方案;审查和批准中央决算;撤销国务院制定的同宪法、法律相抵触的关于预算、决算的行政法规、决定和命令;撤销省、自治区、直辖市人民代表大会及其常务委员会制定的同宪法、法律和行政法规相抵触的关于预算、决算的地方性法规和决议。

第二,县级以上地方各级人民代表大会常务委员会监督本级总预算的执行;审查和批准本级预算的调整方案;审查和批准本级决算;撤销本级政府和下一级人民代表大会及其常务委员会关于预算、决算的不适当的决定、命令和决议。

(3) 各级人民代表大会有关专门委员会的预算管理职权:

第一,全国人民代表大会财政经济委员会对中央预算草案初步方案及上一年预算执行情况、中央预算调整初步方案和中央决算草案进行初步审查,提出初步审查意见。

第二,省、自治区、直辖市人民代表大会有关专门委员会对本级预算草案初步方案及上一年预算执行情况、本级预算调整初步方案和本级决算草案进行初步审查,提出初步审查意见。

第三,设区的市、自治州人民代表大会有关专门委员会对本级预算草案初步方案及上一年预算执行情况、本级预算调整初步方案和本级决算草案进行初步审查,提出初步审查意见,未设立专门委员会的,由本级人民代表大会常务委员会有关工作机构研究提出意见。

第四,县、自治县、不设区的市、市辖区人民代表大会常务委员会对本级预算草案初步方案及上一年预算执行情况进行初步审查,提出初步审查意见。县、自治县、不设区的市、

市辖区人民代表大会常务委员会有关工作机构对本级预算调整初步方案和本级决算草案研究提出意见。

（4）人民代表大会常委会有关工作机构。全国人民代表大会常务委员会和省、自治区、直辖市、设区的市、自治州人民代表大会常务委员会有关工作机构，依照本级人民代表大会常务委员会的决定，协助本级人民代表大会财政经济委员会或者有关专门委员会承担审查预算草案、预算调整方案、决算草案和监督预算执行等方面的具体工作。如人民代表大会预算工作委员会在预算审查监督中的主要职责：一是协助财政经济委员会承担全国人民代表大会及其常务委员会审查预决算、审查预算调整方案和监督预算执行方面的具体工作，受常务委员会委员长会议委托，承担有关法律草案的起草工作，协助财政经济委员会承担有关法律草案审议方面的具体工作。二是经委员长会议专项同意，预算工作委员会可以要求政府有关部门和单位提供预算情况，并获取相关信息资料及说明。三是经委员长会议专项批准，可以对各部门、各预算单位、重大建设项目的预算资金使用和专项资金的使用进行调查，政府有关部门和单位应积极协助、配合。在人民代表大会提前介入预算编制工作的基础上，预算工作委员会在部门预算审查中主要是进行"预审"，即预先审查，这是人民代表大会预算审查批准程序中的"第一道关"，在政府正式向人民代表大会提交预算草案之前，预算工作委员会先对预算草案进行预先审查，提出意见和建议，供政府财政部门修改时参考，并及时与财政部门沟通。财政部门根据这些意见对预算草案进行修改，并将修改情况反馈给预算工作委员会。

2. 各级政府的预算管理职权

各级政府是本级预算的行政管理机关，其主要职权有：预算编制权，即国家行政机构对预算编制的指导思想、收支范围、收支安排进行统筹决策的权力；组织执行权，即国家行政机构将预算通过一定的方式付诸实施的权力；提请审批、报告权；改变或撤销权；等等。

第一，国务院编制中央预算、决算草案；向全国人民代表大会作关于中央和地方预算草案的报告；将省、自治区、直辖市政府报送备案的预算汇总后报全国人民代表大会常务委员会备案；组织中央和地方预算的执行；决定中央预算预备费的动用；编制中央预算调整方案；监督中央各部门和地方政府的预算执行；改变或者撤销中央各部门和地方政府关于预算、决算的不适当的决定和命令；向全国人民代表大会、全国人民代表大会常务委员会报告中央和地方预算的执行情况。

第二，县级以上地方各级政府编制本级预算、决算草案；向本级人民代表大会作关于本级总预算草案的报告；将下一级政府报送备案的预算汇总后报本级人民代表大会常务委员会备案；组织本级总预算的执行；决定本级预算预备费的动用；编制本级预算的调整方案；监督本级各部门和下级政府的预算执行；改变或者撤销本级各部门和下级政府关于预算、决算的不适当的决定和命令；向本级人民代表大会、本级人民代表大会常务委员会报告本级总预算的执行情况。

第三，乡、民族乡、镇政府编制本级预算、决算草案；向本级人民代表大会作关于本级预算草案的报告；组织本级预算的执行；决定本级预算预备费的动用；编制本级预算的调整方案；向本级人民代表大会报告本级预算的执行情况。

第四,经省、自治区、直辖市政府批准,乡、民族乡、镇本级预算草案、预算调整方案、决算草案,可以由上一级政府代编,并依照《预算法》第二十一条的规定报乡、民族乡、镇的人民代表大会审查和批准。

3. 各级政府财政部门的预算管理职权

各级财政主管部门是政府预算管理的职能部门,具体负责预算编制、执行和决算的各项业务工作,其主要职权有:

第一,国务院财政部门具体编制中央预算、决算草案;具体组织中央和地方预算的执行;提出中央预算预备费动用方案;具体编制中央预算的调整方案;定期向国务院报告中央和地方预算的执行情况。

第二,地方各级政府财政部门具体编制本级预算、决算草案;具体组织本级总预算的执行;提出本级预算预备费动用方案;具体编制本级预算的调整方案;定期向本级政府和上一级政府财政部门报告本级总预算的执行情况。

4. 各部门、各单位的预算管理职权

第一,各部门编制本部门预算、决算草案;组织和监督本部门预算的执行;定期向本级政府财政部门报告预算的执行情况。

第二,各单位编制本单位预算、决算草案;按照国家规定上缴预算收入,安排预算支出,并接受国家有关部门的监督。

四、财政部门内部各职能机构

财政部门作为组织预算收支及管理、国家宏观调控等重要职能的部门,其内部具体管理要按收支性质和宏观调控要求由各业务职能机构负责管理。以财政部为例,目前其内部主要业务司局构成为:综合、条法、税政、关税、预算、国库、国防、行政政法、教科文、经济建设、农业、社会保障、资产管理、金融、国际关系、国际财金合作、会计、监督检查等。

地方各级财政与上级对口,根据需要设置内部职能部门,一般不设置条法、关税、国防、国际等机构。

第四节　政府预算收支分类

一、政府预算分类与预算管理

(一)预算收支分类与科目

政府预算收支分类,是指在政府预算管理中,按照一定的标准,将庞杂的预算收支项目进行划分和归类,以准确体现各类收支的性质、运行规律,反映国家一定时期内的公共政策取向,为政府预算的编制、执行和决算服务。如何对政府预算收支进行科学分类,涉及政府预算管理的各个环节、层次,关系到预算管理的水平与质量。

政府预算的具体分类通过预算收支科目反映,政府预算收支科目是政府收支的总分类,由财政部统一制定,全国统一执行。预算科目按层次分为类、款、项、目,其关系是:前者是后者的概括和汇总,后者是前者的具体化和补充。它是财政编制政府预决算、组织预算执行以及预算部门和单位进行会计明细核算的重要依据,也是了解政府具体收支活动和内容的重要窗口。

(二)预算收支分类与管理

按不同标准、从不同角度,对各项预算收支进行科学、系统的分类,是政府预算管理的客观需要。在一定程度上,体现着人们对政府预算的认知水平、管理水平,也反映着一个国家的政治、经济制度与国情。

1. 体现政府职能,反映国家一定时期的公共政策取向

在宏观管理领域,预算收支分类体现了政府职能,反映了一定时期政府活动的范围,可较准确地体现一个国家一定时期内所承担内外职能的具体情况。

2. 研究各项预算收支规律,为预算管理服务

政府预算收支,从政府公共资金运行角度,反映了国民经济和社会发展中各种错综复杂的关系。对预算收支按不同标准、从不同角度进行分类,可以充分认识和掌握各项预算收支规律,更科学、合理、有效地编制政府预算,并付诸实施,为政府履行职责、满足社会公共需要提供财力保证。

3. 直接为政府预算的编制、执行和决算服务

利用预算收支分类,设置科学、合理、规范的预算收支科目,将整个政府预算收支项目系统化、具体化,为编制、执行和总结政府预算服务。在预算编制环节,通过预算收支科目,将预算收支在各个收支项目之间进行安排,并利用预算收支科目的层次性,对每类收支进行详细计划,满足预算管理的要求。具体应用于编制和汇总预决算,办理预算缴、拨款,组织会计核算,报告预算执行情况,进行财务考核分析,进行财政收支统计等。

4. 全面反映政府预算运行状况,加强预算监督

政府预算收支反映了一定时期内国民经济和社会发展的有关情况,涉及社会各阶层的利益,历来是社会矛盾的焦点。通过预算收支分类,从不同角度、不同侧面反映政府预算运行状况,便于加强预算监督。对社会公众而言,通过预算收支分类,可了解和掌握政府预算资金的来源及运用,行使纳税人的监督权利;对国家立法机关而言,通过预算收支分类,可掌握具有法律效力的政府预算具体执行情况,监督政府依法理财,保护社会公共利益;对新闻机构而言,通过预算收支分类以及预算科目设置,增强预算透明度,揭露、分析预算管理中的各种问题,发挥舆论监督功能。

专栏2-3　　　　　　　　**国际货币基金组织收支分类方法**

一、收入分类

国际货币基金组织在《2001年政府财政统计手册》中,将政府收入划分为税收、社会缴款、赠与、其他收入四类。

(1)税收收入。包括:对所得、利润和资本收益征收的税收,对工资和劳动力征收的税收,对财产征收的税收,对商品和服务征收的税收,对国际贸易和交易征收的税收,其他

税收等。

（2）社会缴款。包括：社会保障缴款和其他社会缴款。其中，社会保障缴款又按缴款人细分为雇员缴款、雇主缴款、自营职业者或无业人员缴款、不可分配的缴款。

（3）赠与。包括：来自外国政府的赠与、来自国际组织的赠与和来自其他广义政府单位的赠与。

（4）其他收入。包括：财产收入，出售商品和服务，罚金、罚款和罚没收入，除赠与外的其他自愿转移，杂项和未列明的收入等。

二、支出分类

国际货币基金组织的支出分类方法分为功能分类和经济分类两套既相互独立又相互联系的分类体系。

1. 支出的功能分类

（1）一般公共服务。包括：行政和立法机关、金融和财政事务、对外事务，对外经济援助，一般服务，基础研究，一般公共服务"研究和发展"，未另分类的一般公共服务，公共债务操作，各级政府间的一般公共服务等。

（2）国防。包括：军事防御、民防、对外军事援助、国防"研究和发展"、未另分类的国防等。

（3）公共秩序和安全。包括：警察服务、消防服务、法庭、监狱、公共秩序和安全"研究和发展"、未另分类的公共秩序和安全等。

（4）经济事务。包括：一般经济、商业和劳工事务，农业、林业、渔业和狩猎业，燃料和能源，采矿业、制造业和建筑业，运输，通信，其他行业，经济事务"研究和发展"，未另分类的经济事务等。

（5）环境保护。包括：废物管理、废水管理、减轻污染、保护生物多样性和自然景观、环境保护"研究和发展"、未另分类的环境保护等。

（6）住房和社会福利设施。包括：住房开发、社区发展、供水、街道照明、住房和社会福利设施"研究和发展"、未另分类的住房和社会福利设施等。

（7）医疗保障。包括：医疗产品、器械和设备，门诊服务，医院服务，公共医疗保障服务，医疗保障"研究和发展"，未另分类的医疗保障等。

（8）娱乐、文化和宗教。包括：娱乐和体育服务，文化服务，广播和出版服务，宗教和其他社区服务，娱乐、文化和宗教"研究和发展"，未另分类的娱乐、文化和宗教等。

（9）教育。包括：学前和初等教育、中等教育、中等教育后的非高等教育、高等教育、无法定级的教育、教育的辅助服务、教育"研究和发展"、未另分类的教育等。

（10）社会保护。包括：伤病和残疾、老龄、遗属、家庭和儿童、失业、住房、未另分类的社会排斥、社会保护"研究和发展"、未另分类的社会保护等。

2. 支出的经济分类

（1）雇员补偿。包括：工资和薪金（分为现金形式的工资和薪金、实物形式的工资和薪金）以及社会缴款（分为实际的社会缴款和估算的社会缴款）。

（2）商品和服务的使用。

(3) 固定资产的消耗。

(4) 利息。包括：向非居民支付的、向除广义政府外的居民支付的和向其他广义政府单位支付的。

(5) 补贴。包括：向公共公司提供的(分为向金融公共公司提供的和向非金融公共公司提供的)和向私人企业提供的(分为向金融私人企业提供的和向非金融私人企业提供的)。

(6) 赠与。包括：向外国政府提供的(分为经常性和资本性两种)、向国际组织提供的(分为经常性和资本性两种)和向其他广义政府单位提供的(分为经常性和资本性两种)。

(7) 社会福利。包括：社会保障福利(分为现金形式的社会保障福利和实物形式的社会保障福利)、社会救济福利(分为现金形式的社会救济福利和实物形式的社会救济福利)、雇主社会福利(分为现金形式的雇主社会福利和实物形式的雇主社会福利)。

(8) 其他开支。包括：除利息外的财产开支和其他杂项开支(分为经常性和资本性两种)。

二、我国政府预算收支分类

(一) 我国政府预算收支分类的一般原则

我国政府预算收支分类改革的目标是借鉴国际经验，结合我国国情，实行包括收入分类、支出功能分类和支出经济分类的政府收支分类体系。

1. 全面完整

预算收支分类，应包含政府预算所有的收支，要完整反映政府收支的来源和性质，不仅要包括一般公共预算收支，还要包括政府性基金收支、国有资本经营收支、社会保险基金相关收支等应属于政府收支范畴的各项收支。

2. 科学规范

收支分类要按照科学标准和国际通行做法进行分类，将政府收支按收入分类、支出功能分类和支出经济分类进行划分，为进一步加强收支管理和数据统计分析创造有利条件。

3. 细致透明

从分类结构上看，收入分类分设类、款、项、目四级；支出功能分类分为类、款、项三级，经济分类又分为类、款、项三级。科目逐级细化，以满足不同层次的管理和公开透明的要求。

(二) 我国现行政府预算收支科目的主要内容

1. 收入分类

对收入进行统一分类，完整反映政府收入的来源和性质，全面、规范、细致地反映政府各项收入，说明政府的钱都是从哪里来的。

收入按大类将政府收入划分为税收收入、非税收入、债务收入以及转移性收入等。

2. 支出分类

现行支出分类体系将政府支出按职能和经济性质分设了两层既相互独立又紧密联系的支出分类体系。这种设置的理论依据与财政资金使用去向细化透明的要求有关,现实依据则是财政资金的分配和使用分为两个阶段:第一阶段,财政部门将资金分配到部门和单位;第二阶段:部门和单位使用财政资金购买相应的商品和服务。

(1) 支出功能分类。支出功能分类属财政资金分配的第一阶段。是要完整地反映政府各项职能活动,说明政府做了什么。财政支出按支出功能分类一般可分为四个部分:① 一般政府服务。支出一般没有具体的受益人,主要包括一般公共管理、国防、公共秩序与安全等。② 社会服务。支出具有明确的受益人,主要包括教育、卫生、社会保障等。③ 经济服务。支出着重于提高经济运行效率,包括交通、电力、工业、农业等。④ 其他支出。如利息、转移支付等。

按照这一要求并充分考虑我国国情,现行政府支出分类根据公共财政建设、政府管理和部门预算编制的要求,统一按支出功能设置逐步细化的类、款、项三级科目。就一般公共预算收支科目来说:

一是类级科目。综合反映了政府的职能活动,主要分为:一般公共服务、外交、国防、公共安全、教育、科学技术、文化体育与传媒、社会保障和就业、医疗卫生与计划生育、节能环保、城乡社区、农林水、交通运输、资源勘探信息、商业服务业、金融、援助其他地区、国土海洋气象、住房保障、粮油物资储备、预备费、其他支出、转移性支出、债务还本支出、债务付息支出、债务发行费用支出等。

二是款级科目。反映为完成某项政府职能所进行的某一方面的工作,如"教育"类下的"普通教育""职业教育"。

三是项级科目。反映为完成某一方面的工作所发生的具体支出事项,如"普通教育"款下的"小学教育""高等教育"等。

现行支出功能分类更加凸显了现阶段我国政府支出的方向,其科目能够比较清晰地反映政府各项职能活动支出的总量、结构和方向,便于根据建立公共财政体制的要求和宏观调控的需要,有效进行总量控制和结构调整。

(2) 支出经济分类。属财政资金分配的第二阶段,反映政府支出的经济性质和具体用途,即反映政府的钱是怎么花出去的,多少支付了人员工资,多少用于公用开支,多少用于购买办公设备和进行基本建设等。因此,支出经济分类是对政府支出活动更为明细的反映,也是进行政府预算管理、部门财务管理以及政府统计分析的重要手段。

现行支出经济分类科目设类、款两级:

一是类级科目。一般分为工资福利、商品服务支出、对个人和家庭的补贴、对企事业单位的补贴、转移性支出、债务利息支出、基本建设支出、其他资本性支出、其他支出等。

二是款级科目。是对类级科目的细化,主要体现部门预算编制和预算单位财务管理等有关方面的具体要求。如商品和服务支出下的款级科目又分为:办公费、差旅费、因公出国(境)费用、会议费、公务接待费等。

支出功能分类与支出经济分类相配合,能够对每一项支出进行"多维定位",可以形成一个相对稳定的、既反映政府职能活动又反映支出性质、既有总括反映又有明细反映的支出分类框架,从而为全方位的政府支出分析、提升政府预算透明度创造了有利条件。

多维定位如表 2-1、表 2-2、图 2-5 所示。

表 2-1 支出功能分类、经济分类交叉表

经济分类 功能分类	工资福利	商品和服务支出	对个人和家庭的补助	对企业的补贴	基本建设支出	……	合计
一般公共服务	50	100	150	200	150	100	750
外交	50	100	150	200	150	100	750
国防	50	100	150	200	150	100	750
公共安全	50	100	150	200	150	100	750
教育	50	100	150	200	150	100	750
科学技术	50	100	150	200	150	100	750
医疗卫生	50	100	150	200	150	100	750
……	50	100	150	200	150	100	750
合计	400	800	1 200	1 600	1 200	800	6 000

资料来源:财政部国库司编,《政府收支分类改革预算执行培训讲解》,中国财政经济出版社 2006 年版,第 46 页。

表 2-2 支出分类与部门分类、项目分类的联用

单位编码	功能分类			科目名称	项目分类	经济分类			合计
	类	款	项			工资福利支出	基本建设支出	…	
331				××农业局					
	213			农林水事务					
		01		农业					
			18		灾害救助	163	271	…	670
					××救助	12	35	…	230
					××重建	43	80	…	210
					…	…	…	…	…

资料来源:财政部国库司编,《政府收支分类改革预算执行培训讲解》,中国财政经济出版社 2006 年版,第 46 页。

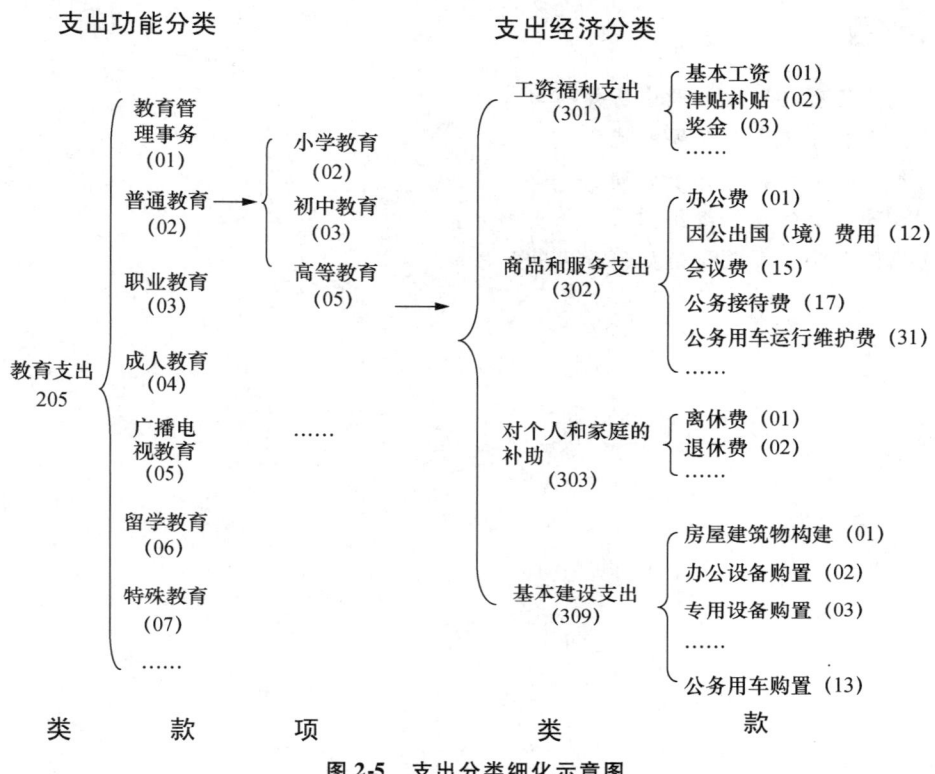

图 2-5　支出分类细化示意图

本章小结

预算管理是政府依据法律法规和对预算资金的筹集、分配、使用进行的组织、协调及监督等活动,是财政管理的核心组成部分,也是政府对经济实施宏观调控的重要手段。预算管理要素主要包括预算管理主体、管理对象、管理目标、管理手段和管理职能,各要素构成一个有机的管理系统。

政府预算管理流程是指一个相对完整的预算管理运行过程,按照各个运行阶段的管理内容主要分为预算规划与决策、预算编制与批准、预算执行与决算、预算审计与评价、预算控制与监督等阶段。

预算年度,也称为财政年度,是指编制与执行预算所应依据的法定时限,也就是预算收支起止的有效期限。这里包含政府预算编制与执行所必须确定的预算期限和时效。

政府预算管理的组织系统是指为政府预算服务的各种组织、机构、程序、活动等构成要素的总称,它们共同构成一个完整的体系,并有明确的职责分工,以保证政府预算的实现。

政府预算收支分类,是指在政府预算管理中,按照一定的标准,将庞杂的预算收支项目进行划分和归类,以准确体现各类收支的性质、运行规律,反映国家一定时期内的公共政策取向,为政府预算的编制、执行和决算服务。政府预算的具体分类通过预算收支科目反映,政府预算收支科目是政府收支的总分类,由财政部统一制定,全国统一执行。

思考题

1. 预算管理在财政管理中所处的地位。
2. 预算管理要素及管理的流程。
3. 预算年度和预算标准周期。
4. 我国预算管理的组织体系和职责划分。
5. 我国政府预算收支是如何分类的?

21世纪经济与管理规划教材
财政学系列

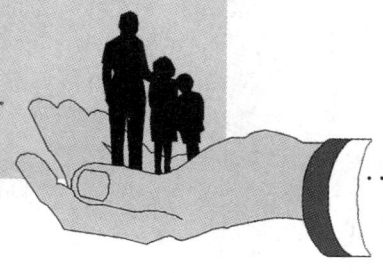

第三章

政府预算管理体制

【学习目标】

　　本章介绍了政府预算管理体制的相关理论与实践问题。通过本章的学习,掌握政府预算管理体制的内涵,划分政府间收支的理论依据、基本原则;掌握中国现行分税制预算管理体制的基本框架;掌握政府间转移支付的概念及种类;了解政府预算管理体制在财政制度安排中的定位;思考中国现行分税制存在的问题及进一步完善的思路、中国现行转移支付制度存在的问题及进一步完善的思路。

第一节 政府预算管理体制概述

在存在多层级政府的国家政权结构下,政府预算管理体制(以下简称预算管理体制)主要处理中央政府和地方政府及地方政府间事权和支出责任配置的问题。在事权划分中,首先应明确哪些是中央事权并由中央承担支出责任,哪些是地方事权并由地方承担支出责任,哪些是中央委托地方事权并由中央相应承担支出责任,哪些是中央与地方共同事权并明确各自的支出责任。科学、合理、规范的预算管理体制,是要实现事权和支出责任相匹配、相适应。这对于促进国家治理体系和治理能力现代化、优化资源配置、维护市场统一、促进社会公平、实现国家的长治久安均具有重要意义。

一、政府预算管理体制的概念

预算管理体制是国家经济体制、财税管理体制的重要组成部分,是确定中央政府和地方政府以及地方各级政府之间的事权和支出责任划分的一项根本制度。

作为中央与地方财政分配关系的集中表现形式,预算管理体制规定财政分级管理的原则,划定各级政权在财政管理方面的事权分配、财力划分和支出责任,正确处理财政分配中各方面的责、权、利关系,实现财政管理和财政监督。政府预算管理体制的选择与一国的经济社会发展、资源配置效率、历史文化背景、政治民主化程度以及国家统一等目标和依赖条件高度相关,内在目标是多元的,外部约束是综合的,并非简单的财政收支划分。[①]

预算管理体制包含的基本内容可概括为:在市场经济体制下,中央政府与各级地方政府各自应承担的职责;政府作为一个整体,其提供公共产品和公共服务的范围、规模及相应的成本费用在各级政府之间进行合理界定、划分与分摊的依据及标准;为履行政府职能及相应的支出责任所需要的政府财政收入在各级政府间进行分配的制度及办法;中央政府或上级地方政府,对地区间的财政能力与财政支出需要之间的纵向不均衡和横向不均衡的协调制度及措施等。

二、政府预算管理体制的特征

一般来说,世界各国的预算管理体制都具有以下基本特征:

(一)整体性特征

预算管理体制的首要任务是为树立中央权威、保证国家机器正常运转奠定财力基础,重点解决"全国整体性"问题,实现固本强基,无论何种形态的社会概莫能外。即使在法治较为完备的社会,中央或联邦政府也都在政府间初次分配时确立对地方的财力优势,并结合实行普遍补助制度,对地方政府施政行为进行必要的控制、引导与干预。因此,中央预算和地方预算共同构成了一国的总预算,保持预算的整体完整性,同时,给予地方政府

---

① 楼继伟:《中国政府间财政关系再思考》,中国财政经济出版社2013年版,序言。

适当的分权,确保预算管理体制的效率。具体实践而言,一方面,预算管理体制对各级政府的事权和财权加以明确划分,并由各级政府编制相对独立的预算;另一方面,作为一个统一的国家和统一的政治经济实体,为了实现全国的经济、社会发展目标,中央财政又必须充分发挥其宏观调控职能,对不同的地区实行财政的纵向与横向平衡,并以此把多级财政连接成为一个相互依存、相互帮助的统一整体。无论在何种政体的国度里,这种整体性特征,都是保证国家统一,促进地区经济、社会协调发展的不可或缺的因素。纵观我国历史,凡是"弱干强枝"的时期,大多社会动荡,战乱频发,而"太平盛世"时期,往往有雄厚的中央财力的支撑。

(二)规范性特征

在绝大多数情况下,各国都是以法律法规的形式对各级政府和财政的责、权、利关系,包括中央和地方各级政府拥有的税收立法权,税收减免权和调整权,以及中央对地方进行财政调节的方式、方法等,通过法律法规加以明确的、规范化的界定,并使这种界定具有相对的稳定性。在作这种界定时,中央政府既应对不同的地区采取统一的、规范化的标准,各个地区也不能因强调本地的特殊性而破坏法制的统一性和规范性。

(三)稳定性特征

预算管理体制一经确定,就应在较长的时期内保持相对稳定,尽量避免因体制频繁变动而造成的诸多消极影响。理论和世界各国的实践都已证明,由于预算管理体制所涉及的责、权、利关系较为广泛,而且其相关的经济、社会"联动性"效应较强,往往与地方、企业和居民的切身利益密切相关,与各地的经济社会发展规划、利益和福利预期也紧密相连,因此预算管理体制一旦确立就不应轻言改变,须力求保持相对稳定。

三、政府预算管理体制的功能

从世界范围来看,不管单一制国家还是联邦制国家,其预算管理体制多具备以下四项功能:

(一)履行各级政府职能的保障功能

预算管理体制对各财政主体,特别是对各级政府的财权、财力划分,既要以它们各自的事权范围或其承担的财政责任为基础,又要把履行政府职能所需的财力保障的落实作为体制规范的归宿。理论和实践证明,公共财政的基本要求,就是必须保证各级财政都能提供适应经济社会发展需要的、最低限度的公共产品和公共服务,这是履行政府职能,也是履行公共财政职能的起码条件。预算管理体制在规范、处理各级政府间的财权划分和相应的财力分配关系时,尽管在不同国家、不同经济发展阶段可采取不同的方式,但充分考虑其履行政府职能的基本需要,实现事权与支出责任的统一,为履行政府职能提供足够的财力保障,则是预算管理体制要解决的首要问题。

(二)对财政能力差异的调节功能

无论在哪个国家,在多级财政条件下,全国各地的经济发展和各级政府的收入水平不可能完全均衡,各地之间所存在的财政能力差异普遍存在着。这种客观存在的差异与各地都要履行同样的公共财政职能、提供均质化的公共服务水平的现实需要相矛盾,故需通过中央政府的财政调节,或建立必要的补助金制度来加以解决。市场经济中的通行做法是,在预算管理体制下的财权、财力界定中,中央政府通常掌握了超出其履行自身职能所需的财力,而把其中的一部分通过规范化的转移支付形式,对财政能力不足的地方实行资金转移,以此为各地区实现公共服务水平的均等化创造必要条件。预算管理体制下的这种调节,不仅是实现国家财政纵向与横向平衡的重要手段和必要途径,是构建和规范政府间财政关系的核心内容之一,而且也是市场经济条件下分级财政体制的一大基本功能。这种功能的程度和状况,是衡量分级财政体制健全与否、机制是否灵活有效的一个重要标志。

（三）对公平与效率的促进功能

现代市场经济中的预算管理体制,既要以公平和效率的兼顾作为基本的出发点,以此来促进社会稳定目标和提高经济效益、资源配置效率目标的实现,同时又要把促进公平和效率视为财政体制的一项基本功能。这一点,在诸如各级政府的事权界定,政府间财权、财力关系的规范及其收支划分,分级预算的组织与调节,以实现各地区公共服务水平均等化为主旨的财政转移支付制度的确立和调整,全社会收入再分配原则和相关制度的建设等方面,表现得尤为重要。

预算管理体制之所以应该而且必须具有促进公平的功能,其根源就在于它以克服市场失效的弊端为基本着眼点,从体制上保证为全社会提供必要的公共产品和公共服务,为各地经济社会的协调发展创造条件。之所以应该而且必须具有促进效率的功能,则是因为公平不是平均主义、不是"大锅饭",它要以有助于提高效率、有利于调动社会成员和各方面的积极性为前提。总之,预算管理体制的确立和调整,既要以克服市场失灵、促进社会公平为基点,又要使这种公平有助于提高经济和资源配置效率,使二者相辅相成。在市场经济中,只有具有这种功能的分级财政体制,才是有效的和持久的财政体制。

（四）对统一市场体系形成的促进功能

建立统一的市场体系,是市场经济内在的和本质的要求,也是使市场经济高效有序运行的最基本的前提条件。预算管理体制是按市场经济的要求设立的体制,它的建立有助于打破行政设置的障碍和地区封锁,促进资源、信息、技术、资金、人才的合理流动,因而对统一市场的形成能发挥促进作用。

四、政府间预算收支划分的理论依据与原则

政府预算收支划分,是指政府预算的全部收入和支出在中央与地方政府之间划定收支范围以及划分收支的方法、有效期限等问题的总称。预算收支的划分,反映了各级预算活动范围和财力分配的大小,是正确处理中央与地方之间分配关系的重要方面。

（一）预算收支划分的理论依据

1. 公共产品理论

公共产品理论,是处理政府与市场关系、政府职能转变、构建公共财政收支、公共服务市场化的基础理论。根据公共经济学理论,社会产品分为公共产品和私人产品,公共产品或劳务具有与私人产品或劳务显著不同的三个特征:效用的不可分割性、消费的非竞争性

和受益的非排他性。

以预算管理的视角研究体制问题,应将分析公共产品和服务受益范围的层次性作为切入点,进而为分析不同特征的公共产品和服务与各级政府职责及行为目标之间的内在联系,并为科学、合理地界定和划分各级政府间的事权及支出范围提供必要的依据。绝大多数公共产品和服务都有其特定有限的受益区域,这就意味着,社会成员对公共产品或服务的享用程度,要受到来自地理和空间等因素的影响。由此,公共产品和服务的性质不同,其受益范围也就不同,因而其提供主体也应该是不同的。所以就有了全国性公共产品和服务与地方性公共产品和服务这两个既相互区别又密切联系的范畴。

全国性公共产品和服务是指那些与国家整体有关的、各位社会成员均可享用的产品和服务,其受益范围是全国性的,如国防,这样的公共产品和服务应当由中央政府来负责提供。所谓地方性公共产品和服务,是指那些只能满足某一特定区域(而非全国)范围内居民的公共需要的产品和服务,如路灯等一系列城市基础设施,其受益范围具有地方局限性。这表明这类公共产品和服务的受益者主要是本辖区的居民,因此地方公共产品和服务的提供者应该是各级地方政府。鉴于公共产品和服务的受益范围与提供的空间特点,要保证其有效供给,客观上就要求中央政府和地方政府分工负责,各自承担起提供相应公共产品和服务的职责,体现在预算管理体制上,就要求中央和地方财政实行分级、分权管理。

2. 集权分权理论

一般来说,在任何国家,无论是联邦制国家,还是单一制国家,中央政府(联邦政府)都是国家利益的代表者,而地方政府则是地方利益的代表者。国家利益是一个国家的整体利益,而地方利益则是一个国家内部各个地方的局部利益。由此,就必然会引出政府在预算管理上的集权与分权关系问题。自20世纪70年代末以来,许多发达国家,以及相当数量的发展中国家,都开展了下放权力的变革运动。这一变革既包括基本政治框架的变革,又包括经济框架的变革,而这一切都意味着,政治上的分权必定会引发经济上的分权,因而财政分权是不可避免的。

专栏3-1　法国20世纪80年代以来的地方分权改革

20世纪80年代,法国进行了大规模的地方分权改革,并产生了良好的效果。法国1982年地方分权改革的主要内容有以下几方面:第一,增加行政区划层次,将大区正式设立成为一级地方自治单位,并对各级政府进行准确定位。第二,重新划分中央与地方的权限,扩大地方的自治权。改革前,地方议会的权力只限于本地区的财政预算与税收事务,以及公用和慈善事业,并且这几项权力还要受到中央的严格监控。1982年的改革通过立法进一步明确了中央与地方的权限划分,规定国家只有在地方政府无条件或无能力执行的事项上才享有管理的权力,并将部分过去由中央负责的事务下放给地方管理。第三,改变中央对地方政府的监管模式,将行政权从中央驻地方代表转让至民选产生的各级地方议会。第四,增强地方自治单位的财力。随着部分职能从中央转移到地方,为确保地方能够获得与其职权相适应的财政能力,增强其行动能力,法国建立了保障地方分权的财税制度。地方政府在一系列税收上享有比过去更大的自主权,国家将过去属于中央的一些税收转移给地方,同时建立了丰富的支付转移制度,成立了地方分权基金、装备总基金、运行总基金等各种专项基金。

资料来源:库德华,《法国权力下放改革对调整我国中央与地方关系的启示》,《理论观察》,2010 年第 1 期。

3. 财政联邦主义

财政联邦主义是给予地方政府一定的税收权力和支出责任范围,并允许地方政府自主决定其预算支出规模与结构。财政联邦主义(Fiscal Federalism)是关于财政分权的理论学说,它源自财政学者对于联邦制国家财政分权体制的分析,被广泛应用于对各种国家制度下财政体制的分析。

财政联邦主义为地方分权提供了强有力的理由:首先,地方政府存在的理由是它比中央政府更接近民众,即它比中央政府更了解其辖区民众的需求和效用。而当实施地方自治时,地方政府显然会更加关切地方百姓的需要。其次,一个国家内部不同地区的人有权对不同种类与数量的公共产品和服务进行各自的选择,而地方政府就是实现不同地区不同选择的机制。1956 年,美国学者蒂布特(Tiebout)在《地方支出的纯理论》一文中提出了地方政府之间的竞争理论。他认为,人们之所以选择某一个地方作为自己的居住地,是因为他们想在一个国家内部寻找地方政府所提供的公共产品和服务与所征税收之间的最佳关系,根据效用最大化原理去寻找适当的地方居住,充分自由选择的结果,就会实现地方公共产品或服务的最佳供给。地方政府之间要进行竞争,其最为重要的条件就是要有地方自主权,显然地方分权是必要的。

4. 俱乐部理论

所谓俱乐部理论,就是假定地方是一个由自愿聚合在一起的人们所组成的聚合体或者社群,我们可以形象地称之为"俱乐部"。俱乐部向各位会员提供公共产品和服务,但成本由各位会员分担(即税收份额)。这时公共产品和服务供给的边际成本为零(这是由公共产品和服务在消费上的非竞争性所决定的)。如果俱乐部接收新的会员,那么俱乐部成员原来所分担的公共产品和服务的成本就可以由更多的会员来分担了,实际上等于是在固定成本的情况下由更多的人来分担。

但是,俱乐部的这种"扩张"并不是无限制的,俱乐部物品的一个重要特征就是,新会员的加入,到一定程度会产生拥挤效应,也就是说,在超过拥挤点以后,随着新会员的加入,公共产品和服务的边际收益会呈现出递减状态。这就存在一个俱乐部最佳规模的确定问题。一个俱乐部的最佳规模就在由负的外部效应所产生的边际成本(外部边际成本,即拥挤成本)正好等于由于新会员分担运转成本所带来的边际节约这个点上。俱乐部产品一般具有"拥挤性"的特点,像公园、公共游泳池、公共电影院等,当消费者的数目增加到某一个值后,就会出现边际成本为零。俱乐部产品到达"拥挤点"后,每增加一个人,将减少原有消费者的效用。俱乐部理论实际上是论证了地方政府的适当规模问题。也就是说,一个地方政府的规模,应该确定在拥挤成本(边际成本)正好等于由新成员承担税收

份额所带来的边际收益这一点上。因此,在理论上能够断定,存在多个适当规模的地方政府,就可以通过人们在不同辖区之间进行移居来提高资源配置的效率。

（二）预算收支划分的原则

预算收支划分总的来说应贯彻统一领导、分级管理的基本原则,在保证中央宏观调控和监督的条件下,赋予地方相应的财政自主权,具体来说应坚持以下原则:

1. 中央宏观调控和地方自主性相结合原则

中央宏观调控和地方自主性相结合原则,即在处理政府间预算收支范围划分时,既要强化中央政府的集权与宏观调控能力,同时还要兼顾地方政府的分权和自主管理能力,实现二者之间的平衡与协调。

在现代市场经济条件下,政府调控是不可缺少的,其中中央调控占主导地位:

（1）为了保证中央宏观调控的需要,在收入的划分上,凡是关系到国民经济全局,便于中央发挥宏观调控的税种,应划归中央作为中央收入,使中央有稳定的财力保障国家全局的需要。在支出划分上,凡是关系到国民经济全局,地方无力承担或不宜由地方承担的支出,应划归中央支出,以充分发挥中央预算的主导作用。

（2）为了发挥地方政府的积极性,凡是与地方关系密切,税源分散,需要发挥地方积极性来组织征收的税收,应划归地方收入。在支出划分上,凡是与地方社会经济发展关系比较密切,地方有可能承担又不会对全局产生消极影响的支出,应划归地方支出。这样,有利于充分调动地方政府的积极性,从地方的实际出发,加速地方经济文化建设事业的发展,从而保证整个国民经济和社会发展的稳定、协调,使国家预算的职能作用得到充分发挥。

2. 外部性原则

所谓外部性,是指某个经济实体的行为使他人受益（正外部性）或受损（负外部性）,却不会因之得到补偿或付出代价。由于外部性的存在,社会收益或成本大大高于行为者的个体收益或成本。因此,外部效应很强的领域,市场机制（价格信号）就不可能对社会资源进行有效的分配。单靠市场中的自愿交易,经济的外部性无法被内在化。

在多层级政府条件下,必须合理划分各级政府职能,尽量避免局部利益和整体利益的冲突,既让不同层级的政府各司其职,高效提供相应的公共产品和服务,又能有效避免相互之间的恶性竞争和扯皮推诿。因此,外部性原则是划分各级政府事权的一项基本原则。外部性是经济主体的经济活动对他人和社会造成的影响,而该经济主体却并不为此承担责任。政府提供公共服务会产生外部性,在决定政府职责划分的过程中,要看公共服务的外部性由哪一级政府来承担。根据公共物品和公共服务的受益范围,确定中央与地方之间的事权和支出责任划分。一般意义上,全国性受益的公共产品由中央政府提供,仅地方一定区域受益的公共产品由地方政府提供,跨区域的公共产品由上一级政府提供。

3. 效率性原则

效率性是指组织活动过程中投入资源与产出成果之间的对比关系,即要用最小的投入成本取得尽可能完美的产出与结果。预算管理体制的效率性原则,主要体现在两个方面:一是市场效率,即处理好政府与市场之间的关系问题,预算管理体制提供了一个让市场引导资源配置的中性制度环境和市场秩序,让市场主体充分公平竞争,市场机制在资源配置中发挥决定性作用。二是政府效率,即处理好各级政府间的职责划分问题,明确各级政府的职责所在,各司其职、各负其责,形成良好的行政与社会秩序,提供优质的公共服务。

由于信息不对称,再加上我国各地区经济发展水平存在明显的地区差异,各级政府的财力状况也是千差万别,地方政府与公民更为接近,因而比中央政府更关心居民的偏好,获取和处理信息的成本要比中央政府更有效。同时,我国地理、文化、自然和人力资源禀赋等方面的多样化以及地方政府提供更符合居民偏好的区域性公共物品的比较优势决定了,必须充分发挥地方政府履行社会职责的积极性。

4. 激励相容原则

激励相容是指:在市场经济中,每个理性经济人都会有自利的一面,其个人行为会按自利的规则行为行动;如果能有一种制度安排,使行为人追求个人利益的行为,正好与企业实现集体价值最大化的目标相吻合,这一制度安排,就是"激励相容",由 2007 年获得诺贝尔经济学奖的美国明尼苏达大学经济学名誉教授赫维茨(Hurwicz)在其创立的机制设计理论中提出。

现代经济学理论与实践表明,贯彻激励相容原则,能够有效地解决个人利益与集体利益之间的矛盾冲突,使行为人的行为方式、结果符合集体价值最大化的目标,让每个员工在为企业多作贡献中成就自己的事业,即个人价值与集体价值的两个目标函数实现一致化。应用在政府间事权划分上,就是要设计一种体制,使所有的参与人(中央政府和地方政府)即使按照自己的利益去运作,也能实现整体利益最大化,这种体制设计就是激励相容原则的体现。①

(三)政府间事权划分的通行规则

政府职责划分是分级财政体制的逻辑起点,依据政府职责划分事权又是合理划分财权的出发点。财政属于政府的分配行为,而不同级次的政府所执行的特定职能或侧重点是不同的,因而应根据各级政府行使职能的需要,相应地划分财权和财力,为不同级次的政府履行其职责提供物质保障。政府事权的行使须借助于财政职能的履行才能体现并完成。市场经济国家公共财政的职能包括稳定、分配和资源配置职能。根据公共产品层次性划分及受益区域的不同,将这些职能进行大致的划分在市场经济国家中有着相似的做法,反映了政府间事权划分的通则。

1. 稳定职能主要由中央政府履行

稳定职能主要是指保持宏观经济运行的持续、健康、协调发展,稳定的标志通常是实现经济运行的充分就业、物价稳定、国际收支平衡。要实现经济稳定目标,政府运用财政货币政策进行调控是必不可少的。这包括内在稳定器和相机抉择政策。在经济高度开放的背景下,若由地方政府来设计和执行反周期政策,效果不会理想。如地方政府为了增加就业,将设计某些财政优惠政策吸引投资,这不但会使其他地方政府受损,而且会引起其他地方政府的报复,最终两败俱伤。由地方政府谋求各自辖区的局部稳定,极易导致其他地区乃至全国的不稳定。因此,稳定的职能应由中央政府承担。正如美国财政学家哈维·S. 罗森(Harvey S. Rosen)所说:"实际上,人们普遍同意,旨在影响就业水平和通货膨胀率的收支政策,应由联邦政府进行。没有一个州或地方政府大到可以影响整个经济活

---

① 楼继伟:《中国政府间财政关系再思考》,中国财政经济出版社 2013 年版,第 24 页。

动的程度。例如,让每个地方政府各自发行货币和执行独立的货币政策,是没有道理的。"

2. 分配职能主要由中央政府履行

分配职能是财政最基本和最重要的职能,包括收入的再分配和地区间资源要素的再分配。收入分配职能是指通过财政分配活动实现收入在全社会范围内的公平分配,将收入差距保持在社会可以接受的范围内。劳动者和生产要素的投入者在分配中遵循机会均等、规则公平的原则,允许合理拉开收入差距,但又要防止两极分化。

政府财政之所以要行使收入再分配职能,就是要通过分配政策和手段对由于种种原因造成的社会成员在收入或财富分配上的差异较大的状况进行再分配,以缩小差距,均等化收入和财富,削减不公平负担,实现社会公平。社会公平的基本表现是全国公众享受基本同等的公共产品和公共服务待遇。在全国范围内实现公平原则,需要把高收入者的部分收入再分配给低收入者,这就要制定完整的税收制度和公共支出方案。这种分配和再分配方案的制订及实施权必须由中央政府来掌握,以避免出现不同地区的不公平现象。反之,如果由地方政府行使再分配的权力,则会在全国范围内出现地方间的差别税收、差别转移支付等制度,从而导致人口、资源等要素的不合理流动,导致经济效率的缺失。地区间资源要素的再分配是指通过财政分配活动实现资源在地区间的公平分配,将地区经济发展差距保持在社会可以接受的范围内。中央政府通过转移支付,解决地区间由于经济发展水平差距造成的公共服务水平差异化问题,使各个地方提供公共服务的能力趋向均等化。

3. 资源配置职能主要由地方政府履行

财政配置职能即划分社会总资源在社会与私人之间的利用,对社会公共产品的构成作出选择,提供公共产品与服务,以使人力、物力、财力的分配有助于向资源配置的帕累托最佳效率状态逼近。

财政配置资源的内容是多方面的,其中主要包括:提供基础设施;资助基础性科学研究;对过度竞争的行业进行适当的限制或调节;反垄断;制定和实施国家的产业政策,保证社会资源的配置符合国家的发展战略等。由于中央政府和地方政府都要在不同的受益范围内提供公共产品,因此配置功能一般由中央、地方共同承担。由于资源配置具有较强的地域性,能够更好地体现因地、因事制宜,因而地方政府在履行资源配置职能方面应多有所作为。相对于中央政府而言,地方政府只是在较小的地域范围内进行资源配置,但因地方政府对于本地区选民需要、偏好等信息最为了解,因此可以根据地方情况进行项目选择,这样的话,配置的针对性明显增强,资源配置效率较高,可以更好地发挥其资源配置职能。其中,提供地方性公共基础设施和公共服务、城市维护与建设、地方交通运输、就业训练等,是地方政府配置资源职能的主要内容。但是,对处于地方而具有外部效应的项目,则需要中央政府参与解决。

(四)政府间事权划分的一般模式

各国国情不同,各级政府职责和事权划分会因国别而异,但市场经济国家各级政府的事权划分,依据其通行规则及公共产品性质,仍有共同点和一般规律可循,因而可将其归纳、概括为事权划分的一般模式:

1. 全国性公共产品应由中央政府提供

这些公共产品和服务主要包括:国防、外交、外贸管理、全国性的立法和司法、中央银行、中央税的征管等。宏观经济稳定(包括财政、货币政策)是一种特殊的全国性公共产品,其责任也应由中央政府承担。

2. 地方性公共产品应由地方政府来承担

这些公共产品和服务包括:地区间交通、警察、消防、教育、环保、供水、下水道、垃圾处理、公园、对地区经济发展的支持、地方性法律的制定和实施等。为了达到资源配置高效化的目标,地区性公共产品和服务的决策应尽可能留给该层次的政府。这样做还有利于促进地方政府间的竞争,从而推动政策创新。

3. 中央政府应参与具有跨地区"外部效应"的公共产品

这类公共产品包括跨地区的公路、铁路、水陆运输、邮电通信等项目。另外,有些项目虽然位于某个地区,但受益者却不仅限于本地居民,如航空港、环保、教育等项目。从理论上讲,这些项目在多大程度上使外地居民受益,应成为中央政府在多大程度上参与及分摊成本的主要依据。但在实践中,这个程度很难判断和测算,因而,各国的做法也十分不同。一些发达国家的做法是中央政府按一定比例支出该类项目的成本。

4. 调节收入分配的职责多由中央政府承担

中央政府在收入分配调整方面主要涉及的事权和支出责任有:收入分配政策的制定,调节收入分配,保持社会分配公平;就业政策的制定,促进就业;养老保险政策的制定和实施;中央对地方政府的转移支付等。当然,中央政府在这方面承担较大职责并不意味着由它承担全部成本,可能只需中央政府的某种补贴。中央政府与地方政府主要事权的划分情况如表 3-1、表 3-2 所示。

表 3-1　中央政府与地方政府事权划分的基本框架

内容	事权归属	理由
国防	中央	全国性公共产品或服务
外交	中央	全国性公共产品或服务
国际贸易	中央	全国性公共产品或服务
金融与银行政策	中央	全国性公共产品或服务
管理地区间贸易	中央	全国性公共产品或服务
对个人的福利补贴	中央、地方(省、州)	收入重新分配
失业保险	中央、地方(省、州)	收入重新分配
全国性交通	中央、地方	全国性公共服务、外部效应
地区性交通	地方	地区性公共服务
环境保护	省、州级地方、中央	地区性服务、外部效应
对工业、农业、科研的支持	地方、中央	地区性外部效应
教育	地方、中央	地区性福利
卫生	地方、中央	地区性福利
公共住宅	地方、中央	地区性福利
供水、下水道、垃圾处理	地方	地区性公共服务
警察	地方	地区性公共服务
消防	地方	地区性公共服务
公园、娱乐设施	地方	地区性公共服务

资料来源:马骏,《论转移支付》,中国财政经济出版社 1998 年版,第 138—139 页。

表 3-2　部分国家基本公共服务职责划分情况

政体	国别	公共服务项目			法律依据
		教育	公共卫生	社会保障	
联邦制	澳大利亚	联邦、州	联邦、州	联邦、州	宪法
	美国	州、地方	州、地方	联邦、州	宪法及其修正案
	德国	州	州、地方	联邦	基本法
单一制	英国	中央、郡县	中央、郡县	中央	宪法
	日本	中央、都道府县、市町村	中央、都道府县、市町村	中央	宪法、地方自治法

资料来源：根据楼继伟,《中国政府间财政关系再思考》,中国财政经济出版社 2013 年版,第 167—182 页。

第二节　分税制预算管理体制

一、分税制的内涵与特征

（一）分税制的内涵

1. 什么是分税制

分税制,是指在明确划分中央与地方政府事权和支出责任的基础上,按照税种划分中央与地方预算收入,各级预算相对独立,各级政府和地区之间的财力差异通过规范的转移支付制度来进行调节。

分税制是市场经济国家普遍推行的一种预算管理体制模式,是分税分级财政体制的简称,这种体制的实质是通过划分中央与地方税收收入来源和管理权限,进一步理顺中央与地方财政的分配关系,充分调动中央和地方财政的积极性。

2．分税制的要点

分税制的要点体现在以下四个方面：

（1）一级政府、一级预算,各级预算相对独立、自求平衡；

（2）在明确划分各级政府职责的基础上划分各级预算支出范围；

（3）收入划分实行分税制,划分方法主要按税种划分,也可对同一税种按不同税率进行分配或实行共享制；

（4）对预算收入水平的差异通过政府间转移支付制度加以调节。

3．分税制的类型

在各国税收实践中,实行分税制的国家基本上可划分为完全的分税制与不完全的分税制两种形式：

（1）完全分税制是指各级政府都有独立的税种,独立征税,不设共享税；各级财政在法定收支范围内自求平衡,各级财政之间不存在转移支付或转移支付的规模很小；中央财政立法权和地方财政立法权划分明确,地方财政权独立。采取这种分税制的,大多是联邦制国家,如美国等。它具有如下特点：政府首脑由民众选举产生并对选民负责,政府事权明晰,民众意愿对政府行为有较大的影响,税权和事权对应密切,税收管理权限划分清楚,中央与地方税务机构分设。一般来说,实行这种制度需要有良好的法制环境作为支撑。如果民众没有对立法、执法的有效建设和监督权力,实行彻底的分税制只会带来官本位下的腐化和短期行为,使地方经济受到损害。因此,在法制建设不太完善的国家和时期,想要实行彻底的分税制,是行不通的。

(2) 不完全分税制是指税收管理权限交叉,设置中央税、地方税以及中央和地方共享税的一种分税制制度。它既具有固定性的特点,又具有灵活性的特征。采用这种分税制的,大多是管理权限比较集中的国家,如英国、日本等。

(二) 分税制的特征

分税制在不同国家有不同的具体形式,但一般而言具有以下基本特征:

1. 规范性

规范性主要体现在两个方面:一是各级政府收支范围的划分和调节制度的安排是规范的,支出范围的划分严格以事权范围的规定为依据,收入范围的划分在遵循财权与事权相匹配的原则基础上,主要以税种或税权的标准来确定,预算调节制度的安排要充分体现公平与效率相结合的原则,并有规范的计算依据。同时,分税制中的各种基本制度在全国具有统一性,如中央税或地方税的税种或税权在全国各地的划分是一致的。二是分税制的运作过程是规范的,各级政府各司其职,分级治事,收入分征、分管,国家的收入分配和宏观调控也有序进行。

2. 层次性

层次性是指在分税制预算管理体制中,各级财政相对独立,实行分级管理,财政体系的运作具有明显的层次性。各级财政在划定的收支范围内安排本级的财政活动,负有明确的平衡责任,一级财政既不能任意向外转移自身的财政负担,也不能随意包揽应由其他级次财政承担的事务。预算管理的这种层次性,有利于明确各级和各地方财政的职责,调动各方面的积极性,提高财政管理的效能。

3. 法制性

法制性是要求对各级政府事权、财权、税权的划分及其相互关系以一定的法律法规的形式加以规定,这是市场经济的法制化在财政活动领域的体现。法制性可以增强预算管理的透明度,加强制约和监督,同时也能保障预算管理体制的稳定性,使国家财政管理体系的运行不受一般政治经济事件的影响,各级政府能以长远的眼光来运筹和规划自身的财政活动。

二、我国的分税制预算管理体制

(一) 我国实行分税制的背景

1. 我国预算管理体制历史沿革

随着政治经济环境的变化,新中国成立以来的预算管理体制经历了若干次调整。总体来看,可以分为三个阶段,分别是:"统收统支"阶段、"分灶吃饭"阶段和"分税制"阶段。

表 3-3　新中国成立以来的预算管理体制沿革

实行时间		预算管理体制简述
统收统支	1950 年	高度集中,统收统支
	1951—1957 年	划分收支,分级管理
	1958 年	以收定支,五年不变
	1959—1970 年	收支下放,计划包干,地区调剂,总额分成,一年一变
	1971—1973 年	定支定收,收支包干,保证上缴(或差额补贴),结余留用,一年一定
	1974—1975 年	收入按固定比例留成,超收另定分成比例,支出按指标包干
	1976—1979 年	定收定支,收支挂钩,总额分成,一年一变,部分省(市)试行"收支挂钩,增收分成"
分灶吃饭	1980—1985 年	划分收支,分级包干
	1985—1988 年	划分税种,核定收支,分级包干
	1988—1993 年	财政包干
分税制	1994 年至今	按照统一规范的基本原则,划分中央地方收支范围,建立并逐步完善中央对地方财政转移支付制度

资料来源:财政部网站,http://yss.mof.gov.cn/zhuantilanmu/zhongguocaizhengtizhi/cztzyg/200806/t20080626_53659.html。

2. 分税制实施的背景

财政包干制度是预算管理体制中处理中央与地方关系的一种制度,指地方的年度预算收支指标经中央核定后,由地方包干负责完成,超支不补,结余留用,地方自求平衡,对少数民族地区,中央予以特殊照顾,这种制度是中国 20 世纪 80 年代末到 90 年代初的财政模式。

财政包干的方法于 1971 年开始实行,在当时的情况下,被证明是一种传统有效的方法,它扩大了地方的财政收支范围和管理权限,调动了地方筹集财政基金的积极性,有利于国家财政的综合平衡。从 1980 年起,我国财政部门又采用"划分收支,分级包干"的新体制。这一体制的特点是:明确划分中央和地方的收支范围,以 1979 年各地方的财政收支数为基础,核定地方收支包干的基数,对收入大于支出的地区,规定收入按一定比例上缴,对支出大于收入的地区,将工商税按一定比例留给地方,作为调集收入;工商税全部留给地方后仍收不抵支的,再由中央给予定额补助。收入分成比例或补助支出数额确定后,五年不变。地方多收可以多支,少收可以少支,中央不再增加补助,地方财政必须自求平衡。这种办法把地方类权力结合起来,改变了吃"大锅饭"的现象,所以又被称为"分灶吃饭"的财政体制。从 1989 年起,又调整基数,实行"划分税种,核定收支,分级包干"的体制,使得财政包干制度更加完善。

但随着市场在资源配置中的作用不断扩大,其弊端日益明显。主要表现在:税收调节功能弱化,影响统一市场的形成和产业结构优化;国家财力偏于分散,制约财政收入合理增长,特别是中央参政收入比重不断下降,弱化了中央政府的宏观调控能力,在此背景下,我国于 1994 年开始实施分税制预算管理体制改革。

(二) 我国实施分税制的意义

在我国社会主义市场经济快速发展的情况下,推行分税制具有很强的理论和现实意义。第一，分税制可以规范和稳定中央与地方之间的财政分配关系,减少相互之间的利益冲突和摩擦,使中央和地方各得其所,有效配置各自的财力。第二,分税制有利于增强中央政府的宏观控制能力,因为通过分税制对公共财力的划分能确保中央财政的主导地位,使国家的收入分配调节和宏观政策实施有必要的财力保证。第三,分税制有利于打破地区分割,规范地方政府行为,避免地方政府为争夺财政收入而画地为牢、干预企业、重复建设、保护落后,促使生产要素的合理流动和全国统一市场的形成。第四,分税制能改变企业隶属于某一级政府的状况,既有利于企业转换经营机制,真正成为独立的市场经济主体,也有利于政府转换职能,致力于提高公共产品供给的效率和公共服务的水平。

1993年12月15日颁布的《国务院关于实行分税制财政管理体制的决定》,明确了我国分税制改革的原则和主要内容。并于1994年将"国家实行中央和地方分税制"写入我国的《预算法》。作为新中国成立以来规模最大、范围最广、内容最深刻的一次财政体制改革,分税制初步建立了适应社会主义市场经济体制需要的财税体制,对于保证财政收入,调整优化税制结构,加强宏观经济调控,理顺中央与地方的财政分配关系,促进经济与社会的发展,都起到了重要作用。

(三)分税制改革的指导思想

1. 正确处理中央与地方的利益关系

通过分税制促进国家财政收入合理增长,并且逐步提高中央财政收入在全国财政收入中的比重。既要考虑地方利益,调动地方发展经济、增收节支的积极性,又要适度增加中央财力,提高中央财政的宏观调控能力。为此,中央要从财政收入的增量中多得一些,建立中央财政收入的稳定增长机制。

2. 合理调节地区之间的财力分配

既要有利于发达地区继续保持较快的发展势头,又要通过中央财政对地方的税收返还和转移支付制度,扶持经济不发达地区的发展和老工业基地的改造。

3. 坚持统一政策与分组管理相结合的原则

划分税种不仅要考虑中央与地方的收入分配,还必须考虑税收对经济发展和社会分配的调节作用。中央税、共享税以及一些重要的地方税的立法权都要在中央,以保证中央政令统一,维护全国统一市场和企业平等竞争。税收实行分组征管,中央税和共享税由中央税务机构负责征收,共享税的地方部分,由中央税务机构直接划入地方金库,地方税由地方税务机构负责征收。

4. 坚持整体设计与逐步推进相结合的原则

分税制改革既要借鉴国外经验,又要从本国实际出发。在明确改革目标的基础上,办法力求规范化,但必须抓住重点,分步实施,逐步完善。

(四)我国分税制的基本内容

1. 政府间事权和支出责任划分

分税制财政体制改革确定中央与地方支出划分的基本原则是:中央财政主要承担国家安全、外交和中央国家机关运转所需经费,调整国民经济结构、协调地区发展、实施宏观调控所必需的支出,涉及由中央直接管理的事业发展支出。各自的支出范围如表3-4所示。

表 3-4　1994 年中央与地方支出划分表

中央财政支出	地方财政支出
1. 国防费	1. 地方行政管理费
2. 武警经费	2. 公检法支出
3. 外交和援外支出	3. 部分武警经费
4. 中央级行政管理费	4. 民兵事业费
5. 中央统管的基本建设投资	5. 地方统筹的基本建设投资
6. 中央直属企业技改和新产品试制费	6. 地方企业技改和新产品试制费
7. 地质勘探费	7. 支农支出
8. 由中央财政安排的支农支出	8. 城市维护建设支出
9. 由中央财政安排的还本付息支出	9. 地方文化支出
10. 中央本级负担的公检法支出	10. 地方教育支出
11. 中央本级负担的文化支出	11. 地方卫生支出
12. 中央本级负担的教育支出	12. 价格补贴支出
13. 中央本级负担的卫生支出	13. 其他支出
14. 中央本级负担的科学支出	

资料来源：谢旭人，《中国财政 60 年》（套装上下册），经济科学出版社 2009 年版，第 382 页。

2．政府间收入划分

根据事权与财权相结合的原则，按税种划分中央与地方的收入，将维护国家收益、实现宏观调控所必需的税种划分为中央税；将同经济发展直接相关的主要税种划为中央与地方共享税；将适合地方征管的税种划为地方税，并补充地方税税种，增加税种收入。具体划分如表 3-5 所示。

表 3-5　1994 年中央与地方税收划分表

中央固定收入	地方固定收入	中央与地方共享收入
1. 关税	1. 营业税（不含铁道部门、各银行总行、各保险公司集中缴纳的营业税）	1. 增值税 中央分享 75% 地方分享 25%
2. 海关代征的消费税和增值税	2. 地方企业所得税（不含地方银行和外资银行及非银行金融企业的所得税）	2. 资源税 海洋石油资源税归中央 其他资源税归地方
3. 消费税	3. 地方企业上缴利润	3. 证券交易税 全部为中央收入*
4. 中央企业所得税	4. 个人所得税	
5. 地方银行和外资银行及非银行金融企业所得税	5. 城镇土地使用税	

＊　从 2016 年 1 月 1 日起，证券交易印花税由中央 97%、地方 3% 的比例分享全部调整为中央收入。

（续表）

中央固定收入	地方固定收入	中央与地方共享收入
6. 铁道部门、各银行总行、各保险总公司等集中缴纳的营业税、所得税、利润和城市维护建设税	6. 固定资产投资方向调节税	
7. 中央企业上交的利润	7. 城市维护建设税（不含铁道部门、各银行总行、各保险总公司集中缴纳的部分）	
	8. 房产税 9. 车船使用税 10. 印花税 11. 屠宰税 12. 农牧业税 13. 农业特产税 14. 耕地占用税 15. 契税 16. 遗产和赠与税 17. 土地增值税 18. 国有土地有偿使用收入	

资料来源：谢旭人，《中国财政60年》（套装上下册），经济科学出版社2009年版，第383页。

3．税收返还制度

为了使财政体制改革顺利运行，分税制财政体制的方案确定了维持地方1993年既得利益的政策，即以1993年为基期年，以分税后地方净上划中央的收入数额，作为中央对地方的税收返还基数，基数部分全额返还地方。以后年度中央财政对地方财政返还数额，以1993年为基期年，1994年以后，税收返还基数在1993年基数基础上逐年递增，递增率按本地区增值税和消费税的平均增长率的1∶0.3系数确定。

4．所得税收入分享改革

1994年实行分税制财政体制时，所得税按企业产权隶属关系划分，即中央企业所得税作为中央财政固定收入，地方企业所得税作为地方财政固定收入。随着社会主义市场经济的发展，这种划分方式制约了国有企业改革的逐步深化和现代企业制度的建立，客观上助长了重复建设和地区封锁，妨碍了市场公平竞争和全国统一市场的形成，不利于促进区域经济协调发展和实现共同富裕，也不利于加强税收征管和监控。随着政府机构改革的全面推进、企业新财务制度的顺利实施和分税制财政体制的平稳运行，国务院决定从2002年1月1日起实施所得税收入分享改革。除少数特殊行业或企业外，对其他企业所得税和个人所得税收入实行中央与地方按比例分享。中央保证各地区2001年地方实际的所得税收入基数，实施增量分成。

5．2004年出口退税负担机制改革

2004年出口退税机制改革的基本原则是："新账不欠，老账要还，完善机制，共同负担，推动改革，促进发展。"对出口退税率进行结构性调整。加大中央财政对出口退税的支持力度，建立中央和地方财政共同负担出口退税的新机制，结合出口退税机制改革推进外贸体制改革,累计欠退税由中央财政负担。

6. 转移支付制度的建立与完善

分税制改革,引入了过渡时期转移支付管理办法。过渡期财政转移支付额由客观因素转移支付额和政策因素转移支付额构成。客观因素转移支付额主要参照各地标准财政收入和标准财政支出差额以及客观因素转移支付系数计算确定。2002年所得税共享改革后,引入一般性转移支付管理办法。我国现行的财政转移支付制度主要由体制性转移支付、财力性转移支付和专项转移支付构成。

三、我国分税制改革的成效

(一)分级财政体制的总体框架基本确立

我国分税制改革以原包干制为基础,按照"存量不动,增量调整,逐步提高中央的宏观调控能力,建立合理的财政分配机制"的原则设计,初步建立分级财政管理体制的总体框架。按税种划分收入,将体现国家权益、具有宏观调控功能的税种划为中央税;将与经济发展直接相关的主要税种划为中央地方共享税;将适合地方征管的税种划为地方税,初步形成收入大头在中央的分配格局。依据现行事权划分中央与地方的支出范围。分设中央、地方两套税务机构,实行分征分管。中央税和共享税由中央税务机构征收,地方税由地方税务机构征收。2015年12月24日,中共中央办公厅、国务院办公厅发布《深化国税、地税征管体制改革方案》,明确规定,按照加快建设服务型税务机关的要求,推动国税、地税之间的合作,围绕最大限度便利纳税人,不断提高纳税服务水平,在全国范围内实现国税、地税服务一个标准,征管一个流程,执法一把尺子。

(二)财政收入稳定增长机制已经逐步建立

现行财政体制初步理顺了中央与地方的分配关系,调动了各级政府理财的积极性,建立了财政收入稳定增长机制。分税制按税种明确划分了中央与地方之间的税源,增强了各级政府当家理财、自收自支、自求平衡的责任和压力,充分调动了各级政府的理财积极性,各地普遍加强了税收征管,使财政收入保持了持续稳定的增长态势(参见表3-6、图3-1)。

表3-6 1994—2014年我国税收增长、经济增长指标统计表

年份	税收收入（亿元）	名义税收增长率（%）	通货膨胀率（%）	实际税收增长率（%）	实际GDP增长率（%）	实际税收增长率超实际GDP增长率（%）	税收弹性
1994	5 126.9	20.48	24.24	-3.75	13.08	-16.83	-0.29
1995	6 038.0	17.77	16.90	0.88	10.99	-10.12	0.08
2000	12 581.5	17.78	0.26	17.52	8.43	9.09	2.08
2005	28 778.5	19.09	1.82	17.27	11.35	5.91	1.52
2010	73 210.8	23.00	3.31	19.68	10.63	9.05	1.85
2011	89 738.4	22.58	5.41	17.16	9.48	7.68	1.81
2012	100 614.3	12.12	2.65	9.47	7.75	1.72	1.22
2013	110 530.7	9.86	2.63	7.23	7.68	-0.46	0.94
2014	119 158.0	7.81	1.99	5.81	7.35	-1.54	0.79

资料来源:《中国统计年鉴》(2014);世界银行数据库(http://data.worldbank.org.cn/)。

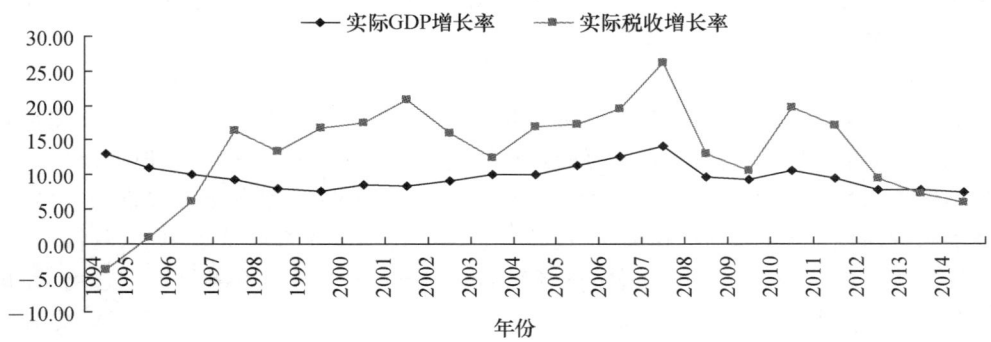

图 3-1　1994—2014 年我国实际税收增长率和实际 GDP 增长率

资料来源：《中国统计年鉴》(2014)；世界银行数据库(http://data.worldbank.org.cn/)。

(三) 促进了资源优化配置和产业结构调整

分税制改革在一定程度上促进了地方各级政府经济行为的合理化，促进了资源的优化配置和产业结构的调整。1994 年分税制将增值税的 75% 和消费税的全部均划归中央，这在很大程度上限制了地方盲目发展税多利大产业的倾向，从而为解决市场封锁和地方保护主义问题提供了较好的条件。把同农业有关的税种和来自第三产业的税种划归地方（如农业税、营业税等），从而激发了地方发展农林牧副渔业和第三产业的积极性。从全国情况看，地方政府的经济行为和投资行为已经发生了一些积极变化，各地普遍根据分税制后的财源结构和本地区的实际情况，寻找新的经济增长点，积极培植新的财源，并纷纷将投资重点转向了农业、基础产业、服务业和地方的优势、特色产业。分税制在引导地方政府经济行为和投资行为的合理化、促进资源优化配置和产业结构合理调整等方面的作用已经初步显现。

(四) 促进了财政资金供给范围的合理调整和财政支出结构的优化

分税制初步理顺了政府间的责权关系，在政府间初步建立了各司其职、各负其责、各得其利的约束机制和费用分担与利益共享机制。税种、税源按财政管理体制划定的标准分属中央政府或地方政府，各级财政预算的财力来源、规模约束明显增强，自收自支、自求平衡的责任明显加重。分税制强化了对地方财政的预算约束，提高了地方坚持财政平衡、注重收支管理的主动性和自主性。另外，也促使各级政府尤其是财政经济能力相对较弱的地方政府的财政支出范围和重点向刚性较强的公共产品领域集中，在一定程度上促进了社会经济资源配置结构的优化和财政资源配置效益的提高，有力地促进了政府财政经济行为的转变。

四、我国分税制运行存在的问题与完善思路

(一) 分税制运行中存在的问题

分税制改革无疑是我国预算管理体制的一次历史性突破，它促进政府间财政关系朝规范化、制度化、合理化、科学化的方向迈出了坚实的一步，对社会经济的稳定和有序发展

产生了积极的影响。但现行分税制由于受原有体制框架的约束,在诸多方面仍存在与市场经济发展要求不相吻合的问题。

1. 各级政府间事权范围和支出职责界定不够科学、合理

具体表现如下:第一,对政府职能并未重新界定,政府职能转换范围不明确,在市场经济体制下,市场干什么,政府干什么,缺乏具体的操作界限。第二,中央与地方政府的事权划分基本上沿用传统体制下的划分方法,界限不清,划分过粗,存在交叉重叠的纠葛,如两级或多级政府间的共同事务,在确认、调整及费用分担标准等方面缺乏明确、具体的办法,随意性较大。第三,事权与财权脱节的矛盾较为突出,中央对地方事权下放过度,而地方缺乏与下放事权相匹配的财力保障,导致部分地方政府在一定程度上出现了财力紧张的困难局面。

2. 财权和收入划分不够科学、合理

财权和收入的划分应有利于分级治事,并充分发挥税收的收入功能和调节功能,但现行分税制不能完全体现这一要求。第一,税收立法权和税收政策制定权过于集中,地方没有税收立法权。因为分税制的核心是划分中央与地方的权力边界,为各级政府行使其职能确立制度基础。由于各地社会经济发展水平存在较大的差异,立法权过于集中,也不利于地方因地制宜地安排财政预算和进行财政管理。第二,现行分税制的企业所得税仍是按行政隶属关系划分的,这种划分方式不符合政企分离的原则,而且随着企业重组、合资、联营以及股份制等跨所有制组织形式的迅速发展,就更不能适应新形势的要求了。第三,凡属税源遍及全国或具有高度调节功能的税种划为中央税是分税制的通则,我国现行税制中个人所得税属于此类税种,现行体制将个人所得税划为地方税的主要考虑,是其征管难度较大,收入水平不高,由地税局征收较有效率,但这只能视为权宜的做法。

3. 地方税收体系不健全,收入水平不高,自给率偏低

地方税收入来源不足,一方面限制了地方财政职能的有效发挥,另一方面促使地方政府寻求税外收入,以解决其行政事业经费或建设资金不足的问题,从而导致地方政府收入机制的紊乱。我国近年来存在的乱收费、乱摊派、乱集资以及预算外和制度外资金加剧膨胀问题,与预算管理体制中地方政府收入制度不完善存在密切的联系。

4. 省级以下预算管理体制不完善

我国地方政府有省、市、县、乡四个层次,这种层次较多的政权结构加大了分税制改革纵向深化的难度,特别是地方税主体税种的单一性使得难以在省以下各级政府间进行税种的划分。因此,省以下各级政府的收入划分大都采用比例分成、共享税等方法,这很难说是一种真正意义上的分税制。

(二) 进一步完善分税制的思路

针对现行分税制预算管理体制存在的问题,应当满足经济体制改革和财政职能转换的要求,采取必要的措施逐步调整和完善,最终达到合理化、科学化和规范化的目标。

1. 进一步明确政府间事权划分

按照公平和效率相结合的原则进一步明确界定中央政府与地方政府的事权范围。

(1) 中央政府的事权范围应包括:第一,制定并组织实施国民经济和社会发展的长期战略,对经济发展的速度、方向、结构、生产力布局等重大安排进行决策,调节经济总量和

宏观经济结构,保持总供求平衡并促进宏观经济结构的合理化,保证国民经济持续、稳定、健康发展;第二,在资源配置领域,提供全国性公共产品和准公共产品,承担跨省区重大基础设施和基础产业项目的投资;第三,在收入分配领域,调节国民收入分配结构和组织社会保障,从全国着眼把收入差距控制在有利于经济发展与社会稳定的范围内,兼顾公平和效率目标。

（2）地方政府的事权范围应包括:第一,制定地区性经济社会发展战略,合理安排本地区的经济发展速度、方向、结构和生产力布局,稳定地方经济;第二,根据一定经济条件下本地区居民对公共产品的需求数量与质量,合理确定地方税和非税收入的规模与结构,并将其按预算程序转化为各项公共支出,有效提供地方性公共产品和准公共产品;第三,执行中央制定的各项政策法规,维护区域内正常的社会秩序和法律秩序。

（3）各级政府的共有事权的划分。对各级政府的共有事权尤其是在基础设施领域里的共有事权,如公路、铁路、港口、机场、电信等,应按照项目分级管理和费用分级负担的原则,进行合理和具体的划分。

应当指出,国家应从主要依靠行政手段转向主要依靠法律手段来界定和规范政府间的事权范围。从世界主要国家的经验看,无论是联邦制国家还是单一制国家,政府间权责关系的确定都是建立在宪法和相关法律的基础上的,权责关系的调整也按法定程序进行。完善我国的分税制,也应发挥国家立法的作用,以宪法为本,构建相关的法律体系,为分税制的运行奠定稳固的法律基础。

2. 以事权划分为基础明确各级政府的支出责任

（1）政府的财政支出责任。总的来说,政府的支出责任应定位于公共领域,以满足社会公共需要为基本目标。对于竞争性生产项目,政府投资应逐步减少以致最终退出;对于受益对象明确、可通过收费补偿正常成本的社会服务项目,应推向市场,实行商业化经营;对于准公共产品的供给,其收益外部性部分,可由财政适当拨款,而正常费用应部分通过市场性收费机制加以解决。

（2）政府间的财政支出责任。在此基础上,明确界定各级政府的财政支出责任。根据公共需要和公共产品理论,诸如全国性行政管理、国防、外交、重大公共工程、中央举办的科教文卫事业、实施宏观调控等支出,因其受益范围遍及全国,或不宜由地方分头实施,均应划归中央政府承担;诸如地区行政管理、义务教育、医疗卫生、公共住宅、供水、环卫、城建、治安、消防、区域性环保、地方公共工程等支出,因其受益范围的区域性,一般应由地方政府承担。此外,政府间的共同事务也应确定明确的费用分担原则和方法,以解决这类事务的区域外溢性问题。

3. 建立事权与支出责任相匹配的财力分配体系

根据政府间事权和支出责任的划分,按照保证中央财政主导地位和调动中央、地方两个积极性的要求,完善中央和地方的税收体系,规范政府间的税收分配关系。

（1）在税收立法权方面,中央税、共享税及全国普遍征收的地方税的税收立法权仍由中央立法机关行使,相关的税务行政法规也由中央政府统一颁布,其他地方税的税收立法权可考虑下放给省级机构,同时,地方对全国统一实施的地方税的征收应拥有一定的调整权,以适应当地的经济和社会情况。

（2）在税种划分和税收体系建设方面，根据各税种的特点和完善地方税系的要求，一方面，对现行税种的划分进行适当的调整，探讨适当扩大增值税的征税范围；另一方面，加强对地方税系的建设，构建新型的地方政府收入体系。对此，一是要加强地方税中的土地财产税系建设。在各国的地方财政收入中，土地财产税占有重要的地位，而我国此类税收收入比重偏低，应大力开拓相应的税源，并适时推出新的税种，如遗产税和赠与税。二是结合税费改革，推出新的地方税税种，如教育税、环保税、农村公益事业建设税等，增加地方政府规范性收入的来源。

4. 逐步推进省以下财政体制改革

在规范中央政府与省级政府的收入划分的同时，积极实施省以下各级政府的分税制。由于省以下分税制的改革很大程度上依赖于地方税系的完善程度和地方政府是否拥有必要的税收立法权，因此，此项改革只能是一个渐进的过程，必须分步推进。在政权级次较多的情况下，分税制不一定要落实到基层政府，可着眼于省级与市级、市级与县级的分税制建设。

第三节　政府间转移支付制度

政府间转移支付制度是预算管理体制的一个重要组成部分，是确保各级地方政府正常履行职能的一个必要条件，科学规范的转移支付制度是规范化分税制的重要组成部分，完善的预算体制离不开规范的政府间转移支付制度。

一、政府间转移支付的概念与类型

（一）政府间转移支付的概念

政府间转移支付，是指在一定的预算管理体制下，中央政府与地方政府之间或上级政府与下级政府之间财政资金的转移（包括下拨和上缴）。政府间转移支付实质上是存在于政府间的一种补助。

在分税制的框架下，由于政府之间既定的职责、支出责任和税收划分，在上下级政府、同级政府之间普遍存在着财政收入能力与支出责任不对称的情况。这样，为平衡各级政府之间的财政能力差异，实现各地公共服务水平的均等化，就必须实行政府间的转移支付制度。这种转移支付，实际上是财政资金在各级政府间，特别是在中央政府与地方政府间的一种收入再分配形式，体现为各级政府间在财政资金再分配中所形成的一种内在的财政分配关系。

（二）政府间转移支付的类型

虽然各国实行转移支付的具体做法不同，但从性质上来讲，政府间转移支付都可以归结为两类：无条件转移支付与有条件转移支付。

1. 无条件转移支付

无条件转移支付又称一般性补助，指中央政府向地方政府拨款，不附加任何条件，也不指定资金的用途，地方政府可以按照自己的意愿自主决定如何使用这些资金。

由于无条件转移支付不影响相对价格,也没有限定用途,所以,中央政府向地方政府提供无条件转移支付最主要的目的是解决纵向的和横向的财政不平衡,即弥补地方的收支缺口,以保证每个地方政府都能提供基本水准的公共服务。一般来说,因为无条件转移支付增加了地方政府的可支配收入,因此,在一定程度上会降低地方政府对地方税的征收,同时也能够有效地导致公共部门和个人消费的增加。

2. 有条件转移支付

有条件转移支付又称专项补助,指中央政府向地方政府指定拨款的用途,地方政府必须按指定的用途使用这些资金,或中央政府在向地方政府拨款时,要求地方政府按一定比例提供配套资金。

有条件转移支付的资金必须"专款专用",适合于特定的支出目的,因此,能够有效地贯彻中央政府的政策意图,在一定程度上干预地方政府的自主权。

二、政府间转移支付的目标

政府间转移支付是财政转移支付的一种特定形式,它是在各级政府间或同级政府之间通过财政资金的无偿拨付来调节各预算主体收支水平的一项制度。在分级预算管理体制中,收支的划分不可能使各级预算主体的收支完全对应,并且同级预算主体之间在收支的对应程度上也存在差别,从而出现所谓财政收支的纵向不均衡和横向不均衡。前者是指各预算级次之间,上级预算收大于支有剩余,下级预算支大于收有缺口;后者是指同级地方预算之间,由于客观因素决定的支出需求和收入能力的不对称而出现的差别。因此,需要运用转移支付方式来实现财政体系内各级次和各地方预算收支的最终均衡。构建和实施政府间财政转移支付制度的基本目标如下:

(一)实现公共资金的公平分配

无论财政收支的纵向不均衡还是横向不均衡,都会影响相应级次和地方政府对公共产品或服务的合理供给,从而造成社会成员之间在获得公共产品或服务上的差异性,这是背离社会公平原则的,因此,必须通过政府间转移支付对公共资金的分配进行调节,以保证各地财政能力的大体均等。实际上,在分税制预算管理体制下,基于税收的收入功能与调节功能的"分税"是公共资金在政府间的第一次分配,而以财政能力均等化为目标的转移支付则是公共资金在政府间的第二次分配。从各国的实践看,政府间转移支付无不以使一国的社会成员均能享有与经济发展水平相应的基本的公共福利为主要目标。我国是一个大国,各地的自然条件和经济发展水平存在较大的差异,通过政府间转移支付来协调地区间的利益关系,满足各地居民基本的公共需要,是政府必须承担的一项重要责任。

(二)保持中央政府对地方政府的必要控制力

一般来说,在分税制体制下,为保证国家的集中统一管理,有效实施中央的政策,赋予中央政府的财权通常会大于其事权,因而从整体上看,这种转移支付首先表现为中央政府对地方政府的资金拨付,其次才是地方各级政府间的资金拨付。即使是地方政府间的横向转移支付,也要由中央来主持,否则难以达到标准化和普遍性。应当说,政府间财政转移支付是分级预算体制中中央政府控制和诱导地方政府行为的重要手段,它从利益机制

上确定了中央政府的主导地位和权威性。

（三）解决区域性公共产品的外溢问题

区域性公共产品的外溢是由地方政府管理的区域性和部分由地方政府提供的公共产品的效益不完全局限在其辖区内所决定的。比如地方公路交通网络的建设,受益的不仅是当地的企业和居民,其他地方也能从该区域较为便捷的交通中获益;再如防洪设施,其受益范围并不局限在设施所在的行政区域,流域内的其他地区也可以从中获得好处。在区域性公共产品存在外溢性和这类公共产品的成本完全由所在地的地方政府承担的情况下,其提供公共产品时所采取的策略会容易产生某种程度的扭曲和偏差,即地方政府从本地利益出发,有可能高估提供公共产品的成本,而低估其整体效益,并以无法完全负担成本为理由,减少此类整体效益较理想的公共产品的供给。这种扭曲性政策的实施,不仅影响着区域性公共产品的提供和本地区及相关地区居民的利益,而且也不利于地区间经济关系的协调。在这种情况下,实行政府间转移支付,由上级政府给予下级政府一定的财政补助,对具有外溢性的公共产品的提供进行适当的调节,便是一种较为有效的干预方式。

（四）促进落后地区的资源开发和经济发展

对于具有一定规模的国家而言,由于各地地理条件、人口素质、资源状况以及其他要素禀赋的差异,一定时期内地区间在经济发展水平上存在某种差距是必然的。但这种差距过大或任其发展,会引起资金、人才、劳动力的非规则流动,造成地区间的利益矛盾,严重时甚至导致社会动荡。因此,国家应以一定的政策措施促进落后地区的资源开发和经济发展,逐步缩小地区间的经济差距。运用政府间转移支付手段,可以增加对落后地区的资金投入,加大其资源开发、基础设施和公共项目建设的力度,引导资源向落后地区流动,协调区域经济关系。实际上,各国政府间转移支付的对象,主要是经济相对落后,因而财政能力较为低下的地区,这不仅是实现社会公平的需要,同时也是促进资源在区域间合理配置的内在要求。

三、政府间转移支付的方式

政府间转移支付的模式有两种:一是自上而下的纵向转移,即中央政府对地方政府、上级政府对下级政府的转移支付,当然也可以有相反的情况,但在规范的分税制体制下这种情况并不多见;二是地区间的横向转移,即由富裕地区将其部分富余财力直接转移给贫困地区,实行地区间的互助;三是纵向转移与横向转移相结合。目前世界主要国家的政府间转移支付制度大都实行以纵向转移为主的模式,只有少数国家(如德国)地区间的横向转移占有重要地位。

政府间转移支付所要解决的一个基本问题是受援地区的政府对所接受的转移支付资金能否自主决定其用途。据此可以分为一般均衡补助和专项补助两种基本方式。

（一）一般均衡补助

1．一般均衡补助的含义

一般均衡补助又称为无条件补助,是指对所拨出的资金不规定具体用途的转移支付方式,受援地方可用该项资金弥补其一般预算的缺口。一般均衡补助可以提高受援地方的基本财政能力,是缩小地区间财力差距、促进社会公平、实现财政能力均等化的主要形式。一般均衡补助的分配应与各地的支出需求成正比,与税收能力成反比,因而其拨款安排应当以对各地方的支出需求和税收能力的科学测定为依据。

2. 一般均衡补助的计算公式及影响因素

确定一个地方是否具有接受一般均衡补助的资格,可以接受多少这种补助的基本计算公式是:

$$一般均衡补助 = (标准支出需求 - 标准税收能力) \times 调整系数$$

标准支出需求的测算,要根据影响地方财政支出的主要因素,如人口数量及密度、人口构成、财政供养人数及费用标准、公共产品或服务的供给标准及成本等,按费用类别或支出项目分别计算,如行政、教育、卫生、道路、环保等,然后综合起来得出标准支出需求总额,它反映地方政府应达到的起码的公共供给水平。

标准税收能力的测算,首先要根据各地方影响财政收入的经济指标和税制因素,按划归地方掌握的各收入项目(税种)分别计算,然后将各收入项目综合起来得出该地方的标准税收能力。这样测算出的税收能力是指"理论收入能入",反映地方按既定的经济总量和税收制度正常的情况下应当达到的税收总额,其实际收入水平还与其组织收入的努力程度有关。

计算出标准支出需求和标准税收能力以后,将两者加以比较,支出需求小于税收能力者,不能接受一般均衡补助,支出需求大于税收能力者,可获得该项补助,其差额根据国家实际可用的转移支付财力、地区协调的需要以及激励受援地政府增加收入、节约支出的要求等因素设定的系数进行调整后,即为应安排的补助额。

(二) 专项补助

专项补助又称为有条件补助,是指对所拨付的资金规定了使用方向或具体用途的转移支付方式,受援地方必须按规定要求运用该种资金。安排专项补助一般是为了配合宏观调控政策、解决区域性公共产品外溢问题或促进特定公共事业的发展。专项补助又可分为无限额配套补助、有限额配套补助和非配套补助三种形式。

1. 无限额配套补助

无限额配套补助是指中央或上级政府对指定支出项目给予的资金补助,是按受援地政府以自有资金在该项目上的支出数的一定比例来安排的,地方政府在规定项目上的支出额大,中央或上级政府相应的补助数就多,没有上限。例如,若中央政府对地方政府的教育支出按1∶0.5的比例安排配套补助,且不规定上限,则地方政府安排1亿元的教育支出,中央政府拨付5000万元的教育补助,安排2亿元的教育支出,拨付1亿元的教育补助,以此类推。无限额配套补助实际上是对接受补助的地方政府提供特定公共物品或服务的成本补贴,它一方面增加了受援地政府的可利用资金,另一方面影响了受援地公共产品的供给行为和供给结构。但这种补助也容易导致地方政府对补助品的过度供给和增加中央或上级政府的财政负担。

2. 有限额配套补助

有限额配套补助是指中央或上级政府明确规定对指定的支出项目补助的最高数额,在此数额内,按受援地政府在规定项目上的实际支出数的一定比例进行配套补助,超过这一数额,则不再增加拨款。这种补助方法既可以诱导受援地政府的公共供给行为,也能防止无限额配套补助中容易出现的地方政府行为扭曲和加重补助主体财政负担的问题,因而为许多国家所采纳。

3. 非配套补助

非配套补助是指中央或上级政府对规定支出项目提供固定数额的资金补助,由受援地政府作具体的支出安排,不要求受援地政府在该项目上提供资金。非配套补助一般适用于区域外溢性比较强,或受援地政府财政困难较大,难以保障供给的项目。实际上,非配套补助安排可以使受援地政府将其自有资金集中在非补助项目的提供上,从而提高地方公共供给的总体水平。但非配套补助不利于增强受援地政府的用款责任和扩大补助项目的支出规模。

专项补助的数量规模取决于补助主体(中央或上级政府)和补助对象(地方政府或下级政府)的财力状况,以及补助项目的重要程度与耗资水平。一般来说,补助主体的财力越多,能用于专项补助的余额也就越多;补助对象的财力状况越差,对特定支出进行补助的需求也就越大;补助项目的重要程度与耗资水平越高,相应的补助安排也就越多。

不同的政府间转移支付方式对受援地政府有不同的影响,因而具有不同的政策效应。中央政府应根据不同的社会经济目标,选择合理的转移支付方式,并加强各种转移支付方式的协调配合,才能达到理想的转移支付效果。正常情况下,一般均衡补助有利于实现公共资金分配的纵向和横向公平,而专项补助则有利于提高公共资金的配置效率,包括促进外部效益大的地方性公共产品的供给、增加特定公共产品的规模效应、促进落后地区的经济开发等。

四、我国现行转移支付形式

(一) 一般性转移支付

一般性转移支付,指中央政府对有财力缺口的地方政府(主要是中西部地区),按照规范的办法给予的补助。主要包括均衡性转移支付、老少边穷地区转移支付、成品油税费改革转移支付等。这些转移支付主要用于解决地方政府基本公共服务方面的问题,并且按因素分配,具有一般性转移支付的特征。

1. 均衡性转移支付

均衡性转移支付不规定具体用途,由接受补助的省(自治区、直辖市)政府根据本地区实际情况统筹安排。选取影响财政收支的客观因素,采用统一规范的方式分配转移支付资金。均衡性转移支付资金分配选取影响财政收支的客观因素,考虑人口规模、人口密度、海拔、温度、少数民族等成本差异,结合各地实际财政收支情况,按照各地标准财政收入和标准财政支出差额及转移支付系数计算确定,并考虑增幅控制调整和奖励情况。① 标准财政收入分省计算。各省的标准财政收入由地方标准财政收入、中央对地方返还及补助(扣除地方上解)、计划单列市上解收入等构成。② 计算标准财政支出时,选取各地总人口、学生数等与该项支出直接相关的指标为主要因素,按照客观因素乘以单位因素平均支出计算,并根据海拔、人口密度、温度、运输距离、少数民族、地方病等影响财政支出的客观因素确定各地成本差异系数。考虑到各地市辖区、市本级支出责任划分的差异,部分支出项目根据实际情况适当调整市辖区、市本级等人均支出标准。

2. 老少边穷地区转移支付

为落实《中华人民共和国民族区域自治法》，配合西部大开发战略的实施，体现党中央、国务院对民族地区的政策支持，经国务院批准，中央财政从 2000 年起，对少数民族地区专门实行民族地区转移支付制度，用于解决少数民族地区的特殊困难，推动民族地区经济社会的全面发展。2006 年，为进一步体现党中央、国务院对民族地区的关怀，又将非民族自治区以及非民族自治州管辖的民族自治县纳入民族转移支付范围。自 2012 年起，将革命老区转移支付、边境地区转移支付由其他专项转移支付调整列入一般性转移支付，并与民族地区转移支付合并，改名为革命老区、民族和边境地区转移支付，同时加大支持力度。

3. 成品油税费改革转移支付

2008 年，国务院实施成品油价格和税费改革，取消公路养路费等收费，提高成品油消费税单位税额，逐步有序取消政府还贷二级公路收费。新增成品油消费税连同由此相应增加的增值税、城市维护建设税和教育费附加具有专项用途，不作为经常性财政收入，不计入现有与支出挂钩项目的测算基数，除由中央本级安排的替代航道养护费等支出外，其余全部由中央财政通过规范的财政转移支付方式分配给地方。

(二) 专项转移支付

专项转移支付，是指中央政府为实现特定的经济和社会发展目标无偿给予地方政府，由接受转移支付的政府按照中央政府规定的用途安排使用的预算资金。专项转移支付预算资金来源包括一般公共预算、政府性基金预算和国有资本经营预算。专项转移支付在实现中央政府意图、引导地方政府行为等方面发挥了重要作用。

按照事权和支出责任划分，专项转移支付分为委托类、共担类、引导类、救济类、应急类等五类。委托类专项是指按照事权和支出责任划分属于中央事权，中央委托地方实施而相应设立的专项转移支付。共担类专项是指按照事权和支出责任划分属于中央与地方共同事权，中央将应分担部分委托地方实施而设立的专项转移支付。引导类专项是指按照事权和支出责任划分属于地方事权，中央为鼓励和引导地方按照中央的政策意图办理事务而设立的专项转移支付。救济类专项是指按照事权和支出责任划分属于地方事权，中央为帮助地方应对因自然灾害等发生的增支而设立的专项转移支付。应急类专项是指按照事权和支出责任划分属于地方事权，中央为帮助地方应对和处理影响区域大、影响面广的突发事件而设立的专项转移支付。

属于委托类专项转移支付的，由中央政府足额安排预算，不要求地方安排配套资金。属于共担类专项转移支付的，应当依据公益性、外部性等因素明确分担标准或者比例，由中央政府和地方政府按各自应分担数额安排资金。根据各地财政状况，同一专项转移支付对不同地区可以采取有区别的分担比例，但不同专项转移支付对同一地区的分担比例应当逐步统一规范。属于引导类、救济类、应急类专项转移支付的，由中央政府严格控制资金规模。

(三) 税收返还

目前主要包括：增值税返还、消费税返还、所得税基数返还等。

通过转移支付制度的改革,我国形成了一个庞大的转移支付体系。具体如表 3-7 所示。

表 3-7 2015 年中央对地方税收返还和转移支付预算表　　　　单位:亿元

项目	2014 年执行数	2015 年预算数	预算数为上年执行数的百分比(%)
一、中央对地方转移支付	46 613.01	50 764.71	108.9
（一）一般性转移支付	26 671.68	29 230.37	109.6
均衡性转移支付	16 732.40	18 500.08	110.6
老少边穷地区转移支付	1 121.57	1 255.65	112.0
成品油税费改革转移支付	740.00	770.00	104.1
体制结算补助	2 078.97	1 560.70	75.1
基层公检法司转移支付	433.16	434.70	100.4
（二）专项转移支付	19 941.33	21 534.34	108.0
二、中央对地方税收返还	5 096.34	5 153.29	101.1
增值税返还	3 020.00	3 050.00	101.0
消费税返还	1 010.00	1 010.00	100.0
所得税基数返还	910.19	910.19	100.0
成品油税费改革税收返还	1 531.10	1 531.10	100.0
地方上解	-1 374.95	-1 348.00	98.0
中央对地方税收返还和转移支付	51 709.35	55 918.00	108.1

资料来源:财政部网站,www.mof.gov.cn。

五、我国政府间转移支付制度的问题与完善

实行分税制预算管理体制以来,我国逐步建立了符合社会主义市场经济体制基本要求的财政转移支付制度。中央财政集中的财力主要用于增加对地方特别是中西部地区的转移支付,转移支付规模不断扩大,有力地促进了地区间基本公共服务的均等化,推动了国家宏观调控政策目标的贯彻落实,保障和改善了民生,支持了经济社会的持续健康发展。但与建立现代财政制度的要求相比,现行中央对地方转移支付制度存在的问题和不足也日益凸显,突出表现在:受中央和地方事权和支出责任划分不清晰的影响,转移支付结构不够合理;一般性转移支付项目种类多、目标多元,均等化功能弱化;专项转移支付涉及领域过宽,分配使用不够科学;一些项目行政审批色彩较重,与简政放权改革的要求不符;地方配套压力较大,财政统筹能力较弱;转移支付管理漏洞较多,信息不够公开透明等。对上述问题,有必要通过深化改革和完善制度,尽快加以解决。

（一）优化转移支付结构

合理划分中央和地方事权与支出责任,逐步推进转移支付制度改革,形成以均衡地区间基本财力、由地方政府统筹安排使用的一般性转移支付为主体,一般性转移支付和专项转移支付相结合的转移支付制度。

（1）属于中央事权的,由中央全额承担支出责任,原则上应通过中央本级支出安排,

由中央直接实施;随着中央委托事权和支出责任的上收,应提高中央直接履行事权安排支出的比重,相应减少委托地方实施的专项转移支付。

(2)属于地方事权的,由地方承担支出责任,中央主要通过一般性转移支付给予支持,少量的引导类、救济类、应急类事务通过专项转移支付予以支持,以实现特定的政策目标。

(3)属于中央地方共同事权的,由中央和地方共同分担支出责任,中央分担部分通过专项转移支付委托地方实施。

(二)完善一般性转移支付制度

1. 整合建立一般性转移支付稳定增长机制

逐步将一般性转移支付中属于中央委托事权或中央地方共同事权的项目转列专项转移支付,属于地方事权的项目归并到均衡性转移支付,建立以均衡性转移支付为主体、以老少边穷地区转移支付为补充并辅以少量体制结算补助的一般性转移支付体系。

2. 加强一般性转移支付管理

一般性转移支付按照国务院规定的基本标准和计算方法编制。科学设置均衡性转移支付测算因素、权重,真实反映各地的支出成本差异,建立财政转移支付同农业转移人口市民化挂钩机制,促进地区间基本公共服务均等化。规范老少边穷地区转移支付分配,促进区域协调发展。建立激励约束机制,采取奖惩等适当的方式,引导地方将一般性转移支付资金投入到民生等中央确定的重点领域。

(三)控制专项转移支付规模,规范专项转移支付管理

1. 清理整合专项转移支付,严控新设专项转移支付

清理整合要充分考虑公共服务提供的有效性、受益范围的外部性、信息获取的及时性和便利性,以及地方自主性、积极性等因素。属于中央委托事权的项目,可由中央直接实施的,原则上调整列入中央本级支出。属于地方事权的项目,划入一般性转移支付。确需保留的中央地方共同事权项目,以及少量的中央委托事权项目及引导类、救济类、应急类项目,要建立健全定期评估和退出机制,对其中目标接近、资金投入方向类同、资金管理方式相近的项目予以整合,严格控制同一方向或领域的专项数量。

新设专项转移支付项目应当依据法律、行政法规和国务院的规定设立。新设立的专项应有明确的政策依据、政策目标、资金需求、资金用途、主管部门和职责分工。

2. 规范专项资金管理办法

做到每一个专项转移支付都有且只有一个资金管理办法。资金管理办法要明确政策目标、部门职责分工、资金补助对象、资金使用范围、资金分配办法等内容,逐步达到分配主体统一、分配办法一致、申报审批程序唯一等要求。

(四)规范专项转移支付分配和使用

1. 规范资金分配

专项转移支付应当分地区、分项目编制。严格资金分配主体,明确部门职责,社会团体、行业协会、企事业单位等非行政机关不得负责资金分配。专项转移支付可以采取项目法或因素法进行分配。

（1）对用于国家重大工程、跨地区跨流域的投资项目以及外部性强的重点项目，主要采取项目法分配，实施项目库管理，明确项目申报主体、申报范围和申报条件，规范项目申报流程，发挥专业组织和专家的作用，完善监督制衡机制。

（2）对具有地域管理信息优势的项目，主要采取因素法分配，选取客观因素，确定合理的权重，按照科学规范的分配公式切块下达到省级财政，并指导其制定资金管理办法实施细则，按规定层层分解下达到补助对象，做到既要调动地方积极性，又要保证项目顺利实施。

（3）对关系群众切身利益的专项，可改变行政性分配方式，逐步推动建立政府引导、社会组织评价、群众参与的分配机制。

2. 严格专项转移支付资金使用

除中央委托事项外，专项转移支付一律不得用于财政补助单位人员经费和运转经费，以及楼堂馆所等国务院明令禁止的相关项目建设。加强对专项资金分配使用的全过程监控和检查力度，建立健全信息反馈、责任追究和奖惩机制，重点解决资金管理"最后一公里"问题。

专栏3-2　　　　《预算法》中对规范转移支付的法律条款

第十六条　国家实行财政转移支付制度。财政转移支付应当规范、公平、公开，以推进地区间基本公共服务均等化为主要目标。

财政转移支付包括中央对地方的转移支付和地方上级政府对下级政府的转移支付，以为均衡地区间基本财力、由下级政府统筹安排使用的一般性转移支付为主体。

按照法律、行政法规和国务院的规定可以设立专项转移支付，用于办理特定事项。建立健全专项转移支付定期评估和退出机制。市场竞争机制能够有效调节的事项不得设立专项转移支付。

上级政府在安排专项转移支付时，不得要求下级政府承担配套资金。但是，按照国务院的规定应当由上下级政府共同承担的事项除外。

（五）完善省以下转移支付制度

省以下各级政府要比照中央对地方转移支付制度，改革和完善省以下转移支付制度。与省以下各级政府事权和支出责任划分相适应，优化各级政府转移支付结构。对上级政府下达的一般性转移支付，下级政府应采取有效措施，确保统筹用于相关重点支出；对上级政府下达的专项转移支付，下级政府可在不改变资金用途的基础上，发挥贴近基层的优势，结合本级安排的相关专项情况，加大整合力度，将支持方向相同、扶持领域相关的专项转移支付整合使用。

（六）加快转移支付立法和制度建设

为增强转移支付制度的规范性和权威性，为改革提供法律保障，需要加快转移支付立法，尽快研究制定转移支付条例，条件成熟时推动上升为法律。

本章小结

政府预算管理体制主要处理中央政府和地方政府及地方政府间事权和支出责任配置的问题。预算管理体制规定财政分级管理的原则,划定各级政权在财政管理方面的事权分配、财力划分和支出责任。政府预算管理体制主要由预算管理级次的规定、预算管理权的划分、预算收支范围的确定和预算调节制度的安排等方面的内容组成。

分税制是政府预算管理体制中的一种重要形式。现代分税制是建立在市场经济基础上的,具有规范性、层次性和法治性等基本特征的一项制度。1994年分税制预算管理体制改革作为新中国成立以来规模最大、范围最广、内容最深刻的一次预算管理体制改革,初步建立了适应社会主义市场经济体制需要的预算管理体制,对于保证财政收入,调整优化税制结构,加强宏观经济调控,理顺中央与地方的财政分配关系,促进经济与社会的发展,都起到了重要作用。

政府间转移支付制度是在各级政府间或同级政府之间通过财政资金的无偿拨付来调节各预算主体收支水平的一项制度。构建和实施政府间转移支付制度的基本目标是:实现公共资金的公平分配,保持中央政府对地方政府行为的必要控制力,解决区域性公共产品的外溢问题,促进落后地区的资源开发和经济发展。

思考题

1. 政府预算管理体制确定的基本原则。
2. 政府间预算收支划分的基本依据。
3. 我国分税制的基本内容。
4. 论述我国现行分税制存在的问题及完善思路。
5. 政府间转移支付的目标及方式。
6. 我国政府间转移支付制度存在的问题与完善思路。

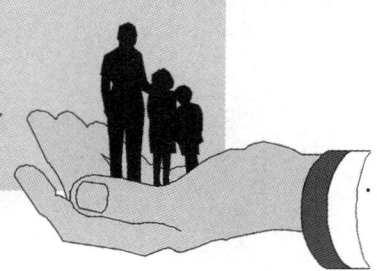

第四章

政府预算的编制

【学习目标】

　　本章介绍了政府预算编制的理论与实务。通过本章的学习,掌握政府预算编制的依据,掌握政府预算编制的模式和预算体系,掌握部门预算和总预算的内容及编制方法,了解政府预算测算的一般方法。

第一节 政府预算编制的依据

政府预算的编制即政府预算收支计划的预测及确定。政府预算编制意味着要考察公共资源过去的使用情况,分析已经实现的目标及其成本,并为将来的预算期分配新的资源,这一过程被称为编制预算。从各国情况来看,这一预算过程不论是对战略性计划进行缜密思考的结果,还是建立在多年重复性工作的惯性基础上,或者是预算组织机构内各利益集团对资源分配相互竞争的结果,一旦资源通过预算过程进行分配,这种战略性计划就被确定了,且具有法律效力。

因此,预算的编制必须符合国家有关法律法规和制度的规定,必须反映国家一定时期的宏观政策及国民经济和社会的发展要求,必须满足预算管理的需要。

一、国家的法律法规和宏观政策制度

政府预算的编制就是制订预算资金筹集和分配的计划,即政府预算资金从哪里筹集,筹集多少,又分配到哪里去。因此,预算是政府用以促进社会政治经济政策目标的最基本的工具,是实现国家治理体系和治理能力现代化的基础及重要支撑。所以,每一项预算收支的安排都要有其法律依据和政策制度依据。一般来讲,国家制定的有关法律法规及根据各个历史时期政治经济形势制定的政策制度代表着公众的根本利益,体现了国家政治经济发展的客观要求,政府预算是国家分配财政资金的重要手段,必须为实现国家的各项政策任务服务。

（一）法律依据

目前,我国政府预算编制的直接法律依据主要是《预算法》和《预算法实施条例》,以及其他相关的法律法规。如在我国《预算法》中,对预算编制的原则、内容、形式、举债的要求、财政后备资金的建立、结余结转资金的处理、编制及批复的时间和程序等都作了明确的规定。特别是政府收入的取得要严格遵循税收法定的原则,依法征收；政府的每一笔开支都要事先列入预算,并经法定程序批准。

（二）政策依据

一国一定时期的政策取向是政府预算编制的政策依据,特别是预算当年国家配合经济社会发展的财税政策是编制年度预算的基本依据。

政府预算编制贯彻国家的公共政策、体现政府的调控意图,主要是通过预算收支范围的调整和预算收支结构的变动来实现的。预算收支范围的变化直接体现政府对经济和社会发展管理范围的变化；预算收支结构的变动反映政府执行的产业政策及部门和地区发展政策的调整。尽管各个财政年度的基本方针政策不尽相同,但是作为年度财政计划的政府预算必须紧密围绕当年的基本政策要求进行安排,只有这样,才能把国家的公共政策落到实处,并为顺利完成年度预算收支任务打好基础。

（三）制度依据

政府预算编制的制度依据包括预算管理体制的有关规定,如预算编制应以预算管理

体制所规定的管理权限和收支范围为依据,属于哪一级政府的收入和开支,就列入哪一级预算,并按照预算体制规定的方法和比例确定预算资金的上缴或补助数额。如预算部门与单位编制预算时要依据国务院财政部门制定的政府收支分类科目、预算支出标准和要求以及绩效目标管理等预算编制规定,根据其依法履行职能和事业发展的需要以及存量资产情况等。

二、国民经济及社会发展规划与财政预算规划

(一)经济社会发展预测与多年期预算规划

1. 经济社会发展预测

在编制年度预算的准备中,提供一份清晰的关于经济社会发展和财政政策的报告是非常重要的。因为经济与财政规划的核心内容是中长期宏观经济与社会发展预测和财政预测,以此为依据构造短中期预算的规划将有利于约束政府的财政行为,有助于增强部门预算管理的可预见性,确保政府对公众的受托责任。

在许多国家的年度预算文件中,除了列示未来一年中政府财政收支和债务方面的信息外,还有一份清晰的政策报告书,它以对财政总额(预算总量)的中期预测为基础,阐明政府所关注的财政政策目标及其优先性、当前财政政策对未来年份的影响,以及中长期财政状况。政策报告书一般应区分为对当前政策的预算承诺和新政策所能产生的财政效应,这样,在年度预算中就可以清楚地看出继续执行现行政府规划的成本,以及新引入的政府规划的成本。

2. 多年期预算规划

在上述政策报告书的基础上,通常还需要一份多年期滚动的预算规划,也称多年(中期)预算。多年期预算规划是一个为期通常3—5年(有些国家更长)的滚动的、具有约束力的预算总量规划,它为政府和政府各部门提供每个未来财政年度中支出预算必须遵守的预算限额,其核心是确立支出限额,据以对支出、赤字和债务总量实施控制。多年期预算框架对于预算编制具有很强的约束力,但并不是不可调整的。事实上,在一些国家(例如澳大利亚),该规划中每年的支出估计数都依据政府的政策、经济状况的改变以及各项规划的修正而作出相应的调整,然而一旦调整完毕,支出限额便成为编制年度预算时务必遵守的界限。

与一年一定的预算限额(年度预算)办法相比,以多年期预算规划实施预算限额的好处是显而易见的:便于政府编制年度预算并研究开支重点,更强有力地约束各支出部门的支出需求,更好地确保政府政策的连续性,减弱政府领导人的更替对预算和政策造成的负面影响等。

专栏4-1 我国实施中期财政规划

一、中期财政规划的定义

中期财政规划是指财政部门会同政府各部门在分析预测未来3—5年重大财政收支情况,对规划期内一些重大改革、重要政策和重大项目研究政策目标、运行机制和评价办

法的基础上,编制形成的跨年度财政收支方案。

二、实行中期财政规划管理的原因

当前,我国经济社会发展面临的国内外环境错综复杂,财政可持续发展面临较多挑战,财政收入增速下降,与支出刚性增长的矛盾进一步加剧;现行支出政策考虑当前问题较多,支出结构固化僵化;地方政府性债务存在一定的风险隐患;专项规划、区域规划与财政规划衔接不够,不利于预算统筹安排。通过实行中期财政规划管理,强化财政规划对年度预算的约束性,有利于解决影响财政可持续发展的体制机制问题,有利于提高财政政策的前瞻性和有效性,也有利于增强财政对稳增长、调结构、促改革的作用,为实现经济社会可持续发展打下良好的基础。

三、中期财政规划的期限和类型

实行中长期财政规划管理是工业化国家预算制度的一个共同特征。OECD 国家的中期预算一般为 3—5 年。我国香港地区是 5 年,新近又成立了"长远财政计划工作小组",开始对未来 30 年的财政收支进行预测分析。国际上,中期财政规划有三种常见的形式。根据对年度预算约束的详细程度的不同,分别为:中期财政框架(MTEF)、中期预算框架(MTBF)和中期绩效框架(MTPF)。

我国初步实施的中期财政规划按照三年滚动方式编制,更接近于中期财政框架(MTEF),也是中期预算的过渡形态。今后将在对总体财政收支情况进行科学预判的基础上,重点研究确定财政收支政策,做到主要财政政策相对稳定,同时根据经济社会发展情况适时研究调整,使中期财政规划渐进过渡到中期预算。

四、中期财政规划与年度预算的关系

分年度来看,中期财政规划的第一年规划约束对应年度预算,后两年规划指引对应年度预算。年度预算执行结束后,对后两年规划及时进行调整,再添加一个年度规划,形成新一轮中期财政规划。通过逐年更新,确保中期财政规划符合实际情况,有效约束和指导年度预算。

分级次来看,全国中期财政规划对中央年度预算编制起约束作用,对地方中期财政规划和年度预算编制起指导作用。地方中期财政规划对地方年度预算编制起约束作用。部门三年滚动财政规划对部门预算起约束作用。

五、如何推进实行中期财政规划管理

中央各部门在编制 2016 年部门预算时,同步编制 2016—2018 年部门滚动规划,对目标比较明确的项目编制三年滚动预算,特别是要在水利投资运营、义务教育、卫生、社保就业、环保等重点领域开展三年滚动预算试点。各省、自治区、直辖市及计划单列市财政部门在编制 2016 年预算时,争取同时编制 2016—2018 年财政规划。省级各部门、省级以下地方财政部门条件较为成熟的,也可分别编制省级部门三年滚动财政规划和当地中期财政规划。

六、中期财政规划如何与其他规划相衔接

财政部门要主动加强与其他部门的沟通协调,做好中期财政规划与国民经济和社会发展规划及相关专项规划、区域规划的衔接工作,中期财政规划草案送同级政府批准前,要征求同级相关部门和社会有关方面的意见。

各部门也要树立中期财政观念,拟出台的增支事项必须与中期财政规划相衔接,制定延续性政策要统筹考虑多个年度,可持续发展,不得一年一定。对于农业、教育、科技、社会保障、医疗卫生、扶贫、就业等方面涉及财政支持的重大政策,有关部门应会同财政部门建立中长期重大事项科学论证机制。

七、实行中期财政规划管理要做好的基础性工作

各部门要编制好本部门本行业的相关规划,合理确定年度工作任务,并及时提供部门基础信息和相关行业数据,为中期财政规划编制提供良好的支撑。

财政部门要加强财政数据信息管理、支出项目化管理和定额标准体系建设,为规划编制提供必要的人员保障和技术支持。

(二)国民经济和社会发展计划的主要指标

国民经济和社会发展计划是我国政府有计划地组织和管理国民经济与社会发展的重要手段,是国家进行国民经济宏观管理的重要工具。它规定着国民经济的发展速度、建设规模以及各部门之间的比例关系。

国民经济和社会发展计划的主要指标是测算预算收支指标的基本依据。政府预算与国民经济和社会发展计划的关系,实质上是财政同经济与社会发展的关系。经济决定财政,财政影响经济。预算收入主要来源于国民经济的各个部门,预算支出又主要用于满足国民经济发展的需要。表现在计划上,政府预算的编制要以国民经济和社会发展计划为基础,国民经济和社会发展指标是预算收入及支出编制的重要依据;同时,政府预算又是国民经济和社会发展计划在财力上的重要保证及主要反映,对国民经济和社会发展计划的执行起着促进、监督及制约作用。

1. 国民经济和社会发展计划对政府预算的决定作用

政府预算的编制要以年度国民经济和社会发展计划主要指标为依据,这是因为国民经济计划所规定的国民经济的发展规模和发展速度决定着政府预算收支的规模及速度。预算收入指标,如税收、利润等指标,主要是根据国民经济计划中的生产指标、商品流转额等指标确定的;而预算支出指标,如文教科学卫生支出、基本建设支出等,主要依据国民经济和社会发展计划相关指标来确定。正是国民经济和社会发展计划与政府预算的这种关系,决定了政府预算的编制必须与其相适应,并以其为基础。

2. 政府预算对国民经济和社会发展计划的促进及制约作用

政府预算的编制以国民经济和社会发展计划为依据,并不是说政府预算只是国民经济和社会发展计划的简单反映,政府预算通过对国家财力的集中与分配可以对国民经济和社会发展计划起促进、制约及调节的作用。这种作用主要表现在两个方面:

(1)政府预算是国民经济和社会发展计划在财源及财力上的主要反映,它可以通过货币形式综合反映国民经济和社会发展计划的发展规模、速度与效益,以及国民经济各部门的比例关系,便于发现、检查国民经济和社会发展计划中存在的问题。

(2)政府预算是国民经济和社会发展计划的实现在财力上的主要保证。国民经济和社会发展计划的发展规模及速度要受国家财力的制约,在制订国民经济和社会发展计划时,不仅要考虑国家建设和发展的需要,同时还必须考虑国家财力的可能,不能编制没有资金保证的所谓大计划。也就是说,政府预算收支指标并不是机械地根据国民经济和社会发展计划指标进行测算,而是要根据政府预算本身的收支规律和中期的财政规划,分析各种主客观因素进行测算。从这一点上讲,政府预算的编制过程也就是政府预算与国民经济和社会发展计划相互协调、相互平衡的过程。财政部门可以从财力分配的角度对国民经济和社会发展计划的安排提出修改意见,使计划安排切合实际。

三、确定年度预算限额

(一) 预算限额制度

中期预算规划的主要作用是确定未来各年度的预算限额,并以年度预算限额作为预算编制的重要依据。预算限额不仅对预算编制所涉及的财政资源总量构成约束,而且对整个预算执行过程都具有强大的约束力。这意味着,在正常情况下,一旦预算通过法定程序进入执行阶段,将不允许任何支出机构随意安排超过预算限额的支出需求。

1. 预算限额的类型

预算限额分为总量限额和部门限额。总量限额是指政府整体(在单一制国家中包括全部各级政府)的预算限额,通常在宏观经济政策、国民经济走势、中期财政规划的预测基础上确定。总量预算限额确定后,还必须分解为部门预算限额,作为编制部门预算的依据。部门限额同样必须是强约束性的;否则,来自各部门的支出需求压力将迫使政府全部开支最终突破预算总额。所以,各部门必须确保总量限额得到遵守,正常情况下各部门只能在部门限额内配置财政资源。

2. 预算限额的内容

预算限额的主要内容是支出限额,此外还应包括财政收入限额、预算盈余或赤字,以及政府债务限额。不难理解,如果不对收入实施有效控制,政府就可以随意通过增加财政收入(包括出售资产)来满足支出需要,从而加剧了支出控制和赤字控制的难度;如果不对债务加以限制,就会导致政府债务规模的膨胀并加重未来纳税人的负担,从而严重破坏预算效率。

3. 预算限额的形式

预算限额的形式包括平衡限制和比例限制。平衡限制的形式是要求预算编制和执行必须遵守收支平衡的原则,实际上是"以收定支"的方法。比例限制的形式,如将支出总额限定为 GDP 的一部分,规定本年支出相对于上年或基准水平的变动幅度,再如欧盟规定各成员的预算赤字不得超过本国 GDP 的 3%。

(二) 我国预算限额的制定

我国预算限额的制定包括平衡限制和比例限制。

1. 平衡限制

平衡限制在我国《预算法》对预算编制的要求中体现,如《预算法》第十二条规定:各级预算应当遵循统筹兼顾、勤俭节约、量力而行、讲求绩效和收支平衡的原则。各级政府应当建立跨年度预算平衡机制。第三十四条规定:对中央一般公共预算中举借的债务实行余额管理,余额的规模不得超过全国人民代表大会批准的限额。第三十五条规定:地方各级预算按照量入为出、收支平衡的原则编制,除本法另有规定外,不列赤字。经国务院批准的省、自治区、直辖市的预算中必需的建设投资的部分资金,可以在国务院确定的限额内,通过发行地方政府债券举借债务的方式筹措。……

2. 比例限制

比例限制的形式之一是通过财政部门下达主要预算收支控制指标实现,即按照预算编制程序,各级财政部门要在各职能部门上报的预算收支建议数的基础上,根据国家一定时期的公共政策着力点及财政收入可能进行综合平衡,拟定主要预算收支控制指标,作为各预算部门与单位编制预算草案的重要依据。

下达预算收支控制指标的目的主要是保证一些特定的收支满足特定的法律要求,如《预算法》第三十六条规定:各级预算收入的编制,应当与经济社会发展水平相适应,与财政政策相衔接。第三十七条规定:各级预算支出的编制,应当贯彻勤俭节约的原则,严格控制各部门、各单位的机关运行经费和楼堂馆所等基本建设支出。各级一般公共预算支出的编制,应当统筹兼顾,在保证基本公共服务合理需要的前提下,优先安排国家确定的重点支出。……这些法律在实践中将会以各种财政制度规范体现在预算管理中,如对"三公经费"的比例限制等。

在支出矛盾占主要方面的情况下,预算支出控制指标就显得尤为重要。如在我国各支出项目在国家事务管理与国民经济运行中所处的地位不同,预算安排的顺序和数额也不相同,因此,在预算编制中就必须从全局出发,区别轻重缓急,正确处理不同支出项目之间的比例关系,保证重点,兼顾一般,以促进国民经济和各项事业的健康发展。而这一切都需要通过确定预算控制指标来实现。

比例限制的形式之二就是对一些特定的支出设定支出上限。如《预算法》第四十条规定:各级一般公共预算应当按照本级一般公共预算支出额的百分之一至百分之三设置预备费。……

专栏4-2　　　　　　　　　　国债余额管理

自1981年恢复发行国债以来,我国一直采取逐年审批年度发行额的方式管理国债。这种方式存在五大问题:不能全面反映国债规模及其变化情况,不利于合理安排国债期限结构,不利于促进国债市场平稳发展,不利于财政与货币政策协调配合,不利于提高国债管理效率。2005年12月,十届全国人大常委会第四十次委员长会议通过了常委会预算工作委员会关于实行国债余额管理的意见。

国债余额管理是指立法机关限定年末不得突破的国债余额的上限以达到科学管理国债规模的方式。国债余额管理制度是国际通行做法,与年度审批制相比,它具有以下优点:增强立法机关对国债规模的控制能力;降低财政筹资成本;降低国库运行成本,提高国库运行效率;使国债作为宏观调控的工具更加灵活等。

2006年起我国不再实行控制当年发行规模的国债发行年度限额管理办法(也称赤字管理办法),开始采用新的国债发行管理办法——国债余额管理。当时国债余额包括中央政府历年预算赤字和盈余相互冲抵后的赤字累积额、向国际金融组织和外国政府借款统借统还部分(含统借自还转统借统还部分),以及经立法机关批准发行的特别国债累计额。在国债余额管理制度下,财政部在一个预算年度内可以自行安排发行国债的规模,只要保证年末国债余额不超过人民代表大会审批的限额即可,因此财政部拥有了更多利用国债筹集预算收入的空间。即便如此,财政部在发行国债时也要慎重考虑,合理确定发行国债的数量。主要应考虑以下因素:

(1) 当年预算赤字。发行国债是弥补赤字最为普遍的方式之一,因此在确定国债规模时首先要考虑当年的预算赤字。根据全国人民代表大会常务委员会预算工作委员会的要求,一般情况下,年度预算赤字即为当年新增国债限额。

(2) 对企业债券的挤出效应。目前中国债券市场中国债比例过大,而国债本身比企业债券更加具有吸引力,如果国债余额过大,则国债发行增量也会相对过大,这对企业债的发行将产生很大的冲击。

(3) 应债能力。国债余额管理调节的是国债供给,而需求的变化也会对国债发行产生重要影响。目前商业银行是中国债券市场中主要的交易者,但随着居民收入水平的日益提高,个人开始成为重要的国债购买者。因此,在发行国债时也要考虑居民对国债规模和种类的需求。

(4) 与货币政策的协调。国债余额管理的实施将使财政部更倾向于发行中短期国债,而这些具备高流动性、高安全性的国债品种某种程度上是央行票据的一种替代物,是央行实行公开市场操作的重要金融工具。因此,除考虑财政融资需要外,还应考虑执行货币政策的需要。

第二节 政府预算编制的模式

一、政府预算模式

(一) 政府预算编制模式的含义

模式(Pattern)是指从经验中经过抽象和升华提炼出来的核心知识体系,即把解决某类问题的方法总结归纳到理论高度,是解决某一类问题的方法论。在一个良好的模式指导下,有助于作出一个优良的设计方案,得到解决问题的最佳办法。

政府预算编制模式是指根据预算理论和政策,在提高公共资金管理效率的前提下,按某种规则,将资金有效地分配和最终落实到预算部门及单位以及政府的各项事业上,即政府预算模式是要解决政府机构如何分配和管理公共资金,并将它有效地转化为公共产品和公共服务,以完成公众委托的事项。

因此,政府预算模式是一个既有一定的理论作为指导,又有相应的实施制度作为保障的体系。在这一体系的建设中,预算编制理论处于重要地位,它为政府预算制度的建设提供了依据,而在不同理论的指导下,资金分配的规则和管理方法都将是不同的。例如,在以"养人办事"为主要目的的预算模式下,预算编制只是向公众报告钱用到哪里去了;如

果采用以"办事效果"为基础的预算模式,预算编制则不仅需要了解钱用到哪里了,更需要了解购买某项公共产品和劳务的成本,以及这一成本与市场成本的比较等。

(二)政府预算编制模式变革的依据——政府效率

从世界范围来看,政府预算编制模式在不同历史时期经历过多次变革,而每一次变革又都是伴随着政府改革进行的。政府改革的目标主要是围绕着建立"效率政府"进行的,即通过改革政府的管理机制,强化公共管理,克服官僚主义,提高政府效能。在政府改革中,政府预算制度改革处于核心地位,而预算编制模式的改革与建立又是政府预算制度优化的轴心。

提高政府效率,意味着在同等服务量条件下人员和经费的节约,或者在同等的公共资金下提供更多、质量更好的服务。因此,效率是政府建设的核心。在建设"效率政府"上,几乎所有国家都通过政府预算改革来进行。这表明,政府预算改革是政府改革的核心,由于政府效率与预算资金效率存在高度的相关性,因而人们可以通过预算资金的效率测定,来检验政府机构的效率。

二、政府预算编制模式的主要类型

随着经济的发展与社会的进步,需要政府提供的公共产品规模不断扩大、结构日趋复杂,政府职能相应拓展,政府预算编制的模式也经历了由简单到复杂、由低级向高级发展的过程,特别是在现代信息技术推动下,预算编制模式得到了迅速发展。

(一)按预算编制结构划分——单式预算与复式预算

1. 单式预算

单式预算,是将财政收入和支出汇编在一个预算内,形成一个收支项目安排对照表,而不区分各项收支性质的预算组织形式。

单式预算的优点是:有利于反映预算的整体性、统一性,可以明确体现政府财政收支规模和基本结构。在政府收支规模较小、收支结构较为简单、国家基本不干预经济运行的条件下,单式预算便于立法机构审议和公众监督,可满足政府预算管理的需要。因而在预算产生后一个相当长的时期内,各国政府主要实行单式预算。单式预算的不足是:不能清晰反映各项预算收支的性质,如资本性支出与消耗性支出的区别,不利于预算管理和监督,也不利于体现政府在不同领域活动的性质和特点。

2. 复式预算

复式预算是根据政府预算收支的不同性质,将全部收支在两个或两个以上的预算中反映。复式预算是伴随政府职能扩大、预算收支规模增大、收支性质趋于复杂,需要进一步加强预算管理和监督而产生的。复式预算最早出现在丹麦、瑞典,后为英国、法国、印度等国陆续采用。

常见的复式预算是将政府预算分为经常性预算和资本预算:

(1)经常性预算主要反映政府日常收支,收入以税收为主要来源,支出主要用于国防外交、行政管理、科教文卫等。经常性预算收支在性质上体现了政府为履行内外职责、提供公共产品和服务所发生的消耗,这部分支出虽然不形成资本,却是政府实现其职能必不可少的。

（2）资本预算反映了政府在干预经济过程中的投资等活动，这部分支出可形成一定量的资本，在较长的时间内为社会提供公共服务。资本预算的收入包括国有资本经营收益、资产处置收入、债务收入、经常预算结余转入等，支出主要包括各类投资、贷款等。在性质上，资本预算收支体现了政府干预经济活动的广度和深度，所发生的支出不是社会财富的消耗，而是形成一定量的资本，可以在较长时间内发挥作用。

各国复式预算具有明显的国别特色。复式预算的优点是：体现了不同预算收支的性质和特点，政府通过编制两个或两个以上的预算，分别进行管理，既能反映财政预算资金的流向和流量，又能全面反映资金性质和收支结构，有利于提高预算编制质量，加强预算资金监督与管理，满足不同类型的社会公共需要。复式预算的缺点是：由于全部政府收支在不同的预算中反映，在反映政府预算的整体性、统一性方面不如单式预算，因此有些收支在不同预算之间划分有一定的困难。此外，复式预算也不利于反映政府预算赤字的真正原因，如在预算分为经常性预算和资本预算的条件下，预算赤字主要表现为资本性预算赤字，似乎赤字是因为政府经济建设类支出过多，其实现实并不完全如此。

（二）按预算编制方法划分——基数预算与零基预算

1. 基数预算

基数预算是指在安排预算年度收支时，以上年度或基期的收支为基数，综合考虑预算年度国家政策变化、财力增加额及支出实际需要量等因素，确定一个增减调整比例，以测算预算年度有关收支指标，并据以编制预算的方法。其基本公式可表示为：预算年度某项收支数额＝上年度或基期该项收支的基数(1±增减率％)。

基数法是我国预算编制过程中常用的方法之一。该方法的优点在于简便易行，编制效率高。在数据资料有限、预算管理的科学性和规范性要求不高的条件下，可满足财政决策和预算编制的需要。基数法编制预算的缺点是：一是收支基数的科学性、合理性难以界定。在实际工作中，往往以上年度实际数或以前若干年度平均数为预算收支基数，实际上是以承认既得利益为前提，使以前年度不合理的收支因素得以继续延续。二是编制方法显得简单，主观随意性较大，缺乏准确的科学依据。

2. 零基预算

零基预算(Zero-base Budgeting)是指在编制预算时对预算收支指标的安排，要根据当年政府预算政策要求、财力状况和经济与社会事业发展需要重新核定，而不考虑该指标以前年度收支的状况或基数。

零基预算的优点是，预算收支安排不受以往年度收支的约束，预算编制有较大的回旋余地，可突出当年政府社会经济政策的重点，充分发挥预算政策的调控功能，防止出现预算收支结构僵化和财政拖累。零基预算的缺点是：一是不是所有的预算收支项目都能采用零基预算，有些收支在一定时期内具有刚性，如国债还本付息支出、公务员的工资福利支出等。二是每年对所有的收支都进行审核，是一项需要消耗大量人力、物力和财力的工作，难免出现不必要的浪费。

(三) 按预算编制的导向划分——投入预算与绩效预算

1. 投入预算

投入预算是指传统的线性预算(Line-item Budgets)在编制、执行时主要强调严格遵守预算控制规则,限制甚至禁止资金在不同预算项目之间转移。因而预算反映的是投入,即政府对资源的使用,而不是结果或产出。

投入预算的政策重点在于如何控制资源的投入和使用,保证预算按预定的规则运行,而不强调是否达到政府的政策目标,投入与产出比较的效率如何。线性预算以提供公共服务的组织为单位编制,将拨款分为行政性支出、公共事业支出和专项支出等。对行政性支出、公共事业支出实行按管理因素分类的方式,即将人员经费与公用经费分开安排。

投入预算的优点是,有利于预算管理的规范化、制度化,也便于立法机关审议。其不足之处在于:如果不重视产出,不能有效控制行政机构和人员膨胀,预算支出效率低下,这些规则的实际意义就会大打折扣。

2. 绩效预算

"绩"是成绩,"效"是效率、效益。内含包括了"经济""效率"和"有效",其中,"经济"指输入成本的降低程度,"效率"指一种活动或一个组织的产出及其投入之间的关系,"效果"指产出对最终目标所作贡献的大小。绩效是与支出相联系的概念,主要包括以下问题:花钱购买的产品、服务是否符合需要?以什么价格购买?与花钱相比,购买的服务是否值得?这种绩效管理理念用于预算管理的实践主要是通过绩效预算和预算的绩效评价来实现的。预算的绩效管理即是更加强调财政支出活动所取得的成绩及产生的效果,它更加重视预算的外部关系,即政府与社会、政府与公民的关系,更重视公民利益和公民的反馈,即公共支出所提供与获得的有效公共服务,所以,要靠绩效管理制度作为保障。

因此,与投入预算相反,绩效预算(Program Budgeting)强调预算投入与结果的关系,其宗旨在于有效降低政府提供公共产品和服务的成本,提高财政支出的效率和效益,从而约束政府支出的扩张,因此又被称为以结果为导向的预算,即绩效预算的编制目标是政府提供公共产品及服务的"结果",而不是政府机构的简单产出。例如修一条公路,即使能够按时保质保量完工,但没有达到缓解交通拥堵的设计初衷,则这种投入仍应被视为是低效或无效的。

(四) 按预算作用的时限划分——年度预算和多年预算

1. 年度预算

年度预算是指预算收支计划执行期为一年的预算。传统意义上的政府预算,主要是指年度预算。预算的时间跨度称为预算年度或会计年度。由于各国的政治体制和历史文化传统不同,预算年度可以和日历年度一致,也可以不一致,即有历年制和跨年制。

在编制年度预算时,一般是当年开始编制第二年的预算,便于根据当年经济社会发展水平、预算实际执行情况、下年度政府政策变化等因素,较准确地预测预算收支指标,合理配置资源,实现政府政策目标,满足社会公共需要。同时,也便于立法机关审议、批准和监督预算执行。

2. 多年预算

多年预算是指对预算收支安排时间在两年期以上的预算。这种预算实际上是一种对年度预算具有指导功能的财政发展规划。从预算收支的特点分析,有些支出项目需要连续跨年度拨款才能完成,如大型公共设施建设、重大科技攻关项目等,而税收等预算收入的增长在经济运行周期内具有一定的稳定性,因而预算安排在各年度之间需要保持连续性、稳定性,仅通过编制年度预算则难以达到这一要求。利用编制跨年度的滚动预算,并与年度预算相衔接,使预算收支安排既满足当年执行的需要,便于立法机关审查、批准和监督,又具有前瞻性、连续性,提高预算编制的质量与科学性、合理性,为经济和社会发展提供优质的公共服务。从各国编制多年度预算的实践看,主要为3—5年的中期预算,长期预算不多。

(五)按预算收支平衡状况划分——平衡预算与差额预算

1. 平衡预算

平衡预算是指在预算编制、执行过程中保持收入与支出基本相等。

在我国古代财政管理中就有"量入为出"之说。西方国家在1929—1993年大危机以前,以亚当·斯密(Adam Smith)为代表的古典经济学家都主张政府预算收支平衡,反对政府发行公债扩大支出,其目的在于维护自由竞争的市场经济,通过市场机制"看不见的手"自动调节经济运行,实行资源的合理配置。实际上,平衡预算既是一种预算政策选择,也是一种理财思想,反映了不同历史时期人们对政府财政职能的理解、认识。政府预算收支平衡,减少财政赤字和国债发行,固然对加强财政管理、完善财政制度等有益,但从根本上讲,还要看预算平衡是否有利于宏观经济的稳定与增长,是否有利于各项社会事业的发展与文明进步,单纯追求预算平衡目标的实际意义是有限的。

2. 差额预算

差额预算是指在预算编制过程中,为了一定的政策目标,使预算支出大于收入而有赤字,或者收入大于支出而有结余。赤字预算是差额预算的典型形式。

最为典型的是西方国家在1929—1993年大危机以后,奉行凯恩斯主义的赤字财政政策,编制和执行赤字预算,大量发行国债,扩大政府支出,以刺激社会有效需求,缓解生产过剩的经济危机。赤字预算成为政府干预经济运行的重要政策工具。但长期实行赤字预算政策,也产生了政府债台高筑、巨额的还本付息支出、财政支出结构僵化、政府宏观调整能力削弱、经济增长受到影响等一系列问题,不少国家在20世纪70年代末期陆续放弃了该政策主张的持续性。

专栏4-3　　我国实施跨年度预算平衡机制

一、跨年度平衡机制的提出

《预算法》第十二条在规定"各级预算应当遵循统筹兼顾、勤俭节约、量力而行、讲求绩效和收支平衡的原则"后又提出"各级政府应当建立跨年度平衡机制"。

简单的预算收支平衡的原则是要求预算编制中必须遵守"以收定支"。这种看似严格的平衡限制在实践中会带来严重的预算软约束,并且容易反预算的逆向调节作用而出

现预算调节的"顺周期"问题,即在经济不景气时,收入预算原本难以完成,但在平衡限制的情况下,政府面对收支矛盾和政绩考核,为了不突破预算赤字规模又满足支出需要往往"竭泽而渔",不是通过限制支出而是不考虑税源的实际情况一味强调和固化税收的任务意识,通过增加税收甚至出售资产来实现平衡。这种简单而不是动态调整的"税收任务意识"扭曲了正常的征管行为,容易引发"过头税""寅吃卯粮""杀鸡取卵"等税收执法的乱象,从而增加了经济实体的负担,进一步加剧了经济的衰退。并且各地为了争取税源,竞相出台税收优惠政策,制造税收洼地,带来了"税基的侵蚀和利润的转移",扰乱了市场经济公平竞争的秩序;而当经济过热时,税源充裕,本可以通过增加税收加以调节,但此时财政部门基于预算平衡目标以及避免抬高收入预算基数,反而对采取这种逆向调节的手段不积极,"藏富于民",从而加剧了经济的过热。

因此,现代预算管理改革的趋向是将预算限额集中在控制支出总额方面,并且独立于收入限额,即不与收入限额挂钩。预算支出限额制度作为一种严格的资源"定量配给"机制发挥作用,它不允许支出部门随意提出超过限额的支出需求。

为了解决"顺周期"调节情况,党的十八届三中全会审议通过的《中共中央关于全面深化改革若干重大问题的决定》明确提出,审核预算的重点由财政收支平衡状态、赤字规模向支出预算和政策拓展,并提出了建立跨年度预算平衡机制。就一级政府来说,如果将目前预算控制的重点转到预算支出政策和具体支出项目上来,而收入预算只作为预期目标,就有可能会使预算收支平衡状态在预算执行中因经济的波动被打破,并且还会出现支出增长过快的问题,在建设任务很重的发展中国家尤为如此。当前,我国正处在经济与社会变革的关键时期,预算支出及预算赤字呈快速刚性增长态势,地方债务问题严重。要能够遏制政府债务快速增长的势头,保持经济、财政可持续发展,制度设计之一就是在建立起中长期重大事项科学论证的机制基础上,改年度预算平衡约束机制为跨年度预算平衡约束机制,即将预算收支平衡的评价期限由年度扩展至跨年,与之配套的是要将预算支出政策、支出重点及支出规模置于跨年度中期财政滚动规划的基础之上。跨年度中期财政滚动规划通常是为期3—5年(有些国家更长)的、具有一定约束力的财政规划,它为政府和政府各部门提供每个未来财政年度中支出预算必须遵守的预算限额,并以年度预算限额作为预算编制的重要依据。对于有着巨大投资冲动的我国各级政府来说,跨年度中期财政滚动规划的核心就是要确立支出限额,据以对支出、赤字和债务总量实施控制及约束。该规划每年的支出估计数可以依据政府的政策、经济状况的改变以及各规划的修正作出相应的调整,然而一旦调整完毕,支出限额便成为编制年度预算时务必遵守的界限。与一年一定的预算限额(年度预算)办法相比,以跨年度中期财政滚动规划实施预算支出限额控制的好处是显而易见的,它便于政府实施与国情相适应的财政及福利制度,以避免过高的福利承诺,研究分年开支重点并落实到年度预算上,并以此更强有力地约束各支出部门的支出需求,有利于更好地确保政府预算支出政策的前瞻性和可持续性,减弱经济波动及政府领导人的更替对预算和政策造成的负面影响。但是它的实施应该建立在一国经济社会能够比较平稳发展的基础之上,以使年度之间的预算衔接能够平滑过渡,从而避免预算的大起大落,只有在此前提下才能真正实现预算的硬约束。

二、跨年度平衡机制的构建

(一) 预算超收及短收的平衡机制

《国务院关于深化预算管理制度改革的决定》(国发〔2014〕45号)文件规定:对于一般公共预算执行中出现的超收收入,在冲减赤字或化解地方债务后用于补充预算稳定调节基金;出现短收则通过调入预算稳定调节基金或其他预算资金进行补充、削减支出等实现平衡,如若仍不能平衡则通过调整预算,增列赤字。

(二) 预算赤字的弥补机制

跨年度平衡机制还必须对不可避免的预算赤字的弥补作出制度安排,对此,《国务院关于深化预算管理制度改革的决定》(国发〔2014〕45号)文件规定:中央预算赤字在经全国人大或其常委会批准的国债余额限额内发债平衡,省级政府报本级人大或其常委会批准后增列的赤字,在报财政部备案后,在下一年度预算中予以弥补;市、县级政府通过申请上级政府临时救助实现平衡,并在下一年度预算中归还。可以看出,跨年度平衡机制对所出现的预算赤字进行弥补时仍要经过法定程序按照规定的弥补方式办理。

(三) 实施中期财政规划管理

我国中期财政规划是指财政部门会同政府各部门在分析预测未来3年重大财政收支情况,对规划期内一些重大改革、重要政策和重大项目研究政策目标、运行机制和评价办法的基础上,编制形成的跨年度财政收支方案。

资料来源:李燕,《新〈预算法〉释解及实务指导》,中国财政经济出版社2015年版,第30—31、37页。

第三节 政府预算体系

一、构建全口径预算体系

(一) 预算的全口径

预算的完整性要求政府的预算应包括政府的全部预算收支项目,以完整地反映以政府为主体的全部财政收支活动,全面体现政府活动的范围和方向,不允许在预算规定范围之外还有任何以政府为主体的资金收支活动。要保证预算的完整性,其重要的标准是预算体系的全面完整。

关于预算的全口径通俗的解释是,将凭借政府权力取得的收入与政府行为所发生的支出都纳入预算体系中进行系统、有效的管理。窄口径的"全口径"解释主要包括各种税收、收费与罚没、国有资本收益等以及相应安排的支出。而伴随现代国家政府职能的扩张,政府履行公共责任的方式也不限于传统意义上财政资金的收支。因此,宽口径的"全口径"解释还包括政府购买、政府债务、政府贷款和担保、税式支出、接受捐赠、社会保障基金、政府对企业的补贴、超收收入、年终结余结转等,在履行公共职能过程中也发挥了越来越大的作用。因此,政府性收支不仅限于政府机构自身的收支,还应包括政府履行公共职责直接或间接控制和管理的各种形式的资金收支及相应的责任,即以公权力取得的全部收入及相应的支出。

国际上并无"全口径预算"的说法，这一预算管理的基本精神一般通过一以贯之的预算完整性原则体现。如国际组织对预算范围作出了一定的要求，OECD组织在《预算透明度最佳实践》(2002)中指出，预算报告是政府的关键政策文件，它必须是全面的，包含所有政府收入和支出，以便对不同的政策选择进行评估。IMF则要求政府预算文件，包括最终账户和其他财务报告，应该涵盖中央政府预算内和预算外的所有活动；预算文件应该报告下级政府和国有公司的财政状况；政府应向公众提供有关过去、现在和计划的财政活动和主要的财政风险的全面信息。因此可以说政府收支的"全口径预算"管理，一直是OECD、IMF等国际组织推荐的政府收支预算管理中重点强调的问题，又主要体现在对预算外资金的管理上。按照相关国际组织的意见，政府的预算外收支并不要求在预算程序上与法定预算完全一致，但是应当在预算过程中得以体现。除此之外，预算的全口径还包括政府为达到一定的政策目标，对一些特定纳税人或课税对象的税收优惠等的税式支出、中央银行和金融类公共企业以及非金融类公共企业进行的政府性活动(IMF《2001年政府财政统计手册》把公共部门界定为广义的政府部门和公共公司，其中，公共公司又分为金融类公共公司和非金融类公共公司)，也称准财政活动以及或有负债等。但目前还很少有国家能够完全遵循上文所讨论的"全口径预算"的标准，各国关注的焦点还主要在预算外资金以及税式支出方面。

（二）我国全口径预算管理

我国对于"全口径预算"的研究源于预算外、制度外资金的存在，就我国现实来说，全口径预算管理是财政管理与监督的一场革命，既有发展阶段的问题，也有制度基础的原因；既有管理能力的问题，也有管理效率的问题；既涉及观念问题，也涉及各方面关系的衔接及技术问题。如政府预算的全口径首先应建立在政府范围边界的口径及政府职能边界的口径比较清晰明确的基础之上，而这又将伴随我国的政府转型、体制改革的深化，通过机构改革、事权的厘清、人大监督能力的提升、立法的保障等逐步实现。因此，标准意义上的"全口径预算"应是一个逐步改善的过程，不能期望一蹴而就，应当根据国情逐步推进，既要有整体的目标顶层设计，还要有具体的实现路径，并且，理想状态的"全口径预算"框架也不应是一成不变的，而应根据实际管理需要及管理效率动态地确定。

（1）从横向上看，将政府全部收支纳入预算中。在建立一个包括政府公共预算、政府性基金预算、国有资本经营预算、社会保障预算和政府债务预算在内的预算体系的基础上，将税式支出等政府活动按照立法机构的要求在预算报告体系中进行专门的列示和说明。

（2）从纵向上看，政府预算应该包括过去、现在及未来的数据，即要引入中期滚动预算，"建立跨年度预算平衡机制"，使政府部门在进行决策时能够瞻前顾后，从而保证预算信息的连续性，提高预算透明度，加强年度预算的约束性，促进财政的可持续发展。同时，要完善财政各类总预算与部门预算的关系，使部门预算与总预算能够有机结合，充分反映各政府部门及政府总体的收支情况。

二、我国预算体系的构成

我国对完整的预算报告体系的提出最早可追溯到2003年党的十六届三中全会,全会所作的《关于完善社会主义市场经济体制若干问题的决定》中提出了"实行全口径预算管理和对或有负债的有效监控。加强各级人民代表大会对本级政府预算的审查和监督";《关于2005年深化经济体制改革的意见》中进一步指出"改革和完善非税收入收缴管理制度,逐步实行全口径预算管理";党的十八大报告更进一步提出了"加强对政府全口径预算决算的审查和监督"。

全口径预算管理的基本含义是所有政府收支都应纳入预算管理,全口径预算管理改革的目标,可以概括为通过预算制度体系的建立,将全部政府收支纳入预算之中。

20世纪90年代以来,我国政府预算体系不断拓展和完善,在一般公共预算基础上,先后建立了政府性基金预算、国有资本经营预算和社会保险基金预算,初步形成了由一般公共预算、政府性基金预算、国有资本经营预算和社会保险基金预算组成的政府预算体系。政府预算体系的建立健全,提高了政府预算编制的完整性,对加强政府预算管理、提高财政资金效益、增强财政预算透明度起到了积极作用。《预算法》给予政府预算体系以法律地位,对其相互关系给予了法律定位。

《预算法》第五条规定:预算分为一般公共预算、政府性基金预算、国有资本经营预算、社会保险基金预算。按照《预算法》的规定,我国政府预算体系由政府一般公共预算、政府性基金预算、国有资本经营预算和社会保险基金预算构成,以全面完整地反映我国政府预算的全貌。规定要将所有预算收入和支出按照不同性质分门别类地纳入不同的预算之中,各个预算自身应当按照有关法律法规对预算内容的要求保持完整、独立,同时也要保持与一般公共预算的衔接,即在这一预算报告体系内的各项预算之间,应建立起规范、明确、透明的资金界限及往来渠道。

(一) 一般公共预算

一般公共预算的收入来源主要是国家以社会管理者的身份取得的税收收入,主要安排用于保障和改善民生、推动经济社会发展、维护国家安全、维持国家机构正常运转等领域。具体来说:一是保证科学、文化、教育、卫生、社保等民生事业发展中必须由财政提供资金的部分需要;二是满足大型公共工程设施、公益性基础设施等非营利性工程项目的支出,如邮政、能源、交通、水利、气象、环保等方面;三是保证国防以及公检法等维护国家公共安全的支出需要;四是保证国家机构如立法、行政、外交等执行社会管理职能的政府部门的资金需要。

应该说,所有政府收支预算都应该属于公共预算的范畴,包括政府性基金预算、国有资本经营预算等。但是在复式预算体系中,各个预算又都因各自的收支性质不同而保持各自的完整、独立,因此,有必要对它们进行范围上的划分和确立。由于政府用税收收入形式取得收入,且主要用于政府提供一般公共产品和满足一般公共服务需求的预算在预算体系中居于本源的、核心的地位,反映着政府一般公共服务功能,因而被称为一般公共预算。

(二)政府性基金预算

1. 政府性基金预算的含义

《预算法》第九条规定:政府性基金预算是对依照法律、行政法规的规定在一定期限内向特定对象征收、收取或者以其他方式筹集的资金,专项用于特定公共事业发展的收支预算。

在政府所提供的公共服务中,一部分属于满足大众需求的普遍性公共服务,普遍性公共服务通过征税方式弥补其供给成本;另一部分属于满足部分群体受益的特定公共服务,特定公共服务按照"谁受益、谁付费"原则,通过收费方式分摊公共服务成本,而不宜通过税收将成本转嫁给全体纳税人负担。政府性基金属于非税收入,与税收有着明显的区别,政府性基金一般具有设定程序规范、来源特定、专款专用等特点。征收政府性基金,一方面,可以避免低效或无效占用公共资源,通过收费建立成本约束机制,使人们根据自己的需求和意愿采取付费方式选择公共物品,避免产生过度需求和消费,提高公共物品的供给效率;另一方面,可以为特定公共基础设施建设和公共事业发展提供稳定的资金来源。

2. 政府性基金预算的内容

政府性基金包括中央政府性基金及地方政府性基金。

20世纪80年代以来,国家在水利、电力、铁路、民航等领域设立了多项基金,促进了基础设施的建设和相关事业的发展。但由于管理制度不完善,造成重复设置、项目越来越多、规模越来越大的问题。因此,要进一步规范政府性基金的设立及使用,从而降低企业税费负担,提高政府的公信力。目前,我国政府性基金的内容主要包括:农网还贷资金、铁路建设基金、民航发展基金、港口建设费、旅游发展基金、国家电影事业发展专项资金、南水北调工程基金、城市公用事业附加、国有土地收益基金、农业土地开发基金、国有土地使用权出让等二十余项。

政府性基金支出按照基金的内容和性质分别用于科学技术、文化体育与传媒、社会保障与就业、节能环保、城乡社区、农林水、交通运输、资源勘探、商业服务业、金融等方面。

政府性基金预算应当根据基金项目收入情况和实际支出需要,按基金项目编制,做到以收定支。

3. 政府性基金规范管理

(1)建立目录清单制度。目录清单制度包括项目名称、设立依据、征收标准、征收期限等信息,如果相关政府性基金政策作出调整,将在目录清单上及时更新,以清晰地反映有多少种基金、怎么征、征多少、用在什么地方等信息。目录清单之外的,企业、个人均有权拒绝缴纳。

(2)加强与一般公共预算的统筹使用。政府性基金的使用及预决算的公开透明与政府一般预算等同,以提高财政资金使用效益并接受监督,同时也使财政性资金管理纳入到统一、规范的轨道上来。

(3)加强基金使用效益的绩效评价。引入第三方评估,为政府保留、取消或调整政府性基金的决策提供专业与公正的依据,规范政府的行为,使政府治理经济的过程、方式、能力能够更加公开透明。

(4)加强监督检查。通过设立电子信箱、网络平台等多种方式,完善举报和查处机制,及时发现和查处乱收费的行为。

（三）国有资本经营预算

《预算法》第十条规定:国有资本经营预算是对国有资本收益作出支出安排的收支预算。也就是说,国有资本经营预算是国家以所有者身份依法取得国有资本收益,并对所得收益进行分配而发生的各项收支预算,是对政府在一个财政年度内国有资产经营性收支活动进行价值管理和分配,是政府预算的重要组成部分。

国有资本经营预算与政府一般公共预算的主要区别是:一是一般公共预算的分配主体是作为社会管理者的政府,其分配的目的是满足社会公共需要;分配的手段是凭借政治权力进行分配,具有强制性和无偿性;分配的形式是以税收为主要收入,并安排各项具有社会公共需要性质的支出,因而一般公共预算从性质上看是供给型预算。国有资本经营预算的分配主体是作为生产资料所有者代表的政府;它以国有资产的宏观经营并取得宏观经济效益为分配目的,以资产所有权为分配依据;其收支内容基本上是围绕着对经营性国有资产进行价值管理和分配形成的,因而国有资本预算属于经营型预算。二是国有资本经营预算在编制上,相对独立于一般公共预算,即国有资本经营预算按照收支平衡的原则编制,以收定支,不列赤字,建立国有资本经营预算制度后,国家用于国有企业的改革支出将逐步从政府一般公共预算中退出。三是与一般公共预算相比,目前国有资本经营预算的收支规模还很小。我国目前国有资本经营预算的范围可概括为自然垄断行业和一般竞争性领域的经营性企业的国有资产,即国有资本,而非整个国有资产。

1. 国有资本经营预算收入

国有资本经营预算收入反映各级人民政府及部门、机构履行出资人职责的企业(即一级企业,下同)上交的国有资本收益。主要包括:

（1）国有独资企业按规定上交国家的利润,即国有企业按年度和规定比例将税后利润的一部分上交国家,是国有资本经营预算的主要部分。

（2）国有控股、参股企业国有股权(股份)获得的股利、股息,即国有控股、参股企业依据《公司法》,按照股东会或董事会批准的利润分配方案,将国有股权、股份取得的股利或股息上交国家。

（3）企业国有产权(含国有股份)转让或出售收入。

（4）国有独资企业清算收入(扣除清算费用),以及国有控股、参股企业国有股权(股份)分享的公司清算收入(扣除清算费用)。

（5）国有产权转让收入、国有企业清算收入以及公司制企业清算时,国有股权、股份分享的清算收入按实际取得的收入据实上交国家。

2. 国有资本经营预算支出

国有资本经营预算支出范围除调入一般公共预算和补充社保基金外,限定用于:

（1）费用性支出。解决国有企业历史遗留问题及相关改革成本支出。

（2）资本性支出。对关系国家安全、国民经济命脉的重要行业和关键领域国有企业的资本金注入。

（3）国有企业政策性补贴等方面。

(四)社会保险基金预算

《预算法》第十一条规定:社会保险基金预算是对社会保险缴款、一般公共预算安排和其他方式筹集的资金,专项用于社会保险的收支预算。

党的十八届三中全会决议提出,要"健全社会保障财政投入制度,完善社会保障预算制度"。社会保障预算是指国家以法律或行政法规手段筹集收入并用于特定对象人群的专款专用性质的预算。主要目的是通过调节个人收入分配,以实施扶贫救困、保障公民生活、维护社会稳定;通过协调社会保障资金的时间分配和代际分配,以保护公民的长远利益。

为加强社会保险基金管理,规范社会保险基金收支行为,明确政府责任,促进经济社会协调发展,国务院决定2010年起试行社会保险基金预算,并规定了依法建立、规范统一的原则要求,即依据国家法律法规建立,严格执行国家社会保险政策,按照规定范围、程序、方法和内容编制。社会保险基金预算通过对社会保险基金筹集和使用实行预算管理,增强政府宏观调控能力,强化社会保险基金的管理和监督,保证社会保险基金安全完整,提高社会保险基金运行效益,促进社会保险制度可持续发展。我国目前编制的社会保险基金预算属于一种窄口径的社会保障预算,待条件成熟后再向社会保障预算过渡。

1. 社会保险基金收入预算

社会保险基金预算按险种分项编列,收入主要包括:一是企业单位及个人缴纳的保险费收入;二是一般公共预算安排的财政补贴收入,用于弥补社会保险基金预算的收支差额;三是其他收入(利息收入、滞纳金及其他收入)等。

2. 社会保险基金支出预算

社会保险基金支出预算应根据上年度享受社会保险待遇对象存量、上年度人均享受社会保险待遇水平等因素确定,同时考虑本年度经济社会发展状况、社会保险政策调整及社会保险待遇标准变动等因素。社会保险基金是专项基金,所以,社会保险各项基金预算要严格按照有关法律法规规范收支内容、标准和范围,专款专用,不得挤占或挪作他用。

3. 预算按险种分项编列

社会保险基金预算按险种分别编制,包括基本养老保险基金、失业保险基金、基本医疗保险基金、工伤保险基金、生育保险基金、新兴农村合作医疗基金、城镇居民基本医疗保险基金、城乡居民基本养老保险基金等内容。

4. 预算收支平衡

社会保险基金预算坚持收支平衡是由于社会保障基金支出主要是为面临困难的社会成员提供资助的,而困难的成因又是多方面的,其中有许多是不确定因素,诸如寿命的不确定性、失业、病残的风险等,这就意味着社会保障基金支出有相当一部分在编制预算时难以测算,为减轻公共预算的压力,年度社会保险基金预算应收支平衡,并建立与一般公共预算的衔接机制,有利于社会保险资金的投资和调剂。

(五)预算体系的衔接

在预算报告体系的四本预算中,如何妥善处理四本预算之间的关系是深化改革的着力点。因为其中涉及政府财力的使用如何与其所要达到的政策意图保持一致,如何使政府各种财力的使用结构与公共产品与服务的提供要求保持一致,如何解决政府财力对同一项目的多头重复投入问题,等等。《预算法》第五条规定:政府性基金预算、国有资本经营预算、社会保险基金预算应当与一般公共预算相衔接。这解决了通过各类预算资金调剂使用的法律依据问题,反映出一般公共预算在预算报告体系中的核心地位,这是由它的性质及所担负的职责决定的,同时允许将国有资本经营预算资金调入一般公共预算,一般公共预算要补充社会保险基金预算的规定,也意味着这种全口径预算体系相互间的综合平衡和突出重点的关系。

1. 政府性基金预算与一般公共预算的衔接

主要将政府性基金预算中用于提供基本公共服务以及主要用于人员和机构运转方面的项目收入转列一般公共预算。2015—2016年已有教育费附加、残疾人就业保障金等16项政府性基金转入一般公共预算。

2. 国有资本经营预算与一般公共预算的衔接

《预算法》第十条第二款规定:国有资本经营预算应当安排资金调入一般公共预算。

国务院于2007年发布的《国务院关于试行国有资本经营预算的意见》中明确了国有资本经营预算与一般公共预算的关系为"相对独立,相互衔接",即国有资本经营预算和政府一般公共预算分别编制,分别反映各自的收支情况,既保持国有资本经营预算的完整性和相对独立性,又保持与政府一般公共预算的相互衔接。在如何衔接上又规定,国有资本经营预算的"具体支出范围依据国家宏观经济政策以及不同时期国有企业改革和发展的任务,统筹安排确定。必要时,可部分用于社会保障等项支出"。

党的十八届三中全会公报《中共中央关于全面深化改革若干重大问题的决定》中指出,"完善国有资本经营预算制度,提高国有资本收益上交公共财政比例,二〇二〇年提高到百分之三十,更多用于保障和改善民生"。

3. 社会保险基金预算与一般公共预算的衔接

应根据社会保险基金收支、财政收支等情况,合理安排本级财政对社会保险基金的补助支出。在预算体系中,社会保险基金预算单独编报,与公共财政预算和国有资本经营预算相对独立、有机衔接。加强社会保险基金预算管理,做好基金预算结余的保值增值,在精算平衡的基础上实现社会保险基金预算的可持续运行。

第四节 政府预算收支测算的一般方法

财政部门为各预算部门分配预算资金时,首先要根据国家相关方针政策对政府预算的收入能力和各部门的支出需求进行测算,从而才能决定本财政年度(甚至是今后若干年)预算资金的总规模和大致方向。测算完预算收支后,财政部门就可以为各预算部门下达预算控制额了。

预算收支测算是影响预算管理水平的基础环节,测算是否准确直接决定着后续的预算管理行为,因此加强预算管理首先就要重视预算收支测算工作。政府预算收支测算是指各预算编制主体依据预算编制的各项政策、原则和方针以及当时的社会经济情况,运用一定的方法来预测各收支科目具体规模的行为。

目前世界各国较常用的收支测算方法可以分为四类,即定性法(也称判断法、经验法)、时间序列法、因果法和模型法。其中,定性法将测算建立在个人主观判断基础上,当无历史资料可依据或政治因素对预测结果影响重大时,通常会运用这种方法;后三种方法则主要是应用一定的数学分析工具进行预测,当历史数据较为丰富并且历史趋势较为稳定时,采用这些方法较为可靠。

一、定性法

按照主观预测是否以往年数据为基础,可以将其分为基数法和零基法两类。

(一)基数法

基数法是以报告年度预算收支的执行数或预计执行数为基础,分析影响计划年度预算收支的各种有利因素和不利因素,并预测这些因素对预算收支的影响程度,从而测算出计划年度预算收支数额的方法。其计算公式为:

计划年度某项预算收入或支出数额 = 某项预算收入或支出的上年基数 ± 计划年度各种增减因素对预算收支的影响

例 4-1　假设某地区上年教育支出为 10 000 万元,计划年度由于高校扩招原因,研究生增加 100 人,本科生增加 120 人。按照财政部门的要求,每名学生的财政综合定额为,研究生 1 万元,本科生 0.8 万元。另外,由于教师工资调整,计划年度需多支出工资 12 万元。试测算计划年度该地区的教育支出。

$$\text{计划年度该地区教育支出} = \text{教育支出上年基数} \pm \text{各种增减因素}$$
$$= 10\,000 + 1 \times 100 + 0.8 \times 120 + 12$$
$$= 10\,208(\text{万元})$$

基数法的优点是计算简便、容易操作,并考虑到了事业发展和经济发展的延续性,是目前世界各国都比较普遍使用的收支测算方法,但这种方法也有着自身难以克服的缺点:首先,增减因素的确定往往靠经验取得,有很强的主观性,难以与实际的动态管理相一致。其次,基数本身可能包含着不合理的因素,基数法会使不合理因素继续放大,造成单位之间苦乐不均,也容易使预算规模失控。通常在预算规模不大、信息不足的情况下采用基数法比较合适。

(二)零基法

零基法与基数法正好相反,它不以以往年度数据为基础,而是综合分析计划年度可能存在的各种影响因素,来测算预算收支指标。换言之,每个预算年度的测算都相当于从零开始,因此称之为零基法。

零基法克服了基数法的缺陷,能充分考虑计划年度最新的影响因素,数据基础得到了及时更新,从而在一定程度上提高了预测的准确性。然而,零基法在实际操作中存在很大的困难,如果每个预算年度都要重新调查和核算数据,会带来非常大的工作量。另外,有些项目(如延续项目)的测算,没有必要完全重新核算。因此,是否采用零基法还要综合考虑某项预算收支的具体情况。

二、时间序列法

时间序列法是通过收集和整理需要估计变量的历史数据,寻找到一定的变化规律,从而预测计划年度该变量的方法。实践中经常采用的时间序列法又包括移动平均法和指数平滑法。

(一)移动平均法

移动平均法是在算术平均法基础上发展起来的一种预测方法,它将观察期的数据,按时间先后顺序排列,然后由远及近,以一定的跨越期进行移动平均,求得平均值,并以此为基础,确定预测值的方法。移动平均法包括一次移动平均法、二次移动平均法和加权移动平均法等。在此举例说明如何运用一次移动平均法进行预测,二次和加权移动平均是在此基础上进行二阶或加权移动。一次移动平均法是直接以本期(t期)移动平均值作为下期($t+1$期)预测值的方法,其预测模型为:

$$\bar{x}_{t+1} = M_t^{(1)} = \frac{x_t + x_{t-1} \cdots + x_{t-n+1}}{n}$$

式中:x_{t+1} 为 $t+1$ 期的预测值;

$M_t^{(1)}$ 为 t 期一次移动平均值;

n 为跨越期数,即参加移动平均的历史数据的个数。

例4-2 假设某地区近年财政收入如表4-1所示,选择移动期数 n 等于3,用一次移动平均法预测2017年财政收入(单位:万元)。

则:

$$\begin{aligned} X_{2017} &= (x_{2014} + x_{2015} + x_{2016})/3 \\ &= (1\ 032 + 1\ 015 + 1\ 010)/3 \\ &= 1\ 019 \end{aligned}$$

表4-1 应用一次移动平均法预测财政收入   单位:万元

年份	财政收入实际值	财政收入预测值:一次移动平均数
2010	984	
2011	1 022	
2012	1 040	
2013	1 020	1 015
2014	1 032	1 027
2015	1 015	1 031
2016	1 010	1 022
2017		1 019

移动平均法通过计算一定周期内的历史数据平均数,消除短期内数据的偶然性,得出一定的规律性,从而利用这种规律来预测未来的数值,因此适用于具有周期性变化规律的

数据的预测。移动平均数的选择直接影响预测的结果,一般来说,移动平均数的项数越多,所得出的移动平均数越少;反之则越多。在选择移动项数时也要根据数据本身的周期而定,通常移动平均法对短期预测较为有效,如果用于预测长期的未来数据则会使误差扩大,失去参考价值。

(二) 指数平滑法

指数平滑法是通过对最新数据加权而预测下个时期的数值。这种方法克服了移动平均法要求大量观测数据和无法反映数据中包含的最新的、迅速出现的变化的缺陷。指数平滑法的计算过程如下例所示。

例 4-3 假设某县 2016 年第 1 季度的实际财政收入为 5 000 万元,第 2 季度的实际财政收入为 4 500 万元,根据第 1 季度的收入预测第 2 季度的收入为 5 000 万元。假设取因子权数为 0.3,用指数平滑法预测第 3 季度的预算收入。

第 3 季度预测值 = 第 1 季度实际值 + (第 2 季度实际值 − 第 2 季度预测值) × 因子权数
$$= 5\,000 + (4\,500 - 5\,000) \times 0.3$$
$$= 4\,850(万元)$$

从本例可以看出,只需要较少的历史数据即可预测未来的数据,这是指数平滑法的好处,但是这种方法在很大程度上依赖于权数因子的准确性。权数因子起到调节历史预测误差的作用:如果历史预测误差大,则权数因子应较小;如果历史预测误差小,则权数因子应较大。

三、因果分析法

因果分析法运用统计联系方法,依据自变量与因变量之间的函数关系,由一些变量的数值来推测另一因变量的数值。这种联系可能是前因后果,也可能是同步联系,或者是另外一种未经查明的变量发挥因果联系作用的结果。揭示这种因果联系,用得最多的方法是回归分析。回归分析法又包括一元回归分析法和多元回归分析法,二者原理相同,只是后者包含多个因变量。

一元回归分析法是根据已知条件估计一条趋势线(通常用最小二乘法估计),再依据确定的趋势线预测下个时期的数值,适用于因变量只受一个自变量影响的情况或自变量与因变量之间的函数关系所需的大量数据为已知的简单情况。

其基本过程为:

(1) 设所求的直线趋势方程为:$Y = a + bX$

(2) 根据最小二乘法,可以得到参数 a、b 的计算公式如下:

$$b = \frac{\sum (X - \overline{X})(Y - \overline{Y})}{\sum (X - \overline{X})^2}$$

$$a = \overline{Y} - b\overline{X}$$

(3) 将 a、b 的计算结果代入方程中,即可在给定 X 值的情况下预测 Y 值。

例 4-4 假设某地区的财政收入与其支柱产业总收入的五年数据如表 4-2 所示,已知计划年度的支柱产业总收入为 60 万元,试测算计划年度该地区财政收入。

表 4-2 某地区五年期财政收入与支柱产业总收入数据　　　　　单位:万元

年度＼项目	1	2	3	4	5
Y(财政收入)	14	18	23	25	30
X(支柱产业总收入)	10	20	30	40	50

计算过程:假设财政收入与当地支柱产业总收入的关系为 $Y=a+bX$

其中:

$$b = \frac{\sum(X-\bar{X})(Y-\bar{Y})}{\sum(X-\bar{X})^2}$$

$$b=0.39 \quad a=10.3$$

则 $Y=10.3+0.39X$

计划年度财政收入 $Y=10.3+0.39\times60=33.7$(万元)

四、模型法

模型法即计量经济模型法,它通过建立计量经济模型来进行预测。从广义上说,回归分析法也属于计量经济模型法,但回归分析假定自变量不受外界影响,且各自变量之间相互不发生作用,变量联系是从自变量到因变量的单项联系,而经济计量模型考虑经济变量之间的相互作用。

模型法的基本公式为:

$$Y=f(X)$$

其中,Y 是因变量,受预测变量 X 的影响。

例 4-5　假设某部门的财政收入与其业务收入的 10 年数据如表 4-3 所示,已知计划年度业务收入为 11 万元,试测算计划年度的财政收入。

表 4-3 某部门 10 年期财政收入与业务收入的数据　　　　　单位:万元

X	10	7	10	5	8	8	6	7	9	10
Y	11	10	12	6	10	7	9	10	11	10

经过最小二乘法计算,二者可建立如下模型关系:

$$Y=3.6+0.75X \quad R^2=0.518$$
$$(1.73)\quad(2.93)$$

则计划年度财政收入 $Y=3.6+0.75\times11$
$$=11.85(万元)$$

在实践中,往往需要若干个上述方程式才能得出可信赖的预测结果。目前在西方国家的预算收支预测中,经济计量模型预测虽然取得了一定的成功,但也不应忽视其本身的局限性,因为它的假设条件较多,主观判断可能出现的偏差和带偏差的数据资料往往会影响预测结果。

上述四种方法并不是绝对独立的,而是应根据具体情况综合采用,以提高预测的准确性。①

实践中这些预测方法并不令人十分满意,根据美国的一项研究,其预测值可能低估31.6%,或者高估40.6%。② 当然,不可否认,有时预测不够精确并不是预测方法本身的问题,比如政治因素或者自然因素等。为尽量减少预测偏差可能造成的负面影响,各国政府都建立了储备金制度,各国通常都留有5%的储备金。我国《预算法》第四十条规定:各级一般公共预算应当按照本级一般公共预算支出额的百分之一至百分之三设置预备费,用于当年预算执行中的自然灾害等突发事件处理增加的支出及其他难以预见的开支。

我国预算收支测算在很长一段时期内都以定性法为主,这主要受制于我国较低的预算管理水平和较差的预测能力。近年来,随着我国统计预测能力的提高,也开始逐步引入时间序列、回归分析、模型法等方法。虽然目前这些方法的应用还有很大的局限性,但是可以肯定,未来这些定量预测的方法将会成为我国重要的收支测算方法,并弥补定性法的不足,从而提高预测的准确性。

第五节 部门预算的编制

一、部门预算的含义与特征

(一)部门预算的含义

部门预算是由政府各职能部门依据国家有关法律法规及其履行职能需要编制,反映部门所有收入和支出情况的综合财政计划,是政府各职能部门履行职能和事业发展的物质基础。部门预算作为编制政府预算的一种制度和方法,由部门及其所属各单位预算综合而成,是编制政府财政总预算的基础。

部门预算是与市场经济体制相适应的现代政府预算管理模式,也是市场经济国家的通行做法。在一些发达国家,现代民主制度的一个重要体现就是部长责任制,即民选的政府部长要向议会承担政治责任。这一要求体现在政府预算中,就是各部部长需要就本部门的预算向立法机关承担受托责任,即通过编制、执行部门预算,确立公共资金管理的受托责任单位,因此,发达国家普遍实行部门预算。

由于一国一定时期的政策重点均要部署和体现在政府各具体职能部门中,如教育、医疗、社会保障等,所以,部门预算集中反映了一定时期政府工作的重点及各预算部门的工作任务,是预算管理的核心环节,也应该成为人大审查监督的重点。

(二)部门预算与总预算的关系

按照编制主体划分,我国预算可分为部门预算和财政总预算。部门预算由各预算部门编制,是财政总预算的基础;财政总预算由各级财政部门编制,是以各部门预算为基础的汇总和综合。但是,由于部门预算是综合预算,既包括财政拨款或补助形成的收支,又

---

① 〔美〕托马斯·D.林奇:《美国公共预算》,苟燕楠、董静译,中国财政经济出版社2002年版,第125页。
② 同上书,第127页。

包括部门按规定自行组织的收支,因此,这种汇总和综合并非简单的加总关系。预算编制应主要包括三个方面的内容,即单位预算编制、部门预算编制和总预算编制。

我国的政府预算构成在《预算法》中作了规定。《预算法》第三条规定:国家实行一级政府一级预算。又规定,全国预算由中央预算和地方预算组成。地方预算由各省、自治区、直辖市总预算组成。地方各级总预算由本级预算和汇总的下一级总预算组成。第五条规定:预算包括一般公共预算、政府性基金预算、国有资本经营预算、社会保险基金预算。第六条规定:中央一般公共预算包括中央各部门(含直属单位)的预算和中央对地方的税收返还、转移支付预算。第七条规定:地方各级一般公共预算包括本级各部门(含直属单位)的预算和税收返还、转移支付预算。第八条规定:各部门预算由本部门及其所属各单位预算组成。

(三) 部门预算的特征

(1) 从编制主体看,"部门"的资质要求限定在那些与财政直接发生经费领拨关系的一级预算单位或称主管预算单位。

(2) 从编制范围看,部门预算属于综合预算,它应该涵盖部门及所属单位所有的收入和支出。既包括一般公共预算收支、政府性基金收支,又包括部门组织的事业收支、经营收支以及其他收支等。

(3) 从支出角度看,部门预算应全面地反映一个部门及所属单位各项资金的使用方向和具体的使用内容。

(4) 从编制程序看,部门预算应是由基层预算单位开始编制,经逐级审核汇总形成的。单位预算是列入部门预算的国家机关、社会团体和其他单位的收支预算。

(5) 从细化程度看,部门预算的编制应既细化到具体预算单位和项目,又细化到按预算科目划分的各项具体支出。

(6) 从合法性看,部门预算必须在符合国家有关法律法规、政策制度的前提下按财政部门核定的预算控制数编制;需在经过法定程序后,由财政部门将预算批复到各部门,再由各部门逐级批复到基层预算单位。

可以看出,部门预算为硬化预算约束奠定了制度基础。

二、部门预算的原则

(一) 合法性原则

部门预算的编制要符合《预算法》和国家其他法律法规,根据法律赋予部门的职权范围编制预算。

(1) 收入要合法合规。税收收入要严格依法征收,组织政府性基金收入要符合国家法律法规的规定;行政事业性收费要按财政部、国家发展改革委核定的收费项目和标准测算等。

(2) 各项支出的安排要符合国家法律法规、有关政策的规定和开支标准,遵守现行的各项财务规章制度。支出预算要结合本部门的事业发展规划、职责和任务测算;对预算年度收支增减因素的预测要充分体现与国民经济和社会发展计划相一致,与经济增长速度相匹配;项目和投资支出方向要符合国家产业政策;支出的安排要体现厉行节约、反对浪

费、勤俭办事的方针；人员经费支出要严格执行国家的工资和社会保障的有关政策、规定及开支标准；日常公用经费支出要按国家、部门和单位规定的支出标准测算；部门预算需求不得超出法律赋予部门的职能。

（二）真实性原则

部门预算收支的预测必须以国家社会经济发展计划和履行部门职能需要为依据，对每一收支项目的数字指标应认真测算，力求各项收支数据真实准确。机构、编制、人员、资产等基础数据资料要按实际情况填报；各项收入预算要结合近几年实际取得的收入并考虑增收减收因素测算，不能随意夸大或隐瞒收入；支出要按规定的标准，结合近几年实际支出情况测算，不得随意虚增或虚列支出；各项收支要符合部门的实际情况，测算时要有真实可靠的依据，不能凭主观印象或人为提高开支标准编制预算。

（三）完整性原则

部门预算是全面反映政府部门所有收支活动的预算。部门预算编制时要体现综合预算的思想，各部门应将所有收入和支出全部纳入部门预算，全面、准确地反映部门各项收支情况。既包括财政部门的拨款和补助资金，也包括其他来源渠道及部门利用公共权力或提供公共服务取得的各种资金。因此，部门预算的编制内容，不仅包括一般公共预算收支，而且包括政府性基金预算收支等，就资金性质来说，不仅包括财政性资金，同时也包括部门组织的各种资金。

（四）科学性原则

部门预算编制要具有科学性，具体体现在：

（1）预算收入的预测和安排预算支出的方向要科学，要与国民经济和社会发展的状况相适应；

（2）预算编制的程序设置要科学，合理安排预算编制每个阶段的时间，既要以充裕的时间保证预算编制的质量，也要注重提高预算编制的效率；

（3）预算编制的方法要科学，测算的过程要有理有据；

（4）预算的核定要科学，基本支出预算定额要依照科学的方法制定，项目支出预算的编制要在以对项目绩效目标及项目实施条件评审为基础，以通过项目库管理进行科学的排序的前提下进行。

（五）稳妥性原则

部门预算的编制要做到稳妥可靠、量入为出、收支平衡，不得编制赤字预算。收入预算要留有余地，没有把握的收入项目和数额，不得列入预算；预算要先保证基本工资、离退休费和日常办公经费等基本支出，以免在预算执行过程中不断调整预算。项目预算的编制则要量力而行。

（六）重点性原则

部门预算编制要做到合理安排各项资金，本着"统筹兼顾、留有余地"的方针，在兼顾一般的同时，优先保证重点支出。根据重点性原则，要先保证基本支出，后安排项目支出；先重点项目和急需项目，后一般项目。基本支出是维持部门正常运转所必需的开支，如人员基本工资、国家规定的各种津贴补贴、离退休人员的离退休费,保证机构正常运转所必需的公用经费支出,以及完成部门职责任务所必需的其他支出,因此要优先安排预算,不能留有缺口;项目支出根据财力情况,按轻重缓急,优先安排党中央、国务院确定的事项及符合国民经济和社会发展计划的项目。

(七) 透明性原则

部门预算要体现公开、透明的原则,要通过建立完善科学的预算支出标准体系,实现预算分配的标准化、科学化,减少预算分配中的主观随意性,使预算分配更加规范、透明。主动接受人大、审计和社会监督,建立健全部门预算信息披露制度和公开反馈机制,推进部门预算公开。我国《预算法》第十四条第二款规定:"经本级政府财政部门批复的部门预算、决算及报表,应当在批复后二十日内由各部门向社会公开,并对部门预算、决算中机关运行经费的安排、使用情况等重要事项作出说明。"实践中,我国各级政府职能部门的部门预算已经公开,并且趋向全面细化。

(八) 绩效性原则

部门预算应树立绩效管理理念,健全绩效管理机制,对预算的编制、执行过程和完成结果实行全面的追踪问效,不断提高预算资金的使用效益。在项目申报阶段,要填报绩效目标和绩效指标,并进行充分的可行性论证,以保障项目确实必需、可行;在项目执行阶段,要建立严格的绩效监控制度,以对项目进程和资金使用情况进行监督,对阶段性成果进行评价;在项目完成阶段,项目单位要及时组织验收和总结,并形成绩效报告报送部门;部门要及时开展绩效评价工作并将绩效评价报告汇总报送财政部门。

三、部门预算编制的前提

(一) 确定部门预算编制的目标

部门预算编制必须按照建立公共财政体制的要求,通过继续深化部门预算管理改革,完善预算决策机制和预算管理制度,实现预算编制的科学化、规范化和透明化,提高预算管理水平,提高公共财政资金的使用效率和效益。在部门预算编制过程中,首先,必须平衡各项计划并确定各项计划的优先顺序,以确保部门预算符合政府的各项公共政策和事业发展目标;其次,部门预算必须选择符合公共资金性质的成本效益最高的方案;最后,通过部门预算编制探求提高政府管理效率的途径。因此,必须在部门预算编制过程中,建立各种预算控制和约束机制。

部门预算编制过程的主要目标是:在政府总体财政目标以及与政府总体财政目标相协调的支出水平基础上,明确部门预算的各项收入和支出政策,根据政府政策和总体财政目标决策配置公共财政资源,提高部门预算管理效率与绩效,其重点是部门预算编制的决策过程以及总支出控制和战略性资源配置的实现机制。

(二) 科学地进行部门预算决策

在设计部门预算时,需要提前作出各种必要的决策,但现实中,由于政治因素、外部环境以及信息不对称等原因,往往会使一定时期的短期决策在各种跨期目标选择前显得比较困难,结果会使部门预算决策过程的效率降低。如果对部门预算收入和支出预测不科

学,造成预算不实,就必然会导致支出调整、延迟或拖欠,一定程度上损害政府的信誉。虽然在部门预算执行过程中,通过预算追加、追减、调剂等临时性解决措施,能够缓解预算执行过程中的矛盾,但这些措施会导致公共财政稀缺资源的重新配置,一定程度上降低了部门预算的科学性和管理效率。

部门预算编制采用跨年度中期预算方法,则有利于建立政府政策和预算编制之间的有机联系,有助于年度政府部门预算编制的各项政策和要求提前作出,便于政府各部门在预算政策和制度框架范围内高效率地完成预算编制工作。所以,应建立中期管理框架,理顺预算编制权责。根据我国中期财政规划和部门改革发展需求,编制部门三年滚动规划,合理确定部门支出限额。各类规划中涉及财政资金支持的,要与部门三年滚动规划相衔接,增强预算约束力。

(三)需要预算需求方与供给方的协同

编制部门预算涉及部门大量的预算需求,与有限的政府公共财政资源分配之间会出现许多矛盾。因此,必须取得政府管理者强有力的支持,必须对政府部门采取严格的控制措施,必须按预算程序办事,从单纯的提出预算需求,向在可能的基础上提出预算需求,向明确支出责任及提高绩效方面转变。年度部门预算编制必须在良好的宏观经济框架内,按照"自下而上或自上而下,两上两下"的方法设计:"自上而下"就是政府确定可用公共财政资源总额,制定符合部门预算政策和支出控制措施,明确具体的部门预算编制方法,以及相应的技术、报表手段并实施培训;"自下而上"就是政府部门按照预算政策、支出控制措施以及相应的编制技术,在部门预算控制限额内,具体编制本部门详细的收入和支出计划。通过政府各部门与财政部门反复协调,确定政府部门总体的支出计划。

四、部门收入预算的编制

(一)部门预算收入的内容

部门预算收入是部门编制年度预算时,预计在预算编制周期内从各种渠道依法取得的各类收入的总称,是部门履行职能、完成各项工作任务的财力保障。主要包括:上年结转、财政拨款收入、上级补助收入、事业收入、事业单位经营收入、下级单位上缴收入、其他收入、用事业基金弥补收支差额等。

(1)上年结转。指以前年度安排、预计结转到本年度使用的资金,包括财政拨款结转资金、教育收费和其他资金的结转资金情况。

(2)财政拨款收入。指由财政拨款形成的部门收入,不包括非本级财政拨款收入以及预计年度执行中从其他部门接收到的财政拨款收入。按现行管理制度,部门预算中反映的财政拨款一般包括公共财政预算财政拨款收入和政府性基金预算财政拨款收入。财政拨款收入由财政部门根据预算部门的基本支出预算、项目支出预算以及各方面收入来源情况,综合核定对某一单位的年度财政拨款额。

(3)上级补助收入。指预算单位从主管部门或上级单位取得的非财政拨款补助收入。

(4)事业收入。指事业单位开展专业业务活动及辅助活动取得的收入,包括教育费收入等。

（5）事业单位经营收入。指事业单位在专业业务活动及辅助活动之外开展非独立核算经营活动取得的收入。事业单位的经营收入必须具备以下两个特征：一是经营活动取得的收入，而不是专业业务活动及其辅助活动取得的收入；二是取得的经营收入是非独立核算的。

（6）下级单位上缴收入。指本单位所属下级单位（包含独立核算和非独立核算的，相关支出纳入和未纳入部门预算的下级单位）上缴给本单位的收入（包括下级事业单位上缴的事业收入、其他收入和下级企业单位上缴的利润等）。

（7）其他收入。除上述收入以外的各项收入，主要包括非本级财政事业单位的投资收益等收入。

（8）用事业基金弥补收支差额。指预计用事业基金弥补本年度收支差额的数额。只有事业单位预计收入小于支出时，才可以用事业基金弥补收支差额。

（二）部门收入预算编制

1. 部门收入预算编制的总体要求

部门在预测收入预算时，应本着科学、合理的原则，遵循项目合法合规、内容全面完整、数字真实准确的总体要求，充分、合理地预计部门各项收入，依法、准确、真实、完整地编制收入预算。

（1）项目合法合规。部门的各项收入必须是预计依法取得的各项收入。

（2）内容全面完整。部门收入预算的收入项目较多，资金来源各有不同，部门在报预算时应做到全面反映、完整填报，对单位预计取得的各项收入进行全面反映，不应在部门预算之外保留其他收入项目。

（3）数字真实准确。部门预算收入的预测必须以国家社会经济发展计划和履行部门职能的需要为依据，同时结合近几年实际取得的收入并考虑增收减收因素测算，不能随意夸大或隐瞒收入，力求各项收入项目预算数据真实准确。

2. 部门收入预算的测算依据

部门在进行收入预算测算时要根据部门的发展规划、行使职能的需要，对各项需求和资金来源进行认真测算和分析。

（1）明确预算目标。各部门要依据国家的中长期发展计划和本部门的职责，提出工作重点、任务，列出部门需要安排的重要事项，建立起各部门的年度预算目标。

（2）收集相关资料。部门财政拨款收入的测算要在占有大量信息的基础上进行，部门应全面收集与编制本部门预算相关的信息资料，如部门资产数量、资产分布状况，部门财务状况，财政、货币政策，经济增长速度，财政对部门的财政拨款需求的满足程度，等等。

（3）分析、归集部门预算需求。一方面，要对收集的有关部门预算的各类资料进行深入分析，确保数据、信息的真实准确；另一方面，要对收集的信息、资料进行归类汇总，形成部门完整的决策信息。

（4）测算部门预算需求。根据财政部门有关文件的规定，对部门预算需求应分为两个部分进行测算。一部分是基本支出。该项支出是以定员定额方式确定的，定员定额水平由财政部门根据当年国家的财政状况确定。因此，各部门应集中力量做好人员基础数据的整理工作，如人员数量、结构（编制内、编制外、行政、事业）等。另一部分是项目支出。该项支出是根据部门履行行政职能的实际需要确定的,各部门要根据本部门事业发展规划、国民经济发展计划以及财政的承受能力合理测算项目预算。

五、部门支出预算的编制

(一) 部门支出预算的内容

部门支出预算主要分为基本支出和项目支出。

1. 基本支出

基本支出是为保障行政事业单位正常运转、完成日常工作任务所必需的开支而编制的年度支出计划。具体包括人员经费和日常公用经费。

(1) 人员经费主要指维持机构正常运转且可归集到个人的各项支出。主要包括基本工资、津补贴及奖金、社会保障缴费、离退休费、助学金、医疗费、住房补贴和其他人员经费等项目。

(2) 公用经费主要指维持机构正常运转但不能归集到个人的各项支出。日常公用经费主要包括办公及印刷费、水电费、办公用房取暖费、办公用房物业管理费、公务用车运行维护费、差旅费、日常维修费、会议费、专用材料费、一般购置费、福利费和其他费用等项目。在支出经济分类科目中体现为"商品和服务支出""其他资本性支出"等。

2. 项目支出

项目支出是部门为完成其特定的行政工作任务或事业发展目标而安排的支出。主要包括基本建设、有关事业发展专项计划、专项业务费、大型修缮项目、大型购置项目、大型会议项目等。

(二) 部门支出预算的编制

1. 基本支出预算编制

(1) 基本支出预算编制原则:

第一,综合预算原则。在编制基本支出预算时,各部门要将当年财政拨款和以前年度结转和结余资金、其他资金,包括单位财政补助收入、非税收入和其他收入等,全部纳入部门预算,统筹考虑和合理安排。

第二,优先保障原则。各部门要根据财力可能,结合单位的行政事业工作任务需要,合理安排各项资金。首先要保障单位基本支出的合理需要,以维持行政事业单位日常工作的正常运转,履行基本职能。在此基础上,本着"有多少钱办多少事"的原则,安排各项事业发展所需的项目支出。

第三,定员定额管理原则。基本支出预算实行以定员定额为主的管理方式,同时结合部门资产占有情况,通过建立实务费用定额标准,实现资产管理与定额管理相结合。对于基本支出中没有财政拨款的事业单位,其基本支出预算可以按照国家财务规章制度的规定和部门预算编制的有关要求,结合单位的收支情况,采取其他方式合理安排。

(2) 基本支出预算编制基础——定员定额制度。部门预算改革前,基本支出采取基数加增长的方法核定,目前基本采用定员定额管理方式。

第一,定员。是指根据行政事业单位的规模或工作量,对人员编制或定员比例规定人员指标额度。确定定员时需要考虑很多因素,对行政单位而言,要根据机构精简的原则和各地的经济情况、人口多少、区域大小以及行政任务的需要确定人员编制;对事业单位而言,或者根据工作任务的繁简、机构规模和级别来定员,或者根据定员比例来确定(如学校可根据师生比例来决定教职工的编制)。

第二,定额。是指国家根据行政事业单位的工作性质及特点对行政事业单位在一定时期内有关人力、物力、财力的补偿,以及消耗或利用方面所规定的各种经济额度。定额的形式包括:

一是实物定额和货币定额。实物定额是指按照实物数量规定定额,如每个学生应该配备的教学设备等。这种定额形式的优点在于能够保证不同区域的对象享受大体相同的财政支持,而且还不受通货膨胀因素的影响。货币定额是指以货币数量规定定额,如每个学生的助学金定额为多少元等。这种定额形式虽然简便易行,但容易导致不同地区的对象所享受到的财政支持不同,不符合财政的均等化原则。

二是单项定额和综合定额。单项定额是对某一项具体支出规定定额,如助学金定额、工资定额等。综合定额是把若干个单项定额合并为一个包括多项内容的定额,如医院门诊收入定额,其中包括药品收入、各医疗项目收入等。通常来讲,凡是经常性的开支项目都要实行单项定额;对无法细化成单项定额的支出项目可核定其综合定额。

三是支出定额和财政补助定额。目前,基本支出的定员定额标准由"双定额"构成,即支出定额和财政补助定额。支出定额是指财政部按人或物核定的部门、单位总体或某个定额项目的大口径支出标准,如核定某单位在职职工人均支出水平每年6万元,则人均6万元即为支出定额;财政补助定额是财政部对与其有预算缴拨款关系的部门、单位按人或物核定的财政补助标准,是为了保证财政预算分配的公平而制定的分配标准,如财政部按某单位在职职工人均补助每年1万元,则人均1万元即为财政补助定额。目前行政单位的支出定额和财政补助定额是一致的,因为行政单位除财政补助收入外,基本没有其他收入来源;而大部分事业单位由于有一定的收入来源,因此事业单位适用"双定额"。

(3)基本支出预算的测算。基本支出预算的测算主要是在部门预算的"一上"到"一下"之间,具体包括定额标准制定、人员数据核实、控制数测算和控制数下达四个阶段:

第一,制定定额标准。财政部门根据规范的程序和方法,分别制定行政、事业单位和参公基本支出定额标准。

第二,审核基础数据。财政部门根据各单位报送的人员基本情况进行整理,提取出测算基本支出所需的人员数据,并对人员数据及有关情况进行审核。

第三,预算控制数测算。财政部门根据定额标准和核实的单位人员情况,结合部门基本支出结转情况,测算形成各部门的基本支出预算控制数或财政拨款补助数。

第四,控制数下达。财政部门按照预算编制规程,在规定时间内,将定额标准和按定额标准计算形成的基本支出预算控制数或财政拨款补助数下达给部门或单位。

(4)基本支出预算的调整。各部门在财政部门下达的基本支出控制数额或财政拨款补助数额内,根据本部门的实际情况和国家有关政策、制度规定的开支范围及开支标准,在人员经费和日常公用经费各自的支出经济分类之间,自主调整编制本部门的基本支出预算,并在规定时间内报送财政部门。应注意的是,基本支出自主调整的范围仅限于人员经费经济分类"款"级科目之间或日常公用经费支出经济分类"款"级科目之间的必要调剂,人员经费和日常公用经费之间不得自主调整。

2. 项目支出预算编制

(1) 项目支出预算的特征:

第一,专用性。项目支出预算的专项性根植于预算与业务结合之中。预算围绕项目,项目围绕特定目标,项目预算是为完成特定工作任务而编制的经费支出计划,针对不同目标或任务应分别设立项目。

第二,独立性。每个项目支出预算应有其支出的明确范围,项目之间支出不交叉,项目支出与基本支出之间也不能交叉,如果出现交叉则说明项目目标或任务有重叠,项目边界不清,设置不合理。

第三,完整性。项目支出预算应包括完成特定目标或任务所涉及的全部经费支出,应避免将为一个目标或任务而发生的支出拆解分散到多个项目支出中去。

(2) 项目支出预算原则:

第一,综合预算的原则。通常,项目所需的预算资金数额较大,因此,对项目支出要根据政府的政策目标、财力程度、部门事业发展需要和紧迫程度,统筹考虑各种资金、当年财政拨款和以前年度结余资金,编制综合项目预算。

第二,科学论证、合理排序的原则。项目的设立要体现公共支出的需求,符合公共需要的才能列入项目库。由于项目实行项目库的管理办法,因此,在一个新项目进入项目库前,要在对申报项目进行充分的可行性论证和严格审核的基础上,按照轻重缓急进行排序,并结合财力状况,优先安排急需、可行的项目。

第三,追踪问效的原则。项目支出要讲求经济效益和社会效益。因此,编制项目预算时,要坚持绩效原则,考核项目的成本、效益等因素,并据此作为排序的标准之一。财政部门和各部门对财政预算安排的项目的实施过程及其完成结果要进行绩效考评,追踪问效。

(3) 项目支出预算管理。为适应政府预算要从单纯的控制收支的工具向更加注重预算作为一种管理工具的转变,项目预算要由以往的"条目预算"制向"项目预算"制转变,主要目标是由传统的强调投入分配和支出保障功能,转向实现政府主要职能和中长期公共政策目标,突出预算的规划功能,发挥预算作为政策实施工具的作用。同时,促使各部门改善内部管理,转变行为方式,以更有效的方法和途径履行部门职责。

第一,项目设置规则。项目设置要更加规范合理,要反映部门主要职责并具备可执行性,在保障运行维护合理需要的前提下,更加突出重点,聚集国家的重大改革、重要政策和重点项目,有效避免项目间和年度交叉重复。

第二,项目管理方式。实施项目分级管理,将部门的具体项目按照部门职责、行业或领域规划、项目内容等归集,形成若干个相对稳定的支出项目。具体分为一级项目和二级项目两个层次。项目分类客观反映项目本质特征,采取有针对性的管理方式,并按轻重缓急安排预算。

一是一级项目明细到支出功能分类的款级科目,按照部门主要职责设立并由部门作为项目实施主体,每个一级项目包含若干二级项目。一级项目要有明确的名称、实施内容、支出范围和总体绩效目标,项目数量要严格控制,项目名称、实施内容和支出范围等在年度间要保持相对稳定。

二是二级项目包括在现有项目基础上规范整合而成的项目和新设立的项目,立项单位为项目实施主体。二级项目的设立,要与对应的一级项目相匹配,有充分的立项依据、具体的支出内容、明确合理的绩效目标。二级项目明细到支出功能分类的项级科目,年初部门预算按二级项目批复。

第三,项目规范分类:

一是按照使用范围,部门一级项目分为通用项目和专用项目。通用项目,指根据部门的共性项目设立并由各部门共同使用的一级项目。通用项目由财政部门根据管理需要统一设立。专用项目指部门根据履行职能的需要自行设立和使用的一级项目。专用项目由部门提出建议,报财政部门核准后设立。

二是按照项目的重要性,二级项目划分为重大改革发展项目、专项业务费项目和其他项目三类。其中,重大改革发展项目,指党中央、国务院文件明确规定中央财政给予支持的改革发展项目,以及其他必须由中央财政保障的重大支出项目等;专项业务费项目,指部门为履行职能,开展专项业务而持续、长期发生的支出项目,如大型设施、大型设备运行费,执法办案费,经常性监管、监测、审查经费,以及国际组织会费、捐款及维和支出等;其他项目,指除上述两类项目之外,部门为完成特定任务需安排的支出项目。基本建设项目统一列为其他项目。

第四,加强项目库管理。进一步坐实项目库,将项目统一纳入项目库管理,做好项目储备,入库项目必须在前期政策研究的基础上形成,具备明确的实施期限、分年度预算、绩效目标和评价机制,实现项目全周期滚动管理:

一是项目库是预算支出管理的一项重要制度,是对财政预算支出进行规范化、程序化管理的数据库系统。理论上政府所有的预算项目都应纳入项目库管理,列入预算安排的项目必须从项目库中选取。项目库应当包含当前年度和未来几个年度内的所有支出项目。入库项目的设置须科学规范,能够集中反映部门的主要职责,具备可执行性,在保障运行维护合理需要的前提下,要重点突出,聚焦国家的重大改革、重要政策和重点项目,同时还应避免交叉重复。

二是项目库备选项目选取的主体为政府各个部门,由政府各部门依照国家相关战略、政策优先方向、部门职能及部门长期和年度工作重点提出,然后根据项目的优先顺序和轻重缓急,结合部门相关年度财政资金情况,经过筛选而定。项目库备选项目需严格遵循相关的审查程序,提交填写规范的项目申报文本,包括立项依据、实施主体、支出范围、实施周期、预算需求、绩效目标、可行性论证等内容,以作为项目筛选的依据。通过筛选的项目即可成为项目库的备选项目,参加对项目库项目的正式评定。

第五,项目的审核及申报:

一是部门审核和评审程序。① 审核和评审的程序。部门内部的项目审核和评审程序,由部门自行确定。部门应结合部门内部的预算分配机制,对审核和评审程序进行设计。预算审核可以采取逐级审核、分级审核或部门集中审核等方式。② 审核和评审的内容。部门审核和评审的内容主要包括完整性、必要性、可行性和合理性等方面。对应纳入评审范围的项目,评审的结果是项目审核信息的必要组成部分。③ 审核和评审中的项目调整。部门内部审核和评审过程中,如需调整,可以由下级单位调整后重新上报,也可以由上级单位直接进行调整。项目的相关信息,最终以部门审核同意为准。④ 项目排序。部门要对一级项目下的二级项目进行优先排序。排序将作为预算和规划安排的重要参考因素。

二是项目支出预算及项目库的申报。① 项目支出预算的申报。按照财政部门要求的分年度项目支出控制规模,部门根据项目的优先排序情况,将项目列入预算和规划中,向财政部门申报预算。② 项目库的申报。按照财政部门要求的分年度项目库控制规模(略高于年度项目支出规模),部门根据项目的优先排序情况,向财政部门申报项目。项目库的申报与项目支出预算的申报同步进行。申报的项目库中包含列入预算和规划的全部项目,其他未列入预算和规划的项目,根据优先排序情况选择申报。

第六,项目的评审与评价:

一是预算评审是完善预算编制流程、提高预算准确性的重要措施。要通过开展评审工作,建立健全预算评审机制,将预算评审实质性地嵌入部门预算管理流程。① 部门组织项目评审,并逐步实现评审范围的全覆盖,进入项目库的项目原则上要经过评审。② 财政部门每年有计划地选择一部分重点项目进行再评审。项目评审的内容主要包括:项目实施的必要性、项目实施的可行性、项目的绩效目标、财政支持范围和方式、项目的预算。

二是项目绩效评价,根据评价结果调整以后年度的项目预算安排。

第七,与中期财政规划相衔接。要推进部门、行业规划项目化,提高规划的可实施性。同时,部门、行业规划确定的项目要与三年滚动财政规划相衔接,在财政规划确定的额度内合理安排项目实施节奏和力度,增强中期财政规划约束力。

部门预算是综合预算,因此,部门预算在财力分配上要统筹考虑部门的各项资金,即财政预算内拨款、财政专户核拨资金和其他收入统一作为部门预算收入,财政部门核定的部门支出需求,先由财政专户核拨资金和部门其他收入予以安排,不足部分再考虑财政预算内拨款。

(见附录2:2016年中央部门预算表;附录3:2016年中央部门预算附表;附录4:三年滚动规划表)

六、部门预算的编制程序

一般来说,部门预算的编制程序是"两上两下",即预算部门两次将预算草案上报给财政部门,财政部门又两次返回预算的过程。

(一)"一上":部门编报预算建议数

本阶段,各预算单位应按照有关预算编制要求提出预算建议数,并提供与预算需求相关的基础数据和相关资料,主要是涉及基本支出核定相关的编制人数和实有人数、增人增支的文件、必保项目的文件等,然后层层审核汇总,由一级预算单位审核汇编成部门预算建议数,上报财政部门。

(二)"一下":财政部门下达预算控制数

本阶段,财政部门各业务主管机构对部门上报的预算建议数进行初审,再由预算部门审核、平衡,在财政部门内部按照规定的工作程序反复协商和沟通,最后由预算部门汇总成本级预算初步方案报本级政府,经批准后向各部门下达预算控制限额。

(三)"二上":部门上报预算

本阶段,部门根据财政部门下达的预算控制限额,编制部门预算草案上报财政部门。

(四)"二下":财政部门批复预算

本阶段,财政部门根据本级人民代表大会批准的预算草案批复部门预算。

其具体工作程序可由图4-1来表示。

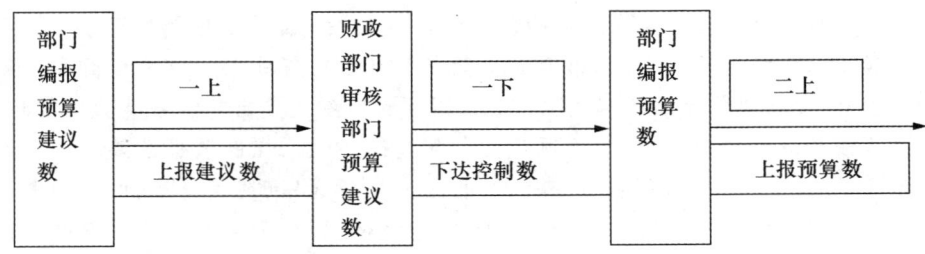

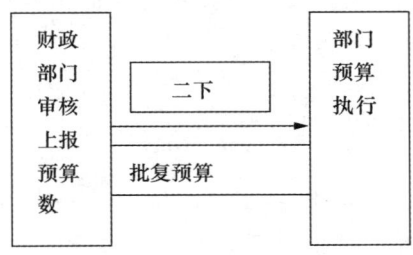

图 4-1 部门预算流程图

| 专栏4-4 | 我国部门预算的编制程序 |

我国从2000年实行部门预算改革开始,规范管理程序就一直是部门预算改革的主要内容之一。这种程序的规范不仅体现在职责分工的重新界定明确上,也体现在预算管理时间节点的统一规范上;不仅体现在职能部门和财政部门在预算管理中的职责分工上,也体现在职能部门和财政部门内部不同业务部门在预算管理中的职责分工上。根据《预算法》,按照《国务院关于深化预算管理制度改革的决定》(国发〔2014〕45号)和《国务院关于实行中期财政规划管理的意见》(国发〔2015〕3号)等文件精神,在中期财政规划和预算编制这一框架中,部门预算的编制程序为:

(一)部门三年支出规划的编制程序及要求

部门编制部门预算,对一般公共预算和政府性基金预算拨款收入均应编制三年滚动支出规划,与预算年度(三年滚动规划中的第一年,下同)的部门预算同步进行,基本程序是：

1. 基本支出测算

"一上"时不编报基本支出规划。"二上"时，部门编制的基本支出规划分年数与预算年度基本支出预算数应保持一致。涉及三年滚动规划中的后两年基本支出的重大调整政策，由财政部门测算并编入规划。如因人员、编制或机构变化，需调整后两年规划的，待编制相关年度预算时调整。

2. 项目储备

根据财政部门核准下发的一级项目（按照部门主要职责设立并由部门作为项目实施主体。一级项目明细到支出功能分类的款级科目。每个一级项目包含若干二级项目），部门组织所属单位编报二级项目（二级项目包括在现有项目基础上规范整合而成的项目和新设立的项目，立项单位为项目实施主体。二级项目明细到支出功能分类的项级科目，年初部门预算按二级项目批复）。二级项目要加强规范、整合，控制项目数量。所有入库项目都要设置绩效目标。要加强项目审核，并按要求进行评审，通过审核、评审的方可作为备选项目。部门要做好项目储备、支撑规划和预算编制。政府性基金预算参照一般公共预算项目管理。

3. 项目评审

部门向财政部门申报的项目库中，属于评审范围的，部门应按照规定的比例组织评审。对暂未开展预算评审的项目，部门也要按照要求加强审核。

4. 项目支出测算

部门根据轻重缓急，对备选项目进行排序，择优编制项目支出规划。

5. 部门报送规划

部门报送"一上"支出规划时，要将对应年度的项目库一并报财政部门。项目库中三年滚动规划的各年度规模分别不得超过规定的对应年度项目支出规划的一定比例（如110%、120%和130%）。财政部门对项目进行审核，通过审核的纳入财政部门项目库；需要调整的，由部门调整后重新上报；不符合政策规定的，明确为不予安排的项目，不得列入规划和预算。

6. 财政部门审核控制数

财政部门根据中期财政规划、财政政策、部门需求等进行综合平衡，核定下达部门三年支出控制数，明确一级项目和部分重点二级项目的分年控制数。

7. 规划调整与下达

部门根据控制数调整编制三年支出规划报财政部，各年度支出总额不得调整。在一级项目控制数规模内，部门可增减替换二级项目，增加的项目必须是已纳入财政部门项目库的项目。部门如需在一级项目之间进行调整，或对控制数中已明确的二级项目预算进行调整，应报财政部门批准。

财政部门审核汇总部门的三年支出规划，按程序报批后，分解下达给部门。

（二）部门预算编制程序及要求

1. "一上"预算编报

（1）填报基础信息数据库。部门按要求填报基础信息数据库，对预算年度人员编制、实有人数、机构设置等情况较上年发生变化的,要说明原因并提供证明文件。

(2) 填报规范津贴补贴经费测算相关数据。

(3) 对备选项目进行排序,择优编报项目支出预算。

(4) 充分预计项目支出结转资金。

(5) 报送项目支出定额标准建设情况。

(6) 确定绩效评价试点内容。

(7) 编制新增资产配置预算。

(8) 填报部门职能和机构设置等材料。

(9) 配合专员办预算监管工作。

2. 核定"一下"预算控制数

财政部门根据中期财政规划、部门三年滚动规划、部门需求等,综合平衡后,核定下达部门财政拨款预算控制数。其中,基本支出控制数明确到功能分类项级科目,项目支出控制数明确到一级项目和部分重点二级项目。

3. "二上"预算编报

(1) 预测收入与填报绩效目标。部门要充分、合理地预计部门各项收入,真实、完整地反映各项支出。纳入部门整体支出绩效目标管理试点的部门,要按要求填报部门整体绩效目标。

(2) 编制全口径基本支出预算。编制包含财政拨款和非财政拨款在内的全口径基本支出预算。基本支出预算编制到经济分类款级科目。财政拨款安排的基本支出严格按照财政部门下达的"一下"控制数编制。

(3) 编制项目支出预算。

(4) 真实反映结转资金。

(5) 填报住房改革支出预算。

(6) 关于"三公"经费安排。

(7) 编制政府采购预算。

(8) 填报"政府购买服务支出表"。

(9) 关于国库执行重点项目。

(10) 关于年初预算到位率。

资料来源:根据财政部文件归纳。

第六节 财政总预算的编制

各级部门预算编制完成后,要交由本级财政部门统一进行汇编。各级财政部门以各所属部门预算为基础,加上财政部门自身掌握的有关收支编制的综合反映某一级政府收支计划的预算称为总预算。按照行政级别,总预算又可分为由财政部汇编的中央预算和地方总预算,以及由地方各级财政部门汇编的本级地方总预算。

按照目前的预算体系,财政总预算一般包括一般公共预算、政府性基金预算、国有资本经营预算、社会保险基金预算四本预算。实践中则根据不同层级预算收支的构成而有所差别。

全国预算由中央预算和地方预算组成。地方预算由各省、自治区、直辖市总预算组成。

地方各级总预算由本级预算和汇总的下一级总预算组成。下一级只有本级预算的,下一级总预算即指下一级的本级预算。没有下一级预算的,总预算即指本级预算。

一、中央政府预算的编制

中央政府预算是经法定程序批准的中央政府的财政收支计划。

按照《预算法》的规定,中央一般公共预算包括中央各部门(含直属单位)的预算和中央对地方的税收返还、转移支付预算。

中央一般公共预算收入包括中央本级收入和地方向中央的上解收入。中央一般公共预算支出包括中央本级支出、中央对地方的税收返还和转移支付。

中央预算所组织的收入主要用于保证国家安全、外交和中央国家机关运转所需经费,调整国民经济结构、协调地区发展、实施宏观调控所必需的支出,以及中央直接管理的事业发展支出,如国防支出、外交和援外支出、中央级科学、教育、文化、卫生和中央级行政管理费支出等。

二、地方政府预算的编制

地方政府预算是经法定程序批准的各级地方政府的财政收支计划。按照《预算法》的规定,地方各级一般公共预算包括本级各部门(含直属单位,下同)的预算和税收返还、转移支付预算。

地方各级一般公共预算收入包括地方本级收入、上级政府对本级政府的税收返还和转移支付、下级政府的上解收入。地方各级一般公共预算支出包括地方本级支出、对上级政府的上解支出、对下级政府的税收返还和转移支付。

根据当前我国政府预算管理体制,地方预算收入主要来源于地方税、中央和地方共享收入中的分成收入以及上级政府的返还和补助、地方政府所属企业的上缴利润等。地方预算支出主要是承担本地区政权机关运转所需支出及本地区经济、事业发展所需支出。地方预算草案由地方各级政府财政部门具体编制,经本级政府审定后,提请本级人民代表大会审查批准。同时,财政部汇总地方预算草案,提请全国人民代表大会审查。县级以上财政部门除编制本级预算草案外,仍要审核汇总本级政府所辖行政区域总预算草案,即将本级政府预算与下一级政府总预算汇总,经本级政府审定后,报上级政府以便汇总,同时提请本级人民代表大会审议。

财政部门在汇编中央或地方预算草案时,并不是简单地将各部门预算中的收支数额进行汇总,而是根据预算汇编的口径和预算管理办法,把同中央或地方预算有缴款、拨款关系的预算数字汇总编制。此外,还要把财政部门直接掌握的收支,如债务收入和债务支出、总预备费等一并编制,经过审核、汇总和综合平衡后,编制成中央或地方预算草案。

三、全国总预算的编制

财政部将中央预算、各省级财政总预算进行审核和汇编后即形成全国总预算,并编制政府预算说明书,报国务院审核和全国人民代表大会审议。

(见附录1:2015年全国收支预算表)

本章小结

政府预算需要依据国家法律法规、宏观政策以及国民经济和社会发展计划及财政规划,在年度限额内进行编制。

在现代信息技术条件下,政府机构分配和管理预算资金的方式,即政府预算编制模式,根据不同的预算管理要求,也逐步多样化。

预算的完整性要求实施全口径预算管理。我国目前的预算体系包括一般公共预算、政府性基金预算、国有资本经营预算、社会保险基金预算。

收支测算是编制政府预算的基础,直接决定着编制与审批的质量。国际上通行的测算方法可分为定性法、时间序列法、因果法、模型法等。

部门预算是综合预算,较传统的预算编制方法有很大的进步,其编制程序可概括为"两上两下"。部门的预算支出分为基本支出和项目支出两部分,前者按照定员定额制度进行管理,后者则主要按照项目库管理办法进行管理。

各部门编制预算后,由各级财政部门编制总预算。财政部汇编的中央预算和地方预算构成了完整的国家预算草案。

思考题

1. 预算编制的依据有哪些?
2. 政府预算编制的模式有哪些?应该根据什么来确定使用哪种编制模式?
3. 预算体系是如何构成的?
4. 中期财政规划的内涵及实施。
5. 跨年度平衡机制的内涵及实施。
6. 什么是国债余额管理?国债余额管理制度有哪些优点?
7. 预算收支测算的一般方法有哪些?
8. 什么是部门预算?其内涵、特征及编制原则如何?
9. 什么是部门预算中的基本支出和项目支出?如何对它们进行管理?
10. 总预算如何编制?

21世纪经济与管理规划教材
财政学系列

第五章

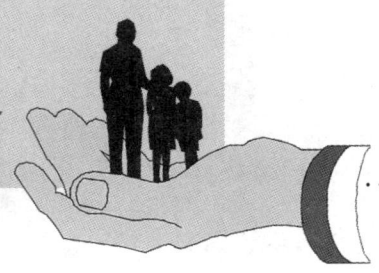

政府预算的审查与批准

【学习目标】

本章介绍了政府预算审查和批准的相关理论与实践。通过本章的学习,理解预算审批的意义和主体,了解国外政府预算审批的流程和特点,掌握预算审批的权限和类型,掌握预算审批的内容和流程,思考我国预算审批中存在的问题和改进对策。

第一节 政府预算审查批准概述

预算审查批准(以下简称预算审批)是指预算在具有法律效力之前相关部门(主要是财政部门)对预算草案进行的审查以及在此基础上立法机关对预算草案进行审查和批准的过程。立法机关的审批使得预算成为具有法律效力的预算,因此本章侧重于介绍立法机关对预算的审批。

一、预算审批的意义

(一) 增强科学性和统筹性

由于国家的财政资源非常有限,因此在一定的财政年度内应该将资源进行最优配置,而政府预算作为综合性的财政收支计划,必须从宏观上进行统筹规划。财政部门作为一国财政资金的管理者,其对财政政策和资金状况的信息掌握程度是相对比较全面充分的。但在现实中对各支出部门具体编报预算情况的信息掌握程度还存在一定的信息不对称状况。各支出部门在编制预算草案时会在某种程度上具有超出实际需要多编预算的风险动机,但这并不影响财政部门对整体财政资金的掌控程度。比如,财政部门通过定员定额标准体系就能在很大程度上约束各部门的基本支出,使各个部门不能随意地多编预算,财政部门可以根据一定时期的政策支持重点、同档次单位之间的差异和不同档次单位之间的相同点审查出支出部门预算的合理规模及支出结构。同样的道理,立法机关在审查预算时,也会出于公共利益考虑在很大程度上提高预算的科学性和统筹性。

(二) 赋予政府预算法律效力

按照公共财政和委托代理理论,政府是接受公众委托代理行使预算权,而作为委托人的公众是否认可代理人的行为,就需要通过预算审批环节进行确认。实践中通常由公众选举出的立法机关代表他们行使预算审批权。

我国立法机关是各级人民代表大会,人民代表大会代表社会全体共同的利益。政府预算在经过部门编制和财政部门审查之后,须交由各级人民代表大会进行审查和批准,经过人民代表大会审查、修改和批准后的政府预算代表了全体社会成员对政府预算安排的认可。同时,因为人民代表大会是立法机关,由其审查、修改和批准后,预算就有了法律严肃性,从而能够保证政府预算得到顺利实施。

因此,一个法治社会应当"尽快建立起一个能够最大化体现公众意志的预算制度,确立以公共决策决定政府收支的程序与机制,有效地控制财政的规范运行"。只有当政府每花一分钱都必须经过预算审批时,才能表明政府的"钱袋子"掌握在人民手中,也只有发展到这一步,才能真正实现法治国家原则。[①]

(三) 提高预算的公开性和透明度

在大部分国家,预算一旦经过立法机关审批程序并获通过后,就要向社会公开。一般

[①] 汤洁茵:《纳税人看得见的法治(之四)——预算审批权的规范与运作》,财新网,2014年9月19日,http://opinion.caixin.com/2014-09-19/100730730.html。

地,在预算审批阶段,预算草案只是对立法机关公开或部分向公众公开,其公开的范围与程度比较有限,而预算经过审批后则要将整个预算文件向社会公开,政府预算的公开性正是现代预算的本质要求,有利于社会公众对政府的收支计划有详细的了解,继而实现其知情权以及监督权。

（四）强化对政府行为的约束和监督

（1）立法机关与政府之间。如果说预算是政府向公众和立法机关解除受托责任的途径,那么预算审批就是这个途径中的关键环节。从某种程度上讲,立法机关审批预算并不是其目的,而是一种改进整个政府行政管理组织的非常重要的手段。因为如果缺乏资金支持,任何权力都将无法获得行使,所以财政资金的充裕与否将直接决定政府决策及其执行效果。因此,预算审批不仅是对财政资金的技术性审查,更是对行政机关国家治理事务的年度审批。可以说,立法仅仅确立了国家机关行使权力的可能性,而预算审批才足以确保任何权力行使的可行性。立法机关通过对行使权力所需用度的掌控,重新限制行政权力行使的范围。通过将权力限制在适当的范围以及将权力公开分配到特定的部门,产生权力限制的效果。

（2）社会公众与政府之间。预算审批不仅能够实现对政府权力的约束,而且还是完善代议制民主的重要工具和途径。在民主选举制度下,公民以选票实现对国家事务的选择。然而,如果"关于政府活动结果的公共信息缺乏,对政府的公开控制就是盲目的、摸索中的"。此时,即使赋予公民广泛而完整的选举权,对民主的实现也无任何助益。

预算作为政府的财政收支计划,在其议案中表明政府行为和职能的事先计划与安排,揭示每一个部门及其官员的责任和支出。因此,预算及其执行结果的审批过程实际上是向公民提供与政府执政行为相关的可信赖的必要信息,使其可以通过预算文件来了解政府。在此前提下,公民与政府之间的联系可以有所加强,公民也因此可以更为有效地通过投票对政府的行为予以监督,从而促使政府对其所管理的事务更加负责任。因此,预算制度的完善可以在政治生活中将预算作为联系公民与国家之间的新途径,从而成为加强代议制民主的工具和手段。①

二、预算审批的主体

立法机关是审查和批准政府预算的主体。

（一）国际视野的预算审批主体

由于各国政体不同,立法机关的名称和结构也不相同,通常可将立法机关分为两种类型:一院制和两院制。

在实行一院制的国家中,政府预算直接由其批准,属于这种类型的国家包括瑞典、荷兰、西班牙、丹麦等。

在实行两院制的国家中,大部分国家议会的两院都有批准政府预算的权力。一般地

---

① 汤洁茵:《纳税人看得见的法治（之四）——预算审批权的规范与运作》,财新网,2014年9月19日,http://opinion.caixin.com/2014-09-19/100730730.html。

说,两院中的下议院(或众议院)在预算的批准上拥有比上议院(或参议院)更大的权力,往往拥有预算先议权和最后批准权,属于这种情况的有美国、法国、意大利、日本等国。但在另一些国家中,只有下议院才有批准政府预算的权力,上议院仅限于提出建议,属于这种情况的主要是英国。

在议会制(不论是一院制还是两院制)下,预算草案的具体审核由议院中的各种常设委员会与其所属的各种小组委员会进行。其一般程序通常是要将待议决的年度预算草案分发给负责预算收入和支出审议的各小组委员会,由小组委员会研究以后向预算委员会提出意见和报告书,由预算委员会提出决议,最后由议院大会审议表决。

强硬而且有能力的委员会能够使立法机关发挥其专长,并能在政府预算决策过程中发挥更大的作用。一般来说,不同的委员会审理公共支出管理的不同方面。例如,财政或预算委员会审查收入和支出,公共会计委员会确保法律监督,部门或常设委员会处理部门政策和审查部门预算。并且这些委员会的活动应当得到有效协调。

在现代政府预算日益复杂和专业的情况下,立法机关及其委员会应当掌握专门的知识,以确保政府预算审查的有效合理。为此很多国家立法机关都提供了较好的硬件和软件条件来提升其成员对于预算的审查能力。比如在印度,议员可利用议会图书馆获得所需的研究和资料。又如在美国,国会拨款委员会和预算委员会都拥有一批懂财经、会计以及公共政策的高级人才,办公条件非常好,在预算审计方面能得到审计署这一专业机构的协助,还能与相关部门定期交换意见以获得及时的信息。

(二)我国预算审批主体

我国人民代表大会制度规定国家的所有重要事项和重大决策都必须充分反映广大人民群众的愿望及要求,代表人民的意志,由人民来作出选择和决定。而由人民代表大会及其常务委员会对预算进行审查批准是人民代表大会制度的重要内容。预算经过人民代表大会审批后,表明政府提交的预算草案得到了人民的同意和认可,体现了人民的意志和要求。换言之,人民代表大会的预算审查批准,本质上是人民行使宪法权力的体现,因此,人民代表大会制度是预算审查批准的根基。

我国各级人民代表大会是国家法定的预算审查和批准部门。《预算法》第四十三条对我国预算审批主体和权限作出了规定:由于我国预算分为中央预算和地方预算,中央预算的审查和批准权来自最高权力机关——全国人民代表大会,而地方各级政府预算则由地方各级人民代表大会审批。由于预算审查批准的主体本身的民意性,各级人民代表大会及其常委会对本级政府预算的审查批准,直接关系到本区域内人民的利益。同时,这种分级审批制度也与我国的人民代表大会制度相吻合。

三、预算审批权限

预算审批权限是指各级政府编制的预算草案,应由哪级权力机关审批后才能成为执行的依据,这实际上是预算审批级次的问题。各国的政府预算都是由权力机关审批的,但在预算审批级次方面,做法不太一致。在实行单一政体的国家中,预算级次一般分为中央

预算和地方预算。国家最高权力机关审批国家预算,既包括中央预算,也包括各级地方预算,但也有些国家(如英国)的联邦议会只审批中央预算。在实行联邦制政体的国家中,预算一般分为联邦预算、州预算和各级地方预算。在这类国家中,各级权力机关只负责审批本级政府的预算,不审批下级预算。

在我国,多年来的实际做法是,全国人民代表大会审查和批准包括中央预算及地方预算在内的国家预算,县级以上的地方各级人民代表大会审查和批准包括本级政府预算及汇总的下一级总预算在内的本级总预算。这就出现了人民代表大会重复审批预算的问题,使预算审批关系不清。为解决这一问题,1995年的《预算法》规定:全国人民代表大会审查中央和地方预算草案,批准中央预算;县级以上地方各级人民代表大会审查本级总预算草案,批准本级预算。2014年修订的《预算法》延续了这一规定,第四十三条规定:中央预算由全国人民代表大会审查和批准。地方各级预算由本级人民代表大会审查和批准。也就是说,全国人民代表大会负责审查中央和地方预算,并且只批准中央预算,不批准地方预算;县级以上地方各级人民代表大会只批准本级政府预算,不批准汇总的下一级总预算。这样规定,可以较好地解决原来预算审批中存在的问题,明确各方职责,提高预算活动的效率,同时有利于中央政府和地方政府各司其职,避免责任的推诿和审批过程中的漏洞。

四、预算审批的类型

预算在很大程度上受制于本国的政治体制,因此不同政治体制下,预算审批的做法都不尽相同。目前大部分发达国家都实行代议制,行政、立法和司法三种权力既相互独立又相互制衡。

(一)根据立法机关的权力大小及其预算审批作用的强弱划分

可将发达国家的预算审批分为两类:

一是立法机关权力较大,预算审批在预算管理流程中发挥实质性作用。如美国,由于国会拥有可以和总统相抗衡的政治权力,因此,国会在审批预算时,不仅可以自由增加或减少支出计划与经费额度,而且还可以自行起草预算案,实践中国会与总统也经常就预算进行争议和冲突。

二是立法机关权力较小,预算审批的形式意义大于实质作用。如英国、德国和日本,由于这些国家实行内阁制,政府由议会产生并对它负责,因此,通常议会对于政府提交的预算草案都会无条件通过。如果否决或大幅修改预算草案,将被视为对政府投下不信任票,会产生重大的政治影响。

(二)按照立法机关修改政府预算的法律权限不同划分

可将预算审批分为三种情况:

一是不受限制的权力。这是指立法机关无需行政部门的同意就可调整政府预算收支,总统制适合这种模式,尽管立法机关拥有的财权会受到总统否决权的制约(如美国和菲律宾)。这说明权力很大的立法机关影响着公共支出管理的两个首要目标(财政纪律和支出分配),并对第三个目标(即实际管理)在某种程度上有间接影响。

二是受限制的权力。这是指立法机关修改政府预算的权力被限制在规定的框架之内,通常指在增加支出或减少收入的最大幅度内进行调整。这种权力的受限制程度各国不尽相同,像英国、法国和英联邦国家,议会不能提出增加支出的修正案,因而权力十分有限。德国允许提出这样的法案,但只有在征得行政部门的同意时才可以。这说明权力受限制的立法机关只能影响公共资源的分配,并间接地影响运行管理。

三是平衡预算的权力。这是指为了保持预算平衡,立法机关有权提出可实现政府预算均衡的措施,包括增减支出或收入。这种权力适中的制度安排旨在将立法机关的影响力聚集于公共资源配置上。

第二节 我国政府预算审批的内容及流程

一、我国预算审查的主要内容

(一)财政部门审查内容

具体包括以下内容:

(1)预算是否按程序编制。预算编制具体程序详见预算编制一章,这里不再赘述。

(2)各部门、各单位是否按照国务院财政部门制定的政府收支分类科目、预算支出标准和要求,以及绩效目标管理等预算编制规定,根据其依法履行职能和事业发展的需要以及存量资产情况,编制本部门、本单位预算草案。

(3)编制预算资料是否齐全,预算报表与资料的衔接联系是否准确、符合逻辑。具体可审查总预算报表与各行政事业单位预算报表的有关数字是否衔接;根据上年度决算表的有关数字,审查计划年度预算收支有无重列或漏列项目;将预算收支数与历年决算的收支数进行比较,从中发现增减变化情况,以便进一步查找原因。

(4)预算是否完整、真实、细化。① 实践中,为维护本地区或本部门的利益,编制部门往往不愿暴露真实"家底",在编制预算时,可能并不能完全反映预算。因此在审查时,财政和人大要重点审查预算是否真实、完整。②《预算法》第四十六条规定:报送各级人民代表大会审查和批准的预算草案应当细化。这为细化预算编制提供了明确的法律依据,审查预算时也要按照法律规定进行。细化预算审查一方面是为了维护公众的知情权和监督权,有利于公众查阅、理解预算编制的内容,更好地维护公众的权益,便利各个部门的审查和监督;另一方面也可以更好地了解各部门的实际预算需求,避免"虚报""谎报"预算的现象出现,明确实际预算数,使得财政支出得到最有效的运用。另外,细化预算对于整个预算编制过程而言,有利于提高编制预算的效率,提高准确性和合理性,为财政预算改革奠定良好的基础。

(5)预算编制是否符合现行预算体制和规章制度要求。如预算管理体制对预算收支范围划分、收支基数、留解比例或补助等转移支付的相关规定。

(二) 收入审查

收入编制审查的主要内容包括：

（1）是否按照《预算法》的要求与经济社会发展水平相适应，与财政政策相衔接。各级政府、各部门、各单位是否依照《预算法》的规定，将所有政府收入全部列入预算，是否存在隐瞒、少列。

（2）收入计划是否符合税收及收费相关法律法规。

（3）收入计划构成是否合理。将各项收入计划与上年完成数对比，找出增减变化因素；计算各项收入计划占收入的比重，结合该地区经济结构进行比较分析。

(三) 支出审查

支出审查的主要内容包括：支出是否遵循《预算法》的要求贯彻勤俭节约的原则，严格控制各部门、各单位的机关运行经费和楼堂馆所等基本建设支出。一般公共预算支出的编制是否统筹兼顾，在保证基本公共服务合理需要的前提下，优先安排国家确定的重点支出。

(四) 各级人大审查内容

《预算法》第四十八条规定，全国人民代表大会和地方各级人民代表大会对预算草案及其报告、预算执行情况的报告重点审查下列内容：

（1）上一年预算执行情况是否符合本级人民代表大会预算决议的要求；

（2）预算安排是否符合《预算法》的规定；

（3）预算安排是否贯彻国民经济和社会发展的方针政策，收支政策是否切实可行；

（4）重点支出和重大投资项目的预算安排是否适当；

（5）预算的编制是否完整，是否符合《预算法》规定报送各级人民代表大会审查和批准的预算草案细化要求（即本级一般公共预算支出，按其功能分类应当编列到项；按其经济性质分类，基本支出应当编列到款。本级政府性基金预算、国有资本经营预算、社会保险基金预算支出，按其功能分类应当编列到项）；

（6）对下级政府的转移性支出预算是否规范、适当；

（7）预算安排举借的债务是否合法、合理，是否有偿还计划和稳定的偿还资金来源，与预算有关重要事项的说明是否清晰；

（8）与预算有关重要事项的说明是否清晰。

预算是国家管理社会经济事务、实施宏观调控的主要手段之一，在国家的政治经济生活中具有十分重要的地位和作用。由于预算具有专业性、政策性、法律性等特点，人大在较短的时间内很难全面审查，因此，为了加强对预算草案和预算执行情况报告的审查，履行好宪法、法律赋予的职责，审查应该采取全面审查与重点审查相结合的办法，即在全面审查预算草案和预算执行情况的同时，对预算有重要影响的内容作重点审查。所以，对于预算报告的重点审查内容进行规定，明确列示预算重点审查的内容，为各级人大加强对预算的审查批准创造有利条件，有利于把握重点，抓住要害，对预算进行深入细致的、实质性的审查，保证人大在审查预算报告时不遗漏重点，有利于提高预算审查批准的质量和效果,同时也有利于财政部门在撰写预算文本时更加具有针对性。

二、预算审批的流程

审查和批准预算的过程分为初审、审批、批复及备案四个阶段(见图5-1)。

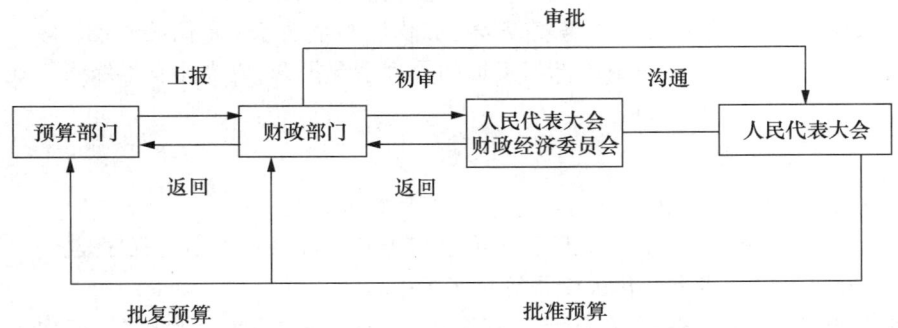

图 5-1 预算审查和批准流程

(一)初步审查

初审是指在召开人民代表大会之前,由各级人民代表大会财政经济委员会对预算草案的主要内容进行初步审查。

1. 提交初步审查的时间规定

《预算法》第四十四条规定:

(1)国务院财政部门应当在每年全国人民代表大会会议举行的四十五日前,将中央预算草案的初步方案提交全国人民代表大会财政经济委员会进行初步审查。

(2)省、自治区、直辖市政府财政部门应当在本级人民代表大会会议举行的三十日前,将本级预算草案的初步方案提交本级人民代表大会有关专门委员会进行初步审查。

(3)设区的市、自治州政府财政部门应当在本级人民代表大会会议举行的三十日前,将本级预算草案的初步方案提交本级人民代表大会有关专门委员会进行初步审查,或者送交本级人民代表大会常务委员会有关工作机构征求意见。

(4)县、自治县、不设区的市、市辖区政府应当在本级人民代表大会会议举行的三十日前,将本级预算草案的初步方案提交本级人民代表大会常务委员会进行初步审查。

立法机关及其专门委员会对预算草案的初审时间必须有保障,否则难以对预算开展实质性的审查。目前规定提交初审时间由过去的一个月提前到四十五天,给进行初步审查的相关工作机构提供了更加充足的审查时间,确保政府预算的合理、合规与高效。

2. 初步审查的程序

按照《预算法》的规定,初步审查的程序包括:

(1)《预算法》第四十五条规定,县、自治县、不设区的市、市辖区、乡、民族乡、镇的人民代表大会举行会议审查预算草案前,应当采用多种形式,组织本级人民代表大会代表,听取选民和社会各界的意见。这一规定大大提高了初审过程的民主性和公开性。

(2)各级人民代表大会财政经济委员会或专门委员会首先对政府预算草案进行初步

审查,在初步审查时,设区的市、自治州以上各级人民代表大会有关专门委员会进行初步审查,常务委员会有关工作机构研究提出意见时,应当邀请本级人民代表大会代表参加。在对各级政府预算草案等进行初步审查后,要提出初步审查意见。

(3) 对各级人民代表大会常务委员会、财政经济委员会(专门委员会、有关工作机构)提出的意见,本级政府财政部门应当将处理情况及时反馈。

(4) 对各级人民代表大会常务委员会、财政经济委员会(专门委员会、有关工作机构)提出的意见以及本级政府财政部门反馈的处理情况报告,应当印发本级人民代表大会代表。

(二) 审查和批准

在我国即各级人民代表大会对预算草案的审查和批准。

按照《预算法》的规定,各级人民代表大会审查和批准预算草案的程序是:

1. 政府向人民代表大会作关于预算草案的报告

《预算法》第四十七条规定:国务院在全国人民代表大会举行会议时,向大会作关于中央和地方预算草案以及中央和地方预算执行情况的报告。

地方各级政府在本级人民代表大会举行会议时,向大会作关于总预算草案和总预算执行情况的报告。

向立法机构报告预算草案的制度安排体现了政府的公共受托责任和人民代表大会代表公众的权力行使,也是实现财政透明的重要保证。近年来,我国财政支出的扩大意味着政府受托责任的扩大,因此提高财政透明度,尊重和保障社会公众的知情权与监督权显得尤为必要。政府向人民代表大会作关于预算草案的报告使各级人民代表大会能够了解确定预算收支目标的情况,按照《预算法》的规定,人民代表大会代表可按照法律规定的程序,对政府预算中的有关问题提出询问和质询,有关部门必须作出认真的答复。因此,这也是构建阳光政府、责任政府的重点所在。

2. 人民代表大会财政经济委员会作关于对政府预算草案的审查结果报告

按照《预算法》第四十九条的规定,全国人民代表大会财政经济委员会向全国人民代表大会主席团提出关于中央和地方预算草案及中央和地方预算执行情况的审查结果报告。

省、自治区、直辖市、设区的市、自治州人民代表大会有关专门委员会,县、自治县、不设区的市、市辖区人民代表大会常务委员会,向本级人民代表大会主席团提出关于总预算草案及上一年总预算执行情况的审查结果报告。

审查结果报告应当包括下列内容:

(1) 对上一年预算执行和落实本级人民代表大会预算决议的情况作出评价;

(2) 对本年度预算草案是否符合本法的规定、是否可行作出评价;

(3) 对本级人民代表大会批准预算草案和预算报告提出建议;

(4) 对执行年度预算、改进预算管理、提高预算绩效、加强预算监督等提出意见和建议。

预算审查结果报告是全国人民代表大会财政经济委员会及地方各级相关委员会对预算草案、预算执行情况进行初步审查的结果。对于预算审查结果报告,全国人民代表大会常务委员会以及省、自治区、直辖市、设区的市、自治州人民代表大会要各司其职,审查结果报告要对于上一年的预算执行情况进行总结回顾反思,对于本年度的政府预算草案进行合理评价,更好地为计划年度的预算奠定良好的基础。

3. 大会批准

经讨论审查并通过报告以后,大会作出批准本级预算草案的决议,并应当在批准后二十日内由本级政府财政部门向社会公开。政府预算草案经人民代表大会审查批准后,就成为具有法律效力的文件,各地区、各部门、各单位都要严格贯彻执行。

(三)预算的批复

所谓"预算批复"即政府预算草案经同级人民代表大会批准成为具有法律效力的文件后,财政部门应及时将这个预算批复给各职能部门,再由各部门批复给各预算单位,以便据以执行。

各级预算草案经各级人民代表大会批准后,财政部门应及时办理批复预算手续,以保证各级预算的执行。

《预算法》第五十二条规定:

(1)各级预算经本级人民代表大会批准后,本级政府财政部门应当在二十日内向本级各部门批复预算。各部门应当在接到本级政府财政部门批复的本部门预算后十五日内向所属各单位批复预算。

(2)中央对地方的一般性转移支付应当在全国人民代表大会批准预算后三十日内正式下达。中央对地方的专项转移支付应当在全国人民代表大会批准预算后九十日内正式下达。

(3)省、自治区、直辖市政府接到中央一般性转移支付和专项转移支付后,应当在三十日内正式下达到本行政区域县级以上各级政府。

(4)县级以上地方各级预算安排对下级政府的一般性转移支付和专项转移支付,应当分别在本级人民代表大会批准预算后的三十日和六十日内正式下达。

(5)对自然灾害等突发事件处理的转移支付,应当及时下达预算;对据实结算等特殊项目的转移支付,可以分期下达预算,或者先预付后结算。

(6)县级以上各级政府财政部门应当将批复本级各部门的预算和批复下级政府的转移支付预算,抄送本级人民代表大会财政经济委员会、有关专门委员会和常务委员会有关工作机构。

如果预算批复不及时,就会造成当年部门预算可执行的有效时间缩短,会直接影响到预算执行中的工作节奏,造成上半年按预算拨付财政支出的进度慢于序时进度,支出与项目进度及绩效考评严重脱节,导致"前半年花钱慢,后半年催花钱"。因此通过对各个环节中的期限进行规定,可以保证预算的执行效率,推进预算的绩效管理工作。对于一般性转移支付和专项转移支付明确规定下达期限,有利于财政转移支付资金的及时到位,便于各项目支出的顺利进行,减少目前存在的"年底突击花钱"以及资金在下达过程中的"层层预留"现象。

明确各级政府预算批复的期限有利于预算的执行,但在法定的预付批复期限内,还应该注意预算批复的精细化。预算批复不精细是预算执行不规范的主要原因之一,因此,应重点从两个方面推进预算批复的精细化:一是要精细化批复重点预算支出项目;二是要精细化社会关注度高的经费预算批复,如"三公经费"支出是社会关注的热点问题,只有细化预算批复,加大公开力度,才能有效接受社会公众的监督。

(四)预算的备案

对规范性文件备案审查是人民代表大会常务委员会监督工作中的一个重要组成部分,是维护国家法制统一的一项重要工作。

《预算法》第五十条规定:乡、民族乡、镇政府应当及时将经本级人民代表大会批准的本级预算报上一级政府备案。县级以上地方各级政府应当及时将经本级人民代表大会批准的本级预算及下一级政府报送备案的预算汇总,报上一级政府备案。

县级以上地方各级政府将下一级政府依照前款规定报送备案的预算汇总后,报本级人民代表大会常务委员会备案。国务院将省、自治区、直辖市政府依照前款规定报送备案的预算汇总后,报全国人民代表大会常务委员会备案。

第五十一条规定:国务院和县级以上地方各级政府对下一级政府依照本法第五十条规定报送备案的预算,认为有同法律、行政法规相抵触或者有其他不适当之处,需要撤销批准预算的决议的,应当提请本级人民代表大会常务委员会审议决定。

专栏 5-1　　全国人大审议批准预算流程及时间节点

全国人大审议和批准预算大概有半年时间,基本时间安排是:

(1)上一个财政年度11—12月中旬,预算工作委员会就新财政年度预算编制、报送等基本问题与财政部交换意见。

(2)上一个财政年度12月下旬至新财政年度上旬,预算工作委员会就财政经济形势、税收收入预测情况、海关收入预测情况等听取国务院有关部门的看法和意见。

(3)新财政年度1月中旬(约在全国人民代表大会举行前一个半月),财政部将中央预算初步方案提交财政经济委员会,由财政经济委员会对草案的主要内容进行初步审查。财政部同时提交部门预算。

(4)1月中下旬,预算工作委员会听取主要部门的部门预算情况介绍,财政经济委员会预算小组成员、其他有关专门委员会参加。

(5)1月下旬,预算工作委员会就上一财政年度预算执行情况及新财政年度预算安排情况与财政部交换意见,并起草《预算初步分析报告》。

(6)2月上旬(约在大会举行前一个月),财政部将中央预算草案的主要内容提交财政经济委员会。

(7)2月中下旬,由财政经济委员会会同有关专门委员会对预算草案进行初步审查,预算工作委员会提出《预算初步分析报告》。在审议的基础上,起草并多次讨论修改《预算审查报告》;大会期间,财政经济委员会根据各代表团意见,研究通过《预算审查报告及批准预算的决议》。

(8)3月中旬,全国人民代表大会表决《预算审查报告及批准预算的决议》,批准中央预算,同意预算报告。

（9）大会闭幕后,国务院有关部门应及时向财政经济委员会、预算工作委员会提交落实全国人民代表大会关于预算决议的情况,对部门、单位批复的预算等情况。

资料来源：根据全国人大第十二届全国人民代表大会第三次会议日程整理而成,http://www.npc.gov.cn/npc/xinwen/2015-03/04/content_1909113.htm。

三、预算审查的方法

在实践中预算审查的方法很多,本章主要阐述以下几种方法：

（一）听取汇报

人民代表大会常务委员会、财政经济委员会以及相关专业委员会可以就预算编制和草案以及大会修改后的预算等有关情况听取政府及财政等预算部门的汇报,了解预算编制的情况和存在的问题以及建议与意见等。参加听取汇报的人员通常是人大代表、常委会委员、财经委委员等,也可以邀请常委会有关委员会的人员、专家顾问、党委和政府有关部门的人员参加。这是实践中比较普遍采用的预算审查方法,比较省时省力,也更容易获得书面资料。

（二）视察调研

在预算草案提交人民代表大会表决前,人大常委会、财政经济委员通常会组织部分常委会委员和财经委委员进行视察调研。视察调研的对象是本级政府的预算部门和单位、下级政府及预算部门和单位以及本级政府财政收入范围内的企业单位等。视察调研时可邀请上级和本级人大代表、常委会其他委员会的领导同志、专家顾问等有关人员参加。这种方法也比较普遍,有助于代表和委员们更好地了解预算的实际情况,及时发现实践中的问题,并与业务部门进行及时、有效的沟通。

（三）集中审查

预算草案提交人大常委会后,常委会或财经委可组织对政府及部门的预算草案进行集中审查。可采取会议的形式,也可将预算草案文本分到责任人手上,按照上述预算草案审查的内容进行审查,然后集体汇总研究定性审查的情况。审查时可延伸到二、三级预算单位。对专项资金可调阅可行性报告、项目批准书等有关说明资料。

（四）召开听证会或座谈会

常委会或财经委可就政府总的预算安排情况,或某个部门、某个项目资金预算草案召开听证会或座谈会,邀请熟悉财政预算工作的专家、社会人士对预算草案进行进一步论证和座谈,广泛地听取对预算安排的看法和意见。

（五）询问和质询

询问和质询是人大代表及常委会组成人员对预算、决算中不清楚、不理解、不满意的方面提出问题,要求有关机关作出说明、解释的一种活动。询问,是各级人大代表或人大常委会组成人员,在人民代表大会或人大常委会会议上审议工作报告或议案时,向有关国家机关打听了解有关情况。质询,是各级人大代表或人大常委会组成人员,按照法律规定的程序,对本级国家行政机关提出质问的议事原案。

《预算法》第八十五条规定:各级人民代表大会和县级以上各级人民代表大会常务委员会举行会议时,人民代表大会代表或者常务委员会组成人员按照法律规定程序就预算、决算的有关问题提出询问或者质询。

询问和质询,是人大代表及常委会组成人员的个人行为,不是人大常委会的集体行为。人大代表及常委会组成人员享有询问和质询权的基础,是人大及常委会对政府预算、决算拥有监督权。询问和质询的目的,是为了获知政府预决算的工作情况和其他有关情况或者对预决算的工作提出批评,以督促改进工作中的缺点和错误,提高依法办事水平和工作效率。所以,询问和质询虽然是人大代表及常委会组成人员的个人行为,但其性质是人大及常委会行使监督职权的方式之一,是人大及常委会监督权的一种独特运行方式。

在我国实践中,专门针对预算进行质询的情况并不多,关键是缺乏具体配套与可操作性的措施,比如质询权实施门槛偏高、质询要经过主席团才能提交给被质询机关、代表只能在人代会期里提出、只有正式列入议程才能成为"质询案"等。另外,质询怎么发起、适用怎样的范围、怎么召开质询会等都没有具体规定,这些均增加了质询的操作难度。因此,人大要行使质询权,还需完善质询程序,解决好人代会、常委会会期相应延长的程序问题。

专栏5-2   推广专题询问   提高人大预算监督权威性

2015年12月26日,十二届全国人大常委会第十八次会议举行联组会议,结合审议《国务院关于2014年度中央预算执行和其他财政收支审计查出问题整改情况的报告》进行了专题询问。这是全国人大常委会会议首次就审计查出突出问题整改情况进行专题询问。在两个多小时的联组审议中,一共有6名委员发言提问,问题涉及政府预算、地方债务、彩票管理等方面。国务院委托审计署、国家发改委、民政部、财政部、国家卫计委、国家体育总局以及中科院等7个部门负责人到会回答询问。询问过程全程通过电视和网络等媒体公开,应该说,这次询问引起了公众的广泛关注。

委员们的提问一上来就直指问题的核心。比如,尹中卿委员的发言直接将矛头指向了彩票管理中的突出问题:据这次审计报告反映,一些地区彩票资金管理不严格,抽查发现虚报、套取、挤占、挪用等问题金额达到169.32亿元,占抽查资金的26%。请问民政部和体育总局,我国彩票管理中为什么会存在这些突出问题?作为福利彩票和体育彩票的业务管理部门,你们是怎么进行整改的?违纪违规违法资金全部都收回来了吗?对有关责任人员都严肃问责、追责了吗?

有的委员在得到相关部门负责人的回复后,又再度发问。王明雯委员就地方债务问题一口气向财政部部长楼继伟提出了几个问题:地方政府或有债务如何处置和防控风险?我们在债务风险防控体系的建立和完善方面做了哪些工作?未到期债务的偿还有无安排?违规举债、变相举债等问题如何监管和处理?如何解决地方控制风险和继续发展的矛盾?楼继伟一一回答。他话音刚落,王明雯又抛出一个问题:"置换债券能否有效地化解债务风险？会不会造成金融系统的风险？"对此，楼继伟表示，置换债券的风险可控，并不会把风险传导到银行去。吴晓灵委员在国家发改委主任徐绍史就政府预算的问题作出回答后，也马上又发言："我想追问一句，发改委在预算编制方面作了很大的改进，但与委员们的期望值还有一定的差距。每一年的年度计划应当与国家五年规划相衔接。"对此，徐绍史表示，将努力改进预算编制机制，"严格按照全国人大、国务院加强中央预算内投资管理的有关要求，更好地抓好预算内投资的安排"。

对于委员们的提问，有些部门责任人，比如财政部部长楼继伟和审计署审计长刘家义给出的答复专业、令人满意，而一些部门负责人的答复基本还停留在过去的政治套路中，回答并不令人十分满意。从以往专题询问的经验看，这主要有两个原因：一是受询人的专业和知识。这决定了他对预算问题的了解和把握，如果接受询问的人并不负责专门的预算工作，虽然他是部门的负责人，但往往可能答非所问。二是受询人的态度。如果他认识到人大预算监督的重要性和权威性，那么就会认真回答问题，而不是敷衍塞责。受询人的态度在一定程度上又取决于人大监督的力度，比如这次采取全程直播的方式，无形中就给部门负责人增加了压力，提高了人大的权威性，让受询人不敢再将人大监督视为橡皮图章。

这次是全国人大常委会首次听取预算整改情况报告，并进行专题询问。这种人大常委会现场询问相关部门情况的做法，比以往书面审查的方式更为直接、有效，更有利于促进整改，对于加强预算监督、规范预算管理发挥了重要的作用。与人大以往的走过场的监督相比，这次询问无论从询问的内容还是方式来看，都显示了人大对于政府预算的监督力度，发挥了人大看住政府钱袋子的法定作用。如果继续推广这种方式，并且做好问询后的整改反馈，可以预见，人大预算监督的力度将会明显提升，实现人大由形式监督向实质监督的转变。

资料来源：根据全国人大网相关报道整理，详见 http://www.npc.gov.cn/npc/xinwen/jdgz/gzjd/2015-12/28/content_1957429.htm。

（六）借助审计力量审查

鉴于审计人员的专业性，人民代表大会常务委员会或财政经济委员会在必要的时候，可以借助审计部门的工作人员力量对预算草案进行审查。实际上，我国审计部门对于预算改革一直起着重要的推动作用，但由于法律未有明确规定，所以在对预算的审批中，审计并没有实质性地发挥作用。近年来，在实践中相关部门认识到了审计的重要性，已经有些地方开始尝试借助审计力量进行初审，并取得了较好的效果。

专栏5-3　　人大与审计联合　打造预算审查新模式

为支持和推动政府建立现代财政制度，进一步加强对政府预算草案的审查和监督，推动实施新修订的《预算法》，人大有必要进一步提高自身的专业审查力量，针对预算具有

专业性、复杂性、客观性等特点，可考虑聘请审计部门进行预算审查。人大通过"借脑"，充分利用审计专业人员的业务优势，弥补人大预算工作委员会和预决算审查专家难以进行全口径预算、决算的审查监督的短板。审计通过向人大"借力"，对预算编制的范围、原则、方法进行审查，前移了预算执行审计关口。我国多地已经对此进行了尝试。

2015年3月，湖北荆州市人大常委会抽调12名市审计局业务人员，与预算工作委员会、预决算审查专家组组成6个审查小组，对市直92家预算单位的2015年部门预算草案进行审查。市人大借助审计人员"看得懂""审得清"的专业素质，推进部门预算草案审查工作的进一步深入。市审计局也通过参与部门预算草案审查工作，将预算执行审计从源头延伸到预算编制环节，丰富了预算执行审计的内涵，适应了新形势下对审计工作的新要求。荆州市人大聘请审计机关的专业人员，对预算单位以近三年对比审查的方式进行重点审查，通过分析部门支出规模和支出结构的变化，核查支出安排是否有利于部门事业发展；是否符合从紧编制预算，严格控制"三公经费"和行政运行经费支出的原则。荆州市人大和审计部门探索联合预算审查监督工作的新模式，适应了预算审查监督工作的新常态，强化了人大与审计监督的科学化和精细化水准，发挥了预算审查的实效性，进一步提升了人大和审计部门的监督水平与质量。

2015年2月，江西靖安县审计局的专业业务人员被靖安县人大常委会聘为预算审查咨询专家，专门对2015年财政预算安排草案、2014年财政决算收支情况、2015年预算安排调整情况进行审查。目前，该局预算审查人员已对2015年财政预算安排草案进行了审查，在全县人大常委会全体会议上作了审查意见报告，报告着重从没有细化列出具体单位、具体项目的问题，是否作足预算的问题，应列预算未列预算的问题，数字差错的问题，几项疑点问题等五个方面提出了意见。与会常委们都一致肯定意见提得具体，调研资料来源和数据可靠，问题分析有理有节，专业性和操作性较强；大家纷纷表示聘请专业人员开展预算审查确实不失为一种很好的方式。年中和年尾，审查咨询人员还将按照人大常委会的安排，对2014年财政决算收支情况、2015年预算安排调整情况进行审查。

另外，河北省人民代表大会财政经济委员会在集中审查预算时，每年都抽调5—10名审计人员，参加对预算草案的审查，并取得了较好的效果。

资料来源：根据江西省、湖北省、河北省审计厅网站资料整理而成。

第三节 国外政府预算审批特点及借鉴

一、国外政府预算审批特点

虽然各国预算审批的具体做法和作用不同，但一些相似的特点和成功经验，值得我国借鉴。

（一）预算审批组织体系健全且分工明确

发达国家通常具有完善的预算审批组织和高素质的审批人员，这为他们进行专业性和高质量的预算审批奠定了必要的组织基础。最为典型的就是美国,早在1974年美国就在国会内部成立了专门的预算办公室(CBO),目前其雇员有200余人[①],他们都拥有经济学或公共政策学方面的高等学位。除此之外,国会还设有专门负责预算支出审批和预算收入审批的委员会。国会审计总署也是重要的审查监督预算的组织,而且该组织的高度独立和透明保证了它能够充分发挥审批预算的作用。美国预算审批相关组织如表5-1所示。

表 5-1 美国预算审批相关组织

预算委员会	预算委员会是一个国会常设委员会,对国会编制预算负全面责任,决定预算中的原则性问题。其主要任务是对预算中的收入、支出以及各种支出之间的比较进行综合考察;向国会提出预算建议,具体规定预算的支出、收入、盈余、亏空、公债总额。国会根据其建议通过相关预算决定。
国会预算局	国会预算局是由专家而不是国会议员组成的国会预算管理办事机构,是一个专业、非党派的机构,目的是帮助国会客观公正而有效率地编制预算并审查行政机关提出的预算,对国会的预算编制提供客观、专业、及时的信息,进行和预算有关的各种估计、分析、研究,给总统管理和预算局编制的预算挑毛病,为国会编制预算服务。
国会参众两院拨款委员会	参众两院拨款委员会是国会中权力很大的委员会。国会通过的拨款法案主要根据两院由资历较高的议员组成的拨款委员会的建议和报告。全院的讨论限于政策性问题,拨款的数额基本上由拨款委员会决定。由于行政机关众多,拨款委员会往往按照行政体系的分工对应设立若干个拨款小组委员会,负责一定行政机关的具体拨款审批。
拨款小组委员会	拨款小组委员会是实际掌握预算拨款权力的机关,拨款委员会向全院提出的建议和报告,主要根据小组委员会的建议和报告。为了决定拨款数额,小组委员会必须了解其所主管的部门的计划和需要。小组委员会在决定拨款数额以前,通常举行听证,要求有关的行政部门对其预算请求进行说明、解释和辩护。小组委员会认为必要时可以派遣委员会的专业职员,甚至委托国会外的专业人员对某一项目进行调查,提出报告,作为委员会决定拨款的参考。
总审计署	总审计署隶属于国会,向国会负责并报告工作,职能是审计联邦财政预算执行结果,审查联邦各部门和公共机构的内部财务状况及其合法性、合理性及其经济效果。为了强化总审计署协助国会对预算进行审计的功能,国会通过立法赋予总审计署主动审计的职权,总审计署可以定期检查政府各部门管理和使用国会拨款的结果,可以就联邦资金使用状况和效率发表独立评论,向国会报告预算执行结果和决算审计情况。

资料来源:肖鹏,《美国政府预算制度》,经济科学出版社2014年版,第21页。

此外,各部门间的分工比较明确。西方国家的预算审批,通常会涉及上议院、下议院以及各个审批委员会,还有审计部门和财政部门及各预算部门。虽然涉及部门较多,但预算审批流程却比较规范,这得益于相关部门分工明确。比如在美国,有关预算管理的机构、部门比较健全,各机构、部门的职责分工比较清晰,并且实现了部门职责的法定化。如

[①] 参见美国国会预算办公室网站,http://www.cbo.gov/aboutcbo/。

1921年制定的《预算与审计法》,专门规定设立预算局、审计署,并明确了各自的职责;1974年制定的《国会预算和截留控制法》,专门设立并规定了众议院和参议院预算委员会的职责。同时,无论是从总统(行政机关)与国会(立法机关)两大系统,还是从行政机关内部各部门来看,美国都形成了预算编制、执行和监督的相互制约与平衡机制,保障了国家预算活动按照宪法和法律规定的轨道开展。在英国,预算程序中只涉及数量不多的执行者。这些少量的执行者对媒体和公众负担了更详细的审查与问责责任。如果经济运行不当,就是财政大臣的错。如果政府开支混乱无纪律,就是财政部秘书长的错。他们的名誉和政治未来冒着更大的风险,因为实行党派政治和把责任推卸给其他党派的机会空间显然更小了。就行使财权的人而言,精简的程序和决策者数量的缩减,可以形成更有效的问责机制和之后更严格的纪律性。

(二)充裕的预算审批时间作为保障

审批时间充裕有利于立法机关进行细致、深入的预算审查。西方发达国家一般要求政府提前三个月至半年将草案提交给议会,如德国预算议会仅一读(相当于我国初审)就要三个月,印度的预算立法审议持续达75天,德国联邦议院对预算的审查可以持续四个月之久,而美国预算审批则有八个月左右。

专栏5-4   美国立法机关预算审议期限引发的危机

《美国宪法》第一条第九款规定"除依照法律规定拨款外,不得从国库中提出任何款项,一切公款的收支报告和账目都应定期公布"。针对宪法的该款规定,美国1870年通过了《反预算过度法》(ADA),明确了政府应该如何获得和使用预算,禁止政府超预算花钱,任何联邦公务员违反《反预算过度法》都将被处以最高两年的监禁并罚款5 000美元,当政府提出的预算得不到国会批准时,政府应当关门(紧要部门除外)。这些刚性的规定导致美国联邦政府从1977年到1996年间关门17次,几乎平均每年关门一次,最短的1天,最长的21天。对于美国来说,预算案对行政部门而言是下年度施政计划和经费支出的总体表现,重要性如同法律案,但预算案审查时间的迫切性还要高于法律案。政府的所有预算是在明示一定时期内的施政方针,以及维持政务所需的财政计划。预算通过,那么一切方案才可以按照计划顺序进行;反之,如果预算案无法在有效期间内通过,那么政府行政将陷于"无米下锅"的窘境,一切计划都无法执行。

美国联邦政府预算无法及时成立的原因,主要来自立法审议方面的阻碍,包括立法机构(即议会)与行政机构(即白宫)之间的争执冲突,以及参众两院意见的不调和,这导致议会审议程序陷于冗长无度,甚至完全搁置预算审议,使得预算僵局无从解决。除了立法议定方面的障碍之外,造成政府预算不成立的原因,有时也是行政方面的责任:一是行政机关的预算编制拖延时日,没有具体的预算案可以及时提交立法部门审议,二是国家发生重大事故,所以无法及时编制预算案。不过,这些属于行政编制方面的障碍极为罕见。世界各国预算不成立的个案,大多与美国一样,源于立法审议方面的冲突和拖延。

基本上,各国有关预算不成立的补救办法大致可以归纳为两大类。第一类是临时议定补救办法,当法定预算未能及时产生,而在法律上又并无明文规定时,行政部门可以先行动支预算,再由立法部门临时拟定补救办法。不过,必须以补救办法维持政府的暂时运作,大多数情况下是因为行政与立法机关之间已经产生了严重冲突,立法部门甚至经常采取拖延战术迫使行政部门屈服,在这种情况下指望立法部门积极地采取补救措施,实际操作起来很难成功。第二类的补救途径就是执行"临时预算"。所谓"临时预算",有的是直接延长上年度的预算,即当会计年度已届满而新预算尚未议决完成时,继续执行上年度的旧预算。不过因为国家政策、岁入多寡以及人民的需求年年不同,所以政府的所有支出都延用上一年度的标准,往往不是"量体裁衣",而是"削足适履",所以当今发达国家已经很少延续上年度的预算作为临时预算。

资料来源:《美国预算法律制度的特点及其启示》,财政部网站,2014年8月,http://www.mof.gov.cn/preview/czzz/。

(三)预算审批内容比较全面

西方国家的预算审批内容主要可分为合规性审查和绩效性审查。合规性审查即检查预算草案是否符合相应法律法规的要求,绩效性审查即检查预算草案是否按照效益最大化原则安排了预算收支。前者是预算管理水平较低阶段的审查内容,而当预算管理提高到一定水平后就应该包括绩效性审查。随着西方国家在20世纪80年代逐步引入绩效预算制度,西方发达国家不但审查预算的合规性,而且还审查预算的绩效性。

(四)预算审批流程设计规范

流程设计是否规范直接影响到审批结果,经过若干年的发展,西方国家已经建立了规范的预算审批流程。作为现代预算制度的发源地,英国的预算审批流程比较规范,主要通过三读制度来进行预算审批,详见专栏5-5。

专栏5-5　　英国政府预算审批流程

财政大臣的预算报告发表后,就作为财政法案提交议会审核。一般在7月或8月由下议院表决财政法案,如获通过,即具有法律效力。根据1911年的《议会法》,议会对政府的财政监督由下议院行使,上议院无权通过和否决预算法案。英国采用三读制度来进行预算审批,即从下议院开始,上、下议院分别三次审议预算。具体审议程序如下:

1. 内阁提出预算案

英国议会预算提案权属于内阁,内阁通常在每年春天(3月或4月)的"预算日"(Budget Day)向下议院提交预算提案,并由财政部部长进行预算演说。财政部部长在演说中详细报告经济现况以及年度预算的内容,包括岁入租税建议案以及岁出法案,说明未来三年公共支出、经济预测发展与财政政策、开闭税源增减税则等,历时约为一小时到一个半小时左右。

2. 一读

下议院收到提案后进行一读,由议会秘书宣读提案的题目和缘由,随后列入议事日程。一读程序仅对财政预算政策作大体的辩论及确认原则,并不就预算细项加以审查。

3. 质询与辩论

在这个阶段,下议院随机开展质询。质询由在野党主导,质询重点在于财政政策与支出原则,不涉及金额调整,此项质询由反对党议员优先,执政党议员质询的提出安排在反对党后面,以礼让在野党。

4. 第一次决议

下议院在十个预算日之内,必须对是否赞成政府预算案进行表决,包括岁入财政法案与岁出法案,此项决议案通过之后,才能使政府下年度预算成为一个完整的财政法案,作为正式审查的法案标的。

5. 二读

在一读通过一至两个星期后,下议院进行二读,即对该提案进行一般原则性的讨论,这个阶段常被称为"总讨论",是执政党和反对党的大决战,若经辩论后进行表决时被否决,该议案就成为废案;若通过,该议案原则上就算通过了。

6. 委员会阶段

二读以后,由下议院通过决议,宣布把议案交付相关的委员会(筹款委员会和供应委员会)讨论。这时,议长离开议长席,下议院召开全院委员会,由相关委员会(如筹款委员会)主席主持会议。这一阶段是考虑议案细节的阶段,每一条文依次讨论,可以提出修正案并将全案回报下议院。下议院收到议案后,则对全院委员会的修正案进行复审并提出报告,若下议院反对党再次提起辩论,议案还可退回全院委员会重新审议。

7. 委员会审查结果向院会报告

报告阶段通常进行两天,在常设委员会审查完成预算案两周后,将审查结果向下议院院会报告。在报告阶段,非常设委员会的委员可以有机会进一步提出对法案的修正意见或是新的条款。所有的委员都可以发言、投票表决,同时也可以为较长的或是复杂的法案展开为期数天的辩论。

8. 三读

随后,该议案进入三读程序,在这个阶段只能进行文字上的修改,如反对者不超过6人即行通过,最后通过投票表决,议案正式通过。三读程序通常在单独的一天处理,即通常在报告阶段的第二天就进行三读。财政法案三读时辩论时间通常很短,上议院无法对法案进行实质的修正。

9. 送上议院审议

下议院三读通过的财政法案送到上议院审议,基本上,上议院对于大部分的法案很少有否决权,财政法案又必须在一个月内同意,上议院显然已经成为橡皮图章的角色。法案内容经两个议会均同意,就可以送请皇室签署同意。

10. 皇室签署同意

该法案送交上议院批准并经女王签署后正式颁布。皇室是否同意由两院的议长来宣布,并列在英国议会议事录之中。

资料来源:根据英国议会两院网站相关资料整理。

（五）预算审批的法律依据完整可靠

西方国家基本上建立起了一套完整可靠的法律体系，这些法律法规将预算流程纳入规范化的轨道，以法律形式保证了预算的权威性。完备的法律制度一方面完善了预算审批制度，另一方面使得政府各部门在预算工作过程中有法可依。英国预算制度历史悠久，相应地，针对预算制度的法律也较为完备，包括宪法层级和专项法层级两个方面。此外，英国每年定期都会颁布相关的法律法规来规范、匹配当年的预算行为，如《统一基金法》《预算案修正案》《公共支出调查报告》，以及《预算法案》（春季发布）和《秋季声明》（秋季发布）等。美国也建立了非常完整的法律体系，美国联邦政府的预算管理从预算编制、预算执行到预算审计的全过程，都可以找到相应的法律依据，并且严格按照既定法律规范开展预算管理各项工作。美国《宪法》第一条第七、八、九项和《宪法修正案》第十六条规定了国会的征税权、举债权和拨款权，国会运用这三项权力征收联邦税、发行公债以及为联邦政府开支授权和拨款。除《宪法》外，美国关于预算控制和监督比较重要的法律有：《1921年预算与审计法案》《1974年国会预算和截流控制法案》《1985年平衡预算和赤字紧急控制法案》《1993年政府绩效及结果法案》等。通过这些法律，美国建立了一套体系比较完整、职责比较明确、依据比较充分的预算监督系统。从预算程序上看，从总统提出的预算要求的编制程序、时间确立，到总统向国会提交的预算请求，以及总统收到国会预算决议，各个程序和各个环节，法律上都有明确的规定。这种完备而规范的程序制度体系，使得各有关部门监管有据，保证了预算编制过程中的法治性以及预算执行中的严肃性。

二、他国政府预算审批做法对我国的借鉴

（一）我国政府预算审批中存在的问题

1. 预算审查的时间短

一是人民代表大会召开的时间短。全国人民代表大会一般10—15天，省、自治区、直辖市人民代表大会一般5—7天，市、县级人民代表大会更短。二是预算报告和预算草案提供的时间晚，通常在召开会议时，代表才能看到预算的有关材料。三是人民代表大会的议程多，任务重，审议的内容多。政府工作报告、国民经济和社会发展计划报告、政府预算报告、人民代表大会常务委员会工作报告、检察院和法院工作报告、人事任免、各个专门委员会的工作报告等，每个报告都有大量的篇幅，仅预算的内容就涉及政府及各个直属部门的100多个预算文本。在这样的情况下，不可能将预算审查工作做得深入细致。

2. 代表的专业水平有限

预算审查质量低的原因，除了上述的审议时间短之外，还有审查人员的业务水平低，真正熟悉预算业务的代表不多，实质性的问题审查不到位等。有的代表权利意识薄弱，认为人大对预算的审查批准只是履行程序、走过场，预算审查没有实效或实效性差。有的县级人民代表大会对预算根本就不进行审查，举手通过批准就算完成任务了。

3. 预算审查的重点不突出

人民代表大会审查的重点应该是预算草案，而预算报告是对预算草案的说明。但现

在的情况是,预算报告成了财政工作汇报或者说是财政工作成绩的表述。代表审查的主要对象是预算报告,对于预算草案,由于时间原因和业务水平的限制,审查得很少,提出的一些意见和建议大都是泛泛而谈,套话、空话比较多,影响了审查的质量。

4. 批准的内容为"一揽子表决"

人民代表大会通过表决的是预算安排的总体情况,即总的收入和支出情况,所以表决也只是笼统的表决、捆绑式的表决,不能对某个部门预算或某项资金预算实行单项表决,审批的具体性差。否决权的行使将使得政府部门编制提交的预算草案确定地不再发生效力,可能造成财政事项乃至国家权力停摆的后果。因此,这种一揽子表决的方式在一定程度上虚置了审批权。

5. 法律依据不够充实可靠

立法机关如何具体行使预算审批权,在《预算法》及其实施条例中均无明确规定,而是散见于《全国人民代表大会议事规则》《全国人大常委会关于加强中央预算审查监督的决定》等规范性法律文件中。根据上述规定,预算草案首先由全国人大财经委在人大会议举行前进行初审。在会议期间,由各代表团、财经委和有关专门委员会进行审查,提交审查结果报告经主席团审议通过后,草案再提交全体会议进行表决。实践中,全国人大会议时限短,每年只召开一次,对预算草案的审议一般只安排一天,加之预算草案并不在会期前提供给与会代表,与会代表在如此短的时间内很难对预算草案有全面的了解,更难有机会发表自己对预算草案的意见和建议,因此,人大代表在会议期间几乎不可能完成对复杂预算案的可行性审查。修改后的《预算法》规定的预算草案提交财经委进行初审的时间较修改前有所延长,初审意见也需印发本级人大代表和常务委员会组成人员,并要求财经委向全国人民代表大会提出关于中央和地方预算草案及中央和地方预算执行情况的审查结果报告,但人大代表审查预算草案的时间仍受人大会议议期的限制的问题在本次修改中并未涉及,人大代表在更大程度上依赖于财经委对预算草案的审查报告作出判断,人大对预算草案难以进行实质审查的结果仍无法得到改变。此外,预算草案应以何种形式和方式提交、草案编制主体是否以及如何对草案予以说明、各代表团和财经委等能否对其进行询问、对审查中存在的不同意见如何处理、列入会议议程的预算草案是否有必要进行讨论、预算草案能否以及如何在表决前由编制主体撤回或修改等程序性问题,在现行立法中均无规定。程序规则的缺失极大地限制了立法机关对预算草案的实质审查。

(二)我国政府预算审批的改进

1. 审批时间提前并延长

虽然各地具体时间不一样,但大致上预算初审是一个月左右,预算终审也就是几天,无论初审还是终审,我国预算审批时间都不够充裕,这使得审批权力难以得到落实。预算关系到国民经济和社会发展,需要充分的预算审查时间。我们可以参照西方国家的做法,在与预算编制时间相协调的前提下,将预算审批时间延长。预算终审的时间也要与人民代表大会会期相协调,并且将草案较早地发给代表,以利于他们做好准备。

实际上,审批时限是各国立法机关行使预算审批权所面临的共同问题。在所有财政资金纳入预算的情况下,对所有预算项目进行逐条、逐项的审查显然是不现实的。为此,在基本确定预算审批的对象范围的前提下,可以确立对重点项目的重点审查制度。对于国家机关日常运作所需财政资金,其需求弹性较小,可进行形式上的审查,仅审查其与上年度预算的偏差及该偏差的合理性。对于重点项目,如新增收支项目、涉及巨额财政资金的项目、对公共服务的提供产生重大影响的项目等,则应进行全面的审查。

2. 提高代表的业务水平

提高代表的整体业务水平,可以采取以下几种办法:一是要加强业务学习,定期举办代表业务培训班,可以采用短期培训的形式,每年在人民代表大会召开之前,各地(可以考虑以市级为单位)请预算方面的专家学者对代表们进行培训,以普及基本的预算知识为宗旨,具体内容可包括预算相关术语、往年预决算概况等。二是选举代表时,他不仅要在政治上过得硬,还要在业务上能过关,可以多挑选一些专家充实代表队伍。三是探索逐步实现代表专职化。目前的代表大都是在某一个岗位担任重要职务,每天忙于事务工作,没有时间学习和研究这些业务,严重地影响了预算审查工作的开展。实行专职化以后,代表可以集中精力,专心致力于人大工作,可以对人大的事务进行深入细致的、潜心的研究探讨,不仅可以提高预算审查的质量,也可以更好地推动人大其他工作的开展。

3. 建立预算听证制度

我国政府预算的审批是人大代表直接进行审批,人大代表中很多不是专业的财政专家,对财政预算的审批难免会有审批不当的情况出现。在这种情况下,人民代表可以委托社会经济学专家小组式的中介机构对政府预算的审批进行协助。专家小组的组成人员应由经济学家、会计专家等组成,并建立公众听证和询问制度,最后将其论证的结果形成意见书交由人民代表大会,以供参考,以确保审批的科学性和严肃性。从国外经验看,要强化对政府预算的监督,听证是非常重要的手段。我国目前专门就预算进行听证的尝试凤毛麟角。从目前我国预算听证以及其他听证(主要是价格听证)实践来看,从形式上引进听证程序并不难,然而其实际效果却并不理想。我国要真正引入预算听证程序,有必要进行相关制度的构建,具体包括以下内容:

一是从听证人员选择上,提高听证者素质,扩大听证参与度。听证能否起到应有的作用,在很大程度上取决于听证人员,具体又包括听证人员的素质和听证人员构成是否有代表性两个方面。从美国经验来看,在听证人员中,往往专家被询问的机会较多而且其意见建议也比较切中要害,更容易被采纳。而与其他听证相比,预算听证对于听证者的素质要求较高,因为这里涉及一些专业知识甚至实务经验,而不仅仅是听证者个人或各自团体的利益。从上海的实践来看,除邀请财政、预算部门、银行等相关部门人员外,还可邀请具有一定财经或者公共政策背景的人员听证,比如会计师等。当然,在现有我国公众的专业素质还不够高以及对预算不够关注的情况下,通过培训来提高听证者素质也不失为一个过渡性的办法,具体做法可以考虑参照人大代表的培训。另外一个重要的方面是听证者的人员构成。目前我国听证人员的代表范围还不够广泛,代表的筛选方式也不够透明,而这很容易导致形势一边倒从而使听证流于形式。在美国,为保证听证代表的广泛性和公正性,要求听证委员会必须同意少数党推荐的证人。我国可以考虑通过公民自主报名、委员会筛选的方式让广大公众能够公平、公开地参与听证。

二是在立法保障上,将听证纳入相关预算法律。作为预算管理的专门法律,我国《预算法》在2014年修改时并未将预算听证纳入法律中。这就使得预算听证的执行无法可依,目前仅有少数地方人大通过规则的形式对预算听证进行规范。如上海市闵行区发布了《预算初审听证规则》。在法律制度缺失的情况下,很容易导致听证被某些利益方操控。因此,从长远讲,可以考虑将听证纳入《预算法》,这一方面可以保证听证的法律地位,另一方面也可以通过规定听证人、听证程序等内容使得听证更加规范。

三是从落实反馈上,对听证意见进行落实。目前我国听证的落实反馈机制还没有健全,往往导致听证"只开花,不结果"。在目前尚无法可依的情况下,听证人对听证意见可听可不听,甚至对听证陈述人没有反馈。这样听证就仅能发挥收集意见的作用,而达不到更深层次的让公众参与预算决策的作用。即使听证人不采纳某些听证意见,也应给予反馈,并公开不予采纳的原因。

4. 建立分项审批和修改预算制度

目前人大对预算草案的表决是一揽子式的,或称综合审批。即使代表反对其中某项预算,但出于影响全盘预算的顾虑,也就草草通过了。如果改用分项审批,允许代表就某个部门的预算分别投票,或者就某项"类"级甚至"款"级科目进行投票,则有利于更好地落实代表的审批权力。人民代表大会可以在批准总的预算安排的前提下,对部门预算或专项项目资金预算,尤其是对资金多的部门、较大的项目资金,实行单项表决。当然,这需要部门预算以及细化预算等相关制度的配合。

与分项审批紧密联系的是修改预算制度,因为如果代表反对某项预算,那么接下来的工作就是如何修改。理论上衡量立法机关权力的指标之一就是其能否修改或在多大程度上修改政府提交的预算草案。修正权是现代立法机关的核心预算权力,影响到议会预算能力的大小。预算审批不应仅是对政府编制的预算数额的消极接受,在符合法律规定的条件下,应当允许立法机关积极提出政府所受的财政约束,对预算草案进行修改。预算草案修正权是否决权的必要补充。

为防止立法机关滥用修正权,造成资金浪费或短缺,通常都对其修正权的实施限定一定的条件。比如,预算修正的提案主体应当是各代表团或一定数额的代表联名;预算修正仅能对已提出的预算支出项目作减额修正,不能为增额修正,以防止政府无限扩大开支;预算修正草案应纳入预算草案的框架下作统一的审查与批准等。

5. 健全相关法律

应当说,《预算法》在规范预算审批方面应发挥重要的作用,虽然2014年《预算法》修正对预算审批制度的修改能够在一定程度上补足人大代表在审批预算中的能力缺陷,避免预算审批的过度形式化,然而从整体上讲,2014年《预算法》的修改并未涉及预算审批权的权能、审批程序等内容。这意味着2014年《预算法》的修改仍未从根本上改变当前以政府为主导的预算制度。由于权限范围不明晰、行为规则缺失,立法机关名义上掌控的预算审批权仍将难以实质性发挥作用。此外,现行的其他相关法律法规也要朝着程序法的方向完善,只有这样,才能让预算审批行为按照法律要求真正地贯彻执行。

本章小结

预算审批是指相关部门对预算草案进行审查并批准执行的过程,具体包括财政部门对预算的审查和立法机关对预算的审查及批准。预算的审查和批准使得政府的预算具有了科学性和统筹性、公开性、法律性以及加强了对政府的约束,是其从预算草案成为具有法律效力的公共预算的最根本的保证。

预算的审查和批准的权力属于国家立法机关,立法机关的具体名称则随着各国政体的不同而不同。立法机关依据修改政府预算的法律权限,可分为不受限制的权力、受限制的权力和平衡预算的权力。

我国现行《预算法》对预算审查的重点内容进行了规定,将审查重点由收入审查、平衡审查转向对支出及支出政策的审查。各级人民代表大会审查和批准预算的过程分为初审、审批、批复和备案四个阶段。人大有多种方法对预算进行审查,包括听取汇报、集中审查、实地调查、询问和质询、借助审计力量等。

发达国家预算审批制度有其各自的特点,同时它们也都有一些相似的特点,包括组织体系健全且分工明确、审批流程规范、法律充分可靠、审批时间充分等,这也是它们的成功经验,值得我们借鉴。我国目前的政府预算审批中存在着诸多问题,可以通过提前并延长审批时间、提高代表的业务水平、建立专业论证和公众听证制度、建立分项审批和修改预算制度、完善相关法律法规等思路进行完善。

思考题

1. 思考预算审批对实现预算民主的意义。
2. 我国预算审批的主体是什么?分为哪些类型?
3. 我国政府预算审查的内容有哪些?
4. 我国政府预算审批分为哪几个阶段?
5. 英美国家与我国的预算审批有哪些异同?
6. 西方发达国家预算审批的特点是什么?
7. 我国预算审批有哪些不完善的地方?
8. 如何借鉴发达国家的做法使我国政府预算审批更加完善?
9. 如何才能更好地加强预算审批的法律效力?

第六章

政府预算的执行

【学习目标】

　　本章介绍了预算执行的相关理论与实务。通过本章的学习,掌握预算执行及内容和方式,理解预算执行的组织体系及职责分工,掌握国家金库的概念及设置,掌握国库集中收付制度及单一账户体系的设置,掌握预算收入执行的主要内容,掌握预算支出执行的原则和内容,掌握政府采购的特征及原则以及方式,掌握预算调整的内容及程序,了解预算检查分析的内容及方法,了解财政管理信息系统。

第一节 政府预算执行的目的与内容

一、政府预算执行的目的

政府预算草案被立法机构审查批准后,即成为具有法律效力的财政年度收支计划,预算过程便进入了计划的执行阶段。因此,所谓政府预算执行就是组织政府预算收支计划的实施,并按照预算对收支进行监督控制、调整平衡的过程。

政府预算执行的目的就是将政府预算编制过程对公共资源吸纳与配置的事前预测和决策由可能变为现实,以实现公共政策的要求,它是整个预算周期的一个必经的重要环节。因为通过政府预算的编制将预算目标计划确定以后,并不意味着这个计划可以自行实现,而为了达到预计的收支目标,从年初到年末每天都要进行大量的组织收支的执行工作。

在预算执行中,首先必须以权力机构批准的政府预算年度目标为基本依据。因为政府预算的准备与编制一般都是经历了较长时间的科学预测、反复协调平衡以及充分论证确定的,经过立法机构审查批准后成为具有法律效力的计划。该计划不仅要符合经济社会发展和财政收支本身的一般规律,而且还应具有较强的约束力。因此,政府预算的执行是实现预算各项收支任务的最重要的环节。

但除此之外,即使预算有科学的预测和精细化的编制,在进入预算执行阶段后,由于预算编制预期的实现环境在实践中发生不可预料的种种变化,也会使得在预期条件下编制和批准的政府预算最初所确定的公共政策目标及预算目标发生变化,因此,在政府预算执行过程中,还需要依据预算编制时所确定的目标,并根据实际情况的变化,在合法合规的前提下,调整政府预算执行的具体目标和实现方式。

二、政府预算执行的内容和方式

政府预算执行的内容和方式是围绕预算目标的有效实现进行确定的。

(一)收支的实现与控制

1. 收入的实现与控制

政府预算收入的执行就是依据国家的相关法律法规、政策制度规定,即在对各种税源、费源预测以及既定的税率、费率基础上,把各地区、各部门、各企事业单位应缴财政的预算收入,及时足额地收缴入库。

收入执行中的控制任务为:

(1)必须按照现行税收制度或政府收费制度,做到依法征收、依法减免、收足收实,既要防止偷漏税费等行为的发生,又要防止收过头税或乱收费等行为的发生,并且不得截留、占用、挪用应上缴的预算收入。

(2)在组织收入过程中,努力与国家的区域政策、产业政策相结合,促进各行业、部门根据社会有效需求调整发展结构和产业结构,改善经营管理,提高经济效益和盈利水平,实现增产并增收。

2. 支出的实现与控制

政府预算支出的执行主要是根据年度支出预算和按季度分月用款计划,及时合理地拨付预算资金,以保证经济和事业发展的资金供给。

在拨付资金的过程中,既要按照计划及核定的资金用途,结合各部门的经济事业发展进度,及时合理地拨付资金,还要监督各用款单位管好用好预算资金,通过建立预算资金支出效益评价体系,提高公共资金的使用效益。因此,支出执行中的控制既有合规性控制,也有绩效性控制。合规性控制是通过详细的投入控制来确保经批准的预算法案在预算执行中不会被改变,这种控制要以完善的内部管理系统、奖惩机制及审计制度为保障。绩效性控制要求支出部门和机构对预算资源使用的结果负责,在这种控制模式下,支出部门和机构的管理者在预算资源的使用或营运决策方面有很高的自主性,但不能改变由立法机关通过的预算中所阐明的政策及收支安排。

支出执行中的控制任务是通过建立和发挥预算支出执行的约束系统完成的。主要包括:

（1）建立有效的预算会计和国库管理系统。通过政府预算会计核算与国库集中支付管理,能够有效地跟踪支出预算执行的每一个阶段以及预算拨款项目的活动。

（2）建立健全、透明、高效的政府采购制度。在政府购买性预算支出执行过程中,如果没有透明的政府采购制度和执行体系,包括采购程序以及采购的管理系统,就不可能保证公共支出政策目标的实现及支出的效益,甚至还可能在这类资金的拨款以及使用中衍生出种种腐败问题。

（3）建立科学的、有约束力的绩效评价体系。自20世纪80年代以来,许多国家将预算控制的重心从合规性转向要求支出部门和机构对预算资源使用的结果负责,在这种结果导向的控制模式下,支出部门在预算资源的使用或营运决策方面有很高的自主性,为确保最有效地实施政府政策和规划目标,就要建立起一套切实可行的有约束力的绩效评价体系。

（4）建立全面覆盖的财政预算管理信息系统。利用先进的信息技术手段,支持宏观经济预测分析和部门预算编制、政府采购、国库集中收付等日常预算执行管理。

（二）收支的平衡与调整

1. 收支的平衡

政府预算的执行,在年度中及年度间经历着由平衡到不平衡再达到重新平衡的一系列过程。这是由于:

第一,国家政治经济形势的变化和人们的主观认识对未来计划目标的预测在准确性上的差距,使得事先设定的计划目标的平衡状况经常会被打破。因此,在年度执行预算的过程中,会受一些不可预见因素和季节性因素等的影响,引起预算收入的超收和短收,以及预算支出的增加或减少。这就要求组织预算执行的机关及时分析掌握预算收支执行情况,并采取相应的措施,不断组织预算新的平衡,以保证预算收支任务的顺利实现。为做到这一点,必须对年度预算这个长计划进行短安排,即通过制定和实施按季度分月的阶段性预算执行目标,将政府预算编制总目标按执行期间的收支特点分解或具体化,以利于预算收支总目标的完成。

第二,在现代预算制度下,政府预算要从单纯的控制收支的工具,成为政府从事国家治理、实施宏观调控、实现施政目标的重要手段,所以,在理论上与实践中更加注重将预算作为一种管理工具的重要作用。因此,在跨年度平衡机制下,预算执行还将考虑与中期财政规划、预算稳定调节基金、预算赤字与债务等管理手段共同发挥作用,以实现年度间的平衡。

2. 收支的调整

在预算执行过程中,如果受一些不可预见因素和季节性因素等的影响,需要从实际出发对预算成立时所事先确定的目标进行适时修正时,则要按法定程序进行适当的调整,以体现预算文件法律效力的严肃性,避免随意变更预算而阻碍公共政策目标的实现。

(三)执行的监督与检查

在预算执行过程中,要按照有关的法律法规和制度规定,对预算资金的集中、分配和使用过程中的各种活动加以控制,即监督检查各预算执行单位执行预算和遵守财经纪律的情况,纠正预算执行中出现的各种偏差,使监督成为保证政府预算正确执行的有效措施。

第二节 政府预算执行的组织系统与职责分工

一、政府预算执行的组织系统

(一)政府预算组织系统的构成

政府预算执行的组织系统是指为执行政府预算服务的各种组织、机构、程序、活动等构成要素的总称,它们共同构成一个完整的体系,以保证政府预算的实现。政府预算的执行要按照一定的组织层次和职责分工来进行,如果政府预算执行没有一套完整的组织系统,或各执行机构没有明确的职责分工,就会造成预算执行的困难。

由于政府预算执行阶段的目的涉及收支实现、平衡调整、合规控制、绩效管理等多重目标的实现,因此,预算执行涉及众多的参与者,存在着层层授权的制度安排或委托代理关系。例如,各级人大授权各级政府负责预算的执行并监督,财政部门则在政府的领导下具体负责预算收支的执行工作;在预算执行系统中,又存在着财政部门与一级预算单位、一级预算单位与二级预算单位等层层授权;财政部门内部各具体职能机构的授权;财政部门与税务部门、海关等收入执行机关之间、财政部门与各商业银行之间、财政部门与国库部门之间委托代理的制度安排,从而形成了一个政府预算执行的组织系统。通过这样的组织系统,一方面,要确保在政府预算执行过程中政府的各项公共政策意图及时、准确地传达给有关的政府预算执行的参与者和广大社会公众;另一方面,要把在政府预算执行过程中所发生的新情况、新问题及时地反馈给预算的决策者或管理者。

(二)我国政府预算执行的组织机构

我国政府预算执行按照国家政权级次、行政区划和行政管理体制,实行"统一领导,分级管理,分工负责"。政府预算的执行涉及各地区、各部门、各单位,其组织系统由权力部门、核心管理部门和具体执行部门组成,包括国家立法机构、行政领导机关、职能部门及各类专门机构。

1. 授权执行机构——人民代表大会

我国的立法机构为各级人民代表大会,在政府预算经其审查批准后即进入执行阶段,如何执行要严格按照立法机构的预算授权,对此,政府要接受立法机构的严格监督。此外,在预算执行中如遇特殊情况需改变预算授权,则在法定调整范围内按照法定的程序经立法机关批准方可进行。

2. 组织领导机构——国务院和各级人民政府

我国《预算法》规定,各级预算由本级政府组织执行,即负责政府预算执行的组织领导机关是国务院及地方各级人民政府。

3. 执行管理机构——各级政府财政部门

我国《预算法》规定,政府预算的具体执行机构是本级政府财政部门,即国务院财政部门具体组织中央和地方预算的执行,地方各级政府财政部门具体组织本级总预算的执行。

各级政府及财政部门属于政府预算执行的核心管理部门。

4. 具体执行机构

我国《预算法》规定,各有关部门、单位是部门预算和单位预算的执行主体。各部门组织和监督本部门预算的执行,定期向本级政府财政部门报告预算的执行情况。

各单位按照国家规定上缴预算收入,安排预算支出,并接受国家有关部门的监督。

5. 专门机构和参与机构

政府预算收支的具体执行工作,由财政部门统一负责组织,并按各项预算收支的性质和不同的管理办法,分别由财政部门和各主管收支的专职机构负责组织管理,即除财政部门外,国家还根据预算收支的不同性质和不同的管理办法,设立或指定了专门的管理机构,负责参与组织政府预算的执行工作。

组织预算收入执行的机关主要有税务机关和海关,参与组织预算支出执行的机关主要有国家开发银行、中国农业发展银行等政策性银行和各有关商业银行。

6. 国家金库

(1) 国家金库的基本概念。① 狭义国库。国家金库简称国库,是专门负责办理国家预算资金收纳和支出的机构。国家的全部预算收入都要纳入国库,所有预算支出都应由国库进行拨付。② 广义国库。按照 IMF 的定义,国库不单是指上述狭义国库的职能,在现代预算制度下,更重要的是代表政府控制预算的执行、保管政府资产和负债的一系列管理职能,即现代意义上的国家金库已不再仅仅是政府资金的托管者,而是一个主动的政府现金和财务的管理者,并在此基础上凭借全面及时的信息优势,成为对政府财政收支活动进行全方位管理的管理机构。该定义下对应的是国库广义的财政管理职能,主要包括:现金管理、政府银行账户管理、财务规划和现金流量预测、公共债务管理、国外捐赠和国际援助管理、基金、金融资产管理等。

专栏 6-1　　国库现金管理

国库现金管理是指通过制定一系列规定、程序和方法,提高国库资金的使用效率,降低成本。各国进行国库现金管理,主要是为预算、支出计划和政府债务政策的制定服务。进行国库现金管理的原因是国库资金收入和支出在一年中一般是不平衡的,总会出现收大于支或收不抵支的情况:当收不抵支的情况发生时,财政一方面要及时采取发行政府债券等措施进行融资,另一方面,由于政府支出的大量形成,资金流入商业银行,商业银行的经营资产增大,会出现银根松动的情况;当出现收大于支的情况时,一般会产生三个方面的影响:一是财政部门可以用剩余的资金获取收益;二是对货币产生影响,即当资金存入中央银行时,易产生银根收缩的效应,如果中央银行这时不以扩展信贷的方式抵消紧缩的影响,则会产生真正通货紧缩的效应;三是对财政资金本身的价值产生影响,特别是在通货膨胀时期,由于财政支出资金支出时间推迟,大大降低了财政支出资金的实际购买力,无形中增加了财政资金的成本。

2015 年新修订的《预算法》以及国务院 2014 年下发的《关于深化预算管理制度改革的决定》(国发〔2014〕45 号)第一次写入国库现金管理的内容,明确要求"各级政府应当加强对本级国库的管理和监督,按照国务院的规定完善国库现金管理,合理调节国库资金余额",为实施国库现金管理提供了法律和制度依据。

2001 年实施财政国库管理制度改革以来,各级财政集中在国库单一账户的库款余额不断增加。经国务院批准,2006 年起中央正式启动国库现金管理,初期主要是商业银行定期存款和买回国债。目前主要采取商业银行定期存款,利率通过市场化招标形成,并要求存款银行提供国债或地方债作为质押。截至 2015 年 6 月底,中央国库现金管理累计实施操作 84 次,其中商业银行定期存款操作 82 次,买回国债操作 2 次,有效提高了资金使用效益,降低了财政筹资成本,全面提升了政府资产负债管理能力。

从地方层面看,为加快落实国务院关于盘活财政库款存量、创新资金管理方式、提高资金使用效益的指示精神,财政部会同中国人民银行于 2014 年 12 月正式印发《地方国库现金管理试点办法》(财库〔2014〕183 号),为指导地方开展国库现金管理提供了政策依据。北京、上海、黑龙江、湖北、广东、深圳 6 个省市在省级财政启动首批试点。地方国库现金管理操作工具仅限于商业银行定期存款,存款期限在 1 年以内,并要求存款银行提供国债或地方债作为质押。存款利率按操作当日人民银行规定的定期存款基准利率执行,并允许在规定的利率区间内浮动。地方国库现金管理试点启动以来,各试点地区先后制定操作制度并相继实施操作,试点工作积极稳妥推进,取得了初步成效。

资料来源:财政部国库司。

(2) 国库的设置:

第一,从世界范围看,国库主要有三种类型:

一是银行制,即财政部门在银行开立账户办理预算收支业务,财政账户的性质与一般存款账户相同,实行存款有息,结算付费。美国的州和地方财政及蒙古等国实行银行制。其优点是能够充分利用银行体系进行预算收支,有利于提高效率。

二是委托国库制,即国家委托中央银行经理或代理国库业务,目前很多国家均采用这种体制,如英国、法国、德国、日本、韩国等。在这种体制下,由于预算执行和金融管理都由中央银行负责,因此能够有力地加强财政政策与货币政策的配合,但它同时也增加了央行的负担。

三是独立国库制,即国家专设独立的国库来办理预算收支的出纳业务。其优点是便于预算执行的监督管理,缺点是容易导致预算资金的闲置而且专设国库的成本较大,目前采用这种体制的国家较少,如芬兰。

第二,我国国家金库的设置:按照《预算法》第五十九条的规定,县级以上各级预算必须设立国库;具备条件的乡、民族乡、镇也应当设立国库。中央国库业务由中国人民银行经理,地方国库业务依照国务院的有关规定办理。也就是说,我国国库组织按照财政管理体制设立,分为中央国库和地方国库。原则上一级财政设一级国库,县级以上各级预算必须设立国库,自上而下分别设立中央总库、省(大区)分库、市中心支库和县支库。我国国库业务由中国人民银行及其分支机构经理。因此我国国库体制基本上属于委托国库制。中国人民银行总行及其分支行分别负责相应级别国库的经理工作。中国人民银行未设分支机构的地区由上级人民银行分支机构与有关地方政府财政部门商定后,委托有关银行办理。支金库是国家金库的基层金库,支金库以下的经收国家库款的机构,称"国库经收处",其业务由商业银行的基层机构代理,国库经收处与支金库的区别:一是缴到国库经收处的库款不能算正式入库;二是国库经收处只管库款的收缴,不负责收入的划分留解,也不办理收入的退库。

专栏 6-2　　　　　　　　　　　国库与财政的关系

国库与财政的共同点:

第一,根本目的一致。分配职能是财政一般的、固有的职能,即筹集资金、供应资金,满足政府正常运转的现实需要。国库通过具体办理预算收支业务,及时积聚预算收入,并使符合规定的财政支出项目资金快速划拨到指定的账户,最大限度地满足社会公共需要。

第二,核算内容相同。在政府预算收支业务核算上,国库存在两种情况:一是人民银行经理的国库。各级国库要按照规定的会计科目,建立完整的账务组织体系。二是商业银行代理财政国库业务。商业银行代理国库业务,要按照人民银行的规定设置必要的会计科目,但科目属性及归类要符合其上级主管单位的要求。不论是人民银行经理国库,还是商业银行代理国库业务,在具体核算预算收入、预算支出时,所有科目都必须与财政部门相同,确保政府预算收支工作的真实性和完整性。

国库与财政的区别:

第一,充当角色不同。完成政府预算收支管理工作涉及两个部门:一个是管账的部门,即传统意义上的会计,另一个则是管钱的部门,即传统意义上的出纳。上述两个部门的职能分别由财政和国库行使,两者相互监督、相互制约,以杜绝预算收支工作上的"一手清"。同时,两者又应相互支持、相互沟通、相互配合,建立良好的协作机制,确保政府预算收支活动正常、有序地开展。

第二,职责性质不同。财政是负责管理政府预算收支的部门,其特殊的职能和地位,使各级财政部门成为各级政府的"管家"。国库是负责办理政府预算收支的机关,行使国家资金的保管和出纳职能,并负有监督财政资金流向的责任,自然成为国家及各级政府的"钱袋子",同级国库库存的多少一般能够在一定程度上衡量各级政府财力的殷实程度。

第三,发挥作用不同。财政在政府运行中发挥的主要作用有:一是为国家运转及经济建设筹集资金;二是合理分配政府预算资金,充分发挥政府资金的作用;三是制订预算收支执行计划,并保证得到真实、完整的执行;四是与国家产业政策、货币政策以及其他宏观政策相配套,制定和实施最佳财政政策。国库在各级政府预算收支中发挥财政管理、收支核算、预算执行、监督促进等作用,具体表现在:一是严格监督政府预算收支的执行;二是及时办理政府资金的划拨业务;三是加强对政府资金收支的监测与分析,开展国库现金管理;四是对财政性资金账户进行有效管理。

第四,管理环节不同。财政负责政府预算的编制与执行,使政府资金使用合理、合规、合法,确保各级政府预算收支平衡。而政府预算资金运作需要经过不同的环节。以税收为主的预算收入在征收后进入国库,社会公共需要则以财政支出的形式,通过各级国库拨出予以满足。可见,国库在国家及地方各级政府预算执行中处于重要环节,也是财政政策和货币政策的结合部,在国家两大政策沟通、协调中发挥着桥梁和纽带作用。

二、政府预算执行中的职责分工

(一)职责分工的一般理念

1. 职责分工的模式

核心管理部门(各级政府及财政部门)与具体执行部门在预算执行中的职责分工和相互关系,大体上有两种模式:一种为控制模式,即核心管理部门对具体执行机构通过规划管理、计划指标等施加较多的控制。另一种为自主模式,也称内部控制模式,即具体执行机构在确定的政策及收支目标约束下对具体实现方式和路径有较高的自主权,能够更好地在部门内部实现"预算与政策"的结合,从而有助于改进预算过程的配置效率。当然,其前提是对具体执行机构及其内部明确界定责任归属,按照预算规则和预算程序去获取资源,以确保在核心管理机构的监督下开展自己的活动,既有利于具体执行机构在自主条件下完成受托责任,又可以避免核心管理机构过多干预具体执行机构的日常管理事务。

2. 职责分工的做法

根据各自责任领域和受托责任的不同,核心管理机构的职责主要是:在立法机构所授权的框架内管理资金的拨付,监督政府账户收支的流量,在年度执行中调整预算,监控和审查预算执行进度,制定绩效评价体系等。

具体执行机构的责任主要是:在本部门及所属预算单位间分配资金,购买和取得商品与服务,定期审查预算的实施,准备本支出机构的预算执行进度报告,监督产出与成果情

况等。

（二）我国政府预算执行的具体职责分工

从具体的职责分工看,我国在计划经济条件下主要实施控制模式,经过改革目前实施的是以控制为主、适度放权的模式。

1. 授权执行机构——人民代表大会

我国《预算法》规定,各级人民代表大会及其常务委员会负责监督中央和地方预算的执行,负责审查和批准预算执行中的调整方案,并对预算执行情况的报告进行审查。

2. 组织领导机关——各级政府的职责

按照我国《预算法》的规定：

第一,国务院的职责。国务院作为国家最高行政机关,领导执行政府预算。国务院负责组织中央预算和地方预算的执行;决定中央预算预备费的动用;编制中央预算调整方案;监督中央各部门和地方政府的预算执行。

第二,各级地方政府的职责。地方各级人民政府领导执行地方预算。地方各级人民政府主要负责组织本级总预算的执行;决定本级预算预备费的动用;编制本级预算的调整方案;县级以上地方政府还要负责对本级各部门和所属下级政府预算执行进行检查和监督。

3. 具体管理机关——各级财政部门的主要职责

（1）按照我国《预算法》的规定：

第一,国务院财政部门具体组织中央和地方预算的执行;提出中央预算预备费动用方案;具体编制中央预算的调整方案;定期向国务院报告中央和地方预算的执行情况。

第二,地方各级政府财政部门具体组织本级总预算的执行;提出本级预算预备费动用方案;具体编制本级预算的调整方案;定期向本级政府和上一级政府财政部门报告本级总预算的执行情况。

（2）在预算执行实践中,财政部门还需：

第一,研究落实财政税收政策的措施,支持经济社会健康发展;

第二,制定组织预算收入和管理预算支出的制度及办法;

第三,督促各预算收入征收部门和单位、各有预算收入收缴职责的部门和单位依法履行职责,征缴预算收入;

第四,根据年度支出预算和用款计划,合理调度、拨付预算资金,规范库款和国库单一账户体系管理,监督检查各部门、各单位预算资金使用管理情况,建立覆盖预算执行全过程的动态监控机制,厉行节约,提高效率;

第五,统一管理政府债务的举借、支出、偿还,对使用单位和债务资金使用情况进行监督检查与绩效评价;

第六,指导和监督各部门、各单位建立健全财务制度及会计核算体系,规范账户管理,健全内部控制机制,按照规定使用预算资金;

第七,汇总、编报分期的预算执行数据,分析预算执行情况,按照本级政府和上一级政府财政部门的要求定期报告预算执行情况,并提出相关政策建议;

第八,指导和监督各部门、各单位建立健全资产管理制度,监督检查各部门、各单位资

产使用情况;

第九,组织和指导预算资金绩效监控、绩效评价,充分应用绩效评价结果;

第十,协调预算收入征收部门和单位、国库及其他有关部门的业务工作。

4. 专门机构的主要职责

(1) 税务部门。在预算执行中的主要职责是:按照国家税收法令、制度规定,组织各项工商税收的征收管理,同时负责办理国家交办的其他有关预算收入的征收管理。

(2) 海关总署及其分支机构。主要负责关税的征收管理,并代理税务机关征收进口环节的增值税、消费税和其他有关税收。

(3) 各商业银行。主要职责是负责代为办理各种性质的预算拨款、结算业务和监督工作。

(4) 政策性银行。国家开发银行主要办理国家政策性重点建设拨款贷款及贴息业务;中国农业发展银行主要负责国家粮棉油储备和农副产品合同收购、农业开发等业务中的政策性贷款,代理财政支农资金的拨付和监督使用。

(5) 中国人民银行及各分支机构。经理国家金库业务,组织拟订国库资金银行支付清算制度并组织实施,参与拟订国库管理制度、国库集中收付制度;为财政部门开设国库单一账户,办理预算资金的收纳、划分、留解和支拨业务;对国库资金收支进行统计分析;定期向同级财政部门提供国库单一账户的收支和现金情况,核对库存余额;按规定承担国库现金管理有关工作;按规定履行监督管理职责,维护国库资金的安全与完整;代理国务院财政部门向金融机构发行、兑付国债和其他政府债券。

5. 各预算部门、单位的主要职责

第一,制定本部门、本单位预算执行制度,建立健全内部控制机制;

第二,依法组织收入,严格支出管理,实施绩效监控,开展绩效评价,充分应用绩效评价结果,提高资金使用效益;

第三,对本单位的各项经济业务进行会计核算;

第四,编制财务报告,汇总本部门、本单位的预算执行情况,定期向本级政府财政部门报送预算执行情况报告和绩效评价报告。

第三节 政府预算收入和支出的执行

一、预算收支执行的基础——国库集中收付制度

(一) 制度内涵

国库集中收付制度,也称国库单一账户制度或政府财政账户,是 OECD 国家普遍采用的政府财政资金管理办法,是指取消各支出部门独立开设的预算账户,由财政在中央银行或委托其他商业银行设立"国库单一账户",各级政府将所有的预算资金集中在该账户,同时,所有的预算支出均通过这一账户直接支付给商品供应者或劳务提供者。

在这个账户下,设立国库分类账,详细记录各部门的可用资金,并由国库部门集中管理。财政部门设立总分类账,并在总分类账下为各部门设子账户。预算经议会(我国为人

大)批准后纳入总分类账,且批准的预算规定了每一预算子项的支出限制。

理解和掌握国库单一账户概念需要注意:

(1)国库单一账户是我国对这一账户的表达方式,具体到不同的国家有不同的称谓,如美国称这一账户为国库总账户或一般账户,而法国则把它叫做国库公共会计账户(也有叫国库特别账户的)。

(2)国库单一账户不是一个独立的账户,而是一个多级多层的账户体系,它可以根据资金的性质等标准开设多个账户。

(二)制度特征

国库单一账户的最大特点是:为防止国家公共资金流失,强化国家宏观调控的能力,所有预算收入都必须直接缴入国库,在实际支付前,都是财政可统一支配和调用的资金;所有预算资金均需通过国库予以拨付。

国库单一账户制度的产生有其特定的历史背景,最根本的一点就是随着西方国家政府经济职能的不断强化,政府财政资金多头账户管理,大量滞留在各预算部门的账户上,致使财政资金使用效率低下。而国库集中收付这一制度能有效地管好政府收支,从制度上保证政府资金收付按预算的要求规范进行,这也是美国、日本、英国、法国等国家普遍采取这一制度的原因。

(三)账户构成

(1)政府财务信息系统。该系统包括支出部门的全部账户,并记载了这些账户每一项交易有关的资金流量。各账户的余额都代表在余额内进行支付的能力。

(2)现金支付账户。所有支出部门都在政府财务系统上至少开立一个账户,记录现金支付的总金额。

(3)转账支付账户。所有支出部门必须在政府财务信息系统上开立转账账户,通过该账户进行转账结算。

(4)明细账户。所有支出部门在现金支付账户和转账支付下,设置明细账户,以反映资金支付的具体情况。

(四)账户运行

(1)国库单一账户。大多数国家都将所有的政府现金收入集中于一家银行的国库单一账户,这一账户一般开在中央银行,这有利于随时、准确地评估政府现金余额和对预算执行及财政赤字进行日常监控。

(2)国库分类账户。在国库分类账户系统中,国库为每一家用款单位设立一个或多个不相关的分类账户,办理实际的拨款。

(3)需要利用商业银行作为代理机构,办理日常的国库业务,并每天与中央银行国库单一账户进行清算。

(五)我国国库单一账户体系的基本构成

伴随着我国现代预算制度的构建,我国建立国库集中收付制度的目标是:按照社会主义市场经济体制下公共财政的发展要求,借鉴国际通行做法和成功经验,结合我国国情,建立和完善以国库单一账户体系为基础、资金缴拨以国库集中收付为主要形式的财政国库管理制度,即按照财政国库管理制度的基本发展要求,建立国库单一账户体系,所有财政性资金都纳入国库单一账户体系管理,收入直接缴入国库或财政专户,支出通过国库单一账户体系支付给商品和劳务供应者或用款单位(见图 6-1)。

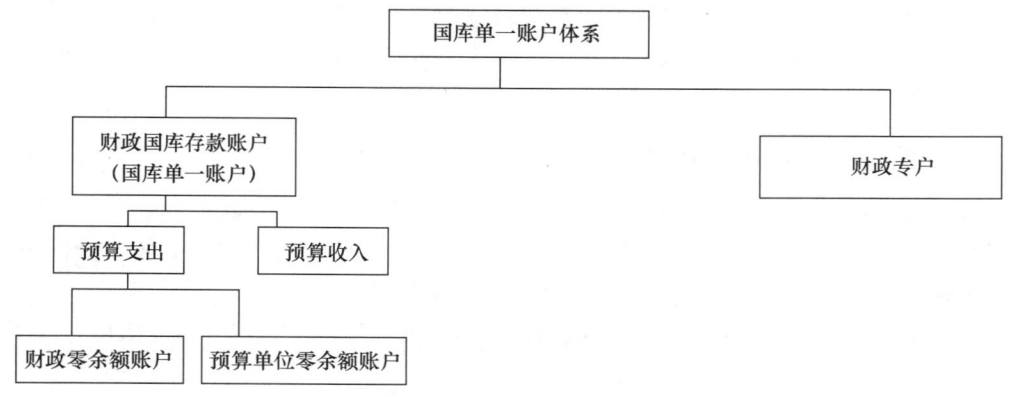

图 6-1 国库单一账户体系

1. 财政国库存款账户(国库单一账户)

财政国库存款账户是指财政部门在国库业务经办机构开设的,用于记录、核算和反映预算收入与预算支出及预算法规定的其他预算资金活动,并用于与零余额账户进行清算的存款账户。该账户按收入和支出设置分类账,并按政府预算收支科目进行明细核算。

国库代理银行按日将支付的财政性资金与国库单一账户进行清算;国库代理行向财政部门提供国库单一账户的收支情况日报表,并与之核对库存余额,确保数字一致。

2. 零余额账户

零余额账户是指财政部门和各部门、各单位在代理国库集中支付业务的银行业金融机构开设的银行结算账户,用于办理预算资金支付业务并与国库单一账户清算,日终余额为零。分为:

(1) 财政零余额账户。该账户由财政部门在集中收付代理银行开设,由财政国库支付中心使用,财政部门进行监督管理。用于记录、核算和反映实行直接支付方式的财政性资金活动,并与国库单一账户进行清算。该账户按支出类型和预算单位设置总分类账与明细分类账。

(2) 预算单位零余额账户。该账户由财政国库支付中心代各预算单位在代理银行开设,由各预算单位使用,财政部门委托财政国库支付中心进行监督和管理。该账户用于记录、核算和反映预算单位的上级补助收入与实行授权支付方式的财政性资金活动,以及预算单位的日常现金支付活动,与国库单一账户进行清算。该账户按收支类型设置分类账,进行明细核算。

3. 财政专户

财政专户是指财政部门为履行财政管理职能,按照规定的设立程序,在银行业金融机构开设用于管理核算特定专用资金的银行结算账户。该账户用于记录、核算和反映法律规定的特定专用资金活动,如满足社会保险基金核算、非税收入收缴、外国政府和国际金融组织贷款赠款、外币资金核算、教育收费资金管理、财政代管资金管理、乡镇财政资金管理等需要。该账户按资金使用性质设置总分类账和明细分类账进行核算。财政专户与财政部门开设在人民银行的国库单一账户、财政部门和预算单位开设在商业银行的零余额账户共同构成了我国的国库单一账户体系,有利于弥补国库单一账户在操作技术上的不足。需要说明的是,由于该账户是为满足特殊需要而设立的,因此按照《预算法》第五十六条的规定,对于法律有明确规定或者经国务院批准的特定专用资金,可以依照国务院的规定设立财政专户。

二、政府预算收入的执行

政府预算收入的执行就是按照政府预算确定的任务组织预算收入的过程,这是预算执行的首要环节,也是执行其他预算行为的基础。按目前的政府收支分类科目,财政性收入分为税收收入、非税收入、债务收入和转移性收入等四大类。

在预算收入执行过程中,预算收入征收部门和单位必须依照法律、行政法规的规定。

(一)预算收入征缴依据及方式

1. 预算收入的征缴依据

(1)各项法律法规和制度规范。按照《预算法》的规定,在预算收入执行过程中,各级政府不得向预算收入征收部门和单位下达收入指标,避免"计划税收"对企业主体生产经营活动的负面影响。各级财政、税务、海关等预算收入征收部门和单位,必须依法组织预算收入,及时、足额征收应征的预算收入。不得违反法律、行政法规的规定,多征、提前征收或者减征、免征、缓征应征的预算收入,不得截留、占用或者挪用预算收入。

(2)企业财务收支计划。企业财务计划由企业根据财务会计制度和有关法律法规及企业生产经营等情况编制,企业年度收支计划中预计向国家缴款的部分构成了政府预算收入的内容。如国有企业的利润缴款构成了国有资本经营预算的重要收入来源,按企业所得税后利润根据国家规定的比例上缴。

(3)政府性收费和基金计划。政府性收费和基金收入是政府预算的重要收入形式,应严格按照国家规定的征收项目和征收标准组织征收。

预算收入征收部门和单位征收除税收以外的预算收入时,应当按照国家规定向被征收对象开具财政部或者省、自治区、直辖市政府财政部门监制的财政票据或者采用税收票据并在其中列明。

2. 预算收入的缴款方式

我国《预算法》规定,国家实行国库集中收缴制度,是指预算收入按照规定的程序,通过国库单一账户体系缴入国库的办法。

实行国库单一账户制度后,我国将以往预算收入缴款的就地缴库、集中缴库和自行缴库三种方式简并为直接缴库和集中汇缴两种,取消了收入过渡性账户。

(1)直接缴库。直接缴库是由缴款单位或缴款人按有关法律法规规定,直接将应缴收入缴入国库单一账户或财政专户。直接缴库的收缴程序是:由纳税人或税务代理人提出纳税申报,经征收机关审核无误后,由纳税人通过开户银行将税款缴入国库单一账户。直接缴库的其他收入,比照上述程序缴入国库单一账户或财政专户。

(2)集中汇缴。集中汇缴是由征收机关(有关法定单位)按有关法律法规规定,将应缴收入汇总缴入国库单一账户或财政专户。目前,除当场执收的项目外,基本都采用了直接缴库方式,对小额零散税收和非税收入现金缴款实行集中汇缴。集中汇缴的收缴程序是:小额零散税收和法律另有规定的应缴收入,由征收机关于收缴收入的当日汇总缴入国库单一账户。非税收入中的现金缴款,比照该程序缴入国库单一账户或财政专户。

(二) 预算收入缴库的划分和报解

预算收入的划分是指国库对收纳入库的预算收入,根据预算管理体制规定的各级预算固定收入的划分范围,以及中央与地方、地方上下级之间分成收入的留解比例,划分并计算中央预算收入和地方各级预算收入。

预算收入的报解,即在划分收入的基础上,按照规定的程序将各级预算收入的库款分别报解各级国库,相应地增加各级预算在各级国库的存款,以保证各级预算及时取得预算收入。具体说来,"报"就是国库通过编报统计报表向各级财政机关报告预算收入的情况,以便各级财政机关掌握预算收入进度和情况;"解"就是各级国库在对各级预算收入进行划分之后,要将库款按其所属关系逐级上解到所属财政机关在银行的金库存款账户。

(三) 预算收入的退付

预算收入的退付就是在政策允许的范围内,将已入库的预算收入退还给原缴纳单位或缴款人。政府预算收入缴入国库后,就成为国家的预算资金,退付属于减少政府预算收入,因此必须在国家统一规定的范围内退付,并要经过严格、特定的程序。《预算法》第六十条规定:已经缴入国库的资金,依照法律、行政法规的规定或者国务院的决定需要退付的,各级政府财政部门或者其授权的机构应当及时办理退付。按照规定应当由财政支出安排的事项,不得用退库处理。

1. 退付的范围

(1) 技术性差错退付。由于工作疏忽,发生技术性差错,多缴、错缴,或应集中缴库却在当地缴库而需要退付的。

(2) 结算性退付。企业单位隶属关系改变,上划下划发生收入级次转移,交接双方办理财务结算需要退付的;企业超缴而需清算退付的(超过应缴数额,又不宜在下期抵缴)。

(3) 政策性退付。根据批准的企业亏损计划,应当弥补给企业的计划亏损需要退付的。

(4) 提留性退付。地方财政从已入库的税款中提取税收附加和从工商各税中提取代征手续费,需要退付的。

(5) 财政部明文规定和专项批准的其他退付项目。

凡是不符合上述退付条件的,各级财政机关和主管收入机关不得办理审批手续,对于不符合规定的退付,各级国库有权拒绝办理。符合条件的各预算单位和个人在办理预算收入退付时,首先要向财政机关或征收机关填写退付申请书,经财政机关和征收机关严格审查同意后,签发"收入退还书"交退付单位或退付人员向国库办理退库。

2. 退付的审批

各级预算收入退付的审批权属于本级政府财政部门。涉及中央预算收入的退付,由财政部或者财政部授权的机构批准。地方预算收入的退付,由地方政府财政部门或者其授权的机构批准。具体退付程序按照财政部的有关规定办理。

办理预算收入退付,应当直接退给申请单位或者申请个人,退付资金有专项用途的按照国家规定用途使用。任何部门、单位和个人不得截留、挪用退付款项。

(四) 预算的超收短收与预算稳定调节基金

1. 预算的超收短收

预算的"超收收入",是指年度本级一般公共预算收入的实际完成数超过相对应的经本级人民代表大会批准的收入预算的部分。对于超收收入的使用,《预算法》第六十六条规定:各级一般公共预算年度执行中有超收收入的,只能用于冲减赤字或者补充预算稳定调节基金。

预算的"短收",是指年度本级一般公共预算收入的实际完成数小于相对应的经本级人民代表大会批准的收入预算的情形。

2. 预算稳定调节基金

预算稳定调节基金指财政通过对超收收入的安排,用于弥补短收年份预算执行缺口及视预算平衡情况,在安排预算时调入并安排使用的专用基金。《预算法》四十一条规定:各级一般公共预算按照国务院的规定可以设置预算稳定调节基金,用于弥补以后年度预算资金的不足。

> **专栏6-3　预算稳定调节基金的设置及作用**
>
> 为了更加科学合理地编制预算,保持政府预算的稳定性,2006年中央财政建立了中央预算稳定调节基金。从基金用途来说,专门用于弥补短收年份预算执行中的收支缺口,应对不时之需。中央财政可根据预算的平衡情况,在安排年初预算时调入并安排使用该项基金;从基金管理来说,中央预算稳定调节基金单设科目,安排基金时在支出方反映,调入使用基金时在收入方反映,基金的安排使用纳入预算管理。年度执行中如有超收,超收收入除按照法律法规和财政体制规定增加支出,以及用于削减财政赤字、解决历史债务、特殊一次性支出等必要支出外,原则上不用于当年支出,一律转入中央预算稳定调节基金,在以后年度经过预算安排使用。当年预算执行中确有需要增加安排的支出,通过使用预备费解决;从监督控制来说,基金的使用要接受全国人民代表大会及其常委会的监督。因特殊原因需要在总预算之外增加收支,要通过法定程序调整预算。
>
> 预算稳定调节基金的建立及实施有利于规范预算管理,增强预算的约束力;有利于提高预算的透明度,提高依法行政和依法理财的水平;有利于全国人民代表大会及其常委会和社会公众对超收收入安排的监督。建立预算稳定调节基金反映了稳健理财、周期平衡、控制风险的理财观念,为政府应付突发事件提供了物质保障。

三、政府预算支出的执行

预算支出的执行就是按计划分配和使用预算资金的过程,也是提供公共产品和服务、满足公共需要的过程。因此,预算支出的执行直接决定了公共产品和服务的质量及效果,是政府预算管理中非常重要的环节。

政府预算支出的执行涉及多个层面的执行者,如财政部门、国库部门、主管部门、预算单位等,因此,支出执行中在各有关部门间既有合规性控制,也有绩效性控制。

(一)国库集中支付制度

国库集中支付制度,是指预算支出通过国库单一账户体系,采取财政直接支付或者财政授权支付的方式,将资金支付给收款人的办法。

1. 财政直接支付

财政直接支付是指由政府财政部门开具支付令,通过财政零余额账户支付给收款人,财政零余额账户再与国库进行资金清算的支付方式。

(1) 财政直接支付的流程:① 预算单位按照批复的部门预算和资金使用计划,向财政国库支付执行机构(国库支付中心)提出支付申请;② 财政国库支付执行机构根据批复的部门预算和资金使用计划及相关要求对支付申请审核无误后,向代理银行发出支付令,并通知中国人民银行国库部门,通过代理银行进入全国银行清算系统实时清算;③ 财政资金从国库单一账户划拨到收款人的银行账户。

财政直接支付的操作流程如图 6-2 所示。

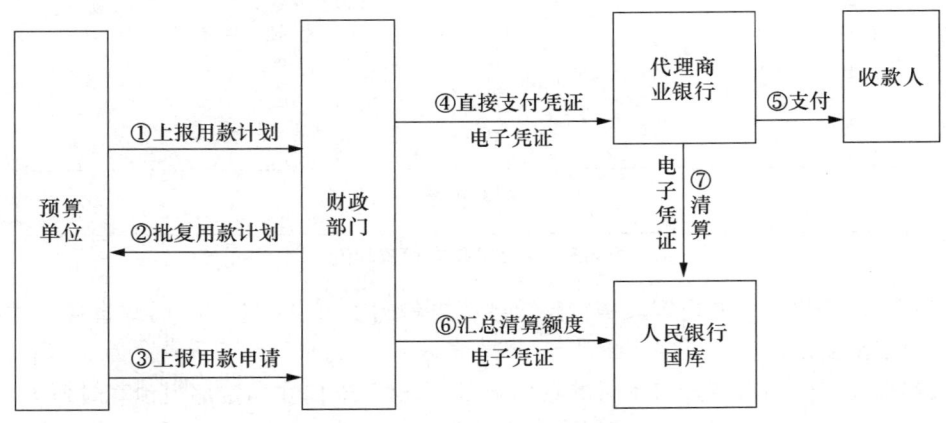

图 6-2 财政直接支付流程图

(2) 财政直接支付的内容。实行财政直接支付的支出主要包括:① 工资支出,即预算部门或单位的工资性支出;② 购买支出,即预算部门或单位除工资支出、零星支出之外购买服务、货物、工程项目等支出;③ 中央对地方的专项转移支付;④ 拨付企业大型工程项目或大型设备采购的资金等;⑤ 转移支出,即拨付给预算部门及下级财政部门,未指明具体用途的支出,包括中央对地方的一般性转移支付、对企业的补贴和未指明购买内容的某些专项支出等。

2. 财政授权支付

财政授权支付是指预算单位根据本级政府财政部门授权,自行开具支付令,通过预算单位零余额账户支付到收款人,预算单位零余额账户再与国库进行资金清算的支付方式。

(1) 财政授权支付的流程:① 预算单位按照批复的部门预算和资金使用计划,向财政国库支付执行机构申请授权支付的月度用款限额;② 财政国库支付执行机构将批准后的限额通知代理银行和预算单位,并通知中国人民银行国库部门;③ 预算单位在月度用款限额内,自行开具支付令,通过财政国库支付执行机构由代理银行向收款人付款,并与国库单一账户清算。

财政授权支付的操作流程如图 6-3 所示。

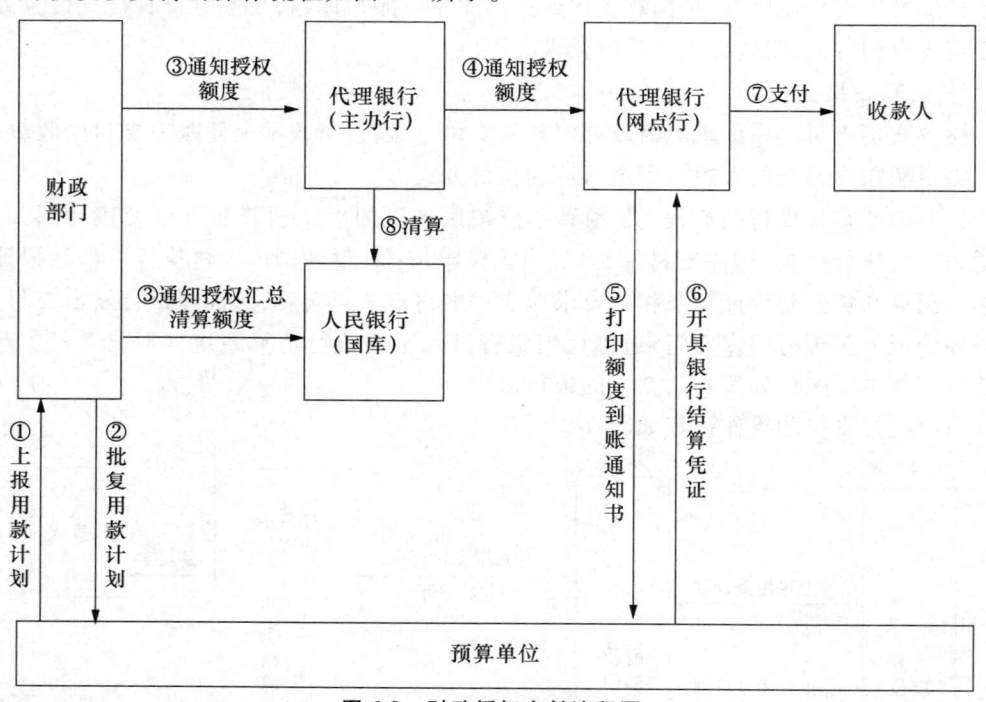

图 6-3　财政授权支付流程图

(2) 财政授权支付的内容。实行财政授权支付的支出包括未实行财政直接支付的购买支出和零星支出。

财政直接支付和财政授权支付的具体项目,由财政部门在确定部门预算时列出。

专栏 6-4　　国库集中收缴和集中支付制度

我国《预算法》第六十一条规定:国家实行国库集中收缴和集中支付制度,对政府全部收入和支出实行国库集中收付管理,即所有财政性资金都纳入国库单一账户体系管理,收入直接缴入国库或财政专户,支出通过国库单一账户体系支付给商品和劳务供应者或用款单位。这改变了原分散支付制度下收入缴库中存在的拖欠挤占现象,解决了财政收入不能及时、足额入库的问题。原制度下执收单位设置收入过渡账户,人为调节税款入库进度和经费余缺的现象较为普遍,部分金融机构也从自身利益出发为上述行为提供方便。实行国库集中收付制度,便于财政部门掌握各支出机构每一笔资金的购买对象,实现对财政资金流向、流量的全程实时监控,有利于规范支出管理。

国库集中收付制度是市场经济国家普遍采用的一种财政资金收付管理制度。2001年我国实行国库集中收付制度改革以来,实行国库集中收付的财政资金比例不断提高,财政部门对财政资金的控制力大幅度提升。目前我国已经基本建立国库单一账户体系,实行所有财政性资金都纳入国库单一账户体系管理,收入直接缴入国库或财政专户,支出通过国库单一账户体系支付给商品和劳务供应者或用款单位的管理模式。各级政府的全部收入,从取得到划入国库单一账户的全过程,均需要纳入财政部门的监控之内。各级政府的政府资金全部支出,无论是以财政直接支付还是财政授权支付方式拨付的资金,最终都与国库单一账户进行清算,由国库单一账户中支取。从预算分配到资金拨付、资金使用、银行清算,直至资金到达商品供应商或劳务提供者账户的全过程,也需要纳入财政部门的监控之内,确保财政资金使用的合规可控。

(二) 政府预算拨款的控制原则

在我国,预算拨款涉及财政部门及国库部门。

1. 财政部门的控制原则

(1) 按预算计划拨款。按照预算拨付,即按照批准的年度预算和用款计划拨付资金。除《预算法》第五十四条规定的,在预算年度开始后,各级预算草案在本级人民代表大会批准前,可以安排的支出(上一年度结转的支出;参照上一年同期的预算支出数额安排必须支付的本年度部门基本支出、项目支出,以及对下级政府的转移性支出;法律规定必须履行支付义务的支出,以及用于自然灾害等突发事件处理的支出)外,不得办理无预算、无用款计划、超预算、超计划的资金拨付,不得擅自改变支出用途。

(2) 按用款进度拨款。各级财政部门根据各用款单位的实际用款进度拨付资金。既不能将全年所需资金一次性全部拨付,也不能不考虑实际需要推迟拨付。既要保证资金需要,又要防止资金分散积压;既要考虑本期资金需要,又要考虑上期资金的使用和结余情况,以保证政府预算资金的统一安排、灵活调度和有效使用。

(3) 按核定的支出用途拨款。各级财政部门办理预算拨款应根据预算规定的用途拨付,不得随意改变支出用途,以保证国家核定的行政任务和事业计划正确地执行。

(4) 按预算级次和程序拨款。按照规定的预算级次和程序拨付,即根据用款单位的申请,依照用款单位的预算级次和审定的用款计划,按照财政部门规定的预算资金拨付程序办理拨付,不得办理违反规定程序的资金拨付。

2. 国库部门的控制原则

在单一账户和集中支付制度下,为保证政府预算资金需要和财政库款支拨正确执行,财政库款支付除坚持上述原则外,国库还应根据单一账户和集中支付的特点,遵循分类支付原则、计划控制原则、集中支付为主原则和效率原则支付库款。

（1）分类支付原则。财政资金用款支付标志着政府预算支出执行的实现，以及财政分配活动的完结。财政资金支付要根据财政支出的支付管理分类进行。根据我国的传统做法并借鉴国际经验，财政支出按是否对资金和生产要素形成直接需求的标准分类，分为购买性支出和转移性支出两大类。根据国库支付管理需要，购买性支出和转移性支出又具体分为工资支出、购买支出、零星支出和转移支出。现实中，按集中支付管理要求的财政支出分类与政府预算科目的支出分类具有兼容性，即政府预算科目分类可以归为按集中支付管理划分的四类支出。如按支付管理需要，将政府间转移支付的专项转移支付、拨付的大型工程项目建设资金归为购买支出，这类支出由国库直接支付给商品或劳务供应者；而将中央对地方的税收返还、一般性转移支付等，以及对企业的补贴和未指明购买内容的某些专项支出等归为转移支出，这类支出支付给预算单位或下级财政。财政资金支付实施后，即成为个人工资收入、商品劳务供应商销售收入和营业收入，或者其他转移性收入等，由此，国库通过支付业务管理最终实现了财政款项的支付。

（2）计划控制原则。财政资金用款计划是政府预算或部门预算支出的月度执行依据，在单一账户和集中支付下，用款单位或部门编制财政资金用款计划是财政资金支付的前提和起点，国库审查用款单位或部门报送的财政资金用款计划，是财政资金支付的基本程序、基本手续和基本管理环节。因此，财政资金支付应按照用款单位和部门财政资金月度用款计划进行。

（3）集中支付为主原则。参照国际通行做法并结合国情，现阶段我国财政资金支付采取国库集中支付为主、授权预算单位支付为辅的原则，以加强财政管理监督和提高支付效率。国库现行财政资金支付，按发出支付令主体的不同分为两种支付方式：① 由财政发出支付令的财政直接支付方式；② 由预算单位经财政授权自行发出支付令的财政授权支付方式。国库执行支付时，应按规定选择相应的支付方式进行。大额支付由财政直接管理，经常性小额支付分别交由预算单位自行管理。这样可在不改变预算单位资金使用权的情况下，既加强管理监督，又方便预算单位用款。

（4）效率原则。效率原则主要表现为：第一，大额资金由财政直接支付给供应商或用款单位，可减少支付的中间环节，每日大量发生的小额支付由财政授权预算单位执行，不需要逐笔申请，有利于提高财政资金的支付效率。第二，财政直接支付和授权支付，以现代银行支付系统和财政信息管理系统的国库管理操作子系统为基础，通过网络技术提高了支付、清算、结算、对账等业务的效率。

四、预算支出执行中的政府采购管理

（一）政府采购制度

1. 政府采购的内涵

政府采购，也称公共采购，是指各级政府及其他公共部门为了开展日常政务活动和为公众提供公共服务的需要，在财政的监督下，以法定的方式和方法从国内外市场上购买所需商品、工程及服务的一种经济行为。现代意义上的政府采购制度最早产生于1782年的英国，当时英国设立了政府文具公用局，作为采购政府部门所需办公用品的机构。此后，

西方各国相继成立了专门的政府采购机构,或通过相关的法律确立政府采购作为政府财政管理制度的重要组成部分。

《中华人民共和国政府采购法》(下称《政府采购法》)、《中华人民共和国政府采购法实施条例》(下称《条例》)对"政府采购"所作的界定是:政府采购是指国家机关、事业单位和团体组织,使用财政性资金采购依法制定的集中采购目录以内的或者采购限额标准以上的货物、工程和服务的行为。其中:

所称财政性资金,是指纳入预算管理的资金。以财政性资金作为还款来源的借贷资金,视同财政性资金。国家机关、事业单位和团体组织的采购项目既使用财政性资金又使用非财政性资金的,使用财政性资金采购的部分,适用《政府采购法》及《条例》;财政性资金与非财政性资金无法分割采购的,统一适用《政府采购法》及《条例》。

所谓服务,包括政府自身需要的服务和政府向社会公众提供的公共服务。

为贯彻落实党中央、国务院关于加大政府向社会力量购买服务力度的要求,同时为规范政府购买服务行为,《条例》规定,政府采购服务包括政府自身需要的服务和政府向社会公众提供的公共服务,明确了政府向社会力量购买服务的法律地位和法律适用问题。为了保证政府购买的公共服务符合公众需求,《条例》规定,政府向社会公众提供的公共服务项目,应当就确定采购需求征求社会公众的意见,验收时应当邀请服务对象参与并出具意见,验收结果向社会公告。

2. 政府采购的特点

与私人采购和企业采购相比,政府采购有如下特点:

(1) 采购主体的特殊性。政府采购的主体是使用财政性资金采购依法制定的集中采购目录以内的或者采购限额以上的货物、工程和服务的国家机关、事业单位和团体组织,也就是说,政府采购的主体是公共部门。我国《政府采购法》中称其为采购人。

(2) 采购资金的公共性。政府采购的资金来源是公共资金,即财政拨款和需要由财政偿还的公共借款。而这些资金的最终来源是纳税人的税收、政府公共服务收费和政府债务收入等。而私人采购的资金来源是私有资金。这是政府采购的根本特点。

(3) 采购对象的广泛性。政府采购的对象从办公用品到军火武器,涉及货物(包括原材料、燃料、设备、产品等)、工程(包括建筑物和构筑物的新建、改建、扩建、装修、拆除、修缮等)和服务,无所不包,没有一个私营采购组织有如此宽泛的采购对象。

(4) 采购活动的非营利性。政府采购的目的是满足公共需要,以有限的财政资金向公众提供最优质的公共产品和服务,不是为了获利。

(5) 采购数量的规模性。在很多国家,政府采购在国民生产总值和财政支出中都占相当大的比重,政府采购金额占欧盟成员国 GDP 的 15% 左右,政府采购支出占美国联邦预算支出的 30% 左右。

(6) 采购依据的政策性。政府采购的主要目的是实现政府职能,提供社会公共产品和服务,因此,采购代理人在采购时不能体现个人偏好,必须遵循国家政策的要求,包括最大限度地节约支出,符合对节能环保的要求,购买本国产品等。

(7) 采购程序的规范性。政府采购一般具有较高的透明度,采购程序、采购过程等都

是公开的,政府采购人员及整个采购活动都要受到财政、审计、社会的全方位监督。

专栏6-5　政府采购的政策功能与公开透明

一、发挥好政府采购的政策功能

政府采购使用的是财政性资金,各国普遍重视政府采购的政策功能,发挥政府采购的宏观调控作用,实现支持国家经济和社会发展的特定目标。《政府采购法》第九条规定:政府采购应当有助于实现国家的经济和社会发展政策目标,包括保护环境,扶持不发达地区和少数民族地区,促进中小企业发展等。但是,实践中政府采购的政策功能发挥得不够充分,影响了国家特定目标的实现。针对这一问题,《条例》作了以下规定:一是国务院财政部门会同国务院有关部门制定政府采购政策,通过制定采购需求标准、预留采购份额、价格评审优惠、优先采购等措施,实现节约能源、保护环境、扶持不发达地区和少数民族地区、促进中小企业发展等目标。二是采购人、采购代理机构应当根据政府采购政策编制采购文件,采购需求应当符合政府采购政策的要求。三是采购人为执行政府采购政策,经批准,可以依法采用公开招标以外的采购方式。四是采购人、采购代理机构未按照规定执行政府采购政策,依法追究法律责任。

二、让政府采购真正成为"阳光下的交易"

实践中,采购人、采购代理机构往往通过隐瞒政府采购信息、改变采购方式、不按采购文件确定事项签订采购合同等手段,达到虚假采购或者让内定供应商中标、成交的目的。针对此类问题,为防止暗箱操作,遏制寻租腐败,保证政府采购公平、公正,《条例》作了以下规定:一是项目信息须公开。政府采购项目采购信息应当在指定媒体上发布。采购项目预算金额应当在采购文件中公开。采用单一来源采购方式,只能从唯一供应商处采购的,还应当将唯一供应商名称在指定媒体上公示。二是采购文件须公开。采购人或者采购代理机构应当在中标、成交结果公告的同时,将招标文件、竞争性谈判文件、询价通知书等采购文件同时公告。三是中标、成交结果须公开。中标、成交供应商确定后,应当在指定媒体上公告中标、成交结果。中标、成交结果公告内容应当包括采购人和采购代理机构的名称、地址、联系方式,项目名称和项目编号,中标或者成交供应商名称、地址和中标或者成交金额,主要中标或者成交标的的名称、规格型号、数量、单价、服务要求以及评审专家名单。四是采购合同须公开。采购人应当在政府采购合同签订之日起2个工作日内,将政府采购合同在省级以上人民政府财政部门指定的媒体上公告。五是投诉处理结果须公开。财政部门对投诉事项作出的处理决定,应当在指定媒体上公告。

3. 政府采购的基本原则

(1) 公开透明原则。公开透明是指政府采购的有关信息、法律、政策、程序以及采购过程都要公开。对公众而言,公开性的关键就是政府采购活动信息具有较高的透明度,符合全面性、合法性、最新性、易得性和易解性标准。为此,要求政府公开发布采购信息,公开招标,公开中标结果,公开采购法律,公开采购记录等。除涉及国家秘密和商业秘密的政府采购,其他政府采购的过程都应当透明和公开。

（2）公平竞争原则。公平竞争就是要求给予每一个参加竞争的投标商均等的机会，使其享有同等的权利并履行同等的义务，不歧视任何一方。竞争只有建立在公平的基础上才能充分发挥其优化资源配置的作用，进而可以使采购者以较低的价格采购到优质的商品和服务，提高政府采购的经济效率。

（3）公正原则。公正原则是指采购方及其代理人相对于作为投标人、潜在投标人的若干供应商而言，应当站在公允的立场上，平等对待所有的供应竞争者，不能有特殊，评标和中标的选择及判断标准也必须客观公正。为了确保政府采购活动中的公正原则，《政府采购法》建立了回避制度，即在政府采购活动中，采购人员及相关人员与供应商有利害关系的，必须回避。

（4）诚实信用原则。诚实信用原则是民事活动的基本原则，同样适用于政府采购活动。一方面，当政府作为采购者出现在市场上时，应当与供应商处于平等的地位。政府采购人与供应商所签订的合同，同样属于民事合同范围。因此，政府采购应当与其他社会主体采购一样，遵循诚实信用这一普遍的商业规则。另一方面，政府采购作为公共管理领域的政府活动，与一般社会主体相比，更有理由坚持这一原则。这是因为，在塑造社会交易规则和道德规范方面，政府比其他社会主体负有更大的责任，应该为促进全社会建立诚实信用规则树立典范。

4. 政府采购制度对支出执行的约束作用

（1）集中采购和集中管理，即由分散采购、分散管理转变为适当集中采购、集中管理。传统的政府采购主要分散在各个不同的部门中，而每一个部门的采购又由部门内部若干个科室分别掌握。由于采购十分分散，采购的管理也同样处于分散状态。分散的采购和分散的管理，使采购中经常暴露监督管理困难、大量财政资源流失的问题。正是基于此，政府采购制度强调对一些特殊产品和大宗数额的采购实行集中采购。集中采购便于政府集中管理，更有利于社会各方面的集中监督。

（2）批量和规模采购，即由零星采购转变为批量、规模采购。传统的政府采购由于主要是分散进行的，不能形成批量采购，也就不能有效地提高政府采购效率。而集中采购制度建立以后，政府采购的批量就会随之扩大。采购批量扩大符合市场批量法则，其结果必然是大大提高了政府采购的规模效益。

（3）范围广泛的采购，即由有限范围的采购转变为广泛范围的采购。传统的基于各个部门和单位的分散采购由于规模较小，不可能在很大的空间范围内开展采购业务，也就不可能在更广泛的范围内优选政府各部门和单位所需要的工程、货物和服务。政府采购制度建立以后，对于集中采购的招标采购部分，国家规定必须在指定的媒体上发布招标公告，从而不仅可以将采购范围扩大到全国，同时还可以吸引任何有兴趣的国外供应商来参与本国的政府采购竞争，增强采购项目的竞争性。

（4）有竞争性的采购，即由"一"对"一"的无竞争采购转变为"一"对"众"的竞争采购。传统的政府采购一般不采用公开招投标等竞争采购方式，通常是政府部门和单位直接对某一家供应商进行采购。而建立政府采购制度后，规定了大宗产品和服务采购的程序及方法，其中极为重要的内容就是发布采购公告，吸引大量的供应商参与对政府的销售竞争，从而使政府采购充分运用市场竞争法则。

(5) 公开公正的采购,即由私下采购转变为公开、公正、透明的采购。传统政府采购主要由各部门和单位自己进行,信息不公开,采购过程不透明。结果常常会出现因暗箱操作而带来的种种问题。建立政府采购制度,要求政府采购公开信息,公开采购结果和采购记录,从而使政府采购走上了"阳光下的交易"大道。

(6) 内行参与的采购,即由外行采购转变为内行采购、专家采购。由于传统的政府采购大多是由各部门和单位自己进行的零星分散购买,而部门和单位从事这项业务的相关人员对某些工程、产品和服务,特别是一些现代化产品并不熟悉。因此采购的工程、产品和服务会出现信息不对称带来的采购效率不高及寻租等问题。而实现政府采购规范化以后,有专门或专业的采购人员专职参与采购过程,对产品、工程和服务的性能、质量、价格及售后服务有更深入、更全面的了解,可以使采购行为和采购结果更符合政府采购的要求。

(7) 依法进行的采购,即由无序的采购转变为按法定程序和方式进行的采购。传统的政府采购基本上处于无序的状态,各部门和单位自行采购,没有法定程序,也没有统一规定采购方式,因此,采购随意性极大。政府采购制度化以后,政府各相关单位的采购将以法律为依据,按法定的程序和方法进行,使政府采购真正走上有序发展的轨道。

(二) 政府采购的方式

各国政府一般都根据本国的经济发展情况、社会文化背景等确立符合本国国情的政府采购方式,按是否具备招标性质可分为两大类:招标性采购和非招标性采购。

1. 招标性采购

招标性采购是指通过招标的方式,邀请所有的或一定范围的潜在的供应商参加投标,采购人或采购代理机构通过某种事先确定并公布的标准从所有投标中评选出中标供应商,并与之签订合同的一种采购方式。招标性采购最能体现政府采购的公开性、竞争性,是比较普遍的采购方式。按照招标采购的公开程度,可将其进一步划分为以下两种:

(1) 竞争性招标采购。竞争性招标采购又称公开招标采购,是指通过公开程序,邀请所有有兴趣的供应商参加投标的方式。它具有通过广告进行竞争邀请、投标一次性、按事先规定的选择标准将合同授予最佳供应商及不准同供应商谈判等特点。其优点包括能够促进公平竞争及有效地采购到性价比高的产品和服务等。其缺点是竞争性招标手续和程序较为复杂、耗费时间,采购缺乏弹性等。实践中这种方式应用得较为广泛,除某些特殊情况外基本都可以采用竞争性招标采购。

(2) 有限招标采购。有限招标采购又称邀请招标采购,是指采购人选定若干家供应商,邀请其报价投标,与符合规格且价格最低的货物和服务提供者签订合同。这种招标方式虽然引入了竞争机制,但它是一定范围内和一定程度上的竞争。其适用的情况是:竞争性招标后没有供应商参加投标或无合格标;追加工程和后续工程等,需要与原供应商提供的服务和产品配套的;技术复杂或专门性的货物、工程和服务的采购;采购价值低而研究和评审大量投标书所费时间及精力多等情况。

2. 非招标性采购

非招标性采购是指不采用招标形式的采购行为。非招标性采购的方式主要有单一来源采购、竞争性谈判采购、询价采购等具体方式。

(1) 单一来源采购。单一来源采购也称直接采购，就是没有竞争的采购。即使采购标的达到了竞争性招标采购的金额标准，但由于来源渠道单一，属于专利或首次制造、合同追加、原有项目的后续扩充等特殊情况，只能从唯一的供应商那里采购。这种采购方式不利于采购人降低成本，也不符合竞争原则，世界各国的政府采购相关法律法规对于这种采购方式一般都有严格的适用条件。

(2) 竞争性谈判采购。竞争性谈判是指采购人通过与多家供应商分别进行谈判后从中确定中标供应商并授予合同的一种采购方式。竞争性谈判方式的优点是：缩短采购周期，减少工作量，较好地满足采购人的需求，能够保护民族产业。其缺点是：违反了自由企业精神，可能助长企业垄断价格；容易滋生串通舞弊的机会；容易造成企业任意抬高价格。我国《政府采购法》规定以下情况可使用这种方式：招标后没有供应商投标，或者没有合格标的，或者重新招标未能成功的；技术复杂或者性质特殊，不能确定详细规格或者具体要求的；采用招标所需时间不能满足用户紧急需要的；不能实现计算出价格总额的。

(3) 询价采购。询价采购也称货比三家，是指采购单位向国内外有关供应商（通常不少于三家）发出询价单，对供应商提供的报价进行比较，并确定中标供应商，以确保产品和服务价格具有竞争性的采购方式。适用询价采购方式的项目，主要是对现货或标准规格的产品和服务的采购、投标文件的审查需要很长时间才能完成的采购、供应商准备投标文件需要更高额费用的采购、供应商资格审查条件过于复杂的采购等。

我国《政府采购法》规定，政府采购实行集中采购和分散采购相结合。纳入集中采购目录或在采购限额标准以上的政府采购项目实行集中采购。政府采购的主要方式有公开招标、邀请招标、竞争性谈判、单一来源采购、询价采购等，其中主要的采购方式是公开招标。

(三) 政府采购预算管理

我国《政府采购法》规定，编制部门预算的单位同时编制政府采购预算。也就是说，政府采购预算是部门预算的重要组成部分，但同时又讲求相对独立。将政府采购纳入预算管理的范围，是财政资金管理方面的一项重大进步，反过来，通过政府采购制度的实施又能够加强政府预算支出执行管理。

1. 政府采购预算的内涵

政府采购预算是指采购单位根据事业发展计划和行政任务编制的并经过规定程序批准的年度政府采购计划。政府采购预算是行政事业部门单位财务预算的重要组成部分，它一般包括采购项目、采购资金来源、数量、型号、单价、采购项目截止时间等。政府采购预算集中反映了预算年度内各级政府用于政府采购的支出计划，在一定程度上反映了行政事业单位的资金收支规模、业务活动范围和方向。

政府采购预算管理就是国家依据法律法规对政府采购预算资金的筹集、分配、使用所进行的计划、领导、组织、控制协调、监督等活动。

政府采购预算又是财政支出总预算的有机组成部分，政府采购资金的来源为财政性资金。政府采购预算主要包括：经常性预算中专项资金安排的货物和服务项目以及建设性预算支出中的工程类项目。在财政支出中具体表现为采购支出。

2. 政府采购预算的编制内容

政府采购预算的编制内容一般包括采购项目、采购资金来源、数量、型号、单价、采购项目截止时间等。

（1）需求确定。政府机关、事业单位、团体组织编制政府采购预算的一个重要内容，就是根据各单位履行职责的需要，准确确定单位采购的功能需求，具体包括单位的职能、任务定位，为完成这些任务所需的货物、工程或服务，所需的种类、数量、技术规格、时间等。

（2）采购项目。政府采购项目按当年财政部门公布的政府采购目录进行编制。政府采购目录是政府采购中需要重点管理的货物、工程和服务的归集，是预算单位编制年度政府采购计划的依据。具体分类如下：一是货物类。一般包括计算机、复印机等办公机具，科研、教学、医疗用仪器设备等。二是服务类。一般包括会议、公务接待、车辆维修、加油、大宗印刷、机票订购等项目。服务类项目一般实行统一定点采购。三是工程类。一般包括基建工程；修缮项目；财政投资工程项目中由建设单位负责采购的大宗材料，如钢材、铝材、木材、水泥等；以及主要设备，如空调、电梯、消防、电控设备等。

（3）采购估价。所谓采购估价，就是对所需的货物、工程或服务进行的价格估计。采购估价需要处理好定价依据问题：一是以现时市场零售价格为基准进行估价，使产品价格保持在社会零售价格的平均水平上，这种估价方法会显示出较大的节约成果，但不利于对采购人在采购中形成降低成本的压力。二是以产品批发价格为估价依据，这主要是出于委托采购有较大批量方面的考虑，这种估价方式使预计的采购价格更容易接近实际发生的采购价格。同时，在估价中要做好市场调查，尽可能贴合实际，面对瞬息万变的市场价格要尽可能有所预计，建立和完善应对价格变化可以调整预算的调整机制。

（4）数量、型号。指各采购项目的计划采购量和配置标准等。

（5）资金来源。指单位用于政府采购项目的支出计划。一般包括：财政拨款，即财政预算拨款中用于政府采购项目的支出；财政专户拨入资金，即单位用存入财政专户的收入安排政府采购项目的支出；单位留用收入，即单位经批准直接留用的收入安排政府采购项目的支出；其他收入，即单位用上述资金来源以外的资金安排政府采购项目的支出，包括：自筹资金、国家财政转贷资金、银行贷款、国际金融组织贷款等。

（6）需求时间或采购时间。需求时间是指预算单位（采购人）要求供应商提供货物、工程或者服务的时间。采购时间一般是指实施采购方式的时间。

第四节　政府预算执行中的调整与检查

一、预算调整

（一）预算调整的含义

预算调整就是对原已经立法批准并授权执行的预算进行调整和变更，即随着经济、政治等环境的不断变化，在预算执行中可能出现需要增加或减少预算项目及其资金的情况，从而进行预算的调整。

预算调整有狭义和广义之分。狭义的预算调整是指法律明确规定的预算调整事项范围。广义的预算调整除包括法律规定的预算调整范围以外,还包括动用预备费、预算资金的调剂等情况。

从理论上讲,在科学、规范编制预算的情况下,不应频繁发生预算调整导致预算变更的情况。预算调整的结果,是改变了最初经立法机构批准的具有法律效力的预算安排,实际上是突破和变更了原有的法定预算,因而一旦发生必须进行预算调整的事项,必须严格按照法律规定的范围、原则、程序和流程进行,不得违法变更预算,从而避免各种主、客观因素导致的预算调整随意性,以体现现代预算的事前决定与严格执行的特征,保障预算的严肃性和法律的权威性。

根据各国预算法律的规定,各级政府在预算执行过程中遇到特殊情况时,可以依法进行调整。法律允许进行预算调整的原因在于:首先,政府预算的编制在客观上与预算的执行存在时间差,这种时间差导致预算编制时无法将未来预算执行时可能发生的各种情况全部考虑在内,进而造成在预算执行中出现事前编制的预算与实际发生的预算收支需要出现误差的情况,需要进行预算调整。其次,预算编制时对预算期内的收支测算也存在主观与客观的差异。在预算执行过程中,由于政治、经济、社会等环境的不断变化,很有可能出现需要增加或减少预算项目及资金数额的情况,导致原计划的预算平衡被打破,需要对原有预算进行调整或修正。

正是因为上述理由,我国在制定预算法律时,也对预算调整作出了专门的规定,明确了可以进行调整的事项,同时强调经人大批准的预算未经法定程序不得调整。

(二)法定预算调整的范围

《预算法》第六十七条规定:经全国人民代表大会批准的中央预算和经地方各级人民代表大会批准的地方各级预算,在执行中出现下列情况之一的,应当进行预算调整:需要增加或者减少预算总支出的;需要调入预算稳定调节基金的;需要调减预算安排的重点支出数额的;需要增加举借债务数额的。

1. 需要增加或者减少预算总支出的

在各级预算的实际执行过程中,往往会出现由于各种原因导致一些支出需求无法完全在年初预算范围内的情况,比如:国家新出台涉及支出的政策;地方政府确定的必须新增的支出项目;发生自然灾害等不可预见突发事件新增支出项目;其他必需的追加支出项目等。这些情况往往会导致各级政府总预算支出规模的增大,形成追加预算总支出需求,这都属于正常预算调整的范围。相反,由于经济、社会、环境等因素的影响,导致原批准的预算支出在实际执行中需要调减的,或因为各级政府、各部门、各单位在实际执行中,在保证各项任务圆满完成的前提下,努力降低成本、节约经费开支而需要减少预算支出总额的,均可进行预算调整。

按照《预算法》的要求,预算收入将不再作为约束性指标而是作为预期,人大在审批预算时的关注点将重点转移到支出预算及政策上来,因而预算调整的重要内容之一是预算总支出的增加或减少。

2. 需要调入预算稳定调节基金的

所谓预算稳定调节基金,是指各级财政通过超收安排的具有储备性质的基金,用于弥补短收年份预算执行的收支缺口,起着调节预算收支的"蓄水池"作用。在预算执行过程中调入预算稳定调节基金可增加年度预算收入以弥补短收年份的收支缺口,平衡预算。在《国务院关于深化预算管理制度改革的决定》(国发〔2014〕45号)中,对预算执行中超收短收的处理作出了规定,如在预算短收的弥补方式上规定:中央和地方一般公共预算执行中如出现短收,要通过调入预算稳定调节基金、削减支出、增列赤字等方式实现平衡。

可以看出,调入预算稳定调节基金会涉及原法定预算安排的改变,因此要列入预算调整的范围,即预算稳定调节基金的安排使用要接受同级人大及其常委会的监督。

3. 需要调减预算安排的重点支出数额的

在《预算法》中,将重点支出和重大投资项目的预算安排作为各级人大审查预算草案及执行情况的重点内容。在我国,很多领域的重点支出项目与经济社会发展密切相关,如教育、科技、文化、卫生、社会保障、农业等涉及民生类的支出项目。这些方面的预算支出与经济发展、人才培养、科技创新、人民生活水平的提高息息相关,是政府公共支出的重要领域,需要重点保证。但是,如果在实际预算执行中发生确实需要对这些方面的支出进行调减的情况,各级政府可依法进行调整。这些预算调整事项必须在预算调整方案中作出专门的说明,实际上也反映出对保证这些重点领域公共支出预算的重视程度,也在很大程度上约束了各级政府不得随意调减这些方面的支出。

4. 需要增加举借债务数额的

目前,我国通过《预算法》的规定,在保留中央预算在必要条件下的举债权的同时,对地方政府有条件、适度放开了举债权。但举债规模都要经过人大的审查和批准。如《预算法》第三十四条规定:对中央一般公共预算中举借的债务实行余额管理,余额的规模不得超过全国人民代表大会批准的限额。第三十五条规定:地方各级预算按照量入为出、收支平衡的原则编制,除本法另有规定外,不列赤字。而对于省级地方政府预算中必需的建设投资的部分资金确需举债的,《预算法》规定其"举借债务的规模,由国务院报全国人民代表大会或者全国人民代表大会常务委员会批准。省、自治区、直辖市依照国务院下达的限额举借的债务,列入本级预算调整方案,报本级人民代表大会常务委员会批准"。也就是说,中央和地方政府举借债务都需要经过法定的批准程序,但是如果在预算执行中,各级政府因为实际情况的变化而确实需要增加举债数额筹集资金的,则属于预算调整的法定范围,经过法定程序批准后可以进行预算调整。

(三)法定预算调整的程序

1. 预算调整的原则

由于预算调整突破了原有的预算安排,因此对预算调整的批准通常是较为严格的。虽然各国对预算调整的具体规定不一,但大体都遵循如下原则:

(1)预算调整应通过法律进行;

(2)如果预算调整的幅度超过了原定预算拨款的某个百分比,或者影响了支出总额,

就必须呈报立法机关批准;

(3) 在由立法机关批准前,应授权政府在某些特殊情况下自行决定某些临时性开支以满足应急性需求;

(4) 应在固定时间内批准调整的预算数,并且年内调整的项目数应严格限制。

2. 我国预算调整的法律规定

根据《预算法》的要求,我国预算调整的法律规范如下:

(1) 严格控制预算调整。在预算执行中,各级政府一般不制定新的增加财政收入或者支出的政策和措施,也不制定减少财政收入的政策和措施;必须作出并需要进行预算调整的,应当在预算调整方案中作出安排。在预算执行中,由于发生自然灾害等突发事件,必须及时增加预算支出的,应当先动支预备费;预备费不足以支出的,各级政府可以先安排支出,属于预算调整的,列入预算调整方案。

(2) 提出预算调整方案。在预算执行中,各级政府对于必须进行的预算调整,应当编制预算调整方案。预算调整方案应当说明预算调整的理由、项目和数额,并在人大常委会或专门委员会召开会议三十日前送交进行初步审查或征求意见。

(3) 人大常委会审查批准。中央预算的调整方案应当提请全国人民代表大会常务委员会审查和批准。县级以上地方各级预算的调整方案应当提请本级人民代表大会常务委员会审查和批准;乡、民族乡、镇预算的调整方案应当提请本级人民代表大会审查和批准。未经批准,不得调整预算。

(4) 严格执行调整方案。经批准的预算调整方案,各级政府应当严格执行。未经《预算法》规定的程序,各级政府不得作出预算调整的决定。

二、动用预备费及预算资金调剂

(一) 动用预备费

《预算法》第四十条规定:各级一般公共预算应当按照本级一般公共预算支出额的百分之一至百分之三设置预备费,用于当年预算执行中的自然灾害等突发事件处理增加的支出及其他难以预见的开支。

所以,各级总预算的预备费是为应对某些难以预料的意外开支而设置的。由于在编制预算时,预备费按照本级一般公共预算支出的一定百分比已经列支,并经过法定批准程序,所以,《预算法》第六十四条规定,各级预算预备费的动用方案,由本级政府财政部门提出,报本级政府决定。

(二) 预算资金的调剂

预算资金的调剂,是指在上述法定预算调整范围及动用预备费的情况之外,预算资金在不同预算科目、预算级次或者项目间的变动。《预算法》七十二条规定:各部门、各单位的预算支出应当按照预算科目执行。严格控制不同预算科目、预算级次或者项目间的预算资金的调剂,确需调剂使用的,按照国务院财政部门的规定办理。预算资金的调剂主要包括:

(1) 追加追减预算。在原核定预算收支总数不变的情况下,增加预算收入或支出数

称为追加预算收入;减少预算收入和支出数称为追减预算。

(2) 科目经费流用。经费流用是指在不突破原定预算支出总额的前提下,由于预算科目之间调入、调出和改变资金用途形成的预算资金再分配,对不同的支出科目具体支出数额进行调整,也称科目流用。

(3) 预算级次划转。年度预算确定后,部门、单位改变隶属关系,引起预算关系或者预算级次变化的,应当在改变财务关系的同时,相应办理预算及资产划转。具体划转办法由财政部规定。

(4) 预算项目间调剂。如同一部门的预算资金在同一功能分类科目下,人员经费、公用经费或项目支出在不同经济性质分类科目间调剂的;同一部门的预算资金、人员经费或者公用经费在不同功能分类科目间调剂的,或者公用经费和项目支出间调剂的,或者项目间调剂的,或者人员经费增加需要从本部门其他预算资金调剂的,等等。

三、预算执行的检查分析

在一个预算执行周期中(通常为一年)及时地对政府预算执行情况进行检查和分析,是确保其符合预算要求和相关法律法规的必要手段。

(一) 预算执行检查分析的内容

预算检查分析的内容包括:

(1) 检查分析党和国家的各项政策措施对预算收支的影响以及各项收支执行中贯彻政策措施的情况;

(2) 检查分析国民经济和社会发展计划完成情况对预算收支的影响;

(3) 检查分析国家预算收支项目的完成情况;

(4) 检查分析预算收支平衡状况;

(5) 对预算会计和国家金库报表的分析。

(二) 预算执行检查分析的方法

预算检查分析的方法包括:

(1) 比较法,即将预算指标和决算指标对比,将本期实际完成指标和前期实际完成指标对比,将地区、部门、企事业之间实际完成指标对比,以对各项预算指标进行分析。

(2) 因素分析法,也称连环替代法,即从影响预算收支的多种因素中分别测定每项因素对预算收支的影响程度。

(3) 逻辑推理法,指通过对有关财经信息资料的分析研究,根据以往的经验,分析预测预算收支发展变化趋势及其规律性的分析方法。

(4) 动态分析法,是指分析研究预算收支在时间上的变化及其规律性的方法。

预算执行检查分析可以定期进行,也可以选择专题进行或者选取代表性的对象进行。首先,定期检查分析,是指预算执行了一个阶段后,在规定的期限内,对预算执行情况进行一次检查分析。定期检查分析的目的是系统、经常地了解预算执行的全过程,以利于找出一定的规律性来指导下一阶段的工作。定期检查分析是预算执行检查分析的基本形式。

其次,专题检查分析是针对预算执行中的一些重大问题组织专门的力量进行专题检查分析,并对分析结果提出处理意见。最后,典型调查分析是对某些地方、部门和单位的典型事例进行调查分析,其目的是起到以点带面的作用。

第五节　政府预算的信息化管理

政府财政管理信息系统(Government Fiscal Management Information System,GFMIS),又称为"金财工程",是指利用先进的信息技术,支持预算编制、国库集中收付和宏观经济预测等财政管理职能的政府财政管理综合信息系统,是覆盖各级政府财政管理部门、收入征管部门和财政资金使用部门的综合业务系统。

"金财工程"以大型信息网络为支撑,以细化的部门预算为基础,以所有财政收支全部进入国库单一账户为基本模式,以预算指标、用款计划和采购订单为预算执行的主要控制机制,以出纳环节高度集中并实现国库现金的有效调度为特征,详细记录每个用款单位每一笔财政资金收支的来龙去脉,覆盖了财政收支管理的全过程,大大减少了预算执行的随意性,可监控任一时间点的财政资金收支状况,从根本上防止财政资金的体外运行和沉淀。它是一套与我国建立公共财政体制框架目标相适应的先进的信息管理系统,是我国正在实施的电子政务战略的重要组成部分。建设这一系统,对于加快社会主义市场经济体制建立,促进经济管理现代化和财政改革发展具有重要意义。

一、财政管理信息化的现实意义

"金财工程"是财政工作信息化和财政管理现代化的必然要求。它的建立与实施将管理超过全国 GDP 20% 的资金流动,对于加快社会主义市场经济体制的建立和促进国民经济管理的现代化,规范财政预算管理,提高国库资金使用效率,增强财政决策的科学性和财政工作的透明度,加强廉政建设,实现依法理财等都具有十分重要的意义。

1. 是我国财政管理工作与时俱进和高效运行的要求

信息化是现代化社会发展的重要特征与必然要求。政府财政管理信息系统是目前世界上主要市场经济国家政府信息管理系统中的核心之一。美国、法国、美国财政部的管理信息系统已经运行了二十多年,一直是国家经济运行和管理的核心。美国财政部的联邦政府国库支付系统 2000 年度除国防支出外,包括社会保障基金和退税在内的全部 9 亿笔政府开支、总值为 1.2 万亿美元的财政资金都是由管理信息系统通过单一账户支付(其中 70% 是以电子支付方式)实现的。因此,建立与实施政府财政管理信息系统,符合我国按市场经济发展和加入世界贸易组织的要求,有利于我国在财政管理方式方法上尽快与国际接轨。"金财工程"的建立与实施适应了这一发展趋势,在全国范围内建立起各地方、各部门之间的电子信息化系统,实现电子信息的传输和所有信息的共享,从而大大提高了整个财政工作的效率。

2. 有利于规范财政收支管理,增加预算编制与执行的透明度

预算作为政府的财政收支计划,是政府筹集和使用集中性财政资金的重要分配杠杆,

体现政府集中性的财政分配关系,是政府实现其职能的重要工具。按照市场经济体制的规律和建立公共财政体系的要求,预算编制与执行必须真实、统一与公开。建立与实施"金财工程",将详细记录每个用款单位每一笔财政资金收支的运行状态,大大减少了预算执行的随意性,因此,它不是传统意义上只能做"事后"记账处理的一般财务系统,而是带有"事前"控制机制的政府财政"资源型"管理系统,也是自动化程度较高、依法理财的系统。它的建立与实施可以从根本上防止财政资金的体外运行和沉淀,既能对财政部门的管理工作进行规范,又能对支出部门的预算执行行为进行有效监督,从源头上预防腐败现象的发生。

3. 是提高国家宏观经济决策水平的需要

宏观经济分析与决策是对国民经济整体运行状况所进行的分析和相应采取的财政、货币政策,是整个宏观经济政策制定的基础,也是进行宏观经济管理的前提。财政是国家职能的重要组成部分,财政政策是国家宏观调控的一个重要工具。"金财工程"的建立与实施可以完整地保存宏观经济分析和预算执行各方面的数据,为整个财政管理工作提供准确、适时的财务信息,从而促进宏观经济预警模型、收支测算模型、现金预测模型分析等模型的建立,既为决策的科学化提供数据保障,又为各种财政管理工作提供科学的分析依据。

二、政府预算信息化管理的目标规划与理论基础

"金财工程"系统覆盖各级政府财政管理部门和财政资金使用部门,全面支撑部门预算管理、国库单一账户集中收付、政府采购、宏观经济预测和办公自动化等方面的应用需求。"金财工程"的建立将有利于预算管理的规范化,提高国库资金的使用效率,提高政府财政管理决策的科学性,增大财政管理的透明度,有利于加强廉政建设。"金财工程"的建立将从根本上改变财政系统多年来"粗放"的管理模式,有利于逐步走向依法理财。

"金财工程"的建设目标由两大部分构成:一是包括预算管理、国库集中收付、国债管理等核心财政业务的管理系统和宏观经济预测系统,即财政业务应用系统;二是覆盖全国各级财政管理部门和财政资金使用部门的信息网络系统。

"金财工程"以财政系统纵横向三级网络为支撑,以细化的部门预算为基础,以所有财政收支全部进入国库单一账户为基本模式,以预算指标、用款计划和采购订单为预算执行的主要控制机制,以出纳环节高度集中并实现国库资金的有效调度为特征,以实现财政收支全过程监管、提高财政资金使用效益为目标。

按照系统工程规划设计,"金财工程"建设共分为业务应用系统、信息网络系统和安全保障体系三个方面,即以应用为中心,以网络为支撑,以安全为保障。一是建立财政业务应用系统,包括预算管理系统、国库集中支付管理系统、总账管理系统等12个业务应用系统;二是建立纵横向三级信息网络系统,包括本级局域网、纵向连接各级财政部门的广域网和横向连接同级各预算单位、国库、银行、税收等相关职能部门的城域网;三是建立安全保障体系,即建立以认证中心、数据加密为核心的统一安全保障体系,确保"金财工程"

应用系统高效、稳定地运行。

（一）财政业务应用系统

财政业务应用系统主要指预算管理系统、国库支付管理系统、总账管理系统、现金管理系统、工资统一发放管理系统、债务管理系统、政府采购管理系统、固定资产管理系统、收入管理系统、财政经济景气预测分析系统、标准代码系统和外部接口系统共12个业务管理系统，如图6-4所示。

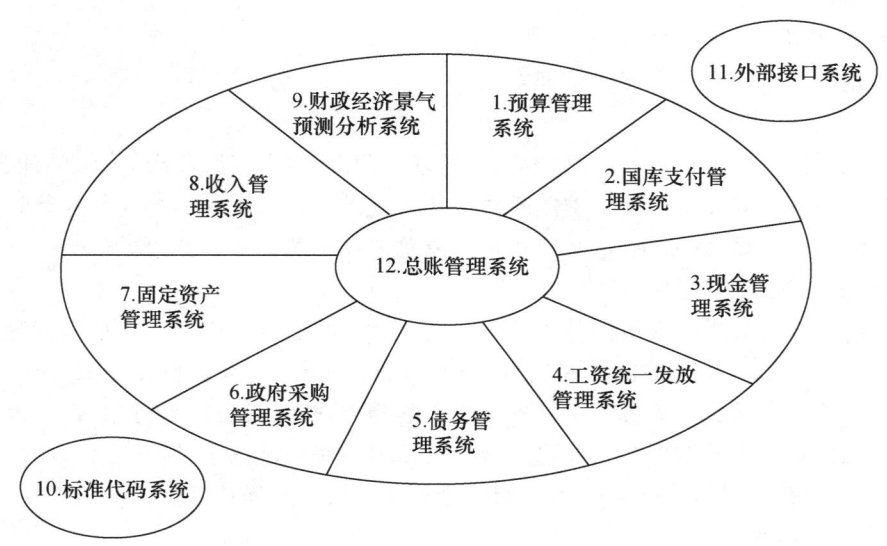

图6-4 财政业务应用系统模块构成

1. 预算管理系统

该系统实现各级财政资金使用部门和各级财政管理部门的预算编制、预算审核、预算调整的规范化和科学化的管理，支持基本预算支出和项目预算支出的部门预算编制，能完成预算控制数编制及预算批复，支持预算科目新体系，系统通过数据库实现与国库支付管理、现金管理、收入管理、政府采购、宏观经济预测等系统的数据共享。其子系统有：

（1）部门预算管理系统；

（2）预算指标管理系统；

（3）定员定额管理系统；

（4）中央对地方专项拨款管理系统；

（5）地方预算汇总管理系统；

（6）转移支付测算管理系统；

（7）全国预算汇总管理系统；

（8）非贸易非经营性外汇管理系统。

2. 国库支付管理系统

该系统主要按照财政国库集中收付管理制度改革的要求,完成财政资金使用过程中的分月用款计划管理、支付管理、采购订单管理、账务管理和预算执行分析管理等,并实现与现金管理、预算管理、收入管理、国债管理、政府采购、宏观经济预测等系统的数据共享。其子系统有:

(1) 国库集中支付管理系统;
(2) 总账管理系统;
(3) 分月用款计划管理系统;
(4) 预算单位财政资金支付管理系统。

3. 现金管理系统

该系统对国库现金账进行实时管理,并实现与国库支付管理、收入管理、国债管理、政府采购等系统的数据共享。主要功能模块包括与人民银行国库局和与商业银行连接的支付对账系统、现金流预测系统,可实现在现金流总体控制条件下的支付授权。

4. 工资统一发放管理系统

该系统存储财政供养人员的基本信息、工资结构,并通过国库单一账户来管理和发放每个人的工资。通过系统的内部控制机制和财政、人事部门、编制机构的三方核对,能有效防止个人工资虚增冒领的现象。具备工资调整测算功能,具有与银行的接口,能够通过代理银行直接将工资发放到个人账户。该系统还将拓展用于住房补贴、住房公积金、个人医疗费的直接支付,并提供对外个人工资信息的网上授权查询功能。

5. 债务管理系统

该系统具有管理债务发行计划、债务发行及清偿、债务风险评估、债务经济效益分析等功能,并实现与预算管理、国库支付管理、现金管理、宏观经济预测等系统的数据共享。该系统包括四个子系统:

(1) 债务发行计划系统;
(2) 债务发行及清偿管理系统;
(3) 债务风险评估系统;
(4) 债务经济效益分析系统。

6. 政府采购管理系统

该系统以网络化和电子商务的先进技术手段支持政府采购业务流程,并实现与预算管理中的政府采购预算、国库支付中的采购订单相连接,与固定资产管理等系统实现数据共享。该系统的核心由四部分组成:

(1) 采购项目管理系统;
(2) 政府采购信息发布系统;
(3) 政府采购订单管理系统;
(4) 政府采购审计监督系统。

7. 固定资产管理系统

该系统通过建立固定资产总分类账,支持固定资产添置、折旧、重估、报废等管理工作,实时更新和维护固定资产数据库,并实现与国库总分类账、政府采购等系统的数据共享。

8. 收入管理系统

该系统主要管理税收收入和非税收入,并实现与预算编制、国库支付管理、现金管理、宏观经济预测等系统的数据共享。该系统的税收收入系统将与税务、海关连接,具有退税管理功能。非税收入系统是执行"收支两条线",实现综合预算的关键,也是收入管理系统的主体部分。

9. 财政经济景气预测分析系统

该系统以财政数据库的数据为基础,综合国内外宏观经济数据,建立财政收支分析预测模型、财政监测预警模型、政策分析模型、宏观经济预测模型、宏观经济景气与监测模型,科学、全面地掌握宏观经济和财政收支增减因素,合理控制债务规模,为政府财政预算编制、财政支出管理、财政政策调整提供辅助决策依据。

10. 标准代码系统

为实现"金财工程"各系统间的信息共享,必须首先建立规范、统一的数据标准。进一步扩充完善《财政信息分类与代码》,统一规范基础数据指标体系,建立财政业务各环节的主题数据表,对财政应用基础数据按主题进行科学定义和分解(元数据化),在此基础上建立"金财工程"核心数据模型。

11. 外部接口系统

"金财工程"需要与税务、海关、人民银行国库、代理商业银行进行信息交换和业务连接,需要与发改委、卫生、民政、统计等综合经济部门和管理部门相连接,通过对外接口向国务院、人大财经委、各综合经济管理部门提供相关信息。

12. 总账管理系统

总账管理系统是"金财工程"数据存储及管理的核心。既管理收入账,又管理支出账。利用该系统,可分解出每个部门、每个预算单位的明细账目。总账系统将完整记录国库单一账户收入、支付的每一笔资金的详细信息,真正实现一级财政一本账管理。

(二)信息网络系统

建立一个覆盖全国各级财政部门和财政资金使用部门的纵横向三级网络系统。纵向上,建设财政部连接各省(区、市)财政厅(局)的一级骨干网,省级财政连接各市(地、州)级财政的二级骨干网,市(地、州)级财政连接县级财政的三级骨干网;横向上,实现各级财政部门与同级预算单位、人民银行、代理银行等部门的连接。建立政府财政管理信息系统的运行基础,以支撑财政核心业务应用。网络系统的结构如图6-5所示。

为确保"金财工程"高效、稳定、可靠运行,需要提供对网络、系统、数据进行有效管理和监控的手段,实现财政部网络中心、省级网络中心的计算机系统硬件、操作系统、数据库平台的两级集中管理。

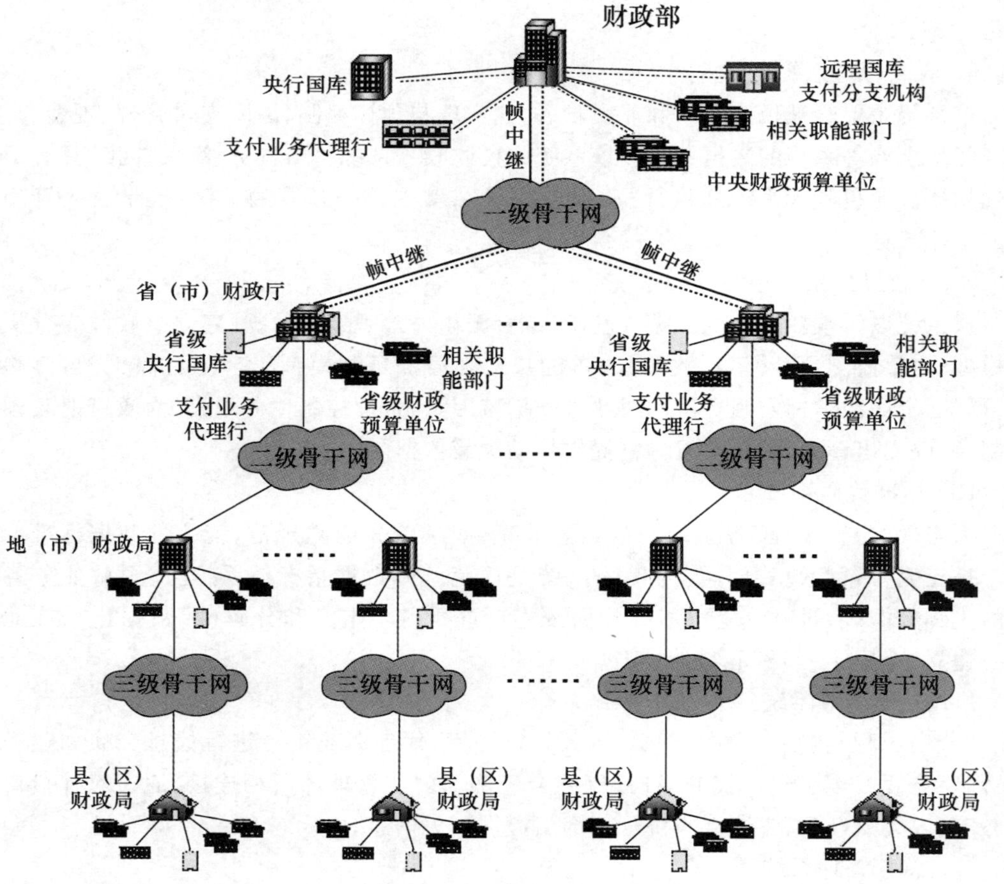

图 6-5 "金财工程"网络系统

(三) 安全保障体系

建立统一的安全体系是"金财工程"建设的一个重要方面,要实现全系统的应用安全、系统安全、网络安全和物理安全的统一管理,重点建设以认证中心、数据加密为核心的应用安全平台,制定相应的安全管理制度,为"金财工程"提供有效的安全保障。

按照高可靠性和高标准的故障恢复能力,建立完善的备份与恢复系统。做好现场备份、同城备份及异地备份。待"电子签名"等具备法律依据,可以进行无纸化的网上支付及收缴时,采用实时模式灾难恢复技术,建立一个高度可靠和高度可用的系统。

本章小结

所谓政府预算执行就是组织政府预算收支计划的实施,并按照预算对收支进行监督控制、调整平衡的过程。

政府预算执行的内容主要包括收支的实现与控制、收支的平衡与调整、预算执行的监督与检查等。

政府预算执行的组织系统是指为执行政府预算服务的各种组织、机构、程序、活动等构成要素的总称,它们共同构成一个完整的体系,以保证政府预算的实现。

狭义国库是专门负责办理国家预算资金收纳和支出的机构。国家的全部预算收入都要纳入国库,所有预算支出都应由国库进行拨付。广义国库还包括代表政府控制预算的执行、保管政府资产和负债的一系列管理职能。

国库及其管理与政府预算执行息息相关。目前世界上有银行制、委托制及独立制等三种国库体制。

按照国库资金拨付方式,国库管理模式分为分散式和集中式两种。为最大限度地统筹财政资金和提高资金使用效率,各国都在推行集中的国库管理模式。

政府预算收入的执行是预算执行的首要环节,也是执行其他预算的基础。在国库单一账户体系下,预算收入执行有直接缴款和集中汇缴两种方式。政府预算支出的执行目前通过直接支付和授权支付两种方式进行。

政府采购是政府运用财政性资金采购工程、货物和服务的行为,是财政支出的重要内容。

预算调整有严格的要求,应按照法定的程序进行。

预算检查是保证预算执行质量的重要手段,实践中采用对比法等多种方法来检查执行中的预算是否符合相关要求。

政府财政管理信息系统,又称为"金财工程",是指运用现代信息技术,综合预算、会计与财务管理应用程序,完整记录财政收支过程,及时提供各种准确可靠的财务信息,为预算编制、执行提供全面、综合的管理报告,为微观经济管理和宏观经济决策提供依据的系统。

思考题

1. 预算执行及其内容。
2. 预算执行的组织系统及其职责。
3. 国库的含义及其设置。
4. 国库集中收付制度的内涵及特征。
5. 国库单一账户体系的构成。
6. 预算收入征缴依据及方式。
7. 财政直接支付或者财政授权支付的流程有何区别?
8. 政府预算拨款的控制原则有哪些?
9. 政府采购的内涵、特点及原则。
10. 政府采购主要有哪几种方式?

11. 预算调整的含义。
12. 法定预算调整的范围及程序。
13. 预算超收短收及预算稳定调节基金。
14. 预备费的设置及使用方面有哪些规定?
15. 预算资金调剂包括哪些内容?
16. 政府预算信息化管理的重要意义。

21世纪经济与管理规划教材

财政学系列

第七章

政府决算与财务报告

【学习目标】

　　本章介绍了政府决算及政府财务报告的内涵、编制的目标、方法以及决算的审查批准等内容。通过本章的学习,掌握政府决算的概念和内涵、编制方法、决算审查的形式与程序,掌握政府财务报告的内涵、目标、原则等内容,了解政府财务报告和决算报告的差异。

第一节　政府决算概述

一、政府决算的定义与组成

（一）政府决算的含义

政府决算是指政府各部门按照法定程序编制的、用以反映经法定程序批准的年度预算执行结果的政府预算总结报告,是一定预算年度内政府预算收入和支出的最终结果,也是政府的经济活动在财政上的集中表现。

政府决算是预算管理过程中一个必不可少的、十分重要的阶段。各级政府财政部门负责本级政府和本级政府所属部门、预算单位决算草案的编制工作。《预算法》第七十四条规定:决算草案由各级政府、各部门、各单位,在每一预算年度终了后按照国务院规定的时间编制。编制决算草案的具体事项,由国务院财政部门部署。

（二）政府决算的组成

1. 按政府决算的级次划分

凡是编制政府预算的地区、部门和单位都要编制政府决算,只有这样,各个地区、部门和单位的预算才是全面、真实和完整的。因此,政府决算体制和政府预算体制一样,通常按照一级政府一级决算的要求,按照统一的政府决算体系逐级汇编而成,具体分为中央级决算和地方级决算。

（1）中央级决算。中央级决算即中央政府决算,它是在中央各主管部门按财务规定汇总的所属的各行政、事业、企业单位财务决算的部门决算基础上,加上国库年报和税收年报等相关内容组成的,由财政部负责审核并汇总编制而成。

（2）地方级决算。地方级决算包括各省（自治区、直辖市）、市（地、州）、县（市、区、旗）、乡（镇）四级决算。地方各级政府总决算是在同级各主管部门汇总所属相应的各单位决算的基础上,加上所属下级政府总决算以及国库年报、税收年报等,经由地方财政部门审核汇总后形成。

2. 按照政府决算的内容划分

政府决算报告的内容必须遵守一定的技术要求,以准确反映相关的信息,方便各申报、审核单位的管理工作,因此,政府决算按报告的内容一般分为决算报表和决算文字说明两部分。其中决算报表主要是用数字填列各种决算表格,决算文字说明主要是对本级预算的执行和管理等各种情况所作的全面文字总结,以配合决算表格数字的内容。

3. 按政府决算报送主体划分

政府决算报送主体的规定是区分财政资金审批单位和具体使用单位而形成的,以有利于财政资金的纵向和横向管理,它分为总决算和部门决算。

（1）总决算。总决算是总预算执行最终结果的报告文件,是由各级财政部门汇总本级及其下级财政部门的年度实际收支所编制的决算。它是各级总预算执行结果纵向的全面反映。其内容有:全年的收支预算数、调整预算数、决算数及其他相关的基本数字和决算说明书。我国的总决算由中央总决算和地方总决算组成,地方总决算又分为省（自治

区、直辖市）、市（地、州）、县（市、区、旗）、乡（镇）四级总决算。

（2）部门决算。部门决算是构成各级总决算的横向基础，由执行部门预算的行政、事业部门和单位编制。它要求各单位在年终终了后，在搞好年终清理、结清账目的基础上，及时、准确、完整地编制部门单位决算草案，分别填列预算数、调整预算数和决算数，并附有决算说明书，按照预算支出的领报程序自下而上逐级审核汇总后，上报同级财政部门，汇入总决算。

二、编制决算草案的基本原则和要求

决算草案是指各级政府、各部门、各单位编制的未经法定程序审查批准的预算收支的年度执行结果。决算草案在未经人大常委会批准前一般称为预算执行情况。

按照《预算法》的要求，编制决算草案，必须符合法律、行政法规的规定，做到收支真实、数额准确、内容完整、报送及时。决算草案应当与预算相对应，按预算数、调整预算数、决算数分别列出。在编制决算的具体要求上，一般公共预算支出应当按其功能分类编列到项，按其经济性质分类编列到款。各部门对所属各单位的决算草案，应当审核并汇总编制本部门的决算草案，在规定的期限内报本级政府财政部门审核。各级政府财政部门对本级各部门决算草案审核后发现有不符合法律、行政法规规定的，有权予以纠正。

（一）编制决算草案必须符合法律、行政法规的规定

这是编制决算草案在政策法律上应遵守的原则。法律、行政法规是全国人大、国务院制定的，适用于全国各地区、各部门。各地区、各部门要严格按照法律、行政法规的规定编制决算草案。在收入方面：各地区、各部门要严格按照法律、行政法规的规定和分税制财政体制，将属于中央的税收收入及时、足额地上缴中央国库，并由中央财政编入中央决算。在支出方面：各地区、各部门要严格按照法律、行政法规的规定，严禁将不属于政府预算开支范围和不符合开支标准的支出列入决算支出。

（二）编制决算草案要数额正确、内容完整、报送及时

这是编制决算草案在技术上应遵守的原则：

（1）数额准确，就是要按照收付实现制的原则，凡当年已发生的财政收支，都要如实作为预算收支列入决算；各级财政决算和各类财务决算，都要坚持自下而上、层层逐级汇总的原则，不能以领代报、以估代编。

（2）内容完整，就是要严格按照国家和上级的决算编审要求以及布置的决算表格，一项一项地落实，认真填报齐全，不能自行取舍和遗漏，并要根据决算报表完成有分析、有总结的决算报告。

（3）报送及时，就是各地区、各部门必须严格按规定的时间，把握好编制决算草案工作中各项具体工作的进度，在保证决算质量的前提下，力争缩短编制决算草案的时间。

（三）决算草案应当按预算数、调整预算数、决算数分别列出

这是编制决算草案在形式上应遵守的原则。按预算数、调整预算数、决算数分别列出，一方面可以反映各级政府、各部门、各单位预算收入支出执行的实际完成数，便于进行收支执行的检查分析，发现各级政府、各部门、各单位预算管理中存在的问题；另一方面，

将调整预算数单独列示出来,可以反映财政以及预算部门单位预算编制的科学性,在日常预算管理中是否贯彻落实了"先有预算,后有支出"的理念,以及预算调整是否符合、遵循法律程序。

(四)政府决算草案要先审计后批准

《预算法》规定,县级以上政府的决算草案,在提请本级人民代表大会审查批准通过之前,需要经过本级政府审计部门的审计。国务院财政部门编制中央决算草案,经国务院审计部门审计后,报国务院审定,由国务院提请全国人民代表大会常务委员会审查和批准。县级以上地方各级政府财政部门编制本级决算草案,经本级政府审计部门审计后,报本级政府审定,由本级政府提请本级人民代表大会常务委员会审查和批准。乡、民族乡、镇政府编制本级决算草案,提请本级人民代表大会审查和批准。

三、编制政府决算的意义

作为政府预算管理必不可少的环节,决算具有如下几点意义:

(一)政府决算反映了预算执行的结果

政府决算处于整个预算管理的末端环节,它反映的数据是预算执行的最终的、实际的数据。其中,决算收入集中反映了年度政府预算收入的规模、来源、结构等情况;决算支出反映了政府预算支出的实际规模、方向和结构等,体现了国家经济建设和社会事业发展的规模与速度以及各项事业发展的实际进程及结果;而决算结果是否平衡在一定程度上反映了社会总供给和总需求的对比状况。

(二)政府决算是制定国家经济政策的基本资料

有关部门在制定国家宏观经济政策时所参考的非常重要的一项资料就是政府决算,通过分析决算数据,可以从资金积累和资金分配的角度总结一年来各项经济活动的情况,为国家有关机构研究经济问题并进行宏观经济决策提供重要的依据。

(三)政府决算是积累预算收支实际资料的重要来源

政府决算提供的数据是实际发生的数据,通过编制政府决算,可以系统地整理和反映预算执行最终结果的实际数字,对一年来的预算编制、执行、平衡等方面进行分析、总结,提出改进意见和措施,为提高下年度的预算管理水平奠定良好的基础。

(四)政府决算是实现民主监督的重要途径

政府预算本身具有公开性、透明性的要求,这能在一定程度上起到监督预算资金的作用,但如果不编制相应的决算以反映预算的执行成果,那么预算的监督也只是形式上的,而不能切实地发挥作用。因此,只有将决算和预算有机地协调起来,并经过人民代表大会的审查批准,才能真正地实现民主监督。

四、编制政府决算草案的具体事项

编制决算草案的具体事项主要包括以下几个方面:

(一)拟定和下达政府决算的编审办法

为了使决算数字口径统一,提高决算的质量,每个预算年度终了前(一般在四季度),

财政部在总结上年决算编制工作经验的基础上，结合本年度财政经济政策、预算和财务管理体制及制度以及当年预算执行中的问题，制发本年度决算编制办法，分别下达给各省（自治区、直辖市）和中央各部门。由国家税务总局制定和下达税收年报编审办法，由中央国库制定和下达国库年报编审办法。

各省（自治区、直辖市）和中央各部门根据财政部的部署和下达的决算编审办法的原则要求，结合本地区、本部门的实际情况，作出必要的补充，制定本行政区域决算和本级各部门决算的具体编制方法。

制定和颁发决算编审办法，是保证各级决算编制工作的顺利进行，能够编制出高质量的符合国家统一要求的决算的必要措施。决算编审办法一般包括以下内容：

（1）根据国家财政方针、政策及当年财政、经济形势，针对预算执行中的具体情况和遇到的问题，提出有关增加收入、节约支出、完成预算任务，以及集中资金、平衡预算的具体措施。

（2）根据预算、财务管理制度，提出审查企业、事业、行政和建设单位财务决算和总决算的要求。

（3）组织年终收支清理工作的基本要求。要求认真组织年终清理，财政、税务和金库密切配合，做好对账工作。

（4）编报决算收入、决算支出需要明确规定的具体要求。根据本预算年度的情况提出具体要求。

（5）年终结余的处理。对于年终结余中允许结转下年使用部分，应提出处理意见。

（6）编制决算的组织领导。为了保证决算的及时准确编制，应通过有效的领导体系来组织落实。

（7）明确编审决算报送的期限和份数。

（二）进行年终清理

为了正确体现预算执行的结果，保证决算数字的准确、完整，必须进行年终清理，即要求各级财政部门和预算单位，对预算收支及其有关财务活动进行全面清查、结算和核对。年终清理的主要内容有：

（1）核实年度预算数字。由于在执行过程中预算数字经追加、追减、科目调整、预备费动用、预算划转等调整因素的影响，与年初预算数有很大的变化，所以应核实预算数字。年度终了，各级总预算之间、财政总预算和部门单位预算之间、部门单位预算和所属单位预算之间，都要把上下级之间的全年预算数字核对清楚。

（2）清理预算应收应支款项。年度内的各项应缴预算收入，要在年终前及时足额地缴入国库，各项亏损补贴应及时弥补，应在本年度列支的支出要在年终前办理完毕。对应收回的各单位的不需用资金要在年终前收回；各单位的库存现金要在年终前交回银行，恢复预算存款，减少银行支出数。

（3）结清结算拨借款。各级财政部门之间、财政部门和主管部门之间、主管部门和所属部门之间的拨借款项应于12月31日之前结算清楚。各级财政部门之间的预算补助款和预算上解款，按体制规定结算。

（4）清理往来款项。各种往来款项必须及时清理，以消除预算收支数的虚假现象。

年终时，各级财政部门和企业、事业、行政、基建等单位暂存、暂付、应收、应付等往来款项，必须清理结算。单位预算的代管经费，也应当在年终前与委托单位结清账务，不得以拨作支、以领代拨。

（5）清理财产物资。为保证国家财产的完整，所有执行预算的单位，在年终前应对固定资产和库存材料等所有财产物资进行清理盘点，做到账实相符、账账相符。

（6）核对决算收支数。对于决算收入，各级财政部门、国家金库、税务部门必须会同预算缴款单位进行年终对账，经核对相符后填制对账单办理签证，并分别按系统上报。对于决算支出，各级财政部门要会同主管部门、用款单位和开户银行，对决算支出进行共同核对和签证，按规定的程序逐级上报。

年终清理是一项很重要的工作，它不仅通过数字核对为决算编制做好准备，而且还可通过清理工作促进增收节支，严肃财经纪律。

五、政府决算草案编制的方法

政府决算草案先由执行预算的基层行政事业等单位决算编起，采用层层汇编的方法，由各级财政部门汇编成本级决算草案。

（一）单位决算的编制方法

单位决算是政府决算的基础。年度终了后，我国基层事业行政单位都要在搞好年终清理、结清会计账目的基础上，编制基层单位决算。单位决算报表数字大体分为：

（1）预算（计划）数字。它是用以考核预算执行和事业计划完成情况的依据。应按照年终清理核对无误后的年度（计划）数填列。

（2）会计数字。它是反映单位预算执行结果的决算数，根据单位预算会计有关账簿产生的数字填列。各单位预算会计在年终结账后，应根据决算表格内容的要求，分别将有关科目的年终余额或全年累计数填入有关的决算表格的决算数栏内。

（3）基本数字。它反映事业行政单位的机构数、人员数以及事业发展计划的完成情况，用以考核事业规模和预算资金的使用效果。根据有关财务统计和业务统计资料填入基本数字表的有关栏内。

各基层单位决算报表编成后，应当认真进行单位预算执行情况的总结，编写决算说明书，经有关领导审阅签字，正式报送上级单位。有关上级单位将所属单位决算，连同本单位决算汇总后，逐级报送主管部门；主管部门连同本部门直接支出汇总编成部门决算后，由主管部门报送同级财政机关，作为财政机关汇编财政总决算的依据。

（二）总决算的编制方法

财政总决算由各级财政机关汇编。各级财政机关收到同级主管部门报送的部门决算后，即进行审核登记，待各部门决算报齐后，连同总决算会计账簿的有关数字进行汇总，即编制财政总决算。总决算报表数字分为：

（1）预算数字。要分别填列上级核定预算数和本级调整预算数。前者根据上级财政机关核定下达的预算填列；后者根据本级人民政府在上级核定预算数的基础上，加上上年结转使用数、本年动用地方上年财政结余数，以及动用预备费、科目调剂等项内容后的调整预算数填列。

(2) 决算数字。各级财政总决算编列的本级决算收入数,根据财政总预算会计的预算收入明细账的全年累计数填列;本级决算支出数,根据主管部门报送的汇总单位决算数填列;对于财政部门直接经办的支出,按照财政总预算会计的有关支出明细账填列。

(3) 基本数字和其他附表数字。各项基本数字根据所属各部门汇总填列;其他附表数字,根据有关资料汇总填列。

部门决算和总决算编成后,都要编写决算说明书。说明书一般包括部门预算执行情况、事业计划完成情况定额、标准执行情况、部门预算管理的经验教训等。

财政总决算各表编成后,还要根据决算收支数字、国民经济和社会发展计划完成情况,以及平时积累、掌握的调查研究资料以及其他有关资料,编写决算说明书。决算说明书是总结当年预算执行和预算管理的经验,研究政策、分析问题的重要文字资料,也是决算编制工作的重要组成部分。总决算说明书一般包括以下内容:

(1) 收入方面。结合年度预算安排及国民经济和社会发展计划完成情况,分析收入超收或短收的原因,分析重点企业和部门成本费用水平、资金积累水平、资金运用和改善经营管理的情况,以及税收政策的贯彻执行和征收管理情况、税源变化情况等。

(2) 支出方面。结合预算安排的各项事业计划、定员定额、开支标准等,分析各主要支出项目结余或超支的主要原因,说明决算支出数字的编制基础、主要经济事业效果和存在的主要问题。

(3) 平衡情况。分析全年总预算收支结余情况和原因、当年收支平衡情况和存在的问题。

(4) 预算变动情况。说明预算的追加追减、上划下划、科目流用、运用预备费和上年结余安排支出情况。

(5) 需要总结的主要内容。总结一年来贯彻执行各项财政方针政策、法令法规的情况和问题,总结在组织收入、安排支出方面的主要经验、存在的问题,以及今后加强预算管理和监督的意见。

(6) 其他方面。如经济、财政体制的改革,制度、办法的变化,工资、物价、利率、汇率的调整,以及其他新出台措施对预算收支的影响。

(三) 地方财政总决算草案的汇编报送程序

地方财政总决算草案汇编报送的程序是按照乡(镇)、县(市)、州(设区的市)、省(自治区、直辖市)的预算级次构成,自下而上、逐级汇总成各地方总决算草案报送财政部,财政部将各省(自治区、直辖市)总决算草案汇总,编成地方财政总决算草案。

第二节 政府决算的审查批准

一、财政部门和主管部门对决算草案的审核分析

为了使决算编制得及时、准确、完整,保证决算的质量,必须在各个环节上加强决算的审核分析工作,做到逐级审核,层层负责。各部门对所属各单位的决算草案应当严格审

核,并编制本部门的决算草案,在规定期限内报本级财政部门审核;各级财政部门对本级各部门决算草案应当严格审核,对不符合规定的有权作出调整;地方各级财政部门编制本级总决算草案,经上一级财政部门审核后,报本级人民政府审定,由人民政府提请本级人民代表大会或人民代表大会常务委员会审查和批准。决算的审核分析工作是和决算的汇编工作交叉进行的。下面分别介绍决算审核分析的方法、形式和内容。

（一）决算审核分析的方法

决算审核分析方法一般分为就地审核、书面审核和派人到上级机关汇报审核三种,以书面审核方法为主。就地审核和派人到上级机关汇报审核,通常作为书面审核的补充,有时也交叉运用。

（二）决算审核分析的形式

决算审核分析的形式一般分为本单位自审、组织决算性质相同的单位联审互查和上级机关审核三种。

联审互查,就是由主管部门或财政机关把本部门或本地区的预算、财会人员组织起来,对本部门的单位决算或本地区的财政总决算进行面对面的集中互审,这有利于互帮互学互审,提高决算质量,加快决算进度,就地汇编部门单位决算或财政总决算。

（三）决算审核分析的内容

决算审核分析的内容主要有两个方面：一方面,从贯彻执行国家各项方针政策、财政制度、财经纪律等方面进行审核分析,通称政策性审核;另一方面,对决算报表的数字关系进行审核分析,通称技术性审核。这两方面的审核虽各有重点,但应是互为补充、相辅相成、不可偏废的。因为政策性的问题有时是从技术性审核的数字关系中发现的。

决算审查分析的具体内容,一般应着重于下列问题：

1. 收入方面

（1）属于本年的预算收入,是否按照法律法规、国家政策、预算管理体制和有关缴款办法,及时、足额地缴入各级金库,编入本年决算;是否有违反法律、行政法规的规定,多征、提前征收或者减征、免征、缓征应征的预算收入的行为;是否有违反法律、行政法规的规定,截留、占用或者挪用预算收入的行为。

（2）各级总预算之间的分成收入划分是否正确,应当上解上级预算的款项是否按照各级预算收入划分的规定和结算比例全部上缴;分成收入和固定收入之间有无混淆情况。

（3）收入退库项目是否符合国家规定;应当列作支出的款项,有无作冲减收入处理。

（4）收入确认的会计基础是不是收付实现制;是否存在将来年收入计入本期收入的财政虚假收入行为。

2. 支出方面

（1）财政部门是否依照法律、行政法规的规定,及时、足额地拨付预算支出资金;列入本年决算的支出,是否按照年度收支期限划分;总决算支出数是否按银行支出数列报;单位决算支出数是否符合支出报销的规定。

（2）支出确认的会计基础是不是收付实现制;各部门、各单位是否有虚假列支行为;本年预付下年的经费有无列入本年决算的情况;特定支出事项,需要按照国务院的规定实

行权责发生制支出确认的,是否向本级人民代表大会常务委员会履行报告义务。

(3) 预算支出是否符合正常规律,年终有无突击花钱的现象;决算支出数与12月份会计报表所列全年累计支出数是否一致,如有较大增加,是什么原因。

(4) 根据决算数和预算数的对比差距,审核结余和超支的主要原因,查明有无违反财经纪律的超支情况;审核支出各科目预算的流用、总预备费的支出、上年结余的动用等,是否符合规定的审批程序。

(5) 各级决算支出是否编列齐全,有无该报未报的情况;已报决算是否逐级汇总,有无估列代编的情况,等等。

3. 结转结余方面

(1) 单位是否分别核算基本支出结余、项目支出结余和非财政补助结余;单位预算拨款结余,是否已如数缴回总预算;有无将结余列入决算报销,转作单位"其他存款"等情况。

(2) 单位是否分别核算基本支出结转、项目支出结转和非财政补助结转;在总决算结转中,按规定结转下年继续使用的资金是否符合规定;结转项目是否符合规定;结转项目是否符合规定的范围,等等。

4. 资金运用方面

(1) 审核单位决算银行支取未用数是否正常合理;库存现金是否符合规定额度,是否存在大额取现行为;库存材料有无积压损失;暂存、暂付等往来款项是否清理完毕,以及未清理的原因。

(2) 对财政总决算,着重审核各级总预算之间、总预算与单位预算之间的拨借款项是否结算;借垫款项的原因。

(3) 审核否存、暂付等其他各项往来款项是否符合规定;有无应清未清,应作本年决算收入、支出的款项。

(4) 审核单位决算的预算存款和其他存款有无混淆;查明固定资产和库存材料增减变化的主要原因。

5. 数字关系方面

(1) 审核决算报表之间的有关数字是否一致。例如,总决算的决算总表同决算收支明细表之间、决算分级表同决算总表之间的有关数字是否一致,等等。

(2) 审核上下年度有关数字是否一致。例如,基本数字各表所列本年年初数同当年决算期末数字是否一致,等等。

(3) 审核上下级财政总决算之间、财政总决算同单位决算之间的有关上解、补助和拨借款项数字是否一致。

(4) 业务部门的统计年报同财政总决算的有关数字是否一致。例如,主管部门业务统计中的学生人数、病床数、农林水气象事业机构数,以及各项事业成果数,同财政总决算编制的有关同一口径的数字是否一致等。

6. 决算的完整性和及时性

着重审核规定的决算报表是否填报齐全,有无缺报、漏报;已报的决算数各表的栏次、科目、项目填列是否正确完整,计算口径是否符合规定;有无决算说明书,其编写的质量如何,决算报送是否超过规定期限,等等。

上述决算审核分析的六个方面,一般来说,前四个方面基本上是政策性审核,后两个方面是技术性审核。对于决算审核中发现的问题,要按照政府决算制度和有关财经法规作出处理:属于政策性的差错,要按政策规定予以纠正;属于技术性的差错,要及时查明纠正。属于遗漏的问题,要限期补报;属于决算不实、弄虚作假的问题,要彻底纠正。对于各种违反财经纪律、情节严重、致使国家财产遭受损害的问题,要报请人民政府或党的纪律检查部门给予经济制裁、纪律处分、行政处分。发现有贪污盗窃、玩忽职守等触犯刑律的,要绳之以法。总之,要执行政策,严肃财经纪律,保证政府决算的及时、准确、真实、完整,提高预算管理和决算编审工作水平。

二、各级人大对决算草案的审查内容

《预算法》第七十九条规定,县级以上各级人民代表大会常务委员会和乡、民族乡、镇人民代表大会对本级决算草案,重点审查下列内容:

(1) 预算收入情况;
(2) 支出政策实施情况和重点支出、重大投资项目资金的使用及绩效情况;
(3) 结转资金的使用情况;
(4) 资金结余情况;
(5) 本级预算调整及执行情况;
(6) 财政转移支付安排执行情况;
(7) 经批准举借债务的规模、结构、使用、偿还等情况;
(8) 本级预算周转金规模和使用情况;
(9) 本级预备费使用情况;
(10) 超收收入安排情况,预算稳定调节基金的规模和使用情况;
(11) 本级人民代表大会批准的预算决议落实情况;
(12) 其他与决算有关的重要情况。

县级以上各级人民代表大会常务委员会应当结合本级政府提出的上一年度预算执行和其他财政收支的审计工作报告,对本级决算草案进行审查。

三、决算草案的审查批准程序

(一) 报送审批

《预算法》第七十七条规定,国务院财政部门编制中央决算草案,经国务院审计部门审计后,报国务院审定,由国务院提请全国人民代表大会常务委员会审查和批准。县级以上地方各级政府财政部门编制本级决算草案,经本级政府审计部门审计后,报本级政府审定,由本级政府提请本级人民代表大会常务委员会审查和批准。乡、民族乡、镇政府编制本级决算草案,提请本级人民代表大会审查和批准。

(二) 决算批复

《预算法》第八十条规定,各级决算经批准后,财政部门应当在二十日内向本级各部门批复决算。各部门应当在接到本级政府财政部门批复的本部门决算后十五日内向所属

单位批复决算。

（三）备案制度

《预算法》第八十一条规定，地方各级政府应当将经批准的决算及下一级政府上报备案的决算汇总，报上一级政府备案。

县级以上各级政府应当将下一级政府报送备案的决算汇总后，报本级人民代表大会常务委员会备案。

《预算法》第八十二条规定，国务院和县级以上地方各级政府对下一级政府报送备案的决算，认为有同法律、行政法规相抵触或者有其他不适当之处，需要撤销批准该项决算决议的，应当提请本级人民代表大会常务委员会审议决定，经审议决定撤销的，该下级人民代表大会常务委员会应当责成本级政府依法重新编制决算草案并提请本级人民代表大会常务委员会审查和批准。

专栏 7-1　《预算法》关于各级财政总决算草案的初步审查规定

《预算法》规定，国务院财政部门应当在全国人民代表大会常务委员会举行会议审查和批准中央决算草案的三十日前，将上一年度中央决算草案提交全国人民代表大会财政经济委员会进行初步审查。

省、自治区、直辖市政府财政部门应当在本级人民代表大会常务委员会举行会议审查和批准本级决算草案的三十日前，将上一年度本级决算草案提交本级人民代表大会有关专门委员会进行初步审查。

设区的市、自治州政府财政部门应当在本级人民代表大会常务委员会举行会议审查和批准本级决算草案的三十日前，将上一年度本级决算草案提交本级人民代表大会有关专门委员会进行初步审查，或者送交本级人民代表大会常务委员会的有关工作机构征求意见。

县、自治县、不设区的市、市辖区政府财政部门应当在本级人民代表大会常务委员会举行会议审查和批准本级决算草案的三十日前，将上一年度本级决算草案提交本级人民代表大会常务委员会有关工作机构征求意见。

全国人民代表大会财政经济委员会和省、自治区、直辖市、设区的市、自治州人民代表大会有关专门委员会，向本级人民代表大会常务委员会提出关于本级决算草案的审查结果报告。

第三节　政府财务报告

财务报告是报告主体对一定会计期间财务活动乃至整个报告主体各项活动所进行的系统全面的总结和报告，是为满足外部使用者共同的信息需求而编制的。《预算法》第九十七条规定：各级政府财政部门应当按年度编制以权责发生制为基础的政府综合财务报告,报告政府整体财务状况、运行情况和财政中长期可持续性,报本级人民代表大会常务委员会备案。

一、政府财务报告的内涵

政府财务报告的基本概念可以简要表述为:为满足信息使用者需求而编制的以财务信息为主要内容,以政府资产负债表、收入费用表等财务报表为核心,全面系统地反映政府财务受托责任的综合报告。该综合报告是信息使用者进行经济和社会决策的依据,也是政府解除财务受托责任的有效凭证。政府财务报告系统全面地反映了政府的财务状况,是披露政府财务信息的一种规范化途径。政府财务报告是财务报告的一种,是反映政府财务状况的,从定义中可以看出,它具有以下四点内涵:

(一)政府财务报告的信息需求者广泛

政府财务报告信息需求者的状况在一定程度上制约和影响着财务报告的内容及水平,因此,在分析政府财务报告之前首先分析信息需求者很有必要。与企业财务报告等其他报告相比,政府财务报告具有宏观性,因此它的信息需求者范围也很广泛,主要包括社会公众、权力机关、政府的债权人和投资者、各类评估机构及其评估人员、各级政府行政管理部门等。

1. 社会公众

社会公众(包括纳税人,选举人,投票人,各利益集团,政府提供的公共产品、服务和转移支付的接受者等)是真正的预算资金的所有者,政府只是凭借其权力集中了公众的部分财富,基于此,有权利了解并监督预算资金用于何处、是否必要和合理、其支出效益如何,等等。因此,社会公众是政府财务报告的第一信息需求者,这也是政府财务报告具有公开性的原因。

2. 权力机关

由于"免费搭车"现象的存在,让每个公民都行使监督权是不可能的,因此为保证全体公民的利益不受侵害,专门代表公众利益的机构(包括立法机构和其他权力机构,如西方国家的议会、我国的人民代表大会等)就成为一个重要的监督机构。这类机构代表全体公民行使监督权,因此它们需要政府财务报告提供的有关信息,并据此监督和评价政府行为。

3. 公共资金的投资者和债权人

在现代社会里,公债是各国政府取得收入的重要手段,作为公债的应债主体,包括政府债券的投资者和债权人等,必须了解政府的偿还能力、收益状况及资金支出方向等事项,而政府财务报告是获取这些信息的重要来源,因此,公共资金的投资者和债权人是政府财务报告的需要者之一。

4. 有关评估机构及其评估者

与公共资金投资者和债权人紧密相关的一类信息需要者是有关评估机构及其评估者(包括经济和财务分析师),为了给这些投资者和债权人进行投资或融资提供参考,这些评估机构需要着重了解政府的资产、负债、当前和预计开支水平以及取得同样或者更多税收收入的能力等信息。

5. 各级行政管理部门

各级行政管理部门也是政府财务报告信息的需求者。上级管理部门控制和管理下级部门的一个必要途径就是财务,如果不能掌握财务信息,则必然导致其他管理内容的失控,但是,上级管理部门需要了解的内容的重点与以上其他信息需求者不同,应该说它需要的政府财务报告更加细致、具体,更加具有专业性。

(二) 政府财务报表是政府财务报告的主要形式

政府财务报表可以仅指以表格形式出现的财务报表,也可以同时指财务报表和报表注释。它既包括单个主体的财务报表,如政府行政单位的财务报表、政府基金财务报表,也包括由单个主体合并而成的合并财务报表,如整个政府的合并财务报表。政府财务报表是反映政府财务信息的主要形式,是政府财务报告的重要组成部分。政府财务报告的要求指导着政府财务报表的编制,反过来,政府财务报表的内容具体实现着政府财务报告的要求。

我国现行预算会计编制的财务报表包括:

(1) 财政总预算会计编制的反映政府财政预算资金情况的资产负债表和预算执行情况表。

(2) 行政单位编制的资产负债表和收入支出表。

(3) 国有事业单位编制的资产负债表和收入支出表。财政部门在收到同级行政事业单位和国有事业单位上报的财务报表时,再将行政单位和国有事业单位各自编制的收入支出表予以汇总,编制成行政事业单位收支汇总表。

(三) 政府财务信息是政府财务报告的主要内容

政府财务信息是政府财务报告的主要内容,是从价值的角度对政府业务活动及其结果的一种反映。政府财务信息可以在政府财务报表中反映,也可以在政府财务报表附注或附表中报告,或在其他必要的补充信息中报告。当然,政府财务报告的主要内容是政府财务信息。我国目前提供政府财务信息的主要是政府预算执行情况报告,另外,国民经济和社会发展计划执行情况报告以及政府工作报告等相关政府报告也提供了部分政府财务信息。

(四) 政府财务报告反映了政府财务受托责任状况

从公共财政理论讲,政府为满足公共需要必须占有一定的公共财力,并用于提供公共产品和公共服务,因此,财政实际上是政府代理公众行使资金支配权的行为。受托责任是信息提供方即政府与拥有权利方即公民及其代表之间的一种委托代理关系,即政府有责任向公民报告其行为及其结果,公民有权知道政府的活动是否维护了其利益,以及是否实现了高效率。政府财务报告应当提供信息以帮助使用者评价政府在守法、服务努力程度、服务成本和成就等方面的情况。

目前我国的政府财务报告应反映的政府受托责任大致包括以下方面:一是预算执行情况及依从预算情况的信息,即政府是否按照《预算法》的规定,将财政资金用于预算限定的用途或目的,这是公共财政资金管理的起码要求。二是国有资产方面的财务信息,特别是国有资产产权构成及收益权情况、国有资产保值增值情况的信息。因为国有经济是我国的经济基础,它直接体现我国经济的结构和经济发展的方向,国有资产能否保值增值体现了政府是否履行了国有资产管理的受托责任。三是政府采购资金的财务信息。随着财政管理体制改革的深入,以及政府采购、国库集中收付制度的进一步实施,政府采购将成为我国政府财务活动的一个重要内容。四是以政府或政府部门作为受托人受托管理的社会保障基金方面的财务信息。我国是社会主义国家,而社会保障反映了一国扶助老、弱、病、残、失业等弱势群体的状况,因此随着我国社会保障体系的不断完善,社会保障基金将成为政府最大的基金之一,与该基金相关资产的投资及受益、社会保障支出情况的信息则相应成为政府解除社会保障方面受托责任的依据。

二、政府财务报告的目标与原则

（一）政府财务报告的目标

政府财务报告的目标可以细分为最高目标和具体目标。最高目标也是根本目标,它决定了其具体目标的组成内容,而具体目标又是最高目标内容的展开。

1. 最高目标

明确受托责任和服务决策有用可以看作政府财务报告的最高目标。美国政府会计准则委员会在其1987年5月发布的《政府会计准则委员会概念公告第1号——财务报告的目标》中提出,政府财务报告应当提供信息以帮助使用者:① 评价受托责任;② 作出经济的、社会的和政治的决策。

第一,在政府财务报告中向公众解释受托责任,比在企业财务报告中向公众解释受托责任更加重要。我国目前的政府财务报告以政府预算执行情况报告为主,而政府预算执行情况报告主要提供关于政府预算资金的来源、使用以及实际与预算相比较的信息。应该说,我国目前的政府预算执行情况报告在一定程度上说明了政府的受托责任,即关于是否守法合规、是否完成了计划、是否高效地运用了资金等情况。评价受托责任是对过去事项作出的评价,在这方面我国目前的政府预算执行情况报告还远远不够。

第二,政府财务报告另一个重要的目标就是制定决策,即根据财务报告已有信息为未来进行决策提供参考。我国的预算执行情况报告也是以此为目标的,它在总结过去执行情况的同时,也为下一年度确定收入、支出等数据提供了重要的参考,尤其是在采用基数法确定收支的情况下。

2. 具体目标

国际会计师联合会公立单位委员会在其1991年发布的《研究报告第1号——中央政府的财务报告》中认为,政府和单位通用的财务报告的目标如下:

(1) 说明资源是不是按照法定预算取得和使用的;

(2) 说明资源是不是按照法律和合同的要求,包括由有关立法部门建立的财政授权取得和利用的;

(3) 提供关于财政资源的来源、分配和使用的信息;

(4) 提供关于政府或单位是怎样筹集活动资金以及满足其对现金的需求的信息;

(5) 提供在评价政府或单位筹集活动资金和偿付负债及承诺的能力时有用的信息;

(6) 提供关于政府或单位财政状况及其变动的信息;

(7) 提供在以服务成本、效率和成就来评价政府或单位业绩时有用的综合信息。

可见,具体目标是具体而众多的,为了实现这些具体目标,政府不但要提供预算执行情况的报告,还要提供收入和支出、国内外债务还本付息、各部门的详细活动等方面的详细情况。

(二) 政府财务报告的原则

1. 全面性

政府财务报告虽然侧重于会计主体财务状况的反映,但通过它应能反映报告主体所有方面的管理信息、内控信息、财务信息等内容。

2. 合法性

政府财务报告应该在内容和形式上都与公认的标准相一致,并且适合于使用者(包括潜在使用者)使用。

3. 可理解性

对应报送报告和利益相关的使用者而言,报告应易于理解;报告传达的信息应当可以被快速地获得和易于交流。对议员和民众而言,他们不了解预算术语和专用方法,报告应对此进行解释和说明以便于人们理解。对于非财务人员而言,财务报告非常难以理解,如果能够加上图表和说明则可以提高报告的可读性。

4. 可靠性

可靠性是指报告的信息应该是可检验的、无偏见的,应该如实地反映其所要反映的内容,但不是指精确性和确定性。对某些项目,如税式支出、或有事项或养老金负债,适当的解释性的估计所提供的信息比没有估计更有意义。

5. 相关性

相关性是指报告提供的信息必须满足有明确要求的需要,财务报告更重要的目的是考虑如何满足不同使用者的需要。

6. 一致性

一致性是指不仅在一段时间,而且在整个过程中,一旦采纳某一核算或报告方法,除非特别必要,一般不作改变,它应使用于所有类似的业务。如果报告的方法、范围或者主体已经改变,报告应该反映这种变化的影响。

7. 及时性

信息具有时效性的要求,不及时或者过时的信息往往是无用的,因此必须保证信息的及时性。即使及时的信息是估计的、不够准确的,也比不及时的、准确的信息更加具有参考价值。

8. 可比性

信息使用者有时不仅需要某一个报告主体的财务信息,而且需要将几个报告主体的财务报告内容进行比较,这就要求各报告主体编制的财务报告必须能够进行横向比较,比如对其成本和效益的比较等。

9. 有用性

政府财务报告对于一个组织内部和外部的使用者而言都应该是有用的,应有助于使用者理解这个机构现在和未来的活动情况,以及机构资金的运用、来源及其运用效率。

三、政府财务报告的主体

美国政府会计全国理事会（NCGA）在《政府财务报告主体的界定》中，对政府财务报告主体的界定提出了五条标准：财务依存性、管理监督权、管理指派、运营活动的重大影响力和财政事项的受托责任等。这些标准对于确定我国的政府财务报告主体具有一定的参考价值。一般认为，政府财务报告的主体由以下三部分组成：

1. 基本政府

基本政府是财务报告主体的核心。如何定义基本政府，大致可从两方面考察：一方面看它是不是具有独立法律地位的组织，另一方面看它在财政上或预算上是否独立。

（1）法律上是否独立。具体包括以下三点：是否有独立的名称；是否有权以自己的名义起诉别人或被别人起诉，而不必追索至州或地方政府；是否有权以自己的名义购买、销售、租赁、抵押财产。

（2）财政或预算上是否独立。具体包括以下三点：是否有权确定自己的预算，别的政府无权批准或修改这个预算；是否有权征税或确定税率或收费，而不需要别的政府来批准；是否有权发行债券，而不需要别的政府批准。

根据《预算法》，我国预算实行一级政府、一级预算的管理体制，设立中央、省（自治区、直辖市）、设区的市（自治州）、县（自治县、不设区的市、市辖区、旗）、乡（民族乡、镇）等五级预算。这五级政府就是政府财务报告主体中的基本政府，因为它们在法律上是独立的，在财政上具有相对独立的预算权。

2. 基本政府负有财务责任的组织

按照美国政府会计准则委员会 1991 年发布的《政府会计准则委员会公告第 14 号——财务报告的主体》的要求，以下情形使得基本政府对某一法律上独立的组织负有财务受托责任：

（1）如果基本政府任命了该组织管理集团中的大多数成员，并且基本政府能够对该组织施加意志或者该组织有可能向基本政府提供特定的财务利益，或对基本政府形成特定的财务负担。

（2）如果该组织在财政上依赖于基本政府，而不管该组织是否拥有一个独立当选的管理委员会和一个由上级政府任命的管理委员会以及一个共同任命的管理委员会。

我国目前的政府财务报告主要由财政总预算会计提供的财务报告、行政单位提供的财务报告和事业单位提供的财务报告等组成。一般认为，财政总预算会计提供的财务报告以一级政府作为财务报告的主体，主要提供一级政府的预算执行情况及其财政资金状况的信息；行政单位提供的财务报告以行政单位作为财务报告的主体，全面提供行政单位的财务状况和收支情况或预算执行情况的信息；事业单位提供的财务报告以事业单位作为财务报告的主体，全面提供事业单位的财务状况和收支情况或预算执行情况的信息。目前我国将政府行政单位和事业单位的收入支出表合并编制成行政事业单位收支汇总表。由政府向人民代表大会提供的财务报告主要以政府预算执行情况报告为基础展开，同时配之以行政事业单位收支汇总情况的信息。政府行政单位和事业单位一般都单独编制单位预算并要求保持预算平衡。从财政总预算会计编制的合并财务报表来看,政府各行政单位和事业单位都是政府财务报告的组成单位;从政府行政单位和事业单位分别单独编制财务报表并且相对独立,即并不完全与财政总预算会计编制的财务报表相一致来看,政府行政单位和事业单位又是单独列示的组成单位。

3. 基本政府的相关单位

基本政府的相关单位是指不包括在上述组织之中但与基本政府利益密切相关的组织。比如,美国芝加哥市政府财务报告的主体就不仅仅包括政府,还包括提供城市服务的警察和消防、街道和公共卫生、运输、供水、下水道排水、健康保健、航空运输等部门,另外还有其他许多相关单位,如芝加哥市学校改革受托人委员会、芝加哥市公园区、芝加哥市运输管理局、芝加哥城市大学、芝加哥住房管理局等。

对于这些相关单位还可以细分为相关组织、联营和共同控制组织以及具有联营或共同控制特征的其他政府的组成单位。目前我国的国有独资企业可以被认为属于基本政府的相关组织。由于国有独资企业完全由政府出资,政府任命管理人员,政府对其负有责任,但同时由于国有独资企业独立自主、自负盈亏,因此政府对它们不负有财务责任。中外合资经营企业,包括那些由我国政府与外商共同控制、政府在其中享有一般权益性利益的企业,可以认为是基本政府的联营组织。在某些城市中的跨区的公共市政项目,比如地铁、轻轨、城铁等,只是一个在法律上独立的组织,这些项目可以由各区政府共同控制,但它们可以独立运作,不为区政府带来财务利益或形成财务负担,这些组织可以被认为是区政府的共同控制组织。

目前我国对于企业类的经济活动,包括国有独资企业和公用事业类单位的经济活动,一般都不纳入政府财务报告,对于政府事业单位和行政单位的经济活动,部分地纳入政府财务报告。但是如果以向社会公布的财务信息为依据,包括政府独资控制的企业、政府参资拥有的企业、政府公用事业单位、政府行政单位和政府事业单位在内的与政府相关的财务信息,正在越来越完整地以各种途径和形式向社会公布。

综上所述,相关单位和组成单位的区别在于,相关单位是基本政府可以控制但对其不负财务受托责任的单位,或基本政府保留持续的财务利益或财务责任但不能单独控制的单位,而组成单位是基本政府可以控制并对其负有财务受托责任的单位,或在财政上依赖于基本政府且基本政府对其负有财务受托责任的单位。这一点区别使得二者在报告方法上的表现不同,即相关单位的财务报表不需要与基本政府的财务报表联合编制,而组成单位的财务报表一般需要与基本政府的财务报表联合编制。

通常情况下,政府财务报告主体的核心是基本政府。但是,基本政府之外的其他许多政府组织,如组成单位、合资经营单位、共同控制组织、其他单独呈报财务报告的政府,如果它们单独发布财务报表,那么它们也是自己的财务报告主体的核心。

四、我国政府财务报告制度的改革框架

(一)现行政府财务报告制度存在的问题与改革要求

我国目前的政府财政报告制度实行以收付实现制政府会计核算为基础的决算报告制度,主要反映政府年度预算执行情况的结果,对准确反映预算收支情况、加强预算管理和

监督发挥了重要作用。但随着经济社会的发展,仅实行决算报告制度,无法科学、全面、准确地反映政府资产负债和成本费用,不利于强化政府资产管理、降低行政成本、提升运行效率、有效防范财政风险,难以满足建立现代财政制度、促进财政长期可持续发展和推进国家治理现代化的要求。因此,必须推进政府会计改革,建立全面反映政府资产负债、收入费用、运行成本、现金流量等财务信息的权责发生制政府综合财务报告制度。

针对这些问题,我国《预算法》第九十七条规定,各级政府财政部门应当按年度编制以权责发生制为基础的政府综合财务报告,报告政府整体财务状况、运行情况和财政中长期可持续性,报本级人民代表大会常务委员会备案。根据《预算法》及《国务院关于深化预算管理制度改革的决定》(国发〔2014〕45号)的有关要求,国务院批转了财政部《权责发生制政府综合财务报告制度改革方案》。按照方案的要求,要加快推进政府会计改革,逐步建立以权责发生制政府会计核算为基础,以编制和报告政府资产负债表、收入费用表等报表为核心的权责发生制政府综合财务报告制度,提升政府财务管理水平,促进政府会计信息公开,推进国家治理体系和治理能力现代化。

(二)改革总体目标

权责发生制政府综合财务报告制度改革是基于政府会计规则的重大改革,总体目标是通过构建统一、科学、规范的政府会计准则体系,建立健全政府财务报告编制办法,适度分离政府财务会计与预算会计、政府财务报告与决算报告功能,全面、清晰地反映政府财务信息和预算执行信息,为开展政府信用评级、加强资产负债管理、改进政府绩效监督考核、防范财政风险等提供支持,促进政府财务管理水平的提高和财政经济的可持续发展。

(三)主要任务

1. 建立健全政府会计核算体系

政府会计核算体系由政府预算会计和政府财务会计构成,二者适度分离并相互衔接。在进一步完善现行预算会计的基础上,构建政府财务会计体系,增强政府财务会计功能,夯实政府财务报告核算基础,为中长期财政发展、宏观调控和政府信用评级服务。

2. 建立健全政府财务报告体系

政府财务报告主要包括政府部门财务报告和政府综合财务报告。政府部门编制部门财务报告,反映本部门的财务状况和运行情况;财政部门编制政府综合财务报告,反映政府整体的财务状况、运行情况和财政中长期可持续性。

3. 建立健全政府财务报告审计和公开机制

政府综合财务报告和部门财务报告按规定接受审计。审计后的政府综合财务报告与审计报告依法报本级人民代表大会常务委员会备案,并按规定向社会公开。

4. 建立健全政府财务报告分析应用体系

以政府财务报告反映的信息为基础,采用科学方法,系统分析政府的财务状况、运行成本和财政中长期可持续发展水平。充分利用政府财务报告反映的信息,识别和管理财政风险,更好地加强政府预算、资产和绩效管理,并将政府财务状况作为评价政府受托责任履行情况的重要指标。

（四）具体内容

1. 建立政府会计准则体系和政府财务报告制度框架体系

（1）制定政府会计基本准则和具体准则及应用指南。第一，基本准则用于规范政府会计目标、政府会计主体、政府会计信息质量要求、政府会计核算基础，以及政府会计要素定义、确认和计量原则、列报要求等原则事项。基本准则指导具体准则的制定，并为政府会计实务问题提供处理原则。第二，具体准则依据基本准则制定，用于规范政府发生的经济业务或事项的会计处理，详细规定经济业务或事项引起的会计要素变动的确认、计量、记录和报告。第三，应用指南是对具体准则的实际应用作出的操作性规定。

（2）健全完善政府会计制度体系。政府会计科目设置实现预算会计和财务会计双重功能。预算会计科目准确完整地反映政府预算收入、预算支出和预算结余等预算执行信息，财务会计科目全面准确地反映政府的资产、负债、净资产、收入、费用等财务信息。条件成熟时，推行政府成本会计，规定政府运行成本归集和分摊方法等，反映政府向社会提供的公共服务支出和机关运行成本等财务信息。

（3）建立健全政府财务报告审计和公开制度。一是政府财务报告审计制度。对审计的主体、对象、内容、权限、程序、法律责任等作出规定。二是政府财务报告公开制度。对政府财务报告公开的主体、对象、内容、形式、程序、时间要求、法律责任等作出规定。

2. 编报政府部门财务报告

（1）清查核实资产负债。各部门、各单位按照统一要求有计划、有步骤地清查核实固定资产、无形资产以及代表政府管理的储备物资、公共基础设施、企业国有资产、应收税款等资产，按规定界定产权归属、开展价值评估；分类清查核实部门负债情况。清查核实后的资产负债统一按规定进行核算和反映。

（2）编制政府部门财务报告。各单位应在政府会计准则体系和政府财务报告制度框架体系内，按时编制以资产负债表、收入费用表等财务报表为主要内容的财务报告。各部门应合并本部门所属单位的财务报表，编制部门财务报告。

（3）开展政府部门财务报告审计。部门财务报告应保证报告信息的真实性、完整性及合规性，接受审计。

（4）报送并公开政府部门财务报告。部门财务报告及其审计报告应报送本级政府财政部门，并按规定向社会公开。

（5）加强部门财务分析。各部门充分利用财务报告反映的信息，加强对资产状况、债务风险、成本费用、预算执行情况的分析，促进预算管理、资产负债管理和绩效管理有机衔接。

3. 编报政府综合财务报告

（1）清查核实财政直接管理的资产负债。财政部门清查核实代表政府持有的相关国际组织和企业的出资人权益；代表政府发行的国债、地方政府债券，举借的国际金融组织和外国政府贷款、其他政府债务以及或有债务。清查核实后的资产负债统一按规定进行核算和反映。

（2）编制政府综合财务报告。各级政府财政部门应合并各部门和其他纳入合并范围主体的财务报表，编制以资产负债表、收入费用表等财务报表为主要内容的本级政府综合财务报告。县级以上政府财政部门要合并汇总本级政府综合财务报告和下级政府综合财务报告,编制本行政区政府综合财务报告。

(3) 开展政府综合财务报告审计。政府综合财务报告应保证报告信息的真实性、完整性及合规性,接受审计。

(4) 报送并公开政府综合财务报告。政府综合财务报告及其审计报告,应依法报送本级人民代表大会常务委员会备案,并按规定向社会公开。

(5) 应用政府综合财务报告信息。政府综合财务报告中的相关信息可作为考核地方政府绩效、分析政府财务状况、开展地方政府信用评级、编制全国和地方资产负债表以及制定财政中长期规划和其他相关规划的重要依据。

本章小结

政府决算是政府预算的执行结果,是一个财政年度预算管理的最终环节。编制决算的主体包括财政拨款的各单位、部门,各级政府,参加预算执行的机构,如国库、税务等部门。我国的政府决算由中央决算和地方总决算组成。

编制政府决算的准备工作包括:拟定和下达政府决算的编报办法,进行年终清理,制定和颁发决算表格等。我国政府决算的编制从执行预算的基层单位开始,自下而上层层汇编,由各级财政部门汇编成本级决算。

政府决算的审查按照级别可分为上级财政对下级财政决算的审查、财政部门对同级主管部门的部门决算的审查、政府审计部门对政府决算的审查、立法机关对政府总决算的审查等;按照方法可分为就地审查、书面审查和汇报审查等;按照主体可分为自审、联审互查和上级重点审查等。各级政府将决算草案提交本级人民代表大会常务委员会审议和批准,经批准后,由财政部门向本级各部门和单位批复决算。

政府财务报告是为满足信息使用者需求而编制的以财务信息为主要内容,以政府资产负债表、收入费用表等财务报表为核心,全面系统地反映政府财务受托责任的综合报告。该财务报告是信息使用者进行经济和社会决策的依据,也是政府解释财务受托责任的有效凭证。

思考题

1. 政府决算的含义及其组成。
2. 政府决算工作的必要性。
3. 政府决算审查和批准的内容。
4. 年终清理的内容分别有哪些?
5. 政府决算草案审查批准的程序。
6. 政府财务报告的目标与原则。
7. 改革我国政府财务报告制度的基本思路。

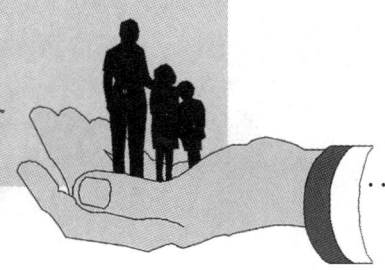

第八章

政府预算绩效管理

【学习目标】

本章主要介绍了政府预算绩效管理的内涵、理论依据及管理内容等。通过本章的学习,掌握政府预算绩效管理的内涵、理论依据;掌握绩效评价、绩效预算、投入预算的区别与联系;了解政府预算绩效管理的业务流程;思考中国政府预算绩效管理的改革方向。

第一节 政府预算绩效管理概述

政府预算绩效管理是政府绩效管理的重要组成部分,是一种以支出结果为导向的预算管理模式。它强化政府预算为民服务的理念,强调预算支出的责任和效率,要求在预算编制、执行、监督的全过程中更加关注预算资金的产出和结果。预算绩效管理要求政府部门不断改进服务水平和质量,花尽量少的资金、办尽量多的实事,向社会公众提供更多、更好的公共产品和公共服务,使政府行为更加务实、高效。推进预算绩效管理,对于提升政府执政的公信力,促进高效、责任、透明政府的建设具有重大的政治、经济和社会意义。

一、预算绩效管理的内涵

预算绩效管理最早出现于1949年的美国,称为 Performance Budgeting,是政府部门按所完成的各项职能进行预算,将政府预算建立在可衡量的绩效基础上,即干多少事拨多少钱。它要求预算过程充分利用关于政府活动产出与成果的数量化信息,把财政资金分配和政府部门的绩效更紧密地结合起来,是"为结果而预算"。

从管理流程上来看,预算绩效管理是一个由绩效目标管理、绩效运行跟踪监控管理、绩效评价实施管理、绩效评价结果反馈和应用管理共同组成的综合系统。推进预算绩效管理,要将绩效理念融入预算管理全过程,使之与预算编制、预算执行、预算监督一起成为预算管理的有机组成部分,逐步建立"预算编制有目标、预算执行有监控、预算完成有评价、评价结果有反馈、反馈结果有应用"的预算绩效管理机制。

完整的绩效预算管理过程一般可分为五个阶段:一是政府确定预期要实现的施政目标,并细化分解为部门绩效目标和具体工作计划;二是为实现各部门的绩效目标和工作计划配置资源;三是各部门分别围绕绩效目标实施工作计划并报告绩效目标完成情况;四是由评价机构按照确定的标准和方法对绩效目标的实现情况进行评价,并向社会公布评价结果;五是应用评价结果,调整政府及部门的施政目标和计划,并据以确定以后年度的预算。

二、绩效评价、绩效预算与预算绩效管理

财政支出绩效评价和绩效预算是预算绩效管理的重要组成部分。绩效评价是对财政资金跟踪问效,衡量财政资金使用是否"物有所值",其信息反馈有利于提高预算决策效率。绩效预算,即"干多少事拨多少钱",绩效评价的结果是绩效预算的参考依据。

(一)绩效评价的内涵与要素

1. 绩效评价的含义

财政支出绩效评价(以下简称绩效评价),是指财政部门和预算部门(单位)根据设定的绩效目标,运用科学、合理的绩效评价指标、评价标准和评价方法,对财政支出的经济性、效率性和效益性进行客观、公正的评价。

2. 绩效评价的层次

根据财政支出评价对象的不同,将其分为四个层次:第一层次为财政支出项目绩效评

价,第二层次为单位财政支出绩效评价,第三层次为部门财政支出绩效评价,第四层次为财政支出综合绩效评价。四者是一个层层递进、逐级包容的关系。财政支出的项目绩效评价,以项目为评价对象,对某项目的财政资金投入、预算产出(output)和效果(outcome),通过设计科学合理的指标,来对财政资金的使用效果进行评价。

上述四个层次中,财政支出的项目绩效评价,实施难度与阻力比较小,但在实践中应注意重点关注项目实施的产出和结果,避免成为项目的竣工结算验收。单位财政支出绩效评价和部门财政支出绩效评价,是对基层预算单位和部门使用财政性资金的综合效果进行评价。单位和部门绩效评价不仅仅涉及单位和部门的项目资金的绩效评价,还涉及部门的战略规划是否合理,决策机制是否公开制衡,部门的财务管理、资产管理等规章制度是否完备,预算执行的过程管理以及单位和部门的绩效产出与结果是否达到预期绩效目标等内容。财政支出综合绩效评价是对一级政府或一定区域政府使用财政性资金向地区公民提供公共服务的产出和结果,通过设计合理的指标,来进行综合评价。财政支出综合绩效评价需要与上级政府对下级政府的政绩考核相区别,二者的考核主体、考核目标、指标体系和考评侧重点均有所不同。对这四个层次主体的绩效评价体现了一个从微观到宏观、从具体到全面的过程。

3. 绩效评价的主体与范围

财政支出绩效评价的主体是财政部门、主管部门和单位,而不仅仅是财政部门。主管部门和项目单位是使用财政资金的主体,因而也是绩效评价的主体。财政支出绩效评价的客体是各项财政资金,即各级财政部门安排的财政资金,以及纳入部门预算管理的财政性资金等。

(二)绩效预算的内涵与要素

1. 绩效预算的内涵

绩效预算是把市场经济的一些基本理念融入公共管理之中,强调投入与产出的关系,即政府通过公共产品服务收益与成本的比较,要求以最小的投入取得最大的产出。其宗旨在于有效降低政府提供公共产品的成本,提高财政支出的效率,约束政府支出的扩张,因此又被称为以结果为导向的预算,即绩效预算的目标是政府工作的"结果",而不是政府机构工作的直接"产出"。例如修一条公路,即使能够按时、保质完工,但并没有达到缓解交通拥堵的设计初衷,则这种投入仍应被视为是低效或无效的。

2. 绩效预算的三要素

绩效预算要求政府的每笔支出都必须符合绩、预算、效三要素的要求:

(1)"绩"是指请求财政拨款是为了达到某一具体目标或计划,即绩效目标。这些目标应当尽量量化或者指标化,以便编制预算并考核效果。

(2)"预算"是指完成业绩所需的拨款额,或公共劳务成本,它包括人员工资和各种费用在内的全部成本。凡是能够直接量化的,政府都应当计算并公布标准成本。

(3)"效"是指使用财政性资金所带来的产出和结果指标,对绩效的考核指标设计包括量的考核指标和质的考核指标两部分。

从国外绩效评价总结的经验来看,绩效评价和绩效预算是相辅相成的关系。目前我国是以绩效评价先行,明确绩效目标,从而进一步推进绩效预算,推进预算绩效管理,提高财政资金的使用效益。

三、绩效预算与分项预算

传统的预算编制方法主要是投入式的分项预算(Line-item Budget),也译作投入预算,即预算内的各项支出按照支出类型和目标进行分类,对资金使用进行控制,避免人员经费支出、公用经费支出和其他分项支出之间的资金转移。在分项预算中,每一项收入和支出都有明确的来源与去向,更重要的是,分项预算将预算支出与相应的公共项目联系起来,提高了公共部门的公共责任感。而绩效预算是以目标结果为导向、以项目成本为衡量、以业绩评估为核心的一种预算管理模式,它与以投入为导向的分项预算(Line-item Budget)管理模式有很大的区别,具有以下特征和功能:

(一)强调目标结果,以绩效作为预算安排的出发点

传统的预算方式注重对投入的控制和管理,以政府应履行的职能为出发点,根据可分配的资源量来确定政府履行职能的程度,并以此确定相应的预算。绩效预算则注重结果,以政府提供公共产品应达到的目标,即政府投入所产生的社会效益为出发点,结合可分配的资源量和绩效考核结果来确定预算资金分配,使预算安排与社会公共需要更加紧密地结合起来,从而大大提高了财政资源分配的科学性和合理性。

(二)强调成本控制,以成本效益作为衡量支出的标准

传统预算注重体现政府意图,预算支出侧重于反映政府部门的工作量,而不注重计量完成工作的成本,缺乏内在的约束机制,以致形成了财政学上政府支出扩张的定律。绩效预算则从强调公共产品核算的角度,在预算中融入了成本核算的成本—效益作为衡量支出的标准,强化了政府内控机制,减少了预算支出决策的随意性和失误,进而优化了财政资源配置效果,提高了财政资金使用效益。

(三)强调权责对等,以绩效换取管理者的"自主权"

传统预算存在部门"权利有余,责任不足"的权责不对等问题,并强调严格的制度控制,致使部门片面追求用钱的权力和机械地按规则办事,忽视承担责任和创造性地工作。绩效预算则是在确定部门行为目标——绩效的前提下,明确其权利和义务,既赋予部门在一定的预算总规模内,自主决定资金具体用途的权利,又通过建立问责制度,防止职权滥用,并将资源分配的增加与否与绩效目标是否提高紧密相结合,从而调动了部门规范、科学和创造性理财的积极性。

(四)强调民主公开,以客观公正的绩效评价体系作为考量

传统预算主要是通过权力机关、审计机关及政府内部监督机制进行财政资金使用的事后合规性审查。绩效预算则更强调监督的社会化,通过建立客观公正的、完善的绩效评价体系,由相对独立的代表纳税人利益的评估机构的参与来进行财政资金使用效果的考核和评价,因此,更具有民主性和公开性,可以有效修正政府施政的目标和行为偏差,增强财政监督实效,促进政府管理水平的提高。

总之,绩效预算将市场机制、竞争机制和问责机制等理念引入政府预算管理中,其核心是通过制定公共支出的绩效目标和建立预算绩效评价体系,使预算紧紧围绕绩效目标

展开,以实现从注重财政资金投入的管理转向注重对支出产出效果的管理,体现了以满足公共服务需求为出发点和归宿的管理理念,可以有效降低政府提供公共服务的成本,提高财政支出的效益,增强政府资源配置的科学化和民主化。

四、政府预算绩效管理的理论依据

政府预算绩效管理包含了公共经济学、现代管理科学、委托代理理论的科学内涵,是多种现代科学理论在公共财政管理上的具体运用。

(一)公共经济理论

西方财政理论认为,现代市场经济是公共部门经济和私人部门经济构成的混合经济,财政实质上是公共部门经济,是整个社会混合经济的有机组成部分。它对经济进行调节和管理,把财政收支活动同资源有效配置、收入公平分配和经济稳定发展等宏观经济活动结合起来。经济学是研究如何利用稀缺资源来满足人们的需要,即人们花费最小的资源获取更多、更好的效用。运用到财政支出的决策中时,就是最有效地使用财政资源,获得最大的社会政治经济效益。这就要求政府在组织公共财政收入和安排公共财政支出时要有效率和效益观念,特别是在安排财政支出过程中要讲效率,求效益。

公共部门的存在,是因为公共部门能够提供私人部门不能提供和不能有效提供的产品(或服务)。公共产品理论的提出更使财政的研究对象从单纯的财政收支拓展到财政活动的终点上,即公共产品的产出和提供。政府在提供公共产品时,必须回答与解决一系列问题,如所生产的公共产品的规模、数量应有多大?什么才是公共产品与私人产品理想的社会混合?如何在一系列可供选择的方案中择优?假定公共产品完全从税收中取得经费来源,它应如何在社会不同成员间分配税收负担?对于这些问题的回答与解决,所依据的首要原则是建立一个投入—过程—产出和成果的公共产品生产流程,并评价公共支出在其中的效益状况。

根据公共经济学,财政支出的过程,实际上是社会资源的耗费过程。社会资源同人们的需求相比总是存在稀缺性,财政资源也同样存在稀缺性。这就要求在财政收支活动中,要通过最有效地筹集、使用和管理财政资源,用最小的支出提供更多、更好的公共产品(服务),获得最大的社会政治经济效益。而是否获得了最大的效益,在具体的管理操作中依赖于对预算支出实施绩效评价来判断。预算支出的绩效评价就是通过对预算活动的绩效进行分析考核,来为公共资源的优化配置提供依据和方法。

(二)委托代理理论

委托代理理论认为,随着人类社会的发展,人类拥有的财产规模不断膨胀,致使财产所有者无法直接经营、管理所掌握的财富和资源。由此必然导致财产所有权和财产经营管理权的分离,使所有者和经营者的关系成为委托代理关系。在这种关系中,所有者即委托人希望经营者(代理人)能诚实、公允地履行代理经济责任,不仅要求实现其财产的保全,还要实现财产的高效、安全运行。而代理人则具有向委托人交代或说明其在诚实、公允地履行代理经济责任的义务。可见,代理经济责任的存在是绩效管理产生和发展的前提,而绩效管理的目标就是要确保代理经济责任的有效履行。同时,由于委托人和代理人在财产经营管理上存在法律、时间、空间和信息等诸方面的分离,因此产生了巨大的信息差异,往往代理人在交易中掌握的信息多,处在信息优势的地位,委托人掌握的信息少,处在信息劣势的地位。这种不对称使环境中的有用信息对于特定经济主体来说是稀缺的,使得委托人往往不能直接控制代理人的责任履行过程,这便使委托人必须借助于绩效管理来掌握代理人履行代理经济责任的状况,以缩小信息差距。所以,委托代理问题来源于信息的不对称,绩效管理的重要任务和中心内容就是减弱信息不对称的程度。

在公共部门的改革中,政府权力的下放和委托是一个重大的改革趋势。体现在公共财政领域中的两种主要的委托代理关系上:一种是政府外部的委托代理关系,即公众与政府之间的委托代理关系。财政支出的财力主要来自纳税人,社会成员通过税费委托政府提供公共产品,政府作为纳税人的代理人,代表纳税人筹集、分配和使用财政资金,有责任对财政收支活动进行绩效评价,以评价其财政收支过程是否合理,是否最大限度地满足了社会成员的公共需要。另一种是政府内部的委托代理关系,主要表现为财政部门和预算单位的委托代理关系。财政部门按预算支出的项目和进度给预算单位拨付资金,可以认为是按人民的需要供给公共产品的一部分。然而这种供给方式是价值形态的供给,而不是实物供给。预算支出能否转化成最终的公共商品还依赖于预算单位是否按财政部门的指令花钱、行事,这样财政部门与各预算单位之间就存在委托代理关系,并且财政部门往往处于信息劣势的地位。为了较好地解决内部委托代理中的信息不对称,财政部门应加强对财政资金使用情况的监督,每年由财政部门指导各部门开展预算支出绩效评价,以准确及时地把握财政资金的"来龙去脉",获得支出所对应产出和最终效果的反馈信息,从而更好地履行政府的代理经济责任。

(三)以产出为导向的新公共管理理论

在传统公共管理模式中,政府是非营利性质的,政府活动只要严格遵从预算的要求,组织预算收支即可。政府的持续发展能力和偿债能力取决于政府继续为之提供资金的意愿,而不是取决于政府部门取得成果和回报的能力。然而新公共管理理论提出,政府的职能和根本目标应是履行管理社会公共资源的责任,提供社会公共产品和公共服务,政府活动应从纯粹的预算分配向积极的财政管理扩展,社会对政府的关注也应由注重实现公共资源的使用分配的过程向注重实现公共资源使用分配的结果转变。

从管理学意义上而言,"新公共管理"模式是站在"企业化政府"的高度上,将社会公众与政府的关系,定位为新型的"公共受托责任"关系,它要求把反映公共资源的优化配置和合理利用、考评公共部门的绩效和增加透明度视为受托责任的核心。对公共部门提供的公共服务确立明确计量绩效的量化标准,包括服务提供的范围、水平和内容等,强调节省资源,降低服务成本,而不是将重点放在机构设置、公共服务数量等方面。针对预算收支活动特别是支出活动的绩效管理是实现政府"企业化管理"的关键技术。预算绩效管理的引入提高了政府整体的受托责任,扩大了评估政府财政状况和行政能力的信息范围,政府管理者将借助财政支出分配和使用的评价信息,来制定合理的政策目标、预算和活动计划,并对具体项目和行为的可行性及合理性作出理性决策,以引导政府资源的合理流动和运行。

五、我国推行预算绩效管理的意义

党中央、全国人大、国务院高度重视预算绩效管理工作,多次强调要深化预算制度改革,加强预算绩效管理,提高财政资金使用效益和政府工作效率。2014 年修订的《预算法》中,首次以法律形式明确了我国公共财政预算收支中的绩效管理要求,突出"全过程绩效管理、绩效目标管理、结果应用管理和人大代表参与式管理"四大特征。

第一,加强预算绩效管理,是深入贯彻科学发展观的客观要求。预算绩效管理强调结果导向,加强预算绩效管理,促进公共资源的科学合理配置,要求使用好有限的财政资金,进一步保障和改善民生,促进社会主义和谐社会建设,做到发展为了人民、发展成果由人民共享,这与科学发展观以人为本的核心要求是一致的。

第二,加强预算绩效管理,是建设高效、责任、透明政府的重要内容。预算绩效管理注重支出的责任,加强预算绩效管理,强化部门的支出责任意识,履行好经济调节、市场监管、公共服务、社会管理等政府职能,推进预算绩效信息公开,有利于促进政府部门提高管理效率,改善决策管理和服务水平,提升公共产品和服务的质量,进一步转变政府职能,增强政府执行力和公信力。

第三,加强预算绩效管理,是财政科学化、精细化管理的出发点和落脚点。预算绩效管理是财政科学化、精细化管理的重要内容,是效率观念的拓展和提升。加强预算绩效管理,要求预算编制时申报绩效目标,实施绩效运行监控,加强绩效监督和结果问责,建立预算安排与绩效评价结果有机结合机制,把绩效理念融入预算编制、执行、监督、管理全过程,既可有效缓解财政收支紧张的矛盾,又可提高财政资金的使用效益,是进一步提升财政科学化、精细化管理水平的有力抓手。

第四,加强预算绩效管理,是财政改革发展到一定阶段的必然选择。预算绩效管理更加关注公共部门直接提供服务的效率,加强预算绩效管理,促进财政工作从"重分配"向"重管理""重绩效"转变,解决财政资金使用的绩效和支出责任问题,是市场经济国家财政管理发展的一般规律,也是我国财政改革发展到一定阶段的必然选择。

由此可见,顺应时代发展要求,立足我国国情并借鉴国际经验,逐步推行绩效预算,建立科学的预算绩效评价体系,对于深化财政改革,加强财政管理和提高财政保障能力;对于强化政府的社会管理和公共服务职能,建设服务型政府,提高政府及公共部门的管理水平和能力;对于全面贯彻落实科学发展观、执政为民的执政观和经济社会发展战略目标,推进社会主义和谐社会建设等,都具有重要的现实意义和深刻的长远意义。

第二节 政府预算绩效管理的发展历程

政府预算绩效管理作为政府绩效管理的一种创新,最早正式出现于 1949 年的美国。随后它在不同的时期、不同的地区被诠释为不同的形态,项目预算、项目规划预算、产出预算、绩效预算等概念常常在文献上被交互使用。现在,人们提到政府预算绩效管理时更多的是指从 20 世纪 90 年代开始并被广泛应用于 OECD 的所谓"新绩效预算",它继承了效率导向的一系列预算改革的成果并有所发展,更加强调支出责任。

一、1949 年绩效预算引进

1949 年胡佛委员会提出项目预算(Program Budgeting)或绩效预算(Performance Budgeting),其关键特征是要在预算过程中描述每个政府组织运行的各种活动,把总的支出分配到各种不同的活动上,并对政府部门的实际活动进行测量。1951 年美国政府通过预算账户和叙述式计划与业绩报表,将计划和活动清单纳入预算,其中的一些报表用于说明计划工作量和根据权责发生制计算出的政府施政成本。

在美国政府之后,1954 年菲律宾政府开始绩效预算编制试验,在 1956 财政年度内,12 家政府部门采用了绩效预算模型,放弃了详细的预算分项,支出按照计划和项目大类列入预算。绩效预算改革取得了相当的成就,提高了人们对成本和效率问题的关注。但是,在成本分摊和绩效测评方面,这一改革在很大程度上是失败的。首先,绩效预算中的许多概念非常新颖,实施改革的政府各部门对此理解得不深入,而恰恰是这些部门却需要实践这些概念;其次,这次改革取得的可见收益非常小;最后,当时的政府会计制度和绩效计量系统都非常原始,这对当时的政府组织造成了沉重的负担。

二、规划项目预算系统

第二次大规模的预算改革是 20 世纪 60 年代美国兴起的规划项目预算系统(System of Planning Programming and Budgeting,PPBS),美国的改革也激起其他发达国家实施预算改革的浪潮,OECD 的许多成员国在 20 世纪 60 年代采纳了这一系统。

到 1964 年,美国 80% 的政府机构在预算请求中提供成本资料。但预算还应考虑支出的质量问题,这种需求导致了规划项目预算系统的产生,这一预算制度于 1965 年启动。规划项目预算系统意图在目标和目的、计划和活动之间建立更为密切的联系。在计划阶段,利用制度分析确定政策目标并找到有关解决方案。在方案阶段,对各种手段进行考虑并与规划阶段确定的各种解决方案进行比较。然后,把各种活动归入跨年度计划,对此类计划进行评估和比较。最终,在预算编制阶段将上述计划转化为年度预算。

PPBS 被证明是很难实施的。首先,政治因素在预算过程中的作用没有得到确认,预算过程中的政治现实是:政府目标和活动是不同价值判断之间的相互妥协,这一点在 PPBS 中并没有得到充分的理解。其次,实现完美、无争议的政府服务目标和活动的合理组织是不存在的。再次,PPBS 所试图忽视的部门界限,实践证明是非常活跃的,成为实施 PPBS 的重大障碍。最后,PPBS 要求大量经过高质量培训的管理人员,去指导各种分析和研究,而这些人员当时十分短缺。此外,当时的政府会计和报告信息系统也不支持这一预算方法。

在把原来未被应用于预算的经济学和社会学的许多概念引入预算方面,PPBS 作出了重要贡献,这些概念今天仍在使用。在用这些技巧代替传统预算方面,PPBS 脱离了当时的实际情况,20 世纪 80 年代各国纷纷放弃了这种尝试。

三、零基预算

20 世纪 80 年代前的最后一次重大的预算改革是零基预算(Zero-based Budget,ZBB),

在20世纪70年代晚期由美国政府率先尝试,而后被某些OECD国家采用。它要求每年都对预算中的每个支出项目的正当性加以证明并使其得到批准,另外,它还要求所有决策都应进行评估,并在系统分析的基础上按重要性进行排序。与前几次引入的预算模式相比,零基预算更注重预算程序而不是内容。

在纯粹零基预算编制制度下,所有计划必须每年进行重新评估,并重新开始分析计划是否符合要求。某项计划在前一年度预算中得到拨款,并不意味着这种拨款应当延续到下一财政年度。实际上这种纯粹的形式从来没有在某个国家采用过,但许多国家的政府都或多或少地吸收了零基预算的原则,即要求政府部门在提出下年度预算申请时,只能提出相当于现有支出水平的90%或80%的预算。

零基预算被证明是短命的,它所面临的问题也是此前的规划项目预算系统遇到的问题。如果只是对支出进行抽查,零基预算编制还有一定的作用,但在实践中,由于时间限制以及零基预算运作所需要的技能,每年都重新编制预算根本不可能。事实上,零基预算编制方法只是对少数新增项目进行审查。最终,美国议会决定重新考虑传统的预算编制方法,而将费时费力又复杂的零基预算方法搁置起来。

四、产出预算

自20世纪80年代中期以来,以新西兰和澳大利亚等为代表的一批OECD国家以政府预算管理改革为核心,进行了一系列被誉为"新公共管理"的影响深远的改革,包括在预算管理中引入全新的理念、权责发生制的政府会计、绩效导向的管理,以及将传统的投入预算转向产出预算。

产出预算的重点由投入转向产出,通过将管理和运作财政资源的权力下放给各部门和支出单位来提高运作效率,其中以新西兰对产出预算的研究和实施最为深入。相对于投入预算而言,产出预算有三个基本特征:第一,以产出指标作为预算编制的基础;第二,对各支出部门的预算拨款以特定产出的成本费用为基础;第三,各部门负责人在议会批准的拨款限额内可以自由地分配财力。

实行产出预算(或更一般地讲是绩效预算)需要具备一定的条件,包括明确测量财政绩效、在预算程序中培养"遵守规则文化"、公共支出管理权限的下放、良好的政府会计和成本计量系统等。如果实施的条件尚不成熟,那么在预算体系中引入绩效管理因素也是非常有意义的。1993年,美国通过的《美国政府绩效与成果法案》要求每个支出机构都必须制订详细的绩效计划,并将这些计划与业务活动和预算程序连接起来。

五、新绩效预算

20世纪90年代以来,借助于现代管理理念和技术手段的进步,绩效预算又重新开始为世界各国所重视。不论是早期的绩效预算,还是现代的以产出预算为代表的新绩效预算,都将预算与绩效相联系,实际上是一种以绩效为预算对象和拨款依据的预算方法。在美国1972年颁布《政府审计准则》提出对项目进行"绩效审计"的要求后,特别是新西兰等国在政府预算和会计制度方面进行改革之后,美国政府也更关注新公共管理运动中的绩效管理、新绩效预算,标志性的变化是1993年出台的《政府绩效与结果法案》(GPRA)。

在获得国会批准后,时任美国总统克林顿签署了 GPRA,要求所有政府部门都要提交五年策略发展计划,年度绩效计划和年度绩效报告;要求预算与管理办公室(OMB)负责提交关于整个政府部门的绩效计划,会计总署则提交关于实施情况的报告。在经过 1994—1996 年的试点后,1997—1999 年,GPRA 进入全面推广阶段,所有政府部门依次于 1997 年提交了五年计划,于 1998 年提交了年度绩效计划,于 1999 年提交了年度绩效报告。

在 GPRA 的框架基础上,2000 年克林顿提出包含绩效预算在内的政府改革"总统管理议程"后,OMB 于 2002 年推出了项目评估比率工具(Program Assessment Rating Tool,PART),试图系统地、连续地、透明地评价支出项目,用于预算分析和决策。它努力地把 GPRA 规定的关于政府活动绩效与预算的复杂联系过程变为快速而简洁的程序,试图连续、客观地获取支出项目的绩效信息并用于预算决策。

第三节 政府预算绩效管理的原则与内容

预算绩效管理是一个由绩效目标管理、绩效运行跟踪监控管理、绩效评价实施管理、绩效评价结果反馈和应用管理共同组成的综合系统。推进预算绩效管理,要将绩效理念融入预算管理全过程,使之与预算编制、预算执行、预算监督一起成为预算管理的有机组成部分,逐步建立"预算编制有目标、预算执行有监控、预算完成有评价、评价结果有反馈、反馈结果有应用"的预算绩效管理机制(参见图 8-1)。

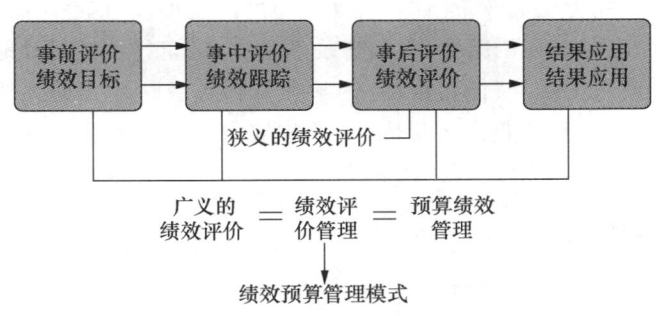

图 8-1 全流程预算绩效管理机制

一、预算绩效管理的原则

(一)统一组织,分级负责

"统一组织"是指预算绩效管理工作由财政部门统一组织和指导。"分级负责"是指各级财政和预算部门按现行财政体制及隶属关系分别开展工作,各负其责,各尽其职。财政部负责全国预算绩效管理工作,制定全国性规划和规章制度,组织、指导中央部门和地方财政部门的预算绩效管理工作实施。地方各级财政部门负责本地区预算绩效管理工作,制定区域性规划和规章制度,组织、指导本级预算部门和下级财政部门的预算绩效管理工作实施。预算部门是本部门预算绩效管理的责任主体,制定本部门工作规划和规章

制度,具体实施本部门及下属单位的预算绩效管理工作。所有预算单位都应当按照规定的要求,扎实做好预算绩效管理基础工作。

(二) 统筹规划,远近结合

"统筹规划"是指各级财政和预算部门要统筹谋划本地区、本部门预算绩效管理的指导思想、总体思路和长远规划,确定基本目标和主要任务,落实保障措施。"远近结合"是指各级财政和预算部门编制预算绩效管理规划时,要结合加强预算绩效管理的推进情况,既要着眼长远,又要立足当前,既要有中长期规划,又要有年度目标,建立完善年度工作计划与中长期规划相结合的机制。

(三) 全面推进,重点突破

"全面推进"是指各级财政和预算部门要充分认识到推进预算绩效管理工作的重要性与紧迫性,积极扩大预算绩效管理覆盖面,逐年增加绩效目标管理范围和绩效评价项目,横向到边,纵向到底,全面推进。"重点突破"是指各级财政和预算部门要正视现阶段开展预算绩效管理工作的艰巨性和长期性,结合本地区、本部门实际情况,因地制宜,积极探索,抓住关键,以各级党委、政府关心和社会公众关注的重点民生项目作为突破口,积累经验,扩大影响,以点带面,早出实效。

(四) 改革创新,协力推动

"改革创新"是指预算绩效管理工作既要适应新形势、新任务的需要,解决当前影响财政资金使用效益的问题,又要敢于突破旧框架、旧观念的束缚,大胆探索,不断创新管理理念、管理方法,不断完善相关政策措施,不断优化内部流程,从制度机制上解决财政工作中存在的突出矛盾和问题,在创新中推进,在改革中发展,充分发挥财政部门的职能作用,不断提高财政资金使用绩效。"协力推动"是指在发挥各级财政和预算部门能动性、推动预算绩效管理工作的同时,要借助各级人大、纪检监察、审计、社会中介等各方力量,合力推动,提升政府执行力和公信力。

二、绩效目标管理

绩效目标管理是指财政部门、各部门及其所属单位以绩效目标为对象,以绩效目标的设定、审核、批复等为主要内容所开展的预算管理活动。财政部门和各部门及其所属单位是绩效目标管理的主体。绩效目标管理的对象是纳入各部门预算管理的全部资金,而不仅仅是财政性资金。

(一) 绩效目标的内涵

绩效目标是指财政预算资金计划在一定期限内达到的产出和效果。绩效目标是建设项目库、编制部门预算、实施绩效监控、开展绩效评价等的重要基础和依据。

(二) 绩效目标分类

1. 按照预算支出的范围和内容划分

包括基本支出绩效目标、项目支出绩效目标和部门(单位)整体支出绩效目标。基本支出绩效目标,是指部门预算中安排的基本支出在一定期限内对本部门(单位)正常运转的预期保障程度。一般不单独设定,而是纳入部门(单位)整体支出绩效目标统筹考虑。项目支出绩效目标是指部门依据部门职责和事业发展要求,设立并通过预算安排的项目支出在一定期限内预期达到的产出和效果。部门(单位)整体支出绩效目标是指部门及其所属单位按照确定的职责,利用全部部门预算资金在一定期限内预期达到的总体产出和效果。

2. 按照时效性划分

包括中长期绩效目标和年度绩效目标。中长期绩效目标是指部门预算资金在跨度多年的计划期内预期达到的产出和效果。年度绩效目标是指中央部门预算资金在一个预算年度内预期达到的产出和效果。

(三)绩效目标设定

绩效目标设定是指各部门或其所属单位按照部门预算管理和绩效目标管理的要求,编制绩效目标并向财政部门或各部门报送绩效目标的过程。预算单位在编制下一年度预算时,要根据本级政府编制预算的总体要求和财政部门的具体部署、国民经济和社会发展规划、部门职能及事业发展规划,科学、合理地测算资金需求,编制预算绩效计划,报送绩效目标。报送的绩效目标应与部门目标高度相关,并且是具体的、可衡量的、一定时期内可实现的。预算绩效计划要详细说明为达到绩效目标拟采取的工作程序、方式方法、资金需求、信息资源等,并有明确的职责和分工。

按照"谁申请资金,谁设定目标"的原则,绩效目标由各部门及其所属单位设定。项目支出绩效目标,在该项目纳入各级政府部门预算项目库之前编制,并按要求随同各部门项目库提交财政部门;部门(单位)整体支出绩效目标,在申报部门预算时编制,并按要求提交本级财政部门。

绩效目标要能清晰反映预算资金的预期产出和效果,并以相应的绩效指标予以细化、量化描述。主要包括:

(1)预期产出,是指预算资金在一定期限内预期提供的公共产品和服务情况;

(2)预期效果,是指上述产出可能对经济、社会、环境等带来的影响情况,以及服务对象或项目受益人对该项产出和影响的满意程度等。

绩效指标是绩效目标的细化和量化描述,主要包括产出指标、效益指标和满意度指标等:

(1)产出指标是对预期产出的描述,包括数量指标、质量指标、时效指标、成本指标等;

(2)效益指标是对预期效果的描述,包括经济效益指标、社会效益指标、生态效益指标、可持续影响指标等;

(3)满意度指标是反映服务对象或项目受益人的认可程度的指标。

各部门、各单位设定项目或部门的绩效目标时,可以参考相关历史或横向的绩效标准。绩效标准是设定绩效指标时所依据或参考的标准。一般包括:

(1)历史标准,是指同类指标的历史数据等;

(2)行业标准,是指国家公布的行业指标数据等;

(3)计划标准,是指预先制定的目标、计划、预算、定额等数据;

(4) 财政部门认可的其他标准。

各部门设定绩效目标的依据包括：

(1) 国家相关法律法规和规章制度，以及国民经济和社会发展规划；

(2) 部门职能、中长期发展规划、年度工作计划或项目规划；

(3) 部门中期财政规划；

(4) 财政部门中期和年度预算管理要求；

(5) 相关历史数据、行业标准、计划标准等；

(6) 符合财政部门要求的其他依据。

（四）绩效目标设定的方法

项目支出绩效目标的设定方法包括：

(1) 对项目的功能进行梳理，包括资金性质、预期投入、支出范围、实施内容、工作任务、受益对象等，明确项目的功能特性。

(2) 依据项目的功能特性，预计项目实施在一定时期内所要达到的总体产出和效果，确定项目所要实现的总体目标，并以定量和定性相结合的方式进行表述。

(3) 对项目支出总体目标进行细化分解，从中概括、提炼出最能反映总体目标预期实现程度的关键性指标，并将其确定为相应的绩效指标。

(4) 通过收集相关基准数据，确定绩效标准，并结合项目预期进展、预计投入等情况，确定绩效指标的具体数值。

部门（单位）整体支出绩效目标的设定方法包括：

(1) 对部门（单位）的职能进行梳理，确定部门（单位）的各项具体工作职责。

(2) 结合部门（单位）中长期规划和年度工作计划，明确年度主要工作任务，预计部门（单位）在本年度内履职所要达到的总体产出和效果，将其确定为部门（单位）总体目标，并以定量和定性相结合的方式进行表述。

(3) 依据部门（单位）总体目标，结合部门（单位）的各项具体工作职责和工作任务，确定每项工作任务预计要达到的产出和效果，从中概括、提炼出最能反映工作任务预期实现程度的关键性指标，并将其确定为相应的绩效指标。

(4) 通过收集相关基准数据，确定绩效标准，并结合年度预算安排等情况，确定绩效指标的具体数值。

（五）绩效目标审核

1. 绩效目标审核的内涵

绩效目标审核是指财政部门或各部门对相关部门或单位报送的绩效目标进行审查核实，并将审核意见反馈给相关单位，指导其修改完善绩效目标的过程。按照"谁分配资金，谁审核目标"的原则，绩效目标由财政部门或各部门按照预算管理级次进行审核。根据工作需要，绩效目标可委托第三方予以审核。财政部门要依国家相关政策、财政支出方向和重点、部门职能及事业发展规划等对单位提出的绩效目标进行审核，包括绩效目标与部门职能的相关性、绩效目标的实现所采取措施的可行性、绩效指标设置的科学性、实现绩效目标所需资金的合理性等。

绩效目标审核是部门预算审核的有机组成部分。绩效目标不符合要求的,财政部门或中央部门应要求报送单位及时修改、完善。审核符合要求后,方可进入项目库,并进入下一步预算编审流程。各部门对所属单位报送的项目支出绩效目标和单位整体支出绩效目标进行审核。有预算分配权的部门应对预算部门提交的有关项目支出绩效目标进行审核,并据此提出资金分配建议。经审核的项目支出绩效目标,报财政部门备案。

2. 绩效目标审核内容

绩效目标审核的主要内容包括:

(1) 完整性审核。绩效目标的内容是否完整;绩效目标是否明确、清晰。

(2) 相关性审核。绩效目标的设定与部门职能、事业发展规划是否相关;是否对申报的绩效目标设定了相关联的绩效指标;绩效指标是否细化、量化。

(3) 适当性审核。资金规模与绩效目标之间是否匹配;在既定资金规模下,绩效目标是否过高或过低;或者要完成既定绩效目标,资金规模是否过大或过小。

(4) 可行性审核。绩效目标是否经过充分论证和合理测算;所采取的措施是否切实可行,并能确保绩效目标如期实现;综合考虑成本效益,是否有必要安排财政资金。

3. 绩效目标审核程序

(1) 各部门及其所属单位审核。各部门及其所属单位对下级单位报送的绩效目标进行审核,提出审核意见并反馈给下级单位。下级单位根据审核意见对相关绩效目标进行修改完善,重新提交上级单位审核,审核通过后按程序报送财政部。

(2) 财政部门审核。财政部门对各部门报送的绩效目标进行审核,提出审核意见并反馈给各部门。各部门根据财政部门审核意见对相关绩效目标进行修改完善,重新报送财政部门审核。财政部门根据绩效目标审核情况提出预算安排意见,随预算资金一并下达各部门。

4. 绩效目标审核结果

项目支出绩效目标审核结果分为"优""良""中""差"四个等级,作为项目预算安排的重要参考因素。审核结果为"优"的,直接进入下一步预算安排流程;审核结果为"良"的,可与相关部门或单位进行协商,直接对其绩效目标进行完善后,进入下一步预算安排流程;审核结果为"中"的,由相关部门或单位对其绩效目标进行修改完善,按程序重新报送审核;审核结果为"差"的,不得进入下一步预算安排流程。部门预算绩效目标设定、审核、批复管理流程见图8-2。

(六) 绩效目标批复

按照"谁批复预算,谁批复目标"的原则,财政部门和各部门在批复年初部门预算或调整预算时,一并批复绩效目标。批复的绩效目标应当清晰、可量化,以便在预算执行过程中进行监控和预算完成后实施绩效评价时对照比较。原则上,各部门整体支出绩效目标、纳入绩效评价范围的项目支出绩效目标和一级项目绩效目标,由本级政府财政部门批复;部门所属单位整体支出绩效目标和二级项目绩效目标,由各部门或所属单位按预算管理级次批复。

绩效目标确定后,一般不予调整。预算执行中因特殊原因确需调整的,应按照绩效目标管理要求和预算调整流程报批。各部门及所属单位应按照批复的绩效目标组织预算执行,并根据设定的绩效目标开展绩效监控、绩效自评和绩效评价。

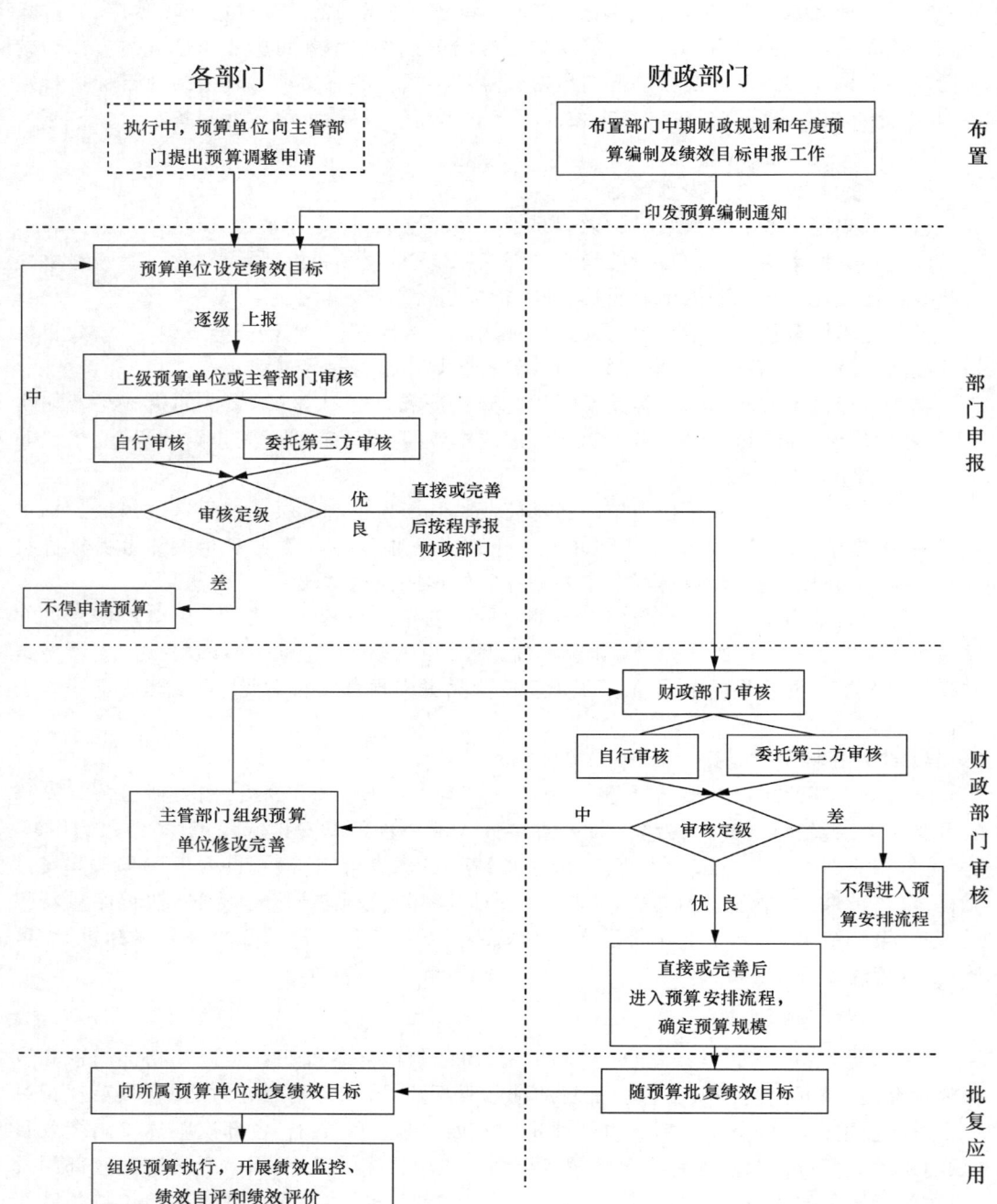

图 8-2　部门预算绩效目标管理流程图

三、绩效运行跟踪监控管理

预算绩效运行跟踪监控管理是预算绩效管理的重要环节。预算执行中,各部门及所属单位应对资金运行状况和绩效目标预期实现程度开展绩效监控,及时发现并纠正绩效运行中存在的问题,力保绩效目标如期实现。财政部门和各部门要定期采集绩效运行信息并汇总分析,对绩效目标运行情况进行跟踪管理和督促检查,纠偏扬长,促进绩效目标的顺利实现。跟踪监控中发现绩效运行目标与预期绩效目标发生偏离时,要及时采取措施予以纠正。

预算执行结束后,资金使用单位应对照确定的绩效目标开展绩效自评,形成相应的自评结果,作为部门(单位)预、决算的组成内容和以后年度预算申请、安排的重要基础。财政部门或各部门要有针对性地选择部分重点项目或部门(单位),在资金使用单位绩效自评的基础上,开展项目支出或部门(单位)整体支出绩效评价,并对部分重大专项资金或财政政策开展中期绩效评价试点,形成相应的评价结果。

四、绩效评价实施管理

财政支出绩效评价(以下简称绩效评价)是指财政部门和预算部门(单位)根据设定的绩效目标,运用科学、合理的绩效评价指标、评价标准和评价方法,对财政支出的经济性、效率性和效益性进行客观、公正的评价。财政支出绩效评价是预算绩效管理的核心。预算执行结束后,要及时对预算资金的产出和结果进行绩效评价,重点评价产出和结果的经济性、效率性和效益性。

财政支出绩效评价的对象包括纳入政府预算管理的资金和纳入部门预算管理的资金。按照预算级次,可分为本级部门预算管理的资金和上级政府对下级政府的转移支付资金。部门预算支出绩效评价包括基本支出绩效评价、项目支出绩效评价和部门整体支出绩效评价。

绩效评价应当以项目支出为重点,重点评价一定金额以上、与本部门职能密切相关、具有明显社会影响和经济影响的项目。上级政府对下级政府的转移支付包括一般性转移支付和专项转移支付。一般性转移支付原则上应当重点对贯彻中央重大政策出台的转移支付项目进行绩效评价;专项转移支付原则上应当以对社会、经济发展和民生有重大影响的支出为重点进行绩效评价。

财政支出绩效评价的内容包括:

(1)绩效目标的设定情况;
(2)资金投入和使用情况;
(3)为实现绩效目标制定的制度、采取的措施等;
(4)绩效目标的实现程度及效果等。财政支出绩效评价一般以预算年度为周期,对跨年度的重大(重点)项目可根据项目或支出完成情况实施阶段性评价。

实施财政支出绩效评价要编制绩效评价方案,拟订评价计划,选择评价工具,确定评价方法,设计评价指标(财政支出绩效评价指标框架参见表8-1)。预算具体执行单位要对预算执行情况进行自我评价,提交预算绩效报告,要将实际取得的绩效与绩效目标进行对比,如未实现绩效目标,须说明理由。组织开展预算支出绩效评价工作的单位要提交绩效评价报告,认真分析研究评价结果所反映的问题,努力查找资金使用和管理中的薄弱环节,制定改进工作的措施。财政部门对预算单位的绩效评价工作进行指导、监督和检查,并对其报送的绩效评价报告进行审核,提出进一步改进预算管理、提高预算支出绩效的意见和建议。

表 8-1 财政支出绩效评价指标框架

一级指标	二级指标	三级指标	指标解释
项目决策	项目目标	目标内容	目标是否明确、细化、量化
	决策过程	决策依据	项目是否符合经济社会发展规划和部门年度工作计划;是否根据需要制定中长期实施规划
		决策程序	项目是否符合申报条件;申报、批复程序是否符合相关管理办法;项目调整是否履行相应手续
	资金分配	分配办法	是否根据需要制定相关资金管理办法,并在管理办法中明确资金分配办法;资金分配因素是否全面、合理
		分配结果	资金分配是否符合相关管理办法;分配结果是否合理
项目管理	资金到位	到位率	实际到位/计划到位×100%
		到位时效	资金是否及时到位;若未及时到位,是否影响项目进度
	资金管理	资金使用	是否存在支出依据不合规、虚列项目支出的情况;是否存在截留、挤占、挪用项目资金的情况;是否存在超标准开支的情况
		财务管理	资金管理、费用支出等制度是否健全,是否严格执行;会计核算是否规范
	组织实施	组织机构	机构是否健全;分工是否明确
		管理制度	是否建立健全项目管理制度;是否严格执行相关项目管理制度
项目绩效	项目产出	产出数量	项目产出数量是否达到绩效目标
		产出质量	项目产出质量是否达到绩效目标
		产出时效	项目产出时效是否达到绩效目标
		产出成本	项目产出成本是否按绩效目标控制
	项目效益	经济效益	项目实施是否产生直接或间接经济效益
		社会效益	项目实施是否产生社会综合效益
		环境效益	项目实施是否对环境产生积极或消极影响
		可持续影响	项目实施对人、自然、资源是否带来可持续影响
		服务对象满意度	项目预期服务对象对项目实施的满意程度

资料来源:《财政支出绩效评价管理暂行办法》(财预〔2011〕285号)。

五、绩效评价结果反馈和应用管理

建立预算支出绩效评价结果反馈和应用制度,将绩效评价结果及时反馈给预算具体执行单位,要求其根据绩效评价结果,完善管理制度,改进管理措施,提高管理水平,降低支出成本,增强支出责任;将绩效评价结果作为安排以后年度预算的重要依据,优化资源配置;将绩效评价结果向同级人民政府报告,为政府决策提供参考,并作为实施行政问责的重要依据。逐步提高绩效评价结果的透明度,将绩效评价结果,尤其是一些社会关注度高、影响力大的民生项目和重点项目支出绩效情况,依法向社会公开,接受社会监督。

第四节 我国预算绩效管理的改革方向

绩效预算管理是政府绩效管理的重要组成部分,并与政府绩效管理的各项内容、各个环节紧密联系。实行预算绩效管理是一项复杂的社会工程,并非简单的技术性改革。预算绩效管理涉及内容的综合性和丰富性,决定了预算绩效管理改革的综合性、艰巨性和长期性。因此,必须深入分析我国实施预算绩效管理面临的挑战,认识到我国实行绩效预算管理改革的艰巨性和长期性,设定好改革的思路和步骤,明确各阶段的目标和任务。

一、我国实行预算绩效管理的挑战

目前,我国公共财政体制框架初步建立,为民理财、依法理财理念不断强化,财政保障能力不断增强,财政管理的规范性、安全性和有效性进一步提高。我国已具备了一定的推行绩效预算的思想、实践、法律和制度基础,但是,结合国外实施绩效预算的经验,在我国要全面推行绩效预算,还存在许多制约因素。

(一) 全面推行绩效预算的理念和文化还不够深入

绩效预算不仅是预算管理方式的创新,更是政府管理理念和文化的一次革命。绩效预算的全面实行要求全社会特别是政府部门要切实树立绩效理念和文化,时时处处以绩效作为指导预算分配和衡量工作的尺度。而我国虽然具有一定的预算支出考核工作基础,政府及社会公众也逐步认识到绩效管理的重要性,但由于受"行政就是管理,财政就是分钱"的传统观念束缚,社会整体的绩效意识并不高,与实行绩效预算的要求相比还有很大的差距。

(二) 全面推行绩效预算的阶段性条件还有待完善

绩效预算的全面实行,要求以制度控制为主要手段的传统预算的有效运行为基础。只有在完善的制度控制前提下,才能以绩效目标为约束条件,赋予管理者更大的自由空间。由于受重预算、轻管理和制度建设思想的影响,目前我国的预算法律制度并不完善,预算活动的全方位监督体系尚未建全,财政透明度不高,预算硬约束机制并未建立起来,预算人员的责任意识、法律意识还有待进一步增强,预算管理中的随意甚至腐败现象仍然存在,因此,尚未跨越完全向绩效预算转轨的历史阶段。

(三) 全面推行绩效预算的制度基础还有待构建

绩效预算的全面实行要求政府职能边界清晰,预算必须具备完整性、自主性和自由度,建立能够采集和分析大量数据的信息系统,实行适应绩效管理的权责发生制会计制度和政府问责制度,等等。而我国目前尚不具备科学确定由公共部门还是私人部门履行一些公共服务的条件,尚未做到将政府的全部资源(特别是公共资产方面的资源)都纳入预算管理的范围,受制于法定支出等限制,无法完全按照项目优先次序安排预算支出,也未形成符合绩效预算要求的信息管理系统,以及准确测量和科学反映政府行政成本的会计制度,因此,在实行绩效预算必须具备的基础性制度建设方面,我们还有许多工作亟待完成。

（四）全面推行绩效预算的管理能力和人才力量还有待提升

绩效预算的全面实行要求政府及其部门具有很高的行政管理能力,能够对投入和产出进行严格的监督和控制,同时,绩效目标的确定及分解,绩效指标的选择,绩效标准的制定,绩效数据的收集、测算、分析、研究,绩效报告的完成等都具有很高的技术要求和难度。这都需要政府拥有相当数量的具有相关知识和能力的工作人员。在这方面,我国无论是在理论研究还是人才培养上,都还有不小的差距。

二、我国实行绩效预算管理改革的基本思路

我国实行绩效预算的基本思路应当确立为:根据政府绩效管理改革和公共财政改革的总体部署与要求,把绩效管理理念和方法引入我国政府管理和财政预算管理之中,以改革和规范现行预算管理制度为基础,以健全和完善政府绩效管理制度为保障,以实施预算支出绩效考评、建立绩效预算评价体系为突破口,按照统一规划、积极稳妥、先易后难、多头共抓、循序渐进、分步实施的原则,逐步实现绩效预算的改革目标。具体实施步骤可分为近期、中期和远期三个阶段。

（一）近期目标及任务

我国实行绩效预算管理改革的近期目标是:广泛树立绩效预算管理理念,加快推进各项体制和制度改革,初步建立预算绩效评价体系,夯实实行绩效预算的基础。需要着力做好以下几方面的工作:

1. 培育具有中国特色的绩效管理理念和思想基础

一是要加大宣传力度,使更多的人了解绩效管理和绩效预算的价值、理论知识和实际操作办法。二是要强化领导支持和组织保障。政府高层领导的重视、支持和大力组织推动,是实行绩效预算的关键因素。三是要努力培养一批掌握绩效预算管理知识的人才队伍。应通过加强培训,使更多的政府工作人员掌握政府绩效管理的理论知识、实施程序和操作技能,以胜任实行绩效预算改革实际工作的需要。

2. 建立实行绩效预算的政治体制和制度基础

绩效预算改革不可能独立进行,改革公共管理体制、建立政府绩效管理制度,是实行绩效预算的重要条件。建立政府绩效管理制度,一是要继续深化行政管理体制改革,明确划分政府与市场、政府之间及政府部门之间的职能界线;二是要根据职能优化政府组织结构,确立政府及政府部门的行政责任,逐步实现绩效目标管理;三是要逐步建立政府内部激励约束机制和问责制度;四是要加强政务公开和民主监督,提高政府行政的公开性和透明度。

3. 夯实实行绩效预算的财政体制和制度基础

继续深化财政预算改革,是实行绩效预算的重要财政体制和制度保障。一是要进一步完善税制和财政管理体制,合理划分各级政府事权,建立财力与事权相匹配的财政管理体制,增强地方政府特别是基层政府的财政独立性;二是要推进非税收入管理改革,逐步实现政府预算的完整性、统一性;三是要深化部门预算、国库集中支付、政府收支分类、收支两条线管理等预算管理改革,增强预算编制和执行的科学性、规范性,提高预算管理人

员的工作水平和能力;四是要大力加强财政制度建设,完善预算管理法律制度和监督机制,强化预算执行的外部控制和约束。同时,借助于上述改革,逐步建立实行绩效预算所需要的信息管理系统。

4. 逐步建立预算绩效评价体系

在评价目标上,应着力于兼顾支出的合规性和效率性。在评价对象上,逐步由项目支出绩效评价扩展到涵盖项目支出和基本支出的综合性评价。在评价指标体系设计上,这一阶段的指标体系、评价标准和计量方法应力求有效可行,不宜强求尽善尽美。在评价主体上,应继续以政府内部评价为主。在评价结果应用上,应将绩效考评结果作为以后年度编制和安排预算的重要参考依据,不宜强求预算绩效评价结果与预算安排的联结。

(二) 中期目标及任务

我国实行绩效预算管理改革的中期目标是:从项目预算管理入手,逐步过渡到产出导向的绩效预算,进一步完善预算绩效评价体系,实行修正的权责发生制会计,健全绩效预算管理的法规制度。需进行的主要工作有以下几项:

1. 制定科学的部门事业发展规划和中期财政预算计划

各部门应根据国家经济社会发展总体战略规划,科学制定本部门事业发展规划。在此基础上,制定科学、合理、可操作的年度绩效目标和工作计划,并细化形成具体的项目目标和可测量指标,将中长期战略规划与具体的目标设定联系起来。政府财政部门则应建立中期财政预算计划,形成联系政策制定与预算安排的有效机制,即通过中期财政预算计划,预测和框定跨度为三年左右的可用于公共支出的总资源,并据此结合国家和部门发展战略规划及绩效目标,预计该时间跨度内政府未来支出的成本,平衡和确定部门、单位总体的与年度的分配限额,通过建立支出先后顺序和根据实际可运用资源总量调整部门的实际分配额度。由此逐步建立起预算与政策之间的联结和互动,为下一步实现以结果导向的绩效预算奠定基础。

2. 从项目预算管理逐步过渡到结果导向的绩效预算

在部门预算改革的基础上,按照先易后难的原则,从具体项目的预算管理着手,运用绩效预算的原理来充实部门预算,建立"部门绩效项目库",由部门根据本部门事业发展规划和绩效目标,确定项目内容及实施滚动管理,具体选择拟实施的项目,编制和执行部门年度预算,并将预算绩效评价制度与部门预算管理结合起来,实现部门预算的绩效优化。在完善项目预算的基础上,逐步实现从关注投入、有效控制财政资源,转换到关注产出和结果、注重资源分配和使用效率及有效性。在管理机制上,应在建立更为有效的部门内部控制制度和机制的基础上,逐步放松外部控制,赋予部门更多的预算管理自主权,增强各部门在具体配置本部门资源时的灵活性。

3. 完善绩效评价结果与预算安排相联系的绩效评价制度

目前,预算绩效评价在评价目标上,应实现从关注预算支出的合规性到更加关注预算支出的使用效率及有效性的转变。在评价对象上,实现对各个政府部门预算支出效益的综合评价。在评价指标体系设计上,逐步形成多层次、多因素的立体结构的评价指标体系,同时形成以通用标准为主导、专用标准为辅助、其他标准为补充的立体结构的评价标准体系。在评价主体上,逐步实现内部评估和外部评估相结合。在政府内部评估方面,实

行部门自我评价、财政评价与审计部门评价相结合；在外部评估方面，加强社会评估机构建设，充分发挥社会评估机构作用，并探索引入社会公众评价机制。在绩效评价结果运用上，积极探索绩效评价结果与预算安排的联系方式，实现在预算编制过程中积极地、系统性地使用绩效评价结果信息。

4. 引入权责发生制会计，实行部门绩效报告制度

逐步引入权责发生制会计，由收付实现制逐步过渡为修正的收付实现制及修正的权责发生制，以便更加正确、全面地反映一定时期内政府提供产品和服务所耗费的总资源成本。同时，要探索实行部门绩效报告制度。在年度终了时，由各部门根据年度预算执行情况向政府和人大提交部门绩效报告。部门绩效报告是由部门行政首长负责的、代表部门工作结果的具有法律效力的文件，应说明本部门年度工作计划及绩效目标的执行情况，比较实际取得的绩效成绩和年初预期目标的差异，分析没有达到绩效目标的原因，提出进一步完成或改进绩效目标的计划。

5. 健全绩效导向型预算管理的法规制度和监督机制

政府应适时制定和不断完善有关规范绩效导向型预算编制、执行和管理的行政法规，规定绩效导向型预算的目标、原则、主体、内容、方法和程序，以及预算绩效评价体系的相关制度内容，明确实行绩效导向型预算及预算绩效评价涉及的各方主体的权利和义务，完善绩效导向型预算的管理监督机制。

（三）远期目标及任务

我国实行绩效预算管理改革的远期目标是：全面实行结果导向的绩效预算，实现政策决策、预算安排和绩效评价结果的紧密结合，实行完全的权责发生制会计制度，健全完善绩效预算法律制度体系。这一阶段可谓绩效预算全面、深入实施的高级阶段，需进行的主要工作有：

1. 全面实现政府绩效管理

一是要更加科学、准确地制定政府及部门的发展战略规划和计划，更加清晰地反映政府及部门的绩效目标和政策措施。二是要实现政府组织机构及管理流程的再造，以便适应政府绩效管理和绩效预算管理要求，实现对目标结果的关注和评价。三是积极引入市场化的管理理念和方法，如将政府提供的部分公共产品和服务通过招标等竞争方式承包给私人部门负责，从而扩大政府绩效管理成果。四是要全面建立问责制度，正确界定和强化政府及部门管理者的责任，实现管理主体权利与义务的对等，等等。

2. 全面推行结果导向的绩效预算

继续拓展绩效预算实施的深度，逐步实现结果导向的绩效预算，即将绩效管理扩展到整个政府预算范围，以政府投入应产生的绩效目标（这些目标应当尽量量化或指标化，以便编制预算和考核效果）为出发点，在充分进行成本效益分析的基础上，结合可分配的资源量和绩效评价结果，来确定政府预算资金分配，在投资决策上寻求以最小的成本获得绩效目标最大的效益，使"绩效"的观念贯穿于整个预算编制与执行过程的始终，逐步建立起综合性的绩效预算管理体系，真正实现预算安排和资源使用这一"过程"与社会公共需要这一"结果"更加紧密的结合，最终达到在政府整体层面上实现按效益和效果拨款，从源头上真正实现财政资源高效配置的效果。

3. 完善适应结果导向绩效预算的预算绩效评价体系

这一阶段,在评价目标上,应由关注预算支出的效率和有效性,转为注重预算支出的效益、效果和影响。在评价对象上,实现对政府预算支出整体效益的综合评价,即对各部门财政支出效益进行综合反映。在评价指标体系上,形成更为科学的评价指标体系和标准体系,以实现对财政支出绩效结果的评估。在评价主体上,更加强化客观评价,完善具有独立性的社会机构和公众参与评价的机制及制度。在政府政务公开、预算公开的基础上,全面实现由政府内部评价向政府与社会相结合的综合评价机制的转变。在评价结果应用上,实现政策决策、预算安排与绩效评价结果更加直接的联系,利用绩效评价结果判断政策及绩效目标设定和财政资金配置的合理性,调整和完善政策及绩效目标、财政资金使用方向和结构,奖惩和问责预算部门、单位及其人员,实现绩效预算按照"结果"拨款的原则。

4. 全面实行权责发生制会计制度,完善政府绩效报告和财务报告制度

结果导向的绩效预算,要求实行权责发生制会计,在条件成熟时,应将权责发生制扩展到整个政府活动范围,更好地将预算确认的成本与预期的绩效成果进行配比,从而支持管理者的有效决策,完整地反映政府受托责任,促进全面的绩效管理改革。在完善政府会计制度的基础上,实行政府绩效报告和财务报告制度。在每年的人民代表大会上,各级政府不仅要报告年度预算情况,还要报告政府绩效目标完成情况,包括列明绩效目标和绩效结果,并将两者进行比较,通过绩效指标详细描述绩效目标的完成程度,分析说明未达到目标的原因及改进的措施等。同时,还要报告政府的财务状况,包括现金流量、资产、负债和权益状况等。

5. 健全完善绩效预算法律制度体系

应在评估前一阶段各时期制定的绩效导向型预算管理法规制度实施情况的基础上,总结绩效预算实践发展的经验成果,适时制定规范结果导向绩效预算管理的法律,并以法律为依据对绩效预算法规制度进行全面修订,形成健全完善的绩效预算法律制度体系,从制度上强有力地保障和促进结果导向绩效预算全面、深入的实施和管理效果的充分发挥。

本章小结

预算绩效管理是政府绩效管理的重要组成部分,是一种以支出结果为导向的预算管理模式。财政支出绩效评价和绩效预算是预算绩效管理的重要组成部分。绩效评价是对财政资金跟踪问效,衡量财政资金使用是否"物有所值",其信息反馈有利于提高预算决策效率。绩效预算,即"干多少事拨多少钱",绩效评价的结果是绩效预算的参考依据。随着公共经济理论、委托代理理论、以产出为导向的新公共管理理论的发展,预算绩效管理成为政府提高财政资金使用效果的一种重要手段。

预算绩效管理是一个由绩效目标管理、绩效运行跟踪监控管理、绩效评价实施管理、绩效评价结果反馈和应用管理共同组成的综合系统。推进预算绩效管理,要将绩效理念融入预算管理全过程,使之与预算编制、预算执行、预算监督一起成为预算管理的有机组成部分,逐步建立"预算编制有目标、预算执行有监控、预算完成有评价、评价结果有反馈、反馈结果有应用"的预算绩效管理机制。

实行预算绩效管理是一项复杂的社会系统工程,并非简单的技术性改革。预算绩效管理涉及内容的综合性和丰富性,决定了预算绩效管理改革的综合性、艰巨性和长期性。

 思考题

1. 绩效评价的内涵及其要素。
2. 绩效预算的内涵及其要素。
3. 绩效评价与绩效预算的区别与联系。
4. 绩效预算与分项预算的区别。
5. 推行绩效预算的意义。
6. 我国绩效预算评价开展进程。
7. 绩效预算评价的工作程序。

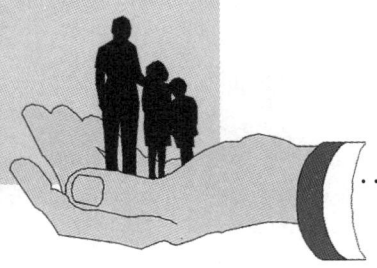

第九章

政府预算的监督与法治

【学习目标】

本章介绍了预算监督与法治的相关理论和实践。通过本章的学习,掌握预算监督的类型,掌握我国预算监督的内容和对象,理解预算监督的内涵、必要性和特点,了解预算的相关法律体系,了解我国预算监督与法治化存在的问题,思考我国预算监督与法治化的改进对策。

第一节 政府预算监督的内涵和意义

一、预算监督的内涵

预算监督是指有关主体依法依规对公共预算进行的检查、督促和制约行为,是预算管理的重要组成部分。

预算监督有广义和狭义之分。广义的预算监督,是指预算监督体系中具有监督权的各主体,依照法定的权限和程序,对各级预算所实施的检查和监督行为。狭义的预算监督,是指财政机关在财政管理过程中,依照法定的权限和程序,对各级预算的合法性、真实性、有效性实施检查。

广义和狭义的预算监督之间既有相同之处,又存在区别。两者的相同之处在于:两者所指的监督对象是一致的,均为接受财政管理的相关组织,具体包括国家机关、事业单位、国有企业和其他组织。两者的不同之处则主要在于:预算监督主体范围的不同以及由此引出的监督方式和监督内容的不同。① 两者的监督主体不完全相同。狭义的预算监督主体比较集中明确,即财政机关。之所以要将财政机关单独列出,是因为财政机关在我国现行的预算监督体制中具有特殊的和重要的地位。而广义的预算监督的主体则不仅仅限于国家机关,还包括国家权力机构、法定的有关国家监督机构、社会中介机构、社会公众以及司法机关等。② 由监督主体的不同引出了两者的监督方式和监督内容不同。狭义的预算监督主要包括政府内部的监督,而广义的预算监督不仅包括来自政府内部的监督,还包括来自政府外部的权力机构的监督、司法机构的监督及社会监督等。

二、预算监督的沿革

预算监督最基本的表现形式之一就是对财政收支的审计。西方的财政监督制度开始于1256年,是年法国国王圣路易开始明令将其会计报告送交巴黎的审计人员进行审查,这件事在西方被誉为政府审计的萌芽。之后,经过几百年的演变,西方的预算监督体系已经发展得相当完善。对预算的监督,已经成为西方民主政治中一个必需的重要内容。

与西方国家相比,我国的财政收支审计开始得更早。早在西周时期,国家就设有专门机构和专门人员,对各级政权组织的财政收支,依照当时的法律规定进行强制审计。以后财政收支审计经历了秦、汉、隋、唐、宋等几个主要朝代的发展,其制度日臻完善。但在元、明、清时期,我国的财政收支审计制度处于衰落阶段,三个朝代都不是很重视,财政审计制度时有时无。到了民国时期,财政审计进入了新的发展时期。民国初年,北京的北洋军阀政府,在国务院设立了"中央审计处",在各省设立审计分处,并公布了《审计处暂行条例》《暂行审计法规》等有关审计法规条文。此外,在民国时期,社会审计也得到了很大的发展。由于这个时期借鉴了西方的一些先进的经验和制度,这时的财政收支审计已逐步向更广泛意义的现代财政监督转变。

新中国成立以后,我国的预算监督得到了长足的发展。虽然在1949—1978年间,由于历史原因,预算监督制度经历了一定的波折,并没有形成规模和体系,但是在1978年中

共十一届三中全会以后,我国的预算监督和管理制度得到了恢复与发展。在1994年以前,预算监督主要强调财政部门作为职能部门对预算的监督,也就是说,以财政部门内部的预算监督为主。1995年我国颁布施行了《中华人民共和国预算法》,其中对预算监督作了专门规定,确定了我国预算监督制度的基本准则,从而确立了预算监督在整个预算管理工作中的重要地位。近几年,随着我国社会主义市场经济体制改革的不断深入和公共财政框架体系的逐步建立,对预算监督的内涵已逐步突破了以财政部门内部监督为主的框框,朝着财政部门的内部监督与权力部门、有关国家监督机关、社会中介机构和社会公众以及司法监督等外部监督相互配合的方向转化,从而使我国的预算监督体系更加完善,监督更加有力,也使预算监督更加符合公共财政的要求。因此,本章将从广义预算监督的角度进行阐述。

三、预算监督的必要性和作用

（一）预算监督的必要性

预算作为公共财政体系的基本存在形式和制度载体,不仅体现了公共财政的职能与作用,而且也是政府治理的一个重要手段。随着我国公共财政框架体系的建立,加强对预算的管理与监督已成为人们关注的热点问题。在深化经济体制改革的今天,加强预算监督的必要性主要表现在:

1. 加强预算监督,是建立和完善公共财政体系的需要

社会主义市场经济条件下的公共财政模式与计划经济体制下建立的"生产建设型"财政模式相比,最大的不同之处就在于其公共性。公共财政的基本职能就是满足社会公共需要,是适应市场经济发展要求的一种财政类型。在公共财政体系下,政府的预算资金来自公民缴纳的各种税费,是社会公共资金,体现了社会公共利益,政府应当对纳税人负责,并接受纳税人的监督。但是,由于预算的管理者所掌握的有关预算资金来源和使用情况的信息比纳税人所知道的详细和完备得多,这使得预算单位很容易就能利用这种信息的不对称,从自身的利益出发,使其行为有损于公民的利益。因此,为维护全体纳税人的利益,就必须建立完善而有效的预算监督机制,利用各种监督手段,来监督预算的全过程,使其最大限度地为满足社会公共需要服务。

2. 加强预算监督,是发展社会主义市场经济的内在要求

市场经济是以市场机制为基础配置社会资源的经济运行方式,但在强调市场机制作用的同时,还要求加强政府的宏观调控。预算是加强政府宏观调控的重要工具,是纠正市场缺陷、保持市场经济正常运转的重要手段。从一般意义上讲,财政分配包括组织收入和运用资金两个方面,而这两个方面的活动都要通过预算反映出来。为使预算能够从收入和支出两个方面保证政府宏观调控的需要,必须对预算的全过程进行监督。就依法组织收入而言,通过预算监督,可以对政府财政收入的及时、足额上缴起到督促、保证作用,并对侵犯国家利益的现象进行检查、纠正和制裁,从而保证财政收入分配职能的实现;就运用财政资金而言,通过预算监督,能够保证财政资金发挥其应有的优势,避免财政资金使用中的不规范性和随意性,提高预算资金的使用效益。

3. 加强预算监督,是社会主义民主政治建设的客观要求

现阶段,我国推进社会主义民主政治建设的一个重要内容,就是应建立保障社会成员有效参与社会公共事务管理,维护合法权益的具体途径、渠道,以及相应的制度和保障,故监督和约束政府行为,维护公共利益,是重要任务之一。预算作为各级政府履行职责的物质保障,对它的监督就成为公民参与社会公共事务管理及监督政府行为的最有效的方式。通过对预算的编制、执行和决算的监督,可以检查政府在履行职责、制定和执行各项公共政策过程中,是否遵守国家宪法和法律,资金使用效益是否符合社会公共利益,政府公务人员是否清正廉洁、遵纪守法。因此,对预算的监督,是实现人民民主权利的一个重要途径。

4. 加强预算监督,是实施依法治国基本方略的基本要求

依法治国的核心和基本内容就是依法行政,体现在财政工作上,就是要依法理财。要用法律的手段来管理财政工作,规范财政行为,强化财政职能,保障财政改革。预算从本质上来讲,是具有法律效力的政府基本财政收支计划,是一个法律文件。财政部门作为履行人民赋予的管理国家财政、实施宏观调控职责的重要职能部门,在制定和执行预算的过程中,必须主动、自觉地接受同级人大及其常委会的监督、政协及民主党派的监督、司法机关的监督、人民群众和新闻舆论监督等来自社会各界全方位的监督制约。这是贯彻依法治国方略,推进依法理财的根本保障。必须建立健全预算的内部和外部监督制约机制,加强对预算资金活动的监督,防止公务人员特别是领导干部滥用权力,破坏预算的严肃性和权威性,切实做到依法办事,严格执法,严惩滥用职权、执法犯法、徇私枉法等违法犯罪行为。

(二) 预算监督的重要作用

预算监督之所以受到世界各国的广泛重视,是由预算监督本身对一国政治、经济和社会的重要影响和作用决定的。

1. 预算监督是保障国家财政职能实现的重要手段

在市场经济条件下,公共财政的基本职能就是实现收入分配、资源配置、经济稳定和发展。要实现上述职能,国家必须制定、颁布和实施各种方针及规章制度。若要使这些财政政策和规章制度得到正确的贯彻及实施,必须要有强有力的预算监督来保障。预算监督的目的是保证在编制、执行预算时,能够严格按照《预算法》的规定,纠正违反财经纪律的现象,保证预算资金的筹集和分配能够保障国家实现其各项职能。

2. 预算监督是政府进行科学决策的重要保证

预算反映着一定时期内政府活动的范围和方向,所涉及的预算关系非常广泛,所得到的信息反馈量也很大。在大量的信息中,如何保证所获信息的真实性和有效性,是政府进行科学决策所要解决的一个重大问题。而预算监督是一种对预算全过程的监督,可以采取多形式、多渠道、多环节的监督,通过调查、质询、反映情况等对预算收支的执行情况进行监督,发现和剔除预算编制及执行中存在的不合法与不合理因素,从而保证对一定时期内的国家经济和社会发展的趋势作出科学的预测,并在此基础上进行科学决策。

3. 预算监督是保证预算的法律效力、维护法律权威性的重要手段

预算一经人大审议通过,即成为具有法律效力的法律文件,任何人、任何单位和部门

都无权擅自更改。为了切实保证预算的法律性和维护预算法治的权威性，必须加强对预算的监督工作。

4. 预算监督是严肃财经纪律、防范和遏制腐败的重要保证

通过预算监督可以获得财政立法的实践来源，即在预算监督的过程中，可以发现各种违法行为和政策法规的不足之处，为进一步完善财政法规和加强财政立法工作奠定了一定的现实基础。此外，财政具有政治性。由于腐败经常都是经济行为和政治权力交织在一起，而预算监督正是一种既有政府部门内部监督，又有权力部门、社会中介机构和社会公众监督的有效监督体系，因此，这个有效的预算监督体系的建立，对防范和遏制腐败给予了经济上的必要的制度监督。

四、预算监督的特点

与其他行政监督相比，预算进行的监督具有其自身的特点。

（一）预算监督体系的层次性

由于预算活动的主体是政府机关，因而如果仅靠政府机构自身对预算活动进行内部监督，而缺乏有效的外部监督机制，是难以保证对预算监督的客观公正性的。因此，除政府机构层面的监督外，还必须有来自立法机关、社会中介机构和社会公众以及司法监督等层面的外部监督。这些监督是有层次性的，是由立法层面、政府层面、社会层面和司法层面共同组成的一个立体的预算监督网络。通过这种多层次的、立体的预算监督，可以构成有效的预算监督体系，能够切实保证预算监督的客观公正。

（二）预算监督主体的多元性

由于预算监督体系是由多个层次组成，因而也就形成了对预算进行监督的多个监督主体，即各级人民代表大会及其常务委员会、各级政府、各级政府财政部门、各政府部门、审计部门、社会中介机构、社会公众和司法机构。这些不同的预算监督主体从各自的职责任务出发，从不同角度依法对预算进行监督。这就要求既要根据各预算监督主体不同的工作特点实施各种专业化的监督，又要使预算监督不同主体之间相互协调配合。

（三）预算监督对象的广泛性

我国的预算由中央预算和地方总预算组成，地方总预算由省以下各级预算汇总而成，各级政府本级预算又包含本级预算、主管部门汇总的行政事业单位预算、企业财务预算、基本建设财务预算等，而预算资金分为预算内资金和预算外资金。可以看出，预算活动纷繁复杂，波及面广，涉及社会生活的方方面面，对国家和地区的政治、经济和社会生活具有重大的影响力。为保证预算的合理、合法和高效，必须对其活动内容进行全面、系统、细化的监督，使政府的预算活动真正处于公众的有效监督之下，从而体现出公共财政体系下的预算的公共性。正因为如此，我们说对预算进行监督的对象具有广泛性的特点。

（四）预算监督过程的全面性

预算活动是一项大的系统工程。它既涉及预算政策的制定，也涉及预算的编制与执行、预算调整与决算。这中间的每一个环节都关系到社会经济生活的正常运行，都需要对其进行有效的监督，以免出现不应有的失误。而预算监督是对预算主体预算活动全过程

的监督。这种监督活动是通过预算业务活动而实现的,这中间既包括对预算主体的政策决策行为——预算编制的监督,也包括对预算执行、预算调整、决算、预算备案等各个环节的监督,因而是一种全过程、全方位、多环节的监督。

（五）预算监督依据的法律性

预算监督是依法进行的监督。预算反映了政府活动的范围和方向,体现着很强的政策性,对预算进行监督必须以国家的财经法律法规为依据进行,进行依法监督。否则,离开了国家的财经法律法规,对预算的监督也就失去了监督的依据和标准,就会无所遵循,预算监督也就会失去其应有的效力。

（六）预算监督形式的多样性

预算政策性强,牵扯到不同的利益和分配格局,对预算进行监督,只靠单一的形式是无法满足监督需要和保证监督效果的,因此,必须采取多种监督形式,多渠道进行监督。各个监督主体可以根据各自的工作性质和工作特点,采取不同的形式进行预算监督。比如,权力部门的监督可以采取的监督形式有:审查和批准预算、预算调整及决算,并作出决议;对重大事项或特定问题组织调查;对预算提出询问或质疑;听取预算执行情况的报告等。政府对预算监督的形式也是多种多样的。比如,进行各种检查;进行专题调查;接受汇报;听取情况反映;建立备案制度;政府的审计机关还要对预算进行定期或重点审计等。

五、预算监督的分类

（一）按照预算监督体系的构成划分

1. 《预算法》关于预算监督体系的规定

（1）各级人民代表大会及其常委会。《预算法》第八十三条规定:全国人民代表大会及其常务委员会对中央和地方预算、决算进行监督。县级以上地方各级人民代表大会及其常务委员会对本级和下级预算、决算进行监督。乡、民族乡、镇人民代表大会对本级预算、决算进行监督。《预算法》第八十四条规定:各级人民代表大会和县级以上各级人民代表大会常务委员会有权就预算、决算中的重大事项或者特定问题组织调查,有关的政府、部门、单位和个人应当如实反映情况和提供必要的材料。《预算法》第八十五条规定:各级人民代表大会和县级以上各级人民代表大会常务委员会举行会议时,人民代表大会代表或者常务委员会组成人员,依照法律规定的程序就预算、决算中的有关问题提出询问或者质询,受询问或者受质询的有关政府或者财政部门必须及时给予答复。

（2）各级政府。《预算法》第八十七条规定:各级政府监督下级政府的预算执行;下级政府应当定期向上一级政府报告预算执行情况。

（3）各级政府财政部门。《预算法》第八十八条规定:各级政府财政部门负责监督检查本级各部门及其所属各单位预算的编制、执行,并向本级政府和上一级政府财政部门报告预算执行情况。

（4）政府审计部门。《预算法》第八十九条规定:县级以上政府审计部门依法对预算执行、决算实行审计监督。

（5）各部门。《预算法》第九十条规定:政府各部门负责监督检查所属各单位的预算

执行,及时向本级政府财政部门反映本部门预算执行情况,依法纠正违反预算的行为。

(6) 公民、法人、其他组织及司法部门。《预算法》第九十一条规定:公民、法人或者其他组织发现有违反本法的行为,可以依法向有关国家机关进行检举、控告。接受检举、控告的国家机关应当依法进行处理,并为检举人、控告人保密。任何单位或者个人不得压制和打击报复检举人、控告人。

由此可以看出,我国预算监督体系包括:立法机关监督、各级政府监督、财政部门监督、审计部门监督、政府各部门监督、社会公众监督和司法监督。

2. 预算监督体系中各监督主体的定位

(1) 立法机关监督。立法机关即为全国人民代表大会及其常设机构。立法机关对预算的监督主要通过两种方式进行:一是通过立法实施监督。它分为两个层次,即宪法层次的监督和一般法层次的监督。对于权力机关而言,宪法层次的监督是其特有的并且是根本性的,因为宪法规定直接决定着监督机构的地位和权限。二是通过审查、批准预算以及对预算执行的监督对预算施加影响。

(2) 各级政府监督。我国预算管理体系根据"一级政府一级预算"的原则由五级预算构成,形成了上下级政府之间的预算关系,因而上级政府有监督下级政府预算的责任。

(3) 财政部门监督。财政部门的预算监督实际上是一种行政监督方式。财政部门对预算的监督在预算编制和执行过程中起决定性作用。国家财政机关在进行财政管理活动的过程中,依照法律赋予的权限和程序,有权对各级预算的真实性、有效性,实施审查、稽核和检查活动。

(4) 审计部门监督。审计部门对预算的监督实际上也属于行政监督的范畴。审计部门通过审查和评价预算的活动,确定预算是否准确记录,是否进行了充分的内部控制,是否满足法律要求,最终达到维护国家财政经济秩序、促进廉政建设、保障国民经济健康发展的目的。

(5) 政府各部门监督。政府各职能部门是预算资金的具体使用者及各项公共政策的重要贯彻实施者,因此具有依据法律法规及财政规章制度监督所属预算单位预算活动的责任。

(6) 社会公众监督。包括公民、法人或者其他组织的监督,这种监督贯穿于预算监督的各个环节,是一种十分广泛的社会监督。可以使社会公众通过发表自己的意愿和看法,对国家各方面的工作以及社会法律生活进行监督,对公共预算的实施具有十分重要的监督作用。

(7) 司法监督。司法机关主要是指我国的各级检察机关和各级人民法院。司法机关对预算的监督只是整个司法监督的一部分内容,任何组织、单位和个人都必须接受国家司法机关的监督。检察机关行使预算监督的权力集中体现在:依法对国家机关工作人员和全体公民是否遵守国家财经法律法规实行监督;对严重违反财经纪律的行为提起公诉;对其他预算监督机关的执法行为是否合法进行监督。人民法院的预算监督主要是通过人民法院刑事审判权和审判监督程序来实现的。与其他监督不同的是,司法监督完全属于事后监督,即一旦预算主体在预算活动中发生了违法行为,即追究其法律责任。

（1）事前监督。这是指预算监督主体对监督客体中将要发生的经济事项，包括正在酝酿之中的经济事项和准备付诸实施的经济事项，以及与其相关的行为的合法性、合规性、合理性依法进行审核，进而保障经济事项步入预定轨道的一种预算监督管理活动。事前监督是全部预算监督工作的基础环节，对先期进行防范、规范预算管理具有重要作用。

（2）事中监督。事中监督也被称为日常监督。这是指通过对预算监督客体中已经发生但尚未完结的经济事项及其运行过程，以及其中发生的各类行为的合法性、合规性依法进行审查，进而保证经济事项在预定的轨道中正常运行的预算监督管理活动。简言之，事中监督是对正在运行中的预算活动进行的监督检查，是预算监督的重点环节，对强化预算监督具有重要的作用。

（3）事后监督。这是指对预算监督客体中已经完结的经济事项及其运行结果，以及与结果相关的各类行为的合法性、合规性依法进行审查，进而保障经济活动不脱离运行轨道的一种预算监督管理活动。它是整个预算监督工作中的重要补充环节，对于完善预算监督管理具有重要作用。

第二节 政府预算监督的内容和方法

一、预算监督的内容

由于预算监督主体的多元化，各监督主体所代表的利益和专业性不同，监督的内容也不尽相同，下面分别阐述主要监督主体的监督内容。

（一）立法机关预算监督的主要内容

我国宪法确立了国家权力机关即各级人民代表大会及其常务委员会行使国家立法权、审批和监督预算的制度，因此，对预算的编制和执行情况的监督就成为人大对政府行为的一项最重要的监督。按照预算管理流程，其监督的主要内容是：

1. 对预算编制的监督

对预算编制进行监督应当本着真实性、合法性、效益性和预测性的原则进行。随着社会主义市场经济体制的建立和发展以及财政改革的不断深化，特别是中国民主法治化进程的向前推进，人大对预算编制的监督越来越重视实效，并且将预算编制监督的重点放在了预算编制的合理性、科学性和有效性上。在这个前提下，要求预算要细化，要编制部门预算，并将预算编制时间提前，以便于人大提前介入进行预算的详细审查。

2. 对预算调整和变更的监督

根据我国预算编制的制度，预算是在预算年度初确定的。但在一个预算年度的执行过程中，经常会出现一些特殊情况或突发事件需要临时调整和变更预算。根据我国《预算法》，进行预算调整，必须经本级人民代表大会常务委员会批准。人大对预算调整和变更的监督，主要是对一般可变性因素进行严格的控制，对政府提出的预算调整和变更要求进行认真审查，制止预算变更中存在的随意性，确保通过监督，督促规范政府事权和政府行为。

3．对政府决算的监督

对决算的监督是对预算监督的继续,预算监督的一切情况都将在决算中反映出来。对决算的监督主要是检查经人大批准的决议是否都已执行,财政部门是否按人大批准的预算给部门和单位及时拨付资金,资金的投向、结构是否合理,使用中是否存在截留、转移、挪用、浪费资金现象以及决算结果与预算是否相符,决算数额是否真实、准确,有无重报、漏报和虚报等情况。

（二）财政部门预算监督的内容

政府财政部门对预算实施监督的权力,来源于代表国家意志的宪法与法律规定、人民代表大会及其常委会的政治授权,以及本级人民政府的行政授权,属于国家行政权的性质。其预算监督的主要内容是：

1．对预算编制的监督

财政部门对预算编制监督的重点是：

（1）检查部门预算编制机构在编制部门预算过程中是否坚持了实事求是、严格审核、综合平衡、保证重点的原则,编制工作行为是否规范,编制工作程序是否严格等；

（2）检查部门预算编制机构是否合理并符合国家的有关规定,在编制的收入预算中有无隐瞒、少列等问题,在编制的支出预算中有无违法违规的内容等；

（3）检查综合预算编制机构在编制综合财政收支预算过程中是否坚持了综合平衡、不列赤字、留有余地的原则,编制工作行为是否规范,编制工作程序是否严格,与部门收支预算的口径是否一致等。

2．对预算收支执行的监督

对预算收支执行监督的重点是：

（1）监督、检查各单位预算收入解缴、征收情况,有无截留、挪用、转移、坐支等违反财经纪律的问题；

（2）检查国库是否按照分税制财政体制的要求,将业已入库的财政收入及时、准确地进行划分和报解,有无混库现象发生；

（3）检查预算资金的分配、使用情况,以及本级国库预算支出的拨付情况；

（4）检查部门预算执行机构是否按照支出预算的计划额度、规定的用途办理拨款,有无超额度、跨用途的拨款行为；

（5）检查部门预算执行机构拨款的进度是否合理,与资金使用单位的资金需求计划以及有关实际工作的要求是否相符合,资金的调度是否规范,有无滥用职权等问题。

3．对政府采购的监督

根据我国《政府采购法》的规定,财政部门负责政府采购的组织工作,因此对政府采购的监督必须纳入财政部门的预算监督范围之内。对政府采购行为实施监督检查的重点是：

（1）检查政府采购管理机构及其实体所编制的政府采购计划是否科学、合理,是否与政府采购的预算指标相吻合,有无重复或是多头设置采购项目等问题；

（2）检查政府采购管理机构及其实体在实施政府采购过程中采用的标准、方式、程序是否合法、合规,在签订采购合同、验收采购商品、办理资金结算等项工作中有无违法违规的行为等；

(3) 检查政府采购管理机构及其实体执行政府采购计划的情况，计划执行的结果是否合理，采购资金的总体安排是否科学，是否符合效益原则，在政府采购中是否存在风险等。

4. 对内部财务收支的监督

对内部财务收支行为实施监督检查的工作重点包括：

(1) 检查内设的财会机构或履行财会工作职责的机构以及下属业务单位的资金来源、运用、结存是否正常；

(2) 检查内设的财会机构、履行财会工作职责的机构以及下属业务单位建立健全和执行内部控制制度的情况，财务收支、会计核算是否符合国家的有关财经法律、法规、规章和财务及会计制度的规定等；

(3) 检查内设的财会机构或履行财会工作职责的机构以及下属业务单位财产物资管理制度是否完善，账实之间是否相符等；

(4) 检查内设的财会机构或履行财会工作职责的机构以及下属业务单位的专项资金的使用及结存情况，是否做到了专款专用，是否存在浪费资金、挪作他用等问题。

(三) 审计部门预算监督的内容

1. 对预算编制的审计

审计部门对预算编制的监督重点是：

(1) 监督预算收支是否贯彻了党和国家的各项方针、政策以及国务院、财政部关于编制预算草案的指示精神；

(2) 监督预算收支安排是否符合国民经济和社会发展规划目标以及预算指标的要求；

(3) 监督预算收支安排是否符合分税制预算管理体制的各项规定和具体要求；

(4) 监督预算编制的内容是否符合要求，表格资料是否完整，预算说明是否齐全，有无技术上和数字上的错误等。

2. 对预算执行的审计

审计部门对预算执行的监督重点是：

(1) 审计预算收入、预算支出、预算拨款等原始凭证以及金库报表，检查预算收入的来源和规模、预算支出的方向和用途，分析各种比例关系，监督预算收支的真实性；

(2) 通过将预算收支完成数与年度预算数和上年同期完成数等进行对比、分析，来审计预算收支的完成情况；

(3) 审计地方政府和财税部门有无越权违规进行税收减免；

(4) 审计中央和地方各级政府及财政部门拨付的各项亏损补贴资金落实到位情况，有无应拨未拨等问题；

(5) 审计预算执行中的调整是否符合规定，包括进行预算调整的程序、资金来源是否符合规定等。

3. 对决算的审计

审计部门对政府决算监督的重点是：

(1) 审计政府决算的完整性、准确性；
(2) 审计政府决算收支平衡的真实性；
(3) 审计预算内外资金的界限是否划分清楚；
(4) 审计上、下级财政结算资金是否符合规定，计算是否准确；
(5) 审计有关政府决算报表及总决算说明书等。

4．对政府性基金的审计

审计部门对政府性基金监督的重点是：
(1) 审计政府性基金的种类是否在国家已批准成立的范围之内；
(2) 审计政府性基金的征收规模、使用规模以及各种比例关系；
(3) 审计政府性基金的来源和征收标准及征收范围，有无挤占一般预算收入；
(4) 审计政府性基金的使用是否做到了专款专用，有无随意转移、挪用和损失浪费的现象；
(5) 审计政府性基金的管理情况，看是否存在管理松弛、制度混乱、预算内外混淆等问题。

二、预算监督的方法

（一）日常监督检查

日常监督检查贯穿于预算管理的全过程。从预算监督管理活动实际出发，按照预算编制、执行及反映预算执行的顺序，预算监督的方法一般有事前监督、事中监督和事后监督。

（二）专项监督检查

专项监督检查，是指对于预算管理中出现的难点、热点和重大问题，有针对性地开展专项监督检查。专项监督检查是日常监督的有益和必要补充。从现实情况看，经济转轨时期，各种经济关系和经济利益在重新调整、组合、变化，相应的法规制度和约束机制还没有及时建立或尚不尽完善，经济领域包括预算领域的某些层面还存在监督的"断面"和"真空"。对于预算管理中所存在的难点问题、热点问题和重大问题，必须进行专门的监督检查，以总结经验，从中汲取教训，不断完善预算管理法规和制度，从而提高预算监督检查的综合效益。

（三）个案调查

个案调查是指根据上级批示的群众举报案件以及日常监督检查和专项检查中发现的线索，组织力量进行检查核证。个案检查结束后，要向上级和主管部门报告查处情况，并对查出的违法违纪问题进行严肃处理。

《预算法》第八十四条规定，各级人民代表大会和县级以上各级人民代表大会常务委员会有权就预算、决算中的重大事项或者特定问题组织调查，有关的政府、部门单位和个人应当如实反映情况和提供必要的材料。这为实践中采用个案调查的方法进行预算监督提供了法律依据。

对重大事项或特定问题组织特定调查是人大及其常委会的重要权力，人大及其常委会行使该权力,其本质是代表本行政区域的人民管理地方国家事务,保证宪法规定的人民当家做主权利的落实。特定问题调查,是国家权力机关为了正确行使职权就某一专门问题所进行的调查活动,是国家权力机关行使监督权的一种重要手段。在理解这一概念时我们注意到,特定问题调查作为人大监督的一种方式,具有主体的权威性(为县级以上国家权力机关)、权力的法定性(由宪法和法律规定)、对象的重大和复杂性(属于人大常委会履行职责中有关重大事实不清的问题)、运作的程序性(调查委员会的提出和组成、调查的开展、调查报告的提出和通过、作出决议等一系列过程须依法律规定进行)等特点。《全国人大议事规则》规定,全国人民代表大会认为必要的时候,可以组织关于特定问题的调查委员会;主席团、3个以上的代表团或者1/10以上的代表联名,可以提议组织关于特定问题的调查委员会,由主席团提请大会全体会议决定;调查委员会由主任委员、副主任委员若干人和委员若干人组成,由主席团在代表中提名,提请大会全体会议通过;调查委员会可以聘请专家参加调查工作;调查委员会进行调查的时候,一切有关的国家机关、社会团体和公民都有义务如实向它提供必要的材料;提供材料的公民要求调查委员会对材料来源保密的,调查委员会应当予以保密;调查委员会在调查过程中,可以不公布调查的情况和材料;调查委员会应当向全国人民代表大会提出调查报告;全国人民代表大会根据调查委员会的报告,可以作出相应的决议;全国人民代表大会可以授权全国人大常委会在全国人民代表大会闭会期间,听取调查委员会的调查报告,并可以作出相应的决议,报全国人大下次会议备案。

西方国会也拥有国政调查权,起源于英国,研究者将其称为"国事调查权"或"国政调查权",主要指国会所进行的有关国家重大事宜的调查,区别于行政或司法部门所进行的一般调查。近现代立宪国家,无论宪法有无明文规定,普遍承认国会拥有国政调查权。各国议会的国政调查权因国情的不同而有所不同。在西方国家,国政调查权原则上由议会直接行使。但由于议会人数较多,为便于调查权的行使,许多国家将某些特定事项交专门委员会调查。特别是以委员会为中心的国家,如美国、日本,实际上是以委员会为中心行使国政调查权的。在日本,由国会两院的常任委员会行使国政调查权。在英国,先是由议会的委员会进行国政调查,以后改为经议会两院作出决议后,由国王或一名主管大臣任命一个调查法庭进行调查。

(四)质询与询问

《预算法》第八十五条规定,各级人民代表大会和县级以上各级人民代表大会常务委员会举行会议时,人民代表大会代表或者常务委员会组成人员,依照法律规定程序就预算、决算中的有关问题提出询问或者质询,受询问或者质询的有关的政府或者财政部门必须及时给予答复。(具体内容可参见第五章)

第三节　政府预算的法治化

预算的法治化就是使预算的编制、审查批准、执行、决算和监督有法定的规范程序。法治化能够明确预算相关部门和单位的责任,严肃财政会计纪律,保证预算统一、规范,实现对预算的有效监督和控制。

一、预算法治化的理论基础

(一) 预算的契约性是法治化的基础

契约是交易的一种方式,预算的契约性源自契约和交易型国家类型与科斯创立的企业契约理论的结合。政府如同一个超级企业,预算是一系列契约的组合,具有契约性。预算的契约特点可结合市场契约和企业契约来认识。从契约的内容上看,企业是要素交易的契约,市场是产品交易的契约,而预算则是规定政府介入要素和产品交易时有关权责关系的契约。从契约期限看,市场是一种短期契约,企业是中期契约,预算则是长期契约。就契约本身的相对完备性程度而言,市场是一种完备契约,企业是一种不完备契约,而预算则是最不完备的契约。契约的不完备性来自未来的不确定性、信息不对称及交易成本过高,以至于契约不能准确描述与交易有关的所有未来可能出现的状态以及每种状态下契约各方的权责。①

预算的契约关系可理解为委托代理关系,契约规定代理人为了委托人的利益应采取何种行动,委托人应相应向代理人支付何种报酬。国民和国家间之所以存在委托代理的交易关系,是因为由国家从事公共事务所耗费的资源相对而言比其他组织少,可将社会生产可能性边界予以拓宽,这样的话,交易对选民很合算,选民与政府之间的互利交易便有了基础。这种契约式的交换关系所引起的收入可以某种形式在选民和国家间分配,预算的契约性要求预算决策符合民意,并对收取的税收与政府提供的公共商品进行成本收益对比,使税收成为公民对国家提供服务的回报,形成预算的契约特征。

(二) 预算契约采取"法约"的方式

虽然从预算的本质上看,要求预算决策符合人民的意愿,但在现实运行上往往表现为行政和立法的矛盾协调过程,并且预算以行政机关编制的预算草案经过立法机构审批后才得以成立,这使得预算的契约关系以法律文书的方式加以确定。预算的契约关系以法律形式表现,即采取"法约"方式,主要有如下作用:

(1) 明确年度预算中的委托代理责任和义务。私人市场契约大多采取合同形式,也可能采取口头约定,但预算对国民与政府间的契约关系以法律文书的形式予以确定,国民通过法律契约赋予政府权力、义务和责任,须经立法机构审批方能成立。法令性要求准确性,把收支预算置于立法机关约束之上,并形成批准的基础。经议会通过后的当年预算称为年度预算法,其契约内容主要是年度预算收支。法律性是预算的前提和保证,缺乏法律约束的预算不是真正意义上的现代预算,预算制定过程也就是预算的立法过程。

(2) 增强契约的约束力。国民意愿归集方式采取政治行政程序,政治权力必须受到约束,"王子犯法,与庶民同罪"说明最强有力的约束就是法律的约束,预算方案一旦经权力机构审批就具有法律效力,政府必须贯彻执行,不能任意修改,如需修订要经权力机构批准。

---

① 王金秀:《预算法理与预算法治建设——兼论我国预算法的修改及预算执行的控制》,中国法学会财税法研究会 2007 年会暨第五届全国财税法学会学术研讨会论文集。

（3）提供预算决策和依法监督的依据。体现民意的预算制定后必须由立法机关审核批准，也就是必须接受立法机关的监督，同时还必须接受社会公众、上级对下级等多方面的监督，以法律明确的责任和义务为监督机构监督检查契约的履行情况提供依据。

（4）预算规范是以年度预算法案为重点的法律体系。预算法律规范是经过立法机构颁布的有关预算的规范，分为宪法、预算基本法、预算专门法以及预算相关法律等，形成政府编制预算、进行预算决策的依据。预算法治约束最集中地体现在年度预算法中，每年由权力机关审议通过的预算在执行年度具有法律有效性，在时间效应上称为年度预算法。单位预算和部门预算是预算的基础，也是预算法律契约的有机组成部分。

（三）预算契约来自公民和政府间的委托代理关系，具有多层级和多重性

预算体系是由多种类、多层次的委托代理关系组成的，社会公众将社会公共事务委托给国家来办理，将公共权力授予国家，国家提供服务和征税需要依靠大量的代理人，国家又将一切事务活动委托给政府及其不同的职能机构具体执行，由此出现委托代理的类别和级次。

在委托代理类型上，我国经济运行系统中存在四种代理系统，繁衍为两个制度分支：党的监督和管理机构代理人（党选拔各层管理者）以及军队和警察代理人。这种委托代理制度是经济系统运行的制度安排。在委托代理层次上，存在上级对下级、政府对政府职能机构、上级机构对下级机构、各机构和机构工作人员之间的多层委托代理关系。预算等级体系是和政府的管理结构相重叠的，我国实行一级政府一级预算，设立中央、省、市、县、乡五级政府，设置中央政府和地方政府，中央政府是行政最高权力机构，省以下各级政府统称为地方政府，预算与此相适应，设置五级预算，归结为中央预算和地方预算。中央和地方各级政府之间存在行政等级关系，各级政府各有职责分工，但作为统一的国家，都必须执行中央统一的政策。政府为履行职能组成相应的职能机构，其中财政部门是专司各该级政府财政职能的机构，负责预算日常管理工作；其他职能机构是使用预算资金、制定预算规划，并与政府总预算发生收支关系的预算单位。预算单位是提供某种公共商品、履行政府某种经济职能的公共部门，其组建按政治程序确定。有些职能机构为了更好地履行其职责，需要成立相应的分支机构，分支机构独立提供某种公共劳务，因此也构成预算单位。我国各级政府的预算为总预算，由该级政府职能机构预算，即本级政府各部门的预算汇总而成，是反映同级政府各职能机构（包括行政和事业公共部门）收支预算汇总的计划。政府各职能机构（包括行政和事业公共部门）本系统内全部收支的计划形成部门预算，部门预算以主管预算单位为主体，并由本部门系统内的基层预算单位和二级预算单位逐级层层汇总而成。直接与同级政府发生预算收支关系的职能部门为主管预算单位；与主管预算单位和基层预算单位发生预算资金收支往来关系的单位为二级预算单位；没有下级预算单位的单位为基层预算单位。在政府财权统一的条件下，预算收支和该级政府各级职能机构汇总的预算收支在数量上应该相等；但在行政和事业公共部门有非财政拨款收入的现实情况下，二者不可能完全相等。

预算中的委托代理关系的典型特征是两大等级体系：一是通过从初始委托人到中央委员会的授权链而形成的，委托代理方向由下至上；二是通过从中央委员会到机构内部成

员,即最终代理人的授权链而形成的,委托代理方向由上至下。除初始委托人和最终代理人外,每个局中人均扮演委托人的代理人、代理人的委托人的双重角色,可用"上游代理人"和"下游代理人"分别指有关代理人之前和之后的代理人。通常,预算的委托代理方式是授权代理制,而企业的委托代理方式则是产权代理式。

(四)代理人问题和预算契约的不完备具有客观性

一般而言,预算委托代理的层次越多,代理链越长,起始委托人,如社会公众的行为能力就越弱。这说明如果要提高预算的效率,要求:第一,力求减少委托代理的层次,加快企业、政府、行政机构和事业单位的改革,促使企业成为真正独立的市场主体,增强事业单位的财务自主权,减少政府对企业和事业单位的控制,推进市场化改革的进程;第二,加快民主化进程,促使人民真正地当家做主人,这既是经济理论在预算管理学科上进行规范分析形成的结论,也是我国社会主义市场经济体制改革在政治意义上的本质要求。

从规范意义的角度看,预算是国民与政府之间就公共事务形成的委托代理关系在财力上的体现。公共委托代理关系中的代理人问题的关键是国民作为"委托人"如何向财政当局、支出部门、政治家等从事财政活动的"代理人"施加制约。财政制约之所以会出现问题,是由于财政支出容易从制度角度被滥用,也就是说,虽然支出部门及政治家等提出的每项支出预算都有利于各自部门或选区,但支出预算的成本却化为税金摊在广大国民身上,所以该部分成本并未被内生化,从而容易加大增加这种个别性支出的压力。这属于一种道德风险,被称为"公共池塘资源问题";政府及政治家为了谋取私利往往会耍一些伎俩,以便将预算资金挪作他用以及隐瞒或粉饰过度的支出。

现代国家往往具有多重特性,兼容契约性和政治性。如果将国家模型与对公众需求的满足方式结合起来,契约性、交易性国家对公共偏好的满足采取"个人式",最关心提供福利,强调福利是个人需要的总和,相信消费者主权或个人偏好是社会的基础、社会选择反映个人选择是人类进步的取向。而政治性国家模型对公共偏好的满足或采取垄断式,或采取家长式,垄断式是由统治氏族或集团掌握权力,并运用政府机制增进成员的福利,家长式强调以政治手段推行普遍福利政策,通常提供超出社会需要总量并与个人需要不同的劳务。垄断型国家产生预算的政治特征,提供了国家意志可能偏离公共需要的依据,但难以形成经济理论分析的基础,只能说明预算运行的政治组织方式。尽管如此,预算的政治意义却丝毫不能忽视,应该说预算是契约性和政治性的统一体,是两种内涵特性之间矛盾协调的结果,通过在家长式国家和个人式国家之间进行权衡,形成理论分析的基础和学术争论的主题。

二、预算相关法律

根据制定机关和所产生的法律效力的不同,可将预算相关法律分为以下几个层次:

(一)宪法

宪法是国家的根本大法,是立国之本。宪法是由我国的最高权力机关——全国人民代表大会制定并通过的,具有最高的法律效力。宪法中的各项规定是形成《预算法》以及其他各类法律依据的原则。《中华人民共和国宪法》第六十二条第十款规定：全国人民代表大会具有"审查和批准国家的预算和预算执行情况报告"的职权；第六十七条第五款规定：全国人民代表大会常务委员会具有审查和批准"国家预算在执行过程中所必须作的部分调整方案"的职权。

（二）财经法律法规

这里所讲的财经法律是指由全国人民代表大会及其常务委员会制定的法律以及相关的决议或决定，其法律地位仅次于宪法，是预算法律依据的重要表现形式，对预算工作的规范化具有强制力。随着我国社会主义市场经济体制的建立与逐步完善，法治建设得到不断的加强，关于预算的法律也越来越丰富。《预算法》《会计法》《税收征收管理法》《审计法》《政府采购法》《注册会计师法》《关于惩治虚开、伪造和非法出售增值税专用发票犯罪的决定》《全国人大常委会关于加强经济工作监督的决定》等一批重要的财经法律的制定与施行，为各预算主体充分履行其职责，提供了重要的法律保障。

（三）有关行政法规

国务院以及地方权力机关每年都要制定和发布一些指导全国或本地区预算工作的有关行政性法规。在制定和发布施行的行政性法规中，对预算工作具有指导作用的当数国务院制定的有关行政法规。如国务院制定的《违反财政法规处罚规定》《中华人民共和国预算法实施条例》《企业国有资产监督管理暂行条例》《关于加强预算外资金管理的决定》《违反行政事业性收费和罚没收入收支两条线管理规定行政处分暂行规定》《关于清理检查"小金库"意见的通知》《关于治理乱收费的规定》《关于整顿会计工作秩序进一步提高会计工作质量的通知》《关于坚决打击骗取出口退税严厉惩治金融和财税领域违法乱纪行为的决定》《中华人民共和国国家金库条例》《罚款决定与罚款收缴分离实施办法》《财政监察审理工作规则》《关于规范财政管理，严肃财政工作纪律的暂行规定》《财政实施会计监督暂行规定》，等等。这些行政法规的制定和颁布实施，对当前的预算工作行为具有直接的规范作用。

（四）地方性法规

各省级人大和地方政府为加强对地方预算的监督，都相继颁布了一些地方性预算法规。目前，全国绝大部分省市都制定并颁布了本省的《财政监督条例》《财政监督办法》或《预算监督管理办法》等各种预算监督法规，为地方各级政府部门预算管理提供了更具操作性的法律依据。

（五）有关规章制度

除法律依据外，各级部门还制定了有关规章制度来规范预算行为。新中国成立以来，我国已建立起一套比较完整的预算制度。这些预算制度包括：预算管理体制、预算和决算制度、部门预算制度、国家金库制度、各种税收制度、预算支出拨款制度、预算外资金管理制度、各种会计制度、行政事业单位开支标准、备案制度，等等。这些规章制度的建立和不断完善，对于保证我国预算任务的圆满完成起到了重大的作用，同时也为加强预算监督提供了重要的制度依据。

三、推进我国预算法治化建设

（一）要从宪法的层面进一步推动财政预算的法治化

预算法治化所要解决的核心问题就是对于财政预算权力的限制问题。① 此外，财政预算中的人大监督权问题、财政预算的可诉性等相关问题，已经超越经济法的范畴，上升到国家机关之间的权力分配的层面，只能在宪法的层面上予以根本解决。党的十八届四中全会也明确提出，"坚持依法治国首先要坚持依宪治国，坚持依法执政首先要坚持依宪执政"，这充分体现了宪法在整个法治进程中的独特地位。由此可见，预算法治化问题，在本质上是一个宪法问题，最终还必须在宪法的层面予以确认，唯有如此，才能真正实现财政预算的法治化。

（二）以《预算法》为基本法，其他预算专门法规配套互补，健全我国的预算法律体系

我国目前的许多预算制度只是形成了一些条例、办法、规定，不具有法的性质和地位，世界各国都对预算制度以法律的形式加以确认，法治化便于保证预算各项制度的规范化和高透明度，避免任意性。财政预算的法治化在整个国家治理中的地位虽然重要，但不仅需要相关法律制度予以配合，同时也需要行政制度、决策制度、司法治度、监督制度等一系列的相关制度予以配合，唯有如此，才能真正实现国家治理的现代化。就相关法律制度而言，主要体现在经济法与行政法领域。就经济法领域来看，国债法律制度、政府采购法律制度等相关制度很有必要进一步完善；就行政法领域来看，财政预算监督、公民的预算参与权等相关问题应当通过法律予以保障。由此可见，相关配套法律制度的完善是财政预算法治化路径的又一重要方面。

（三）加强预算审批，保证充分的审查预算时间

预算是经过人大会议审议通过的具有法律效力的文件，不可随意改动，为了保证预算的严肃性，还应有充分的审议、讨论、修改的过程。在国际上，各国政府向议会提交财政预算草案的时间，一般都在正式批准前的3个月到半年左右，以便议会有一个充分讨论和仔细修订的时间。如美国联邦预算在每年2月，将各部门审定的预算汇总成联邦预算建议草案，总统审查后，将联邦预算建议草案提交国会审议，并公布于众。预算草案公布后，任何党派、团体或部门都可以就预算提出自己的意见。国会就预算问题举行听证会，总统或各部门的首领要到国会对预算作详细说明。国会各委员会根据调查、听证情况提出修改或通过预算的报告。4月1日，由预算委员会汇总成预算草案决议案，提交参、众两院讨论，并通知总统。4—6月，总统对预算决议案提出修改意见，并报告国会。7月，预算决议案经国会参、众两院一致通过后，作为一项注册议案提交总统，由总统批准签字生效。在这个协调和批准的过程中，议员和党派的意愿得到了表述，预算也更能反映社会的要求。在整个过程中，专家、技术官员、政治家以及社会舆论参与的程度越高，预算中反映出来的社会意愿的准确程度越高，预算在议会内讨论和辩论得越充分、透彻，预算的安排就越合理，从而能够更好地实现预算的法治化。

---

① 肖京：《国家治理视角下的财政预算法治化》，《法学论坛》，2015年6月。

 **本章小结**

预算监督是指有关主体依法依规对公共预算进行的检查、督促和制约行为,是预算管理的重要组成部分。预算监督有广义和狭义之分。广义的预算监督,是指预算监督体系中具有监督权的各主体,依照法定的权限和程序,对各级预算所实施的检查和监督行为。狭义的预算监督,是指财政机关在财政管理过程中,依照法定的权限和程序,对各级预算的合法性、真实性、有效性实施检查。

预算作为公共财政体系的基本存在形式和制度载体,不仅体现了公共财政的职能与作用,而且也是政府治理的一个重要手段。

与其他行政监督相比,对预算进行的监督具有其自身的特点,如预算监督体系的层次性、预算监督主体的多元性、预算监督对象的广泛性、预算监督过程的全面性、预算监督依据的法律性以及预算监督形式的多样性。

可按照预算监督体系的构成和时间顺序对预算监督进行分类。

各监督主体由于其所代表的利益和专业性不同,监督的内容也不尽相同,本章分别阐述了各监督主体的监督内容。

预算监督方法主要有日常监督、专项监督、个案监督以及质询和询问等。

预算相关法律包括从宪法到部门规章等各个层次,预算法治化就是使预算的编制、审查批准、执行、决算和监督有法定的规范程序。法治化能够明确预算相关部门和单位的责任,严肃财政会计纪律,保证预算统一、规范,实现对预算的有效监督和控制。

 **思考题**

1. 预算监督的概念和特征是什么?
2. 现阶段加强预算监督的必要性和重要作用是什么?
3. 预算监督如何分类?
4. 各预算监督主体的监督内容是什么?
5. 在建设公共财政和加强民主法治化的过程中,如何进一步健全和完善我国预算的法治化建设?

附录1　2015年全国收支预算表

附表1　2015年全国一般公共预算收入预算表　　　　单位:亿元

项目	2014年执行数	2015年预算数	预算数为上年执行数的%
一、税收收入			
国内增值税			
国内消费税			
进口货物增值税、消费税			
出口货物退增值税、消费税			
营业税			
企业所得税			
个人所得税			
资源税			
城市维护建设税			
房产税			
印花税			
其中:证券交易印花税			
城镇土地使用税			
土地增值税			
车船税			
船舶吨税			
车辆购置税			
关税			
耕地占用税			
契税			
烟叶税			
其他税收			
二、非税收入			
专项收入			
行政事业性收费			
罚没收入			
国有资本经营收入			
国有资源(资产)有偿使用收入			
其他收入			
全国一般公共预算收入			
调入中央预算稳定调节基金			
支出大于收入的差额			

注:全国一般公共预算支出大于收入的差额＝支出总量(全国一般公共预算支出＋补充中央预算稳定调节基金＋地方财政补充预算稳定调节基金及结转下年支出＋地方政府债券还本支出)－收入总量(全国一般公共预算收入＋调入中央预算稳定调节基金＋地方财政调入资金)。

附表 2　2015 年全国一般公共预算支出预算表　　　　　单位：亿元

项目	2014 年执行数	2015 年预算数	预算数为上年执行数的%
一、一般公共服务支出			
其中：人大事务			
政协事务			
政府办公厅(室)及相关机构事务			
发展与改革事务			
统计信息事务			
财政事务			
税收事务			
审计事务			
海关事务			
人力资源事务			
商贸事务			
知识产权事务			
工商行政管理事务			
质量技术监督与检验检疫事务			
民族事务			
档案事务群众团体事务			
二、外交支出			
其中：外交管理事务			
驻外机构			
对外援助			
国际组织			
三、国防支出			
四、公共安全支出			
其中：武装警察			
公安			
检察			
法院			
司法			
缉私			
警察			
五、教育支出			
其中：教育管理事务			
普通教育			
职业教育			
广播电视教育			
留学教育			
进修及培训			
其他教育支出			

(续表)

项目	2014 年执行数	2015 年预算数	预算数为上年执行数的%
六、科学技术支出 　其中:基础研究 　　　应用研究 　　　科技条件及服务 　　　社会科学 　　　科学技术普及 　　　科技交流与合作			
七、文化教育与传媒支出 　其中:文化 　　　文物 　　　体育 　　　广播影视 　　　新闻出版 　　　其他文化体育与传媒支出			
八、社会保障和就业支出 　其中:人力资源和社会保障管理事务 　　　民政管理事务 　　　财政对社会保险基金的补助 　　　行政事业单位离退休 　　　企业改革补助 　　　就业补助 　　　抚恤 　　　退役安置 　　　社会福利 　　　残疾人事业 　　　自然灾害生活救助 　　　红十字事业 　　　最低生活救助 　　　其他生活救助 　　　其他社会保险和就业支出			
九、医疗卫生与计划生育支出 　其中:医疗卫生与计划生育管理事务 　　　公立医院 　　　基层医疗卫生机构 　　　公共卫生 　　　医疗保障 　　　中医药 　　　计划生育事务 　　　食品和药品监督管理事务 　　　其他医疗卫生与计划生育支出			

（续表）

项目	2014年执行数	2015年预算数	预算数为上年执行数的%
十、节能环保支出			
其中：环境保护管理事务			
环境监测与监察			
污染防治			
自然生态保护			
天然林保护			
退耕还林			
风沙荒漠治理			
退牧还草			
能源节约利用			
污染减排			
可再生能源			
循环经济			
能源管理事务			
其他节能环保支出			
十一、城乡社区支出			
其中：城乡社区管理事务			
城乡社区规划与管理			
城乡社区公共设施			
其他城乡社区支出			
十二、农林水支出			
其中：农业			
林业			
水利			
南水北调			
扶贫			
农业综合开发			
农业综合改革			
其他农林水支出			
十三、交通运输支出			
其中：公路水路运输			
铁路运输			
石油价格改革对交通运输的补贴			
邮政业支出			
车辆购置税支出			

(续表)

项目	2014年执行数	2015年预算数	预算数为上年执行数的%
十四、资源勘探信息等支出			
其中:资源勘探开发			
建筑业			
工业和信息产业监管			
安全生产监管			
国有资产监管			
支持中小企业发展和管理支出			
其他资源勘探信息等支出			
十五、商业服务业等支出			
其中:商业流通事务			
旅游业管理与服务支出			
涉外发展服务支出			
其他商业服务业等支出			
十六、金融支出			
其中:金融发展支出			
十七、援助其他地区支出			
十八、国土海洋气象等支出			
其中:国土资源事务			
海洋管理事务			
测绘事务			
地震事务			
气象事务			
十九、住房保障支出			
其中:保障性安居工程支出			
住房改革支出			
二十、粮油物资储备支出			
其中:粮油事务			
粮油储备			
二十一、政府债务付息支出			
其中:国内债务付息			
国外债务付息			
国内外债务发行			
二十二、其他支出			
二十三、预备费			
全国一般公共预算支出			
补充中央预算稳定调节基金			
地方政府债券还本支出			
地方财政补充预算稳定调节基金及结转下年支出			

附表3　2015年全国政府性基金收入预算表　　　　　　　　　　单位：亿元

项目	2014年执行数	2015年预算数	预算数为上年执行数的%
一、农网还贷资金收入			
二、山西省煤炭可持续发展基金收入			
三、铁路建设基金收入			
四、民航发展基金收入			
五、海南省高等级公路车辆通行附加费收入			
六、港口建设费收入			
七、散装水泥专项资金收入			
八、新型墙体材料专项基金收入			
九、旅游发展基金收入			
十、国家电影事业发展专项资金收入			
十一、新菜地开发建设基金收入			
十二、新增建设用地土地有偿使用费收入			
十三、南水北调工程基金收入			
十四、政府住房基金收入			
十五、城市公用事业附加收入			
十六、国有土地使用权出让金收入			
十七、国有土地收益基金收入			
十八、农业土地开发资金收入			
十九、大中型水库移民后期扶持基金收入			
二十、大中型水库库区基金收入			
二十一、三峡水库库区基金收入			
二十二、中央特别国债经营基金财务收入			
二十三、彩票公益金收入			
二十四、城市基础设施配套费收入			
二十五、小型水库移民扶助基金收入			
二十六、国家重大水利工程建设基金收入			
二十七、车辆通行费收入			
二十八、核电站乏燃料处理处置基金收入			
二十九、可再生能源电价附加收入			
三十、船舶油污损害赔偿基金收入			
三十一、电力改革预留资产变现收入			
三十二、无线电频率占用费收入			
三十三、废弃电器电子产品处理基金收入			
三十四、烟草企业上缴专项收入			
三十五、水土保持补偿收费收入			
三十六、彩票发行和销售机构业务费收入			
三十七、其他政府性基金收入			

(续表)

项目	2014年执行数	2015年预算数	预算数为上年执行数的%
全国政府性基金收入			
地方政府专项债券收入			
上年结转收入			

注:根据《国务院关于印发推进财政资金统筹使用方案的通知》(国发〔2015〕35号)的精神:加大政府性基金预算转列一般公共预算的力度,完善政府预算体系,对政府性基金预算中未列入政府性基金目录清单的收入项目,除国务院批准的个别事项外,三年内逐步调整转列一般公共预算,并统筹使用。从2016年1月1日起,将水土保持补偿费、政府住房基金、无线电频率占用费、铁路资产变现收入、电力改革预留资产变现收入等五项基金转列一般公共预算。上述基金转列后,支出仍主要用于或专项用于安排相关支出,且收入规模增加的,支出规模原则上相应增加。

附表4　2015年全国政府性基金支出预算表　　　　　　　　　　单位：亿元

项目	2014年执行数	2015年预算数	预算数为上年执行数的%
一、农网还贷资金支出			
二、山西省煤炭可持续发展基金支出			
三、铁路建设基金支出			
四、民航发展基金支出			
五、海南省高等级公路车辆通行附加费安排的支出			
六、港口建设费安排的支出			
七、散装水泥专项资金支出			
八、新型墙体材料专项基金支出			
九、旅游发展基金支出			
十、国家电影事业发展专项资金支出			
十一、新菜地开发建设基金支出			
十二、新增建设用地土地有偿使用费安排的支出			
十三、南水北调工程基金支出			
十四、政府住房基金支出			
十五、城市公用事业附加安排的支出			
十六、国有土地使用权出让收入安排的支出			
十七、国有土地收益基金支出			
十八、农业土地开发资金支出			
十九、大中型水库移民后期扶持基金支出			
二十、大中型水库库区基金支出			
二十一、三峡水库库区基金支出			
二十二、中央特别国债经营基金财务支出			
二十三、彩票公益金安排的支出			
二十四、城市基础设施配套费安排的支出			
二十五、小型水库移民扶助基金支出			
二十六、国家重大水利工程建设基金支出			
二十七、车辆通行费安排的支出			
二十八、核电站乏燃料处理处置基金支出			
二十九、可再生能源电价附加收入安排的支出			
三十、船舶油污损害赔偿基金支出			
三十一、电力改革预留资产变现收入安排的支出			
三十二、无线电频率占用费安排的支出			
三十三、废弃电器电子产品处理基金支出			
三十四、烟草企业上缴专项收入安排的支出			

(续表)

三十五、水土保持补偿费安排的支出			
三十六、彩票发行和销售机构业务费安排的支出			
三十七、其他政府性基金支出			
三十八、地方政府专项债券安排的支出			
全国政府性基金支出结转下年支出			

附表5　2015年全国国有资本经营收入预算表　　　　单位：亿元

项目	2014年执行数	2015年预算数	预算数为上年执行数的%
一、利润收入			
金融企业利润收入（地方部分）			
烟草企业利润收入			
石油石化利润收入			
电力企业利润收入			
电信企业利润收入			
煤炭企业利润收入			
有色冶金采掘企业利润收入			
钢铁企业利润收入			
化工企业利润收入			
运输企业利润收入			
电子企业利润收入			
机械企业利润收入			
投资服务企业利润收入			
纺织轻工企业利润收入			
贸易企业利润收入			
建筑施工企业利润收入			
房地产企业利润收入			
建材企业利润收入			
境外企业利润收入			
对外合作企业利润收入			
医药企业利润收入			
农林牧渔企业利润收入			
邮政企业利润收入			
转制科研院所利润收入			
地质勘查企业利润收入			
卫生体育福利企业利润收入			
教育文化广播企业利润收入			
科学研究企业利润收入			
机关社团所属企业利润收入			
其他国有资本经营预算企业利润收入			
二、股利、股息收入			
金融企业股利、股息收入			
国有控股公司股利、股息收入			
国有参股公司股利、股息收入			
其他国有资本经营预算企业股利、股息收入			

（续表）

项目	2014年执行数	2015年预算数	预算数为上年执行数的%
三、产权转让收入 其他国有股减持收入 国有股权、股份转让收入 国有独资企业产权转让收入 金融类企业国有股减持收入 其他国有资本经营预算企业产权转 让收入			
四、清算收入 国有股权、股份清算收入 国有独资企业清算收入 其他国有资本经营预算企业清算收入			
五、其他国有资本经营预算收入 全国国有资本经营收入上年结转收入			

附表6　2015年全国国有资本经营支出预算表　　　　　　　　单位:亿元

项目	2014年执行数	2015年预算数	预算数为上年执行数的%
一、教育支出			
其中:国有经济结构调整支出			
公益性设施投资补助支出			
战略性产业发展支出			
支持科技进步支出			
改革成本支出			
其他国有资本经营预算支出			
二、科学技术支出			
其中:国有经济结构调整支出			
公益性设施投资补助支出			
战略性产业发展支出			
支持科技进步支出			
改革成本支出			
其他国有资本经营预算支出			
三、文化教育与传媒支出			
其中:国有经济结构调整支出			
公益性设施投资补助支出			
战略性产业发展支出			
支持科技进步支出			
改革成本支出			
其他国有资本经营预算支出			
四、社会保障和就业支出			
其中:国有资本经营预算补充社保基金支出			
五、节能环保支出			
其中:国有经济结构调整支出			
公益性设施投资补助支出			
战略性产业发展支出			
生态环境保护支出			
其他国有资本经营预算支出			
六、城乡社区支出			
其中:国有经济结构调整支出			
公益性设施投资补助支出			
战略性产业发展支出			
支持科技进步支出			
改革成本支出			
其他国有资本经营预算支出			

（续表）

项目	2014年执行数	2015年预算数	预算数为上年执行数的%
七、农林水支出 　其中:国有经济结构调整支出 　　　公益性设施投资补助支出 　　　战略性产业发展支出 　　　生态环境保护支出 　　　支持科技进步支出 　　　保障国家经济安全支出 　　　对外投资合作支出 　　　改革成本支出 　　　其他国有资本经营预算支出			
八、交通运输支出 　其中:国有经济结构调整支出 　　　公益性设施投资补助支出 　　　战略性产业发展支出 　　　生态环境保护支出 　　　支持科技进步支出 　　　保障国家经济安全支出 　　　对外投资合作支出 　　　改革成本支出 　　　其他国有资本经营预算支出			
九、资源勘探信息等支出 　其中:国有经济结构调整支出 　　　公益性设施投资补助支出 　　　战略性产业发展支出 　　　生态环境保护支出 　　　支持科技进步支出 　　　保障国家经济安全支出 　　　对外投资合作支出 　　　改革成本支出 　　　其他国有资本经营预算支出			
十、商业服务业等支出 　其中:国有经济结构调整支出 　　　公益性设施投资补助支出 　　　战略性产业发展支出 　　　生态环境保护支出 　　　支持科技进步支出 　　　保障国家经济安全支出 　　　对外投资合作支出 　　　改革成本支出 　　　其他国有资本经营预算支出			

（续表）

项目	2014年执行数	2015年预算数	预算数为上年执行数的%
十一、其他支出			
其中：国有经济结构调整支出			
公益性设施投资补助支出			
战略性产业发展支出			
生态环境保护支出			
支持科技进步支出			
保障国家经济安全支出			
对外投资合作支出			
改革成本支出			
其他国有资本经营预算支出			
十二、转移性支出			
其中：国有资本经营预算调出资金			
十三、中央金融企业国有资本经营预算支出			
全国国有资本经营支出转下年支出			

附表7 2015年全国社会保险基金收入预算表　　　　　　　　　单位:亿元

项目	2014年执行数	2015年预算数	预算数为上年执行数的%
一、企业职工基本养老保险基金收入			
其中:保险费收入			
财政补贴收入			
利息收入			
二、失业保险基金收入			
其中:保险费收入			
财政补贴收入			
利息收入			
三、城镇职工基本医疗保险基金收入			
其中:保险费收入			
财政补贴收入			
利息收入			
四、工伤保险基金收入			
其中:保险费收入			
财政补贴收入			
利息收入			
五、生育保险基金收入			
其中:保险费收入			
财政补贴收入			
利息收入			
六、城乡居民基本养老保险基金收入			
其中:保险费收入			
财政补贴收入			
利息收入			
七、居民基本医疗保险基金收入			
其中:保险费收入			
财政补贴收入			
利息收入			
(一)城镇居民基本医疗保险基金收入			
其中:保险费收入			
财政补贴收入			
利息收入			
(二)新型农村合作医疗基金收入			
其中:保险费收入			
财政补贴收入			
利息收入			
(三)城乡居民基本医疗保险基金收入			
其中:保险费收入			
财政补贴收入			
利息收入			
全国社会保险基金收入合计			
其中:保险费收入			
财政补贴收入			
利息收入			

附表8　2015年全国社会保险基金支出预算表　　　　　　　单位：亿元

项目	2014年执行数	2015年预算数	预算数为上年执行数的%
一、企业职工基本养老保险基金支出			
其中：基本养老金支出			
二、失业保险基金支出			
其中：失业保险金支出			
三、城镇职工基本医疗保险基金支出			
其中：基本医疗保险待遇支出			
四、工伤保险基金支出			
其中：工伤保险待遇支出			
五、生育保险基金支出			
其中：生育保险待遇支出			
六、城乡居民基本养老保险基金支出			
其中：基本养老金支出			
七、居民基本医疗保险基金支出			
其中：基本医疗保险待遇支出			
（一）城镇居民基本医疗保险基金支出			
其中：基本医疗保险待遇支出			
（二）新型农村合作医疗基金支出			
其中：基本医疗保险待遇支出			
（三）城乡居民基本医疗保险基金支出			
其中：基本医疗保险待遇支出			
全国社会保险基金支出合计			
其中：社会保险待遇支出			

附表9　2015年全国社会保险基金结余预算表　　　　　　　单位：亿元

项目	2014年执行数	2015年预算数	预算数为上年执行数的%
一、企业职工基本养老保险基金本年收支结余 　　企业职工基本养老保险基金年末滚存结余			
二、失业保险基金本年收支结余 　　失业保险基金年末滚存结余			
三、城镇职工基本医疗保险基金本年收支结余 　　城镇职工基本医疗保险基金年末滚存结余			
四、工伤保险基金本年收支结余 　　工伤保险基金年末滚存结余			
五、生育保险基金本年收支结余 　　生育保险基金年末滚存结余			
六、城乡居民基本养老保险基金本年收支结余 　　城乡居民基本养老保险基金年末滚存结余			
七、居民基本医疗保险基金本年收支结余 　　居民基本医疗保险基金年末滚存结余 　（一）城镇居民基本医疗保险基金本年收支结余 　　　城镇居民基本医疗保险基金年末滚存结余 　（二）新型农村合作医疗基金本年收支结余 　　　新型农村合作医疗基金年末滚存结余 　（三）城乡居民基本医疗保险基金本年收支结余 　　　城乡居民基本医疗保险基金年末滚存结余			
全国社会保险基金本年收支结余 全国社会保险基金年末滚存结余			

附录2 2016年中央部门预算表

财政拨款收支预算总表

预算表1

填报单位：　　　　　　　　　　　　　　　　　　　　　　　　　　　单位：万元

收　入		支　出			
项目	预算数	项目	合计	一般公共预算财政拨款	政府性基金预算财政拨款
一、本年收入		一、本年支出			
（一）一般公共预算财政拨款		（一）一般公共服务支出			
（二）政府性基金预算财政拨款		（二）外交支出			
		（三）国防支出			
二、上年结转		（四）教育支出			
（一）一般公共预算财政拨款		（五）科学技术支出			
（二）政府性基金预算财政拨款		（六）文化体育与传媒支出			
		……			
		……			
		二、结转下年			
收入总计		支出总计			

一般公共预算财政拨款支出表

预算表2

填报单位：　　　　　　　　　　　　　　　　　　　　　　　　　　　　　　　　　单位：万元

科目编码	科目名称（单位名称）	单位代码	本年一般公共预算财政拨款支出				
			合计	基本支出			项目支出
				小计	人员经费	日常公用经费	
	合计						

政府性基金预算财政拨款支出表

预算表 3

填报单位：   单位：万元

科目编码	科目名称 （单位名称）	单位代码	本年政府性基金预算财政拨款支出		
			合计	基本支出	项目支出
	合计				

财务收支预算总表

预算表 4

填报单位： 单位：万元

收　入		支　出	
项目	预算数	项目	预算数
一、一般公共预算财政拨款收入		一、一般公共服务支出	
二、政府性基金预算财政拨款收入		二、外交支出	
三、事业收入		三、国防支出	
四、事业单位经营收入		四、教育支出	
五、其他收入		五、科学技术支出	
		六、文化体育与传媒支出	
		……	
		……	
本年收入合计		本年支出合计	
用事业基金弥补收支差额		结转下年	
上年结转			
收入总计		支出总计	

财务收入预算表

填报单位：
预算表 5
单位：万元

科目编码	科目名称（单位名称）	单位代码	合计	上年结转				本年收入								
				上年结转小计	一般公共预算财政拨款结转资金	政府性基金预算财政拨款结转资金	教育收费	其他资金	本年收入小计	一般公共预算财政拨款收入	政府性基金预算财政拨款收入	事业收入		事业单位经营收入	往来收入			用事业基金弥补收支差额
												金额	其中：教育收费		小计	上级补助收入	下级单位上缴收入	其他收入	
合计																			

财务支出预算表

预算表 6

填报单位：　　　　　　　　　　　　　　　　　　　　　　　　　　　　单位：万元

科目编码	科目名称 （单位名称）	单位代码	合计	基本支出	项目支出	上缴 上级支出	事业单位 经营支出	对下级单位 补助支出
	合计							

附录3 2016年中央部门预算附表

一般公共预算基本支出表

预算附表1
单位:万元

填报单位:

科目编码	科目名称（单位名称）	单位代码	密级	本年支出											
				合计			财政拨款			本年支出 — 财政拨款结转资金			教育收费安排支出			其他资金		
				小计	人员经费	日常公用经费	小计	人员经费	日常公用经费	小计	人员经费	日常公用经费	小计	人员经费	日常公用经费	小计	人员经费	日常公用经费
合计																		

一般公共预算项目支出表

预算附表 2
单位：万元

填报单位：

科目编码	科目名称（项目）	项目代码	项目单位	二级项目分类	项目密级	项目起止年份		是否发改委基建项目	是否建议纳入绩效评价范围	是否国库执行重点项目	是否需执行中细化或审批	本年支出			
						起	止					小计	财政拨款	财政拨款结转资金	教育收费安排支出	其他资金
合计															

一般公共预算经济分类支出表

填报单位:	预算附表 3
单位:万元

经济分类科目		合计	基本支出			项目支出
科目编码	科目名称		小计	人员经费	公用经费	
	合计					

一般公共预算"三公"经费和会议费支出表

填报单位:　　预算附表 4
单位:万元

科目编码	单位名称（科目名称/项目）	项目代码	单位代码	"三公"经费合计				因公出国(境)费				公务用车购置费				公务用车运行费				会议费			
				小计	财政拨款	财政拨款结转资金	教育收费安排支出	其他资金	小计	财政拨款	财政拨款结转资金	教育收费安排支出	其他资金	小计	财政拨款	财政拨款结转资金	教育收费安排支出	其他资金	小计	财政拨款	财政拨款结转资金	教育收费安排支出	其他资金	财政拨款	财政拨款结转资金	教育收费安排支出	其他资金
	合计																										

中央行政事业单位住房改革支出表

预算附表 5

填报单位：　　　　　　　　　　　　　　　　　　　　　　　　　　　单位：万元

项目	支出总额	2015 年年末结转		2015 年年末售房收入余额		用其他资金安排本年支出	用财政拨款安排本年支出
		小计	其中：安排本年支出	小计	其中：安排本年支出		
一、行政单位							
（一）住房公积金							
（二）提租补助							
（三）购房补贴							
1. 按月补贴							
2. 无房一次性补贴							
3. 未达标补贴							
4. 级差补贴							
5. 其他补贴							
二、事业单位							
（一）住房公积金							
（二）提租补助							
（三）购房补贴							
1. 按月补贴							
2. 无房一次性补贴							
3. 未达标补贴							
4. 级差补贴							
5. 其他补贴							
三、合计							
（一）住房公积金							
（二）提租补助							
（三）购房补贴							
1. 按月补贴							
2. 无房一次性补贴							
3. 未达标补贴							
4. 级差补贴							
5. 其他补贴							

政府性基金预算基本支出表

预算附表 6
单位:万元

填报单位:

科目编码	科目名称（单位名称）	单位代码	单位类型	密级	本年支出									
					合计			财政拨款			财政拨款结转资金		
					小计	人员经费	日常公用经费	小计	人员经费	日常公用经费	小计	人员经费	日常公用经费
	合计												

政府性基金预算项目支出表

预算附表 7
单位：万元

填报单位：

科目编码	科目名称（项目）	项目代码	项目单位	项目密级	项目起止年份		是否国库执行重点项目	本年支出		
					起	止		小计	财政拨款	财政拨款结转资金
合计										

预算附表 8

中央行政事业单位新增资产配置表

填报单位： 单位：万元

单位名称	单位代码	单位分类	资产类型	截至 2015 年 6 月 1 日资产存量情况							2015 年计划报废数量							2016 年新增资产数						
				车辆编制数（辆/台）	车辆实有数（辆/台）					单位价值 200 万元以上大型设备实有数（台/套）	车辆（辆/台）						单位价值 200 万元及以上大型设备（台/套）	车辆实有数（辆/台）						单位价值 200 万元及以上大型设备（台/套）
					小计	轿车	越野汽车	小型载客汽车	大中型载客汽车	其他车型		小计	轿车	越野汽车	小型载客汽车	大中型载客汽车	其他车型		小计	轿车	越野汽车	小型载客汽车	大中型载客汽车	其他车型	
行政单位																									
中央和国家机关本级																									
单位 1																									
单位 2																									
……																									
垂直管理行政单位																									
单位 1																									
单位 2																									
……																									

(续表)

单位名称	单位代码	单位分类	资产类型	车辆编制数（辆/台）	截至2015年6月1日资产存量情况					2015年计划报废数量					2016年新增资产数				
					车辆实有数（辆/台）					单位价值200万元以上大型设备实有数（台/套）	车辆（辆/台）					单位价值200万元以上大型设备（台/套）	2016年车辆实有数（辆/台）					单位价值200万元及以上大型设备（台/套）
					小计	轿车	越野汽车	小型载客汽车	大中型载客汽车	其他车型		小计	轿车	越野汽车	小型载客汽车	大中型载客汽车	其他车型		小计	轿车	越野汽车	小型载客汽车	大中型载客汽车	其他车型	
参公事业单位																									
执行行政财务会计制度的参公事业单位																									
单位1																									
单位2																									
……																									
其他事业单位																									
单位1																									
单位2																									
……																									

政府采购支出表

填报单位：

预算附表 9
单位：万元

科目编码	单位/科目名称/项目	资金性质	项目代码	单位代码	单位类型	合计				政府采购金额													
										本年财政拨款				财政拨款结转资金				教育收费安排支出				其他资金	
						合计	货物	工程	服务	小计	货物	工程	服务	小计	货物	工程	服务	小计	货物	工程	服务	货物	工程	服务
	基本支出																							
201	一般公共服务支出																							
20101	人大事务																							
2010101	行政运行	一般公共预算																						
		政府性基金预算																						
……																								
	项目支出																							
201	一般公共服务支出																							
20101	人大事务																							
2010102	一般行政管理事务																							

（续表）

科目编码	单位/科目名称/项目	资金性质	项目代码	单位代码	单位类型	合计				本年财政拨款				政府采购金额											
														财政拨款结转资金				教育收费安排支出				其他资金			
						合计	货物	工程	服务	小计	货物	工程	服务	小计	货物	工程	服务	小计	货物	工程	服务	小计	货物	工程	服务
2010102	项目1	一般公共预算																							
2010102	项目2	一般公共预算																							
……	……	政府性基金预算																							
……	事业单位经营支出	……					—	—	—		—	—	—	—	—	—	—	—	—	—	—	—	—	—	—
201	一般公共服务支出	……									—	—	—	—	—	—	—	—	—	—	—	—	—	—	—
20101	人大事务	……									—	—	—	—	—	—	—	—	—	—	—	—	—	—	—
2010101	行政运行	……									—	—	—	—	—	—	—	—	—	—	—	—	—	—	—
	合计																								

预算附表 10

政府购买服务支出表

填报单位：　　　　　　　　　　　　　　　　　　　　　　　　　　　　　　　　　　　　　单位：万元

科目编码	单位/科目名称/项目	资金性质	项目代码	单位代码	单位类型	购买服务内容	购买服务金额 合计	财政拨款	财政拨款结转资金	其他资金
	基本支出									
201	一般公共服务支出	一般公共预算								
20101	人大事务	政府性基金预算								
2010101	行政运行									
……	……									
	项目支出									
201	一般公共服务支出	一般公共预算								
20101	人大事务	一般公共预算								
2010102	一般行政管理事务	政府性基金预算								
2010102	项目 1									
2010102	项目 2									
……	……	……						—	—	—
	事业单位经营支出							—	—	—
201	一般公共服务支出	……						—	—	—
20101	人大事务	……						—	—	—
2010101	行政运行	……						—	—	—
……	……	……						—	—	—
	合计									—

经营及往来支出表

预算附表 11

填报单位：　　　　　　　　　　　　　　　　　　　　　　　　　　单位：万元

科目编码	单位代码	单位名称（科目）	单位类型	是否冲抵行	合计	上缴上级支出	对下级单位经营支出	事业单位经营支出	备注
		合计							

附录 4 三年滚动规划表

一般公共预算 2016—2018 年支出规划表

规划表 1
单位:万元

填报单位：

支出类别/项目名称	单位名称	单位代码	科目 科目编码	科目 科目名称	一级项目代码	二级项目代码	2015年预算数	2016年预算数 预算数	2016年预算数 比上年增减额	2017年 支出计划	2017年 比上年增减额	2018年 支出计划	2018年 比上年增减额
基本支出	—		—		—	—							
基本支出	XXX				—	—							
基本支出	XXX				—	—							
……	……				—	—							
……	……				—	—							
项目支出	—		—										
通用一级项目 1	—					—							
二级项目 1													
二级项目 2													
……													
通用一级项目 2	—					—							

（续表）

支出类别/项目名称	单位名称	单位代码	科目		一级项目代码	二级项目代码	2015年预算数	2016年预算数		2017年		2018年	
			科目编码	科目名称				预算数	比上年增减额	支出计划	比上年增减额	支出计划	比上年增减额
二级项目1													
二级项目2													
……													
专用一级项目1	—												
二级项目1													
二级项目2													
……													
专用一级项目2	—												
二级项目1													
二级项目2													
……													
合计	—		—		—								

附录4 三年滚动规划表

规划表2
单位:万元

政府性基金预算 2016—2018 年支出规划表

填报单位:

支出类别/项目名称	科目		项目代码	2015年预算数	2016年		2017年		2018年	
	科目编码	科目名称			预算数	比上年增减额	支出计划	比上年增减额	支出计划	比上年增减额
基本支出	—	—								
基本支出	XXX	XXX								
基本支出	……	……								
项目支出	—	—	—							
款级科目1	—	—								
项目1			—							
项目2			—							
……			……							
款级科目2	—	—								
项目1			—							
项目2			—							
……										
款级科目3	—	—								
项目1			—							
项目2			—							
……										
款级科目4	—	—								
项目1			—							
项目2			—							
合计			—							

主要参考文献

[1] 中华人民共和国宪法[M].北京:法律出版社,2004
[2] 中华人民共和国政府采购法[M].北京:中国法制出版社,2002
[3] 中华人民共和国预算法[M].北京:中国法制出版社,2014
[4] 财政部预算司.中央部门预算编制指南(2016)[M].北京:中国财政经济出版社,2015
[5] 财政部预算司.中国预算绩效管理探索与实践[M].北京:经济科学出版社,2013
[6] 财政部预算司.2016年政府收支分类科目[M].北京:中国财政经济出版社,2015
[7] 经济合作与发展组织.比较预算[M].北京:人民出版社,2001
[8] 亚洲开发银行.政府支出管理[M].北京:人民出版社,2001
[9] 包丽萍.政府预算[M].大连:东北财经大学出版社,2011
[10] 曹沛霖,陈明明,唐亚林.比较政治制度[M].北京:高等教育出版社,2005
[11] 郭庆旺,吕冰洋.中国分税制:问题与改革[M].北京:中国人民大学出版社,2014
[12] 高志立.财政预算管理[M].北京:经济科学出版社,2006
[13] 苟燕楠,董静.美国公共预算[M].北京:中国财政经济出版社,2002
[14] 孔庆芝.预算审查监督[M].石家庄:河北人民出版社,2008
[15] 楼继伟.政府预算与会计的未来——权责发生制改革纵览与探索[M].北京:中国财政经济出版社,2002
[16] 楼继伟.中国政府间财政关系再思考[M].北京:中国财政经济出版社,2013
[17] 楼继伟.深化财税体制改革[M].北京:人民出版社,2015
[18] 李萍,许宏才.中国政府间财政关系图解[M].北京:中国财政经济出版社,2006
[19] 李萍,许宏才,李承.财政体制简明图解[M].北京:中国财政经济出版社,2010
[20] 李燕.新预算法释解与实务指导[M].北京:中国财政经济出版社,2015
[21] 李燕.政府预算管理[M].北京:北京大学出版社,2008
[22] 李燕.政府预算理论与实务[M].北京:中国财政经济出版社,2010
[23] 李燕.政府预算[M].北京:经济科学出版社,2012
[24] 李燕.实施跨年度预算平衡机制相关问题的思考[J].中国财政,2015(2)
[25] 李燕.新预算法视角下预算监督的两个核心要素[J].财政监督,2015(1)
[26] 李燕.我国全口径预算报告体系构建研究[J].财政研究,2014(2)
[27] 李燕.财政可持续发展与透明视角下的中期预算探究[J].中国行政管理,2012(9)
[28] 李燕.财政信息公开亟需法制保障[J].财政研究,2011(9)
[29] 刘溶沧,赵志耘.财政政策论纲[M].北京:经济科学出版社,1998
[30] 李文经.论民主化进程中完善我国公共预算审批制度的路径[J].管理学家,2012(20)
[31] 林慕华,马骏.中国地方人民代表大会预算监督研究[J].中国社会科学,2012(6)
[32] 亮明,郑丹."参与式"预算审查严管政府"钱袋子"[J].人民之声,2015(8)

[33] 刘剑,文耿颖.新形势下人大财政监督职能之建构[J].河南财经政法大学学报,2014(1)
[34] 马海涛.中国分税改革20周年:回顾与展望[M].北京:经济科学出版社,2014
[35] 马骏,李黎明.为人民看好钱袋子:一本有关地方预算审查监督的书[M].哈尔滨:黑龙江人民出版社,2010
[36] 马克·G.波波维奇.创建高绩效政府组织[M].北京:中国人民大学出版社,2002
[37] 孟祥馨,楚建义,孟庆云.权力授予和权力制约[M].北京:中央文献出版社,2005
[38] 孟妮妮.我国政府预算过程中的权力配置研究[J].浙江财经学院学报,2011(1)
[39] 缪国亮.从财政预算审批谈人大制度改革[J].人大研究,2013(8)
[40] 任炎.完善制约机制强化预算执行控制[J].预算管理与会计,2014(1)
[41] 余红艳,储德银.完善中国政府预算监督体系的政策探讨[J].财政监督,2012(27)
[42] 肖鹏.政府会计视角的中国财政透明度提升研究[M].北京:中国财政经济出版社,2012
[43] 肖鹏.美国政府预算制度[M].北京:经济科学出版社,2014
[44] 肖鹏.基于防范财政风险视角的中国政府会计改革探讨[J].会计研究,2010(6)
[45] 肖京.国家治理视角下的财政预算法治化[J].法学论坛,2015(6)
[46] 朱大旗,李蕊.论预算审批制度的完善[J].当代法学,2013(4)
[47] 朱大旗,李蕊.论人大预算监督权的有效行使——兼评我国《预算法》的修改[J].社会科学,2012(2)
[48] 张明.政府预算实务与案例[M].成都:西南财经大学出版社,2009
[49] 张谦煜,姚明华.加强全口径预算决算审查监督工作的建议[J].经济研究参考,2014(54)
[50] 王淑杰.预算的立法监督模式研究[M].北京:中国财政经济出版社,2008
[51] 王淑杰.强化我国政府预算约束性的思路和对策[J].宏观经济研究,2011(9)
[52] 王雍君.公共预算管理[M].北京:经济科学出版社,2002
[53] 王殿志.政府预算审批程序刍议[J].中国经济问题,2008(6)
[54] 王金秀.预算法理与预算法治建设——兼论我国预算法的修改及预算执行的控制[J].中国财税法研究会第五届全国财税法学会学术研讨会论文集,2007
[55] 周长鲜.欧洲议会财政预算决定权的跨机构合作机制及其启示[J].新视野,2011(4)
[56] 国务院.关于深化预算管理制度改革的决定(国发〔2014〕45号)
[57] 国务院.关于批转财政部权责发生制政府综合财务报告制度改革方案的通知(国发〔2014〕63号)
[58] 国务院.关于改革和完善中央对地方转移支付制度的意见(国发〔2014〕71号)
[59] 国务院.关于实行中期财政规划管理的意见(国发〔2015〕3号)
[60] 财政部.关于完善政府预算体系有关问题的通知(财预〔2014〕368号)
[61] 财政部.财政支出绩效评价管理暂行办法(财预〔2011〕285号)
[62] 财政部.关于推进预算绩效管理的指导意见(财预〔2011〕416号)
[63] 财政部.关于印发《中央部门预算绩效目标管理办法》的通知(财预〔2015〕88号)
[64] 美国国会办公室网站:http://www.cbo.gov/

教师反馈及教辅申请表

北京大学出版社本着"教材优先、学术为本"的出版宗旨,竭诚为广大高等院校师生服务。为更有针对性地提供服务,请您认真填写以下表格并经系主任签字盖章后寄回,我们将按照您填写的联系方式免费向您提供相应教辅资料,以及在本书内容更新后及时与您联系邮寄样书等事宜。

书名		书号	978-7-301-	作者	
您的姓名				职称职务	
校/院/系					
您所讲授的课程名称					
每学期学生人数	_____人_____年级			学时	
您准备何时用此书授课					
您的联系地址					
邮政编码			联系电话(必填)		
E-mail(必填)			QQ		
您对本书的建议:				系主任签字 盖章	

我们的联系方式:

北京大学出版社经济与管理图书事业部
北京市海淀区成府路 205 号,100871
联 系 人:徐冰
电   话:010-62767312 / 62757146
传   真:010-62556201
电子邮件:em_pup@126.com   em@pup.cn
Q   Q:5520 63295
新浪微博:@北京大学出版社经管图书
网   址:http://www.pup.cn